CONTROLLING

Herausgegeben von Prof. Dr. Volker Lingnau, Kaiserslautern, Prof. Dr. Albrecht Becker, Innsbruck, und Prof. Dr. Rolf Brühl, Berlin

Band 15
Jürgen Kantowski
Einsatz von Realoptionen im Investitionscontrolling am Beispiel Biotechnologie
Lohmar – Köln 2011 ♦ 248 S. ♦ € 56,- (D) ♦ ISBN 978-3-8441-0022-8

Band 16
Michael Rademacher
Prozess- und wertorientiertes Controlling von M&A-Projekten
Lohmar – Köln 2011 ♦ 368 S. ♦ € 64,- (D) ♦ ISBN 978-3-8441-0110-2

Band 17
Carmen Kühn
Psychopathen in Nadelstreifen
Lohmar – Köln 2012 ♦ 244 S. ♦ € 56,- (D) ♦ ISBN 978-3-8441-0138-6

Band 18
Jörn Sebastian Basel
Heuristic Reasoning in Management Accounting – A Mixed Methods Analysis
Lohmar – Köln 2012 ♦ 268 S. ♦ € 57,- (D) ♦ ISBN 978-3-8441-0160-7

Band 19
Sabrina Buch
Shared Knowledge – The Comparability of Idiosyncratic Mental Models
Lohmar – Köln 2012 ♦ 320 S. ♦ € 62,- (D) ♦ ISBN 978-3-8441-0186-7

Band 20
Michael Hoogen
Organisations- und wissenschaftstheoretische Implikationen für die Controllingforschung
Lohmar – Köln 2013 ♦ 288 S. ♦ € 58,- (D) ♦ ISBN 978-3-8441-0235-2

Band 21
Max Kury
Abgabe von Rechenschaft zum Wiederaufbau von Vertrauen – Eine empirische Untersuchung der Berichterstattung von Banken
Lohmar – Köln 2014 ♦ 308 S. ♦ € 59,- (D) ♦ ISBN 978-3-8441-0306-9

JOSEF EUL VERLAG

Reihe: Controlling · Band 21

Herausgegeben von Prof. Dr. Volker Lingnau, Kaiserslautern, Prof. Dr. Albrecht Becker, Innsbruck, und Prof. Dr. Rolf Brühl, Berlin

Dr. Max Kury

Abgabe von Rechenschaft zum Wiederaufbau von Vertrauen

Eine empirische Untersuchung der Berichterstattung von Banken

Mit einem Geleitwort von Prof. Dr. Rolf Brühl, ESCP Europe Wirtschaftshochschule Berlin

Bibliografische Information der Deutschen Nationalbibliothek

Die Deutsche Nationalbibliothek verzeichnet diese Publikation in der Deutschen Nationalbibliografie; detaillierte bibliografische Daten sind im Internet über <http://dnb.d-nb.de> abrufbar.

Dissertation, ESCP Europe Wirtschaftshochschule Berlin, 2013

ISBN 978-3-8441-0306-9
1. Auflage Januar 2014

© JOSEF EUL VERLAG GmbH, Lohmar – Köln, 2014
Alle Rechte vorbehalten

JOSEF EUL VERLAG GmbH
Brandsberg 6
53797 Lohmar
Tel.: 0 22 05 / 90 10 6-6
Fax: 0 22 05 / 90 10 6-88
E-Mail: info@eul-verlag.de
http://www.eul-verlag.de

Bei der Herstellung unserer Bücher möchten wir die Umwelt schonen. Dieses Buch ist daher auf säurefreiem, 100% chlorfrei gebleichtem, alterungsbeständigem Papier nach DIN 6738 gedruckt.

Geleitwort

Wohl kaum ein Wort taucht in den letzten Jahren in der Berichterstattung über den Finanzsektor so häufig auf wie Vertrauen. Dessen Bedeutung für diesen Sektor ist schon seit Jahrhunderten anerkannt und hat von seiner Relevanz nichts verloren. Die jüngst durchlebte Finanz- und Wirtschaftskrise gilt daher gemeinhin auch als Vertrauenskrise. Da Vertrauen als Kitt sozialer Interaktionen und damit von Markthandlungen gilt, ist es ganz besonders für Vertrauensgüter wie Finanzprodukte notwendig. Und da diese Wirtschaftskrise vom Finanzsektor ausging, ist dieser Sektor im Fokus des Interesses. Daher werden derzeit viele Maßnahmen der unterschiedlichsten Institutionen diskutiert und zum Teil bereits umgesetzt, die Einfluss auf zukünftiges Handeln in diesem Sektor nehmen sollen; zu denken sind beispielhaft an die Beschränkungen von Managergehältern, neue Vorschriften für Eigenkapital u.v.m. So wichtig die Betrachtung der Institutionen aus dem organisatorischen Umfeld von Banken und ihre Regulierungsaktivitäten ist, so haben auch die Banken mit ihrem Handeln Einfluss auf das Vertrauen. Daher stellt sich die Frage, wie Banken Vertrauen bei ihren jeweiligen Stakeholdern wie z.B. Aktionären, Kunden und Mitarbeitern aufbauen und – nach einem eingetretenen Vertrauensverlust – wiederaufbauen können.

Nun steht Banken sicherlich eine breite Palette an Möglichkeiten für den Vertrauensaufbau zur Verfügung, im Zentrum der Dissertation von Herrn Kury steht die Kommunikation zwischen Banken und ihren Stakeholdern am Beispiel des Geschäftsberichts, insbesondere des Briefs des Vorstands an seine Stakeholder. Eine wesentliche Annahme ist daher, dass (schriftliche) Kommunikation zum Aufbau und insbesondere Wiederaufbau von Vertrauen eingesetzt werden kann. Die Wirkung von verschiedenen Kommunikationsformen eines Senders auf das Vertrauen eines Empfängers im Allgemeinen und die besondere Form des Geschäftsberichts und seine Wirkung auf das Vertrauen von Stakeholdern im Besonderen ist jedoch ein weitgehend unerschlossenes Forschungsgebiet.

Zwar hat die verhaltenswissenschaftliche Rechnungswesenforschung in den letzten Jahren eine Reihe von Untersuchungen zur Wirkung von Informationen des Rechnungswesens auf die unterschiedlichsten Konstrukte vorgelegt, wobei die Entscheidungsforschung in diesem Gebiet ein Schwerpunkt ist: Es fehlen jedoch insbesondere Untersuchungen zur Vertrauenswirkung des Rechnungswesens. Eine Theorie, die zum Einsatz kommen kann, um diese Phänomene einzufangen, ist die Impression Management Theorie. Eine grobe Wiedergabe der Argumentation der Dissertation ist daher wie folgt: Banken und insbesondere ihre Manager müssen gegenüber ihren Stakeholdern Rechenschaft abgeben. Da sie aufgrund der Verluste im Zuge der Finanzkrise – überspitzt formuliert – nicht so gerne zugeben, dass sie Fehler gemacht haben, wenden sie Impression-Management-Taktiken an. Diese Taktiken, in Form von Rechenschaftsabgabe, dienen ihnen dazu, ihr Selbstbild zu erhalten. Die erste empirische Untersuchung von Herrn Kury steht daher unter dem Blickwinkel der Theorie zum Impression-Management. Da Rechenschaftsabgabe auf Verantwortung beruht, wird eine Typologie auf Basis von Verantwortungszuschreibung entwickelt. Er validiert diese Typologie von acht Typen der Rechenschaft anhand von Briefen der Bank-Vorstände. Seine weiteren Tests zeigen die empirische Relevanz der Typen für die Rechenschaft von europäischen und US-amerikanischen Banken, wobei einige wichtige Unterschiede zwischen beiden Gruppen auf kulturelle Faktoren zurückgeführt werden.

Um die Effektivität dieser Maßnahmen zu beurteilen, ist zu beleuchten, wie die Stakeholder auf diese Impression-Management-Taktiken reagieren oder genauer: wie sie aufgrund der Taktiken des Impression-Management (Rechenschaftsabgabe) ihre Vertrauenseinschätzung verändern. Die zweite empirische Untersuchung will daher klären, ob Banken mit ihren Taktiken – Rechenschaft kann als eine solche Taktik angesehen werden – Aktionäre überzeugen können und damit Vertrauen wieder aufbauen. Die Tests der Hypothesen ergeben verschiedene Resultate, allerdings zeigt sich sehr deutlich, dass Rechenschaft erwartet wird. Wenn abgewartet oder geschwiegen wird, zieht dies einen weiteren Vertrauensverlust nach sich. Ein weiteres wichtiges Ergebnis ist es, dass Aussagen über die Zukunft – wie z.B. angekündigte Maßnahmen – besser als vergangenheitsorientierte Erklärungen geeignet sind, Vertrauen wieder aufzubauen.

Diese hier nur skizzenhaft vorgetragenen Erkenntnisse der Arbeit von Herrn Kury zeigen bereits, dass er in vielerlei Hinsicht innovative Ergebnisse vorlegt. Insbesondere seine stringente Ableitung einer Typologie von Rechenschaft auf Basis eines idealtypischen Ansatzes für Verantwortungszuschreibung, die dann empirisch validiert wird, ist ein wichtiger Schritt, um das Problem einer zu differenzierten Typologie forschungsökonomisch zu lösen. Die Probleme rund um die Messung der Effektivität von Rechenschaftstypen sind ungleich schwieriger zu meistern. Die Tests von Herrn Kury sind daher auch als Basistests der einzelnen Typen zu verstehen, die in zukünftigen Studien systematisch um wichtige Faktoren zu ergänzen sind.

Abschließend lässt sich konstatieren, dass diese Schrift für die Theorie und Praxis der Rechenschaft von Banken von hoher Relevanz ist. Aufgrund der skizzierten Vorzüge empfehle ich diese Arbeit ausdrücklich Wissenschaftlern und Praktikern, die sich für die Rechenschaft von Unternehmen – nicht nur Banken – interessieren, und wünsche ihr eine weite Verbreitung.

Berlin, im Dezember 2013   Prof. Dr. Rolf Brühl

Vorwort

„You have to trust in something – your gut, destiny, life, karma, whatever. This approach has never let me down, and it has made all the difference in my life."

(Steve Jobs)

Das Konzept des Vertrauens nimmt im derzeitigen politischen Diskurs eine zentrale Stellung ein. Alle Experten heben die Bedeutung von Vertrauen für den gesellschaftlichen, politischen und ökonomischen Zusammenhalt hervor. Gleichzeitig erleben wir eine Phase schwerer Vertrauensrückgänge in Wirtschaft, Politik und Gesellschaft. Daher rückt die Frage der Wiederherstellung dieser wichtigen Ressource in den Mittelpunkt von Wissenschaft und Praxis. Für viele Menschen gilt die Finanzbranche als Paradebeispiel für zerstörtes Vertrauen. Hier treten die negativen Konsequenzen eines Vertrauensverlustes besonders hervor und machen sich darüber hinaus auch außerhalb dieser Branche bemerkbar. Diese Arbeit beschäftigt sich darum mit der Frage, wie das verlorene Vertrauen in die Bankenbranche wiederhergestellt werden kann. Im Mittelpunkt steht dabei die Abgabe von Rechenschaft als Mittel zur Wiederherstellung von Vertrauen. Obwohl der durch die Banken verursachte Vertrauensschaden massiv erscheint, stimmen die Ergebnisse der vorliegenden Arbeit positiv. Wenn Banken ihren Worten auch Taten folgen lassen, kann durch eine glaubwürdige und effektive Kommunikation der Vertrauenswiederaufbau im Bankensektor nachhaltig gelingen.

Eine zentrale Variable für viele große Projekte im Leben ist das Maß an Vertrauen, das man in deren erfolgreiche Realisierung investiert. Ein solches Projekt stellt auch das Anfertigen einer Promotionsarbeit dar. Eine Dissertation zu schreiben ist ein langer Weg mit zunächst ungewissem Ausgang. Man braucht, wie es in der oben zitierten Aussage von Steve Jobs verdeutlicht wird, den Glauben daran, dass am Ende dieses Marathons der Erfolg steht. Aus dieser Haltung heraus wachsen Ehrgeiz und Gelassenheit. Wichtig aus meiner Sicht ist jedoch vor allem eines: eine Atmosphäre des wechselseitigen Vertrauens. Im Folgenden möchte ich mich deshalb bei allen

Menschen bedanken, die mir diesen Vertrauensvorschuss entgegengebracht haben. Anders wäre mein Promotionsprojekt nicht möglich gewesen.

An erster Stelle sei mein Doktorvater Prof. Dr. Rolf Brühl genannt. Die Dissertation wäre ohne seine fachliche Unterstützung nicht zu dem geworden, was sie heute ist. Die Arbeit an seinem Lehrstuhl werde ich als sehr prägende und spannende Zeit in Erinnerung behalten. Besonders beeindruckt hat mich immer der bewundernswerte zwischenmenschliche Kontakt, den Herr Prof. Brühl mit all seinen Mitarbeitern pflegte. Die vielen persönlichen Gespräche, abseits von Forschung und Lehre, werde ich vermissen. Für das mir entgegengebrachte Vertrauen, die Unterstützung und die hervorragende Zusammenarbeit während meiner Zeit an seinem Lehrstuhl möchte ich mich daher herzlichst bedanken.

Auch meinem Zweitgutachter, Herrn Prof. Dr. Peter Kajüter (Universität Münster), gilt mein Dank für seine Bereitschaft, die Mühen eines Zweitgutachters auf sich zu nehmen.

Um als wissenschaftlicher Mitarbeiter den Alltag gut bewältigen zu können, bedarf es auch eines guten Teams. Daher möchte ich mich bei meinem „Team Controlling" bedanken. Besonderer Dank gilt Michael Hanzlick und Dr. Jörn Basel, mit denen ich am Lehrstuhl die meiste Zeit verbracht habe. Es war für mich immer ein Privileg, mit fachlich und menschlich so beeindruckenden Personen zusammenarbeiten zu dürfen. Bei unseren studentischen Hilfskräften Agni Bujniewicz und Inan Ince bedanke ich mich außerdem für die fabelhafte Zusammenarbeit am Lehrstuhl.

Für einen Doktoranden und wissenschaftlichen Mitarbeiter ist sowohl die Atmosphäre als auch die fachliche Qualität des akademischen Mittelbaus von unschätzbarem Wert für die Weiterentwicklung als Nachwuchswissenschaftler. Die Zeit mit meinen Freunden und Kollegen an der ESCP Europe werde ich darum sehr vermissen. Die Arbeit an der ESCP Europe war stets sehr inspirierend und von Freundschaft und Hilfsbereitschaft geprägt. Ich möchte mich darum bei allen meinen Freunden der ESCP Europe bedanken. Stellvertretend seien genannt: Aaron Baur, Angela Kornau, Christian Klippert, Dennis Wurster, Dr. Erik Maier, Eva Keller, Florian Reichle, Dr. Ihar Sahakiants, Jens Sievert, Johannes Jahn, Julian Bühler, Katherina Bruns, Kyung-Hun Ha, Lars Dzedek, Dr. Lena Knappert, Lynn Schäfer, Philipp Bartholomä, Piotr

Trapczynski, Ruben Dost, Sarah Schätzle, Stephanie Ryschka, Tayfun Aykac, Dr. Timo Runge, und Tina Ladwig. Besonderer Dank gilt außerdem meinem Kollegen Sven Seehausen, mit welchem mich eine enge Freundschaft aus der Zeit an der ESCP Europe verbindet. Als Tischkicker-Team waren wir gefürchtet.

Nicht zuletzt möchte ich der ESCP Europe für das in mich gesetzte Vertrauen und die finanzielle Unterstützung meiner Forschungsarbeit danken. Insbesondere der Verwaltung, dem Rückgrat einer solchen Institution, gilt mein Dank. Die vielen konstruktiven Beiträge und Anmerkungen bei zahlreichen Konferenzen und Fachtagungen waren für meine Dissertation ebenfalls sehr wertvoll.

Bedanken möchte ich mich auch bei allen Freunden, die mich während der arbeitsintensiven Zeit unterstützt und mir manchmal auch die nötige Ablenkung verschafft haben. Stellvertretend gilt mein Dank der legendären „G82" mit meinen Mit- und Ex-Mitbewohnern, Philipp, Mikko, Tymon, Judith und Benjamin sowie allen, die diesen glorreichen Tagen beigewohnt haben.

Weiterhin möchte ich mich bei Bernd Kury, Franz Kury, Hartmut Hermanns, Idylle Klada, Katrin Spira und Susanne Kury für die vielfältigen Korrekturarbeiten bedanken. In vielen Nachtschichten haben sie wesentlich zu Fehlerfreiheit und guter Lesbarkeit der Arbeit beigetragen und mir wertvolle inhaltliche Anregungen geliefert.

Wenn es um Vertrauen geht, so spricht man häufig auch von einem Urvertrauen. Die letzten Worte gehören darum den Menschen, die für mich dieses Urvertrauen geprägt haben und bei welchen ich mich viel zu wenig bedanke: meinen Eltern, meinen Stiefeltern und meinem Bruder. Ich kann mich wahrhaft glücklich schätzen und privilegiert fühlen, dass ich auf ein so starkes Vertrauensfundament zurückgreifen kann. Die Gewissheit unterstützt zu werden, komme was wolle, prägte und prägt mein ganzes Leben bis heute. Besonderer Dank gilt daher ihnen. Ohne dieses tiefe und bedingungslose Vertrauen wäre mein Weg nicht möglich gewesen. Ihnen sei diese Arbeit gewidmet.

Berlin, im Januar 2014　　　　　　　　　　　　　　　　　　　　　　　Max Kury

Inhaltsverzeichnis

Inhaltsverzeichnis XIII

Abbildungsverzeichnis XVII

Tabellenverzeichnis XIX

Abkürzungsverzeichnis XXI

1   Einleitung 1

1.1   Problemstellung und Relevanz 1
1.2   Stand der Forschung und Forschungsfragen 5
1.3   Gang der Untersuchung 11

2   **Theoretische Bezugsrahmen zu Vertrauen und Rechenschaft** 15

2.1   Unterschiedliche Perspektiven von Vertrauen 15
2.2   Theoretischer Bezugsrahmen zum Vertrauen 19
2.2.1   Voraussetzungen und Bedingungen des Vertrauens 19
2.2.2   Vertrauen als Konstrukt 25
2.3   Bedeutung von Vertrauen für die Finanz- und Bankenbranche 30
2.3.1   Vertrauen als Geschäftsgrundlage 30
2.3.2   Vertrauen zwischen Bank und Kunden 32
2.3.3   Vertrauen zwischen Banken und Investoren/Anteilseignern 34
2.4   Rechenschaft – eine Grundlegung 36
2.4.1   Verantwortung und Rechenschaft 36
2.4.2   Rechenschaftsabgabe 40
2.4.2.1 Rechenschaft - Definition 40
2.4.2.2 Typologien zur Abgabe von Rechenschaft 48

2.5	**Rechenschaft mit Hilfe der externen Rechnungslegung**	**52**
2.5.1	Die narrativen Abschnitte im Geschäftsbericht	52
2.5.2	Der Aktionärsbrief	57
2.6	**Theoretische Erklärungsansätze zur freiwilligen narrativen Berichterstattung**	**59**
2.6.1	Theorien der Berichterstattung	59
2.6.2	Phänomene der Berichterstattung als Mehrebenenprobleme	62
2.6.3	Theorien und Forschung auf der individuellen Ebene	64
2.6.4	Theorien und Forschung auf der organisationalen Ebene	68
3	**Empirische Analyse zur Rechenschaftsabgabe von Banken**	**73**
3.1	**Methodisches Vorgehen**	**73**
3.1.1	Auswahl der Forschungsmethode	73
3.1.2	Datenauswahl, Transkription	76
3.1.3	Beschreibung der Stichprobe	79
3.2	**Qualitative Untersuchung: Deduktiv-induktive Typologie-Entwicklung der Rechenschaftsabgabe im Bankenbereich**	**80**
3.2.1	Datenauswahl	80
3.2.2	Typologiebildung	82
3.2.3	Typologie zur Abgabe von Rechenschaft von Banken	87
3.2.4	Zwischenfazit	100
3.3	**Quantitative Untersuchung: Beschreibung und Analyse der Rechenschaftsabgabe von Banken**	**102**
3.3.1	Entwicklung der Hypothesen	103
3.3.2	Codierprozess	107
3.3.2.1	Spezifikation der Kategorien	107
3.3.2.2	Reliabilität und Validität der Untersuchung	111
3.3.2.3	Codierung	118

3.4	Darstellung und Interpretation der Ergebnisse	119
3.4.1	Deskriptive Statistik	119
3.4.1.1	Adressaten des Aktionärsbriefes	119
3.4.1.2	Struktur der Rechenschaftsabgabe	123
3.4.2	Test der Hypothesen	124
3.4.3	Diskussion der Ergebnisse	131
4	**Vertrauenswiederaufbau durch Rechenschaftsabgabe**	**139**
4.1	Theorien der Vertrauenswirkung	139
4.1.1	Der symbolische Interaktionismus als Bezugsrahmen	139
4.1.2	Ein attributionstheoretisches Wirkungsmodell des Vertrauensaufbaus	141
4.2	Empirische Analyse zur Wirkung der Rechenschaftsabgabe	147
4.2.1	Forschungsüberblick	147
4.2.2	Entwicklung der Hypothesen	152
4.2.3	Methodisches Vorgehen	163
4.2.3.1	Auswahl der Forschungsmethode	163
4.2.3.2	Datenerhebung, Datenauswahl und Beschreibung der Stichprobe	164
4.2.3.3	Experimentelles Design und Manipulation der unabhängigen Variablen	167
4.2.3.4	Operationalisierung der abhängigen Variablen	172
4.2.3.4.1	Operationalisierung der wahrgenommenen Vertrauenswürdigkeit	172
4.2.3.4.2	Operationalisierung der Vertrauensintention	174
4.2.3.4.3	Operationalisierung der wahrgenommenen Glaubwürdigkeit und Verantwortlichkeit	175
4.2.3.5	Pretests und Kontrollgruppen	177
4.2.3.6	Manipulations-Checks	178
4.2.3.7	Beurteilung der Validität der Untersuchung	182
4.2.4	Darstellung und Interpretation der Ergebnisse	188
4.2.4.1	Test der Hypothesen	188

4.2.4.2 Diskussion der Ergebnisse 202

5 **Fazit** **215**

Anhang **219**

Literaturverzeichnis **255**

Abbildungsverzeichnis

Abbildung 1: Theoretischer Bezugsrahmen des Vertrauens 20
Abbildung 2: Klassisches Modell der Verantwortung 38
Abbildung 3: Beispiel eines Mehrebenen-Modells für Impression Management 63
Abbildung 4: Ein Erklärungsmodell von Taktiken und Handlungen in den narrativen Teilen der externen Berichterstattung 70
Abbildung 5: Auswahl Banken (Theoretisches Sampling) 81
Abbildung 6: Deduktiv-induktive Codierung 84
Abbildung 7: Typologie zur Abgabe von Rechenschaft bei Banken 99
Abbildung 8: Gemeinsame Kategorien verschiedener Rechenschaftstypologien 101
Abbildung 9: Reliabilitätstest: Cohens kappa 115
Abbildung 10: Vorgehensweise beim Codierprozess 118
Abbildung 11: Adressaten des Aktionärsbriefes (Ansprache) 119
Abbildung 12: Durchschnittliche Anzahl der direkten Ansprache einer Interessensgruppe 120
Abbildung 13: Titel des Berichtes 121
Abbildung 14: Verfasserstruktur der Berichte 122
Abbildung 15: Mittelwertvergleich – Ablehnung 125
Abbildung 16: Mittelwertvergleich – Verantwortung 127
Abbildung 17: Ein sozial-kognitives Wirkungsmodell des Vertrauensaufbaus 144
Abbildung 18: Datenauswahl Experiment 166
Abbildung 19: Vertrauensbewertung vor und nach Fähigkeitsverletzung 189
Abbildung 20: Vertrauensbewertung vor und nach Integritätsverletzung 190
Abbildung 21: Vergleich – Abwarten und Kontrollgruppe 191
Abbildung 22: Vergleich – Ablehnung und Kontrollgruppe 192
Abbildung 23: Vergleich – Relativierung und Kontrollgruppe 193
Abbildung 24: Vergleich – Ausrede und Kontrollgruppe 194
Abbildung 25: Vergleich – Eingeständnis und Kontrollgruppe 195
Abbildung 26: Vergleich – Maßnahme und Kontrollgruppe 196

Tabellenverzeichnis

Tabelle 1:	Ausgewählte Definitionen von Rechenschaft	48
Tabelle 2:	Stichprobe: Gewinn/Verlust-Struktur nach Region (absolute Anzahl von Banken)	80
Tabelle 3:	Beschreibung der Kategorien des sozial-kognitiven Wirkungsmodells der Rechenschaftsabgabe von Banken	110
Tabelle 4:	Weitere verwendete Kategorien	111
Tabelle 5:	Anzahl der Codierungen (N= 100 Banken)	123
Tabelle 6:	Übersicht Zukunftsaussagen (N=100 Banken)	124
Tabelle 7:	Gruppenstatistik – Verlustgruppen	127
Tabelle 8:	Mittelwertvergleich – Ausreden	128
Tabelle 9:	Mittelwertvergleich – positive Aussicht	129
Tabelle 10:	Gruppenstatistik – Regionen	129
Tabelle 11:	Übersicht der Hypothesentests	130
Tabelle 12:	Items – wahrgenommene Fähigkeit	173
Tabelle 13:	Items – wahrgenommene Integrität	174
Tabelle 14:	Items – Vertrauensintention	175
Tabelle 15:	Item - wahrgenommene Glaubwürdigkeit	176
Tabelle 16:	Item - wahrgenommene Verantwortung	177
Tabelle 17:	Manipulations-Check – Negatives Ereignis (Angaben in % der Teilnehmer)	179
Tabelle 18:	Richtige Beantwortung des Manipulations-Checks – Rechenschaftsaussagen (Angaben in % der Teilnehmer)	182
Tabelle 19:	Modell-Fit und Inter-Korrelationen (N=1.758)	187
Tabelle 20:	Reliabilität und Faktorladungen (N=1.758)	188
Tabelle 21:	Vergleich Ausrede und Maßnahme bei Fähigkeitsverletzung	197
Tabelle 22:	Vergleich Ausrede und Maßnahme bei Integritätsverletzung	198
Tabelle 23:	Überprüfung der Modellprämissen	199
Tabelle 24:	Einfluss der wahrgenommenen Glaubwürdigkeit (G) und der wahrgenommenen Verantwortung (V) auf verschiedene Vertrauensdimensionen (N=1.494)	200
Tabelle 25:	Zusammenfassung Hypothesentest – Experiment	202

Abkürzungsverzeichnis

$\bar{x}$	–	Mittelwert
AVE	–	Average Variance Extracted
CEO	–	Chief Executive Officer
CFI	–	Comparative Fit Index
d	–	Cohens d (Effektstärke)
DRS	–	Deutsche Rechnungslegungsstandards
EZB	–	Europäische Zentralbank
FASB	–	Financial Accounting Standards Board
HGB	–	Handelsgesetzbuch
IASB	–	International Accounting Standards Board
IFRS	–	International Financial Reporting Standards
MD&A	–	Management Discussion and Analysis
p	–	p-Wert (Signifikanzwert)
R^2	–	Bestimmtheitsmaß
RMSEA	–	Root Mean Square Error Approximation
s	–	Standardabweichung
SPSS	–	Statistical Product and Service Solutions
SRMR	–	Standardized Root Mean Square Residual
t	–	t-Test
TLI	–	Tucker-Lewis Index
US-GAAP	–	United States Generally Accepted Accounting Standards
W	–	Welch-Test

Kapitel 1 – Einleitung

„Fides in animum, unde abiit, vix umquam redit".
(Vertrauen kehrt kaum jemals in die Seele zurück, aus der es fortging)
Publilius Syrus (o.J.), F 16.[1]

1 Einleitung

1.1 Problemstellung und Relevanz

Zwischen 2007 und 2008 begann eine der größten Finanz- und Wirtschaftskrisen seit der großen Depression von 1929.[2] Aufgrund des Zusammenbruchs des Subprime-Segmentes[3] im US-amerikanischen Hypothekenmarkt kam es zu gravierenden Turbulenzen auf den internationalen Finanzmärkten.[4] In der Folge gerieten viele Unternehmen, insbesondere Banken, in existentielle Schwierigkeiten. So musste 2008 mit Lehman Brothers eine der einst führenden und größten Investmentbanken weltweit Insolvenz anmelden.[5] Trotz massiver Interventionen vonseiten der Regierungen und Zentralbanken[6] führte dies zu einer schweren Krise des Finanzsektors. Bedingt durch die Schwere des Ereignisses sowie durch die enge Verzahnung zwischen Finanz- und Realwirtschaft, erweiterte sich diese zu einer weltweiten Wirtschaftskrise.[7] Für viele wurde so die Finanzkrise zu einem „Charaktertest"[8] für die Bankenbranche, da sie als einer der zentralen Akteure des Finanzmarktes gilt. Aus der Sicht der breiten Öffentlichkeit wurde dieser Test jedoch nicht bestanden,[9] was sich insbesondere in den massiven Vertrauensverlusten gegenüber den Banken widerspiegelt. Bach-

---

[1] Römischer Autor, 1. Jhr. v. Chr. (Eigene freie Übersetzung).
[2] Vgl. Bertelsmann Stiftung (2009), S. 12; Sinn (2010), S. 15.
[3] Das Subprime-Segment ist der Teil des „Hypothekendarlehenmarkts, der überwiegend aus Kreditnehmern mit schlechter Bonität besteht, die über kein oder nur ein sehr niedriges Eigenkapital verfügen und deren Einkommen gemessen am Schuldendienst (zu) niedrig ist" (Neubäumer (2008), S. 735).
[4] Vgl. Neubäumer (2008), S. 732 f.; Lin-Hi/Suchanek (2009), S. 2.
[5] Vgl. Sinn (2010), S. 88 ff.
[6] Vgl. Neubäumer (2008), S. 736 f.
[7] Nicht zuletzt auch aufgrund der „fundamentale[n] Rolle", welche dem Finanzsektor in der heutigen Weltwirtschaft zukommt, da er Risiken transformiert sowie für eine effiziente Allokation von Liquidität und Kapital sorgt (vgl. Lin-Hi/Suchanek (2009), S. 2).
[8] Knop (2012), S. 1.
[9] Vgl. Knop (2012), S. 1.

mann/Gillespie/Kramer (2012) sind deshalb auch folgender Auffassung: „It is trust, more than anything, which has been damaged through the economic crisis".[10] Zahlreiche wissenschaftliche Untersuchungen konnten diese gefühlte Vertrauenskrise im Bankensektor auch empirisch nachweisen. Die bekannte Edelman Vertrauensbarometerstudie zeigt z. B., dass die Finanz- und Bankenindustrie in den großen Industrienationen zwischen 2008 und 2012 hohe Vertrauensverluste erleiden musste.[11] Die aktuelle Studie aus dem Jahr 2013 kommt zu dem Ergebnis, dass heute zwei Drittel des weltweiten Finanz- und Bankenmarktes weniger als fünfzig Prozentpunkte bei der Vertrauensmessung erreichen.[12] Auch andere Studien konnten diese Ergebnisse bestätigen. So gaben 2009 in einer Umfrage des Bundesverbandes deutscher Banken 54 % der Befragten an, dass ihr Vertrauen in die deutsche Bankenbranche allgemein stark gelitten hat.[13] Eine Umfrage von FaktenKontor kommt im selben Jahr zu dem Ergebnis, dass mehr als jeder zweite Bankkunde in Deutschland weniger Vertrauen zu seinem Kreditinstitut hat als vor der Finanzkrise.[14] Dieser Trend ist in fast allen westlichen Industrieländern zu beobachten und konnte bis heute nicht umgekehrt werden. So gaben in einer Studie von Ernst & Young aus dem Jahr 2011 50 % der Europäer und 55 % der US-Amerikaner an, dass ihr Vertrauen in Banken seit der Finanzkrise nachgelassen hat.[15] Eine aktuelle Umfrage aus dem Jahr 2013 des Vereins der Gesellschaft für Konsumforschung (GfK Verein) bestätigt diesen Trend. Im GfK Global Trust Report 2013 verschlechtert sich die Banken- und Versicherungsbranche in Deutschland im Vergleich zu 2011 nochmals und erzielt mit 29 Prozentpunkten die schlechtesten Vertrauenswerte aller abgefragten Branchen in

---

[10] Bachmann/Gillespie/Kramer (2012), S. 285.
[11] Vgl. Edelman (2012), S. 9. In den USA kam es demnach zu einem Rückgang von 34 Prozentpunkten auf 35 %; in den drei kerneuropäischen Ländern Deutschland, Großbritannien und Frankreich zu einem Rückgang von 19 Punkten auf 21 %.
[12] Vgl. Edelman (2013), S. 22. Abgefragt wurden Personen zwischen 18 und 64 Jahren in 18 Ländern. Gemessen wurde Vertrauen über eine Neun-Punkte Frage: „Please indicate how much you trust in each of the following industries to do what is right".
[13] Vgl. Bankenverband (2009), S. 7.
[14] Vgl. FaktenKontor (2009), S. 1.
[15] Vgl. Ernst & Young (2011), S. 4f.

Kapitel 1 – Einleitung 3

Deutschland.[16] Raimund Wildner, Geschäftsführer des GfK Vereins, kommt zu dem Fazit, dass nicht einmal mehr jeder dritte Bundesbürger in diese Branche Vertrauen fasst.[17]

Was diese Vertrauensverluste aber so ungewöhnlich macht, ist die Tatsache, dass in anderen Branchen, wie z. B. der Automobilindustrie, nach der Finanzkrise wieder wachsendes Vertrauen beobachtet werden konnte.[18] Somit ist der anhaltende Vertrauensverlust nicht allein durch einen generellen Vertrauensrückgang in Institutionen oder der Wirtschaft im Allgemeinen zu erklären.[19] Deshalb ist es nicht verwunderlich, dass die Edelman Studie aus dem Jahr 2012 zu dem Ergebnis kommt, dass die Finanz- und Bankenbranche die zurzeit am wenigsten vertrauenswürdige Branche weltweit darstellt.[20]

Diese Ergebnisse sind erstaunlich und problematisch zugleich, betrachtet man sie vor dem Hintergrund der zentralen Bedeutung von Vertrauen insbesondere für den Bankenbereich. Denn nicht zuletzt aus Kundensicht ist das Vertrauen in die eigene Bank einer der zentralen Faktoren für erfolgreiche Geschäftsbeziehungen.[21] Die Bedeutung von Vertrauen für den Bankensektor ist dabei systembedingt. Schon 1948 konnte der Soziologe Merton dies eindrucksvoll beschreiben: Wenn Kunden aufgrund eines Gerüchtes über eine mögliche Zahlungsunfähigkeit ihrer Bank anfangen, ihre Einlagen abzuheben (ihr also nicht mehr vertrauen), wird die Bank tatsächlich zahlungsunfähig werden (selbsterfüllende Prophezeiung).[22] Wie akut diese Gefahr als Folge der Vertrauenskrise tatsächlich war und noch bis heute ist, zeigte sich am 05.10.2008 in der gemeinsamen öffentlichen Stellungnahme der Bundeskanzlerin

---

[16] Vgl. GfK Verein (2013a), S. 30. (Abgefragt wurde das Vertrauen in die jeweilige Branche mittels der Frage „Vertraue ich voll und ganz/überwiegend").
[17] Vgl. GfK Verein (2013b), S. 2 f.
[18] Auf dieses Ergebnis kommt die Vorjahresstudie des Edelman Vertrauensbarometers aus dem Jahre 2011. Es konnte gezeigt werden, dass zwischen 2009 und 2011 das Vertrauen in die Automobilbranche in Ländern wie Großbritannien um fünf Punkte gestiegen ist, in den USA gar um 17 Prozentpunkte (vgl. Edelman (2011), S. 3).
[19] Dies bestätigt die Frage nach dem Vertrauen in die US-Wirtschaft. Hier zeigte sich während der Hochphase der Finanzkrise (2008-2009) zwar ein Vertrauensrückgang, welcher jedoch durch anschließende Vertrauenszuwächse nur temporär war (vgl. Edelman (2011), S. 4).
[20] Vgl. Edelman (2012), S. 7.
[21] Vgl. hierzu die Ergebnisse des Münster Research Institut (2009).
[22] Vgl. Merton (1948).

Angela Merkel und dem damaligen Finanzminister Peer Steinbrück. Beide versicherten, dass die Bundesregierung für die privaten Einlagen der Sparer in Deutschland garantieren werde.[23] Aus Sicht der Bundesregierung waren also die Konsequenzen dieses Vertrauenseinbruchs in Form eines „Bank Run" ein denkbares Szenario, welches eine solche Erklärung notwendig machte.

Es ist deshalb auch nicht verwunderlich, dass Banken die Notwendigkeit und die Bedeutung von Vertrauen für ihre Geschäftstätigkeit als einen „Schlüssel zum Erfolg"[24] wahrnehmen. So hebt z. B. Josef Ackermann, ehemaliger Vorstandsvorsitzender der Deutschen Bank und somit Vertreter einer der bekanntesten Banken weltweit, das gesellschaftliche Vertrauen für Banken deutlich hervor und betont, dass gerade Banken ohne Vertrauen „nicht nachhaltig erfolgreich sein können".[25] Zur gleichen Ansicht kommt auch Andreas Dombret, Mitglied des Vorstandes der Deutschen Bundesbank, indem er hervorhebt, dass „ohne Vertrauen, ohne „Kredit" ... das Bankwesen nicht funktionieren [wird]".[26]

Konsequenterweise ist nach einem vertrauenszerstörenden Ereignis der Wiederaufbau von Vertrauen bei den relevanten Anspruchsgruppen eines der vorrangigen Ziele für viele Unternehmen.[27] Zerstörtes Vertrauen wiederaufzubauen ist jedoch eine besondere Herausforderung. Dies gilt insbesondere für die Bankenbranche, die in den letzten Jahren durch die Wirtschaftskrise und viele weitere Skandale in besonderem Maße in Misskredit geraten ist. So schlussfolgert z. B. Anshu Jain, Co-Vorstandsvorsitzender der Deutschen Bank: „Die größte Herausforderung ist, den Vertrag mit der Gesellschaft zu erneuern. ... Die Banken sind in Ungnade gefallen. Wir müssen Ihr Vertrauen zurückgewinnen".[28] Ähnlich formuliert es der ehemalige Vorstandsvorsitzende der deutschen Bundesbank, Axel Weber, der prophezeit, dass „ohne ein wieder erstarkendes Vertrauen der Marktteilnehmer untereinander ... die

---

[23] Vgl. Spiegel Online (2008).
[24] Greenhill (2013), S. 26. (Robert Greenhill ist ein bekannter US-amerikanischer Investmentbanker).
[25] Ackermann (2012), S. 10.
[26] Dombret (2012), o.S.
[27] Hierzu z. B. Börsen-Zeitung (2012), S. 1.
[28] Jain (2012), S. 11.

Normalisierung der finanziellen und wirtschaftlichen Verhältnisse kaum zu erreichen sein [wird]".[29]

Deshalb und wegen der generell großen Bedeutung von Vertrauen für unternehmerisches Handeln, bezeichnen Forscher das Phänomen des Vertrauensverlustes und dessen Wiederaufbaus auch als eines der bedeutendsten Themen der kommenden Jahre, mit welchem sich die Gesellschaft auseinandersetzen muss.[30] Dies gilt insbesondere vor dem Hintergrund der historischen Relevanz und Stärke der derzeitigen Vertrauenskrise.[31] Kramer/Lewicki (2010) betonen somit auch: „the importance of ... trust repair ... cannot be overstated".[32]

1.2 Stand der Forschung und Forschungsfragen

Trotz der beschriebenen Relevanz für Praxis und Wissenschaft wird schon seit geraumer Zeit die geringe wissenschaftliche Auseinandersetzung mit den verschiedenen Aspekten bei Vertrauensverletzungen kritisiert.[33] Obwohl die Thematik des Vertrauenswiederaufbaus von hoher praktischer Relevanz ist,[34] existiert bis heute nur wenig systematische Forschung hierzu.[35] Kim et al. (2004) beklagen deshalb auch, wie wenig über den Prozess des Vertrauenswiederaufbaus wirklich bekannt ist.[36] Ähnlich sehen es Bachmann/Gillespie/Kramer (2012) und kritisieren den Mangel an Forschung und passenden theoretischen Konzepten, welche einen Vertrauensverlust und dessen Wiederaufbau erklären können.[37] In Anlehnung daran kann auch die Aussage von Rasso (2012) verstanden werden, welcher feststellt, dass nur wenig

---

[29] Weber (2009), S. 4. (Axel Weber war von 2004-2011 Vorstandsvorsitzender der deutschen Bundesbank).
[30] Vgl. De Cremer (2010), S. 844.
[31] Vgl. Bachmann/Gillespie/Kramer (2012), S. 285.
[32] Kramer/Lewicki (2010), S. 270.
[33] Vgl. Elangovan/Shapiro (1998), S. 548.
[34] Vgl. Schweitzer/Hershey/Bradlow (2006), S. 16.
[35] Ähnlich äußern sich Leunissen/De Cremer/Folmer (2012), S. 216; De Cremer (2010), S. 844; Kim et al. (2006), S. 50; Kim/Dirks/Cooper (2009), S. 401; Kim et al. (2004); Schweitzer/Hershey/Bradlow (2006), S. 2.
[36] Vgl. Kim et al. (2004), S. 117.
[37] Vgl. Bachmann/Gillespie/Kramer (2012), S. 285.

Forschung existiert, die sich mit den Möglichkeiten beschäftigt, wie sich Unternehmen nach negativen Ereignissen vor Reputationsschäden schützen können.[38] Erstaunlich ist dabei, dass die Vertrauensforschung gerade im Bankenbereich trotz der zentralen Bedeutung von Vertrauen generell unterrepräsentiert ist.[39] Angelehnt daran kann auch die Aussage von De Cremer (2010) verstanden werden, welcher insbesondere in ökonomischen Austauschbeziehungen mehr empirische Forschung im Bereich des Vertrauenswiederaufbaus fordert.[40] Dass dieses bis heute nur unzureichend geschehen ist, wird auch in einem Mangel an konzeptioneller Fundierung innerhalb der Vertrauenswiederaufbauforschung gesehen.[41] So konnte sich bis heute kein wissenschaftlicher Bezugsrahmen etablieren, der erklärt, wie Vertrauen entsteht, aufgebaut oder wiederhergestellt werden kann.[42] Allgemein wird heute deshalb auch der Stand der konzeptionellen Entwicklung von Vertrauen auf organisationaler und institutioneller Ebene kritisiert.[43] Darüber hinaus existieren nur wenige Auseinandersetzungen über die generelle Bedeutung und Relevanz von Vertrauen für Banken.

Ist Vertrauen erst einmal verlorengegangen, so ist es schwer, es wiederherzustellen. In der politischen Diskussion und einem Großteil der Literatur zum Wiederaufbau von Vertrauen im Bankensektor werden hierzu vor allem umfassendere und effizientere Regulierungsmaßnahmen in verschiedenen Ausprägungen vorgeschlagen.[44] Obwohl solche Maßnahmen eine wichtige und bedeutende Rolle beim Vertrauenswiederaufbau spielen können, sind diese und ähnliche Maßnahmen nicht Gegenstand dieser Untersuchung. In dieser Arbeit soll eine andere wichtige Komponente zur Vertrauenswiederherstellung betrachtet werden: die Kommunikation.[45] Eine spezielle Form

---

[38] Vgl. Rasso (2012), S. 7. Zwar ist Reputation und Vertrauen nicht zwangsläufig dasselbe, allerdings ähneln sich beide Konzepte in vielen Punkten. Im Rahmen dieser Arbeit soll darauf jedoch nicht vertieft eingegangen werden.
[39] Ähnliche Kritik bei Smythies (2009), S. 126 f. Der Autor bezieht sich hierbei insbesondere auf die psychologischen Aspekte von Vertrauen zwischen verschiedenen Banken sowie dem Vertrauen zwischen Bank bzw. Bankberater und Kunden.
[40] Vgl. De Cremer (2010), S. 844. Ähnlich auch bei Leunissen/De Cremer/Folmer (2012), S. 216.
[41] Vgl. Dirks et al. (2011), S. 88.
[42] Einen Ansatz eines solchen Bezugsrahmens auf Basis der Attributionstheorie bietet z. B. die Arbeit von Kim/Dirks/Cooper (2009).
[43] Vgl. Bachmann/Gillespie/Kramer (2012), S. 285.
[44] Vgl. z. B. die Ausführungen bei Dombret (2012) und Rudolph (2010).
[45] Vgl. allgemein zum Verhältnis von Kommunikation und Vertrauen z. B. Luhmann (1973), S. 40 ff.

der Kommunikation ist die Abgabe einer Rechenschaft. Da Kommunikation ein sehr abstrakter und daher weiter Begriff ist, wird im Rahmen dieser Arbeit die Abgabe von Rechenschaft als eine spezielle Form der Kommunikation in Bezug auf den Vertrauenswiederaufbau zwischen Banken und ihren Stakeholdern untersucht. Dabei soll der Fokus auf dem Vertrauenswiederaufbau zwischen einer Bank und deren Aktionären liegen.[46]

Auf den ersten Blick scheint das Handeln die zentrale Variable bei einem Vertrauenswiederaufbau zu sein. Allerdings kann die Umsetzung von konkreten Maßnahmen langwierig und vor allem sehr kostenintensiv sein.[47] Eine Erklärung zu einem neagtiven Ereignis – i.e.S. die Abgabe einer Rechenschaft – ist hingegen unmittelbar und fast kostenlos, bezogen auf den Vertrauenswiederaufbau jedoch alles andere als nutzlos. Einige Forscher sind darum der Meinung, dass in bestimmten Situationen „Worte" effektiver sind als Handlungen.[48] Andere betonen zumindest, dass im Bezug auf Vertrauen Handlungen zwar von hoher Relevanz sind, jedoch nicht immer besser wirken können als „Worte".[49] Allen gemeinsam ist jedoch, dass sie die Bedeutung von Kommunikation für den Vertrauenswiederaufbau hervorheben. Wenn jedoch durch das alleinige Abgeben einer Erklärung gleiche oder ähnliche Effekte für den Vertrauenswiederaufbau erzielt werden können wie z. B. eine kostenintensive Handlung, so ist es von hoher praktischer Relevanz, dieses Phänomen detaillierter zu erforschen. Diese beschriebene Relevanz von Kommunikation für das Vertrauen allgemein und deren Verhältnis zu einer konkreten Handlung wird insbesondere in Verbindung mit dem Kapitalmarkt und dessen zentralen Akteuren deutlich. So ist z. B. das „Outright Monetary Transactions" (OMT) Programm[50] für die Europäische Zent-

---

[46] Dabei liegt der Fokus auf privaten Aktionären. Allerdings sind die Ergebnisse zum Teil auch auf andere Gläubiger einer Bank übertragbar, insbesondere auch auf Kunden, die im klassischen Sinne Geldbeträge auf einer Bank besitzen (umgangssprachlich: Sparer) und somit formaljuristisch Gläubiger einer Bank sind.
[47] Experten schätzen z. B. die derzeitigen Kosten (Stand: März 2013) aller neuen Regulierungsvorschriften für europäische Banken auf ca. acht Milliarden Euro (vgl. De La Motte (2013), S. 32).
[48] Vgl. Van Laer/Ruyter (2010), S. 170.
[49] Vgl. Schweitzer/Hershey/Bradlow (2006), S. 17.
[50] „Im Rahmen des OMT-Programms kann das Eurosystem unter bestimmten Bedingungen Staatsanleihen bestimmter Euroländer in vorab nicht explizit begrenzter Höhe über den Sekundärmarkt ankaufen" (Deutsche Bundesbank (o.J.)).

ralbank (EZB) bis heute nicht mit direkten monetären Kosten verbunden, da es noch nicht aktiviert wurde (keine Handlung).[51] Allerdings konnte schon die Ankündigung der Möglichkeit einer solchen Aktivierung vertrauenswiederaufbauende Effekte bei den Märkten erzeugen (Erklärung/Kommunikation). Dabei bestehen durchaus Zweifel, ob das OMT in der derzeitigen Form überhaupt uneingeschränkt aktiviert werden könnte (Handlung fraglich).[52] Es erstaunt deshalb nicht, dass für die EZB eine effektive Kommunikation ein zentraler Faktor ist, um „das Vertrauen des privaten Sektors in die Wirtschaft ... wiederherzustellen".[53]

Es ist also wenig verwunderlich, dass seit Beginn der Krise die Bedeutung von effektiver Kommunikation für den Vertrauenswiederaufbau stärker in den Vordergrund tritt.[54] Zwar hat die bisherige Forschung zur Rechenschaftsabgabe eine lange Forschungstradition, aufgrund der Vielzahl an Konzepten, Definitionen und Operationalisierungen wirkt sie dennoch eher unfertig und fragmentarisch.[55] In der Literatur wird der Begriff der Rechenschaftsabgabe meist unterschiedlich aufgefasst und selten explizit ab- und eingegrenzt. Insbesondere existieren noch keine allgemeingültigen Modelle, welche den Ablauf und die Wirkungsweise eines Vertrauensverlustes und dessen Wiederaufbau durch die Abgabe von Rechenschaft beschreiben und erklären können.[56] Die vorgelegte Dissertation lässt sich daher von den folgenden Forschungsfragen leiten:

Forschungsfrage: 1.) Welche Arten der Rechenschaftsabgabe gibt es?

Bei der Abgabe von Rechenschaft existieren in der Literatur verschiedene Typen (z. B. sich rechtfertigen oder sich entschuldigen). Allerdings konnte sich bis heute keine allgemeingültige Typologie zur Abgabe von Rechenschaft etablieren. Darüber hinaus basieren die meisten vorhandenen Typologien zur Rechenschaftsabgabe in

---

[51] Stand: 27.03.2013.
[52] Vgl. Barley (2013).
[53] Europäische Zentralbank (2012), S. 99.
[54] Vgl. z. B. Bertelsmann Stiftung (2009), S. 16.
[55] Antaki kritisiert z. B. insbesondere die vielen unterschiedlichen Typologien (vgl. Antaki (1994), S. 66 f.).
[56] Eine Ausnahme bildet z. B. das Konzept von Tomlinson/Mayer (2009).

… der Regel auf interpersonellen Austauschbeziehungen.[57] Im Rahmen der organisationalen Rechnungswesenforschung wird die Abgabe von Rechenschaft oft in Verbindung mit Gewinnen oder Verlusten und deren Erklärungen vonseiten des Managements untersucht („performance explanations"). Diese Forschung hat dabei einen starken attributionstheoretischen Hintergrund und ist primär auf den US-amerikanischen Raum fokussiert.[58] Es zeigte sich insbesondere, dass positive Ergebnisse eher intern und negative eher extern attribuiert werden.[59] Allerdings wird die Aktualität der Forschungsergebnisse auch bemängelt. So kritisieren z. B. Clatworthy/Jones (2003): „the prior literature is now quite dated with the majority of annual reports studied being over 25 years old".[60] Darüber hinaus existieren kaum ausführliche inhaltliche Analysen zu Art und Form solcher Erklärungen. Speziell für den Bankensektor sind keine derartigen Untersuchungen vorhanden, was vor dem Hintergrund der Schwere der derzeitigen Verwerfungen in dieser Branche erstaunlich ist. Eine genaue Analyse der Rechenschaftsabgabe von Banken, insbesondere der Art und des Umfanges solcher Erklärungen, ist daher von hohem Interesse.

Forschungsfrage: 2.) Mit welcher Typologie kann die Rechenschaftsabgabe im Bankensektor beschrieben werden?

Forschungsfrage: 3.) In welchem Umfang geben Banken nach einem vertrauenszerstörenden Ereignis Rechenschaft ab?

Wie erläutert, ist die Vertrauensforschung im Bankensektor generell unterrepräsentiert. Dies gilt somit auch für die Forschung zum Wiederaufbau von Vertrauen, insbesondere jener, welche sich mit dem Wiederaufbau durch Rechenschaftsabgabe befasst. Fraglich ist hier, ob durch die Rechenschaftsabgabe überhaupt Vertrauen zwischen Banken und Anspruchsgruppen wiederhergestellt werden kann. Bisherige empirische Forschungsergebnisse, vor allem im Bereich individueller Austauschbeziehungen, weisen darauf hin, dass die Abgabe von Rechenschaft positiv auf zerstörte

---

[57] Ausnahmen bilden Forschungsarbeiten im Bereich der Unternehmenskommunikation (vgl. hierzu insbesondere die Arbeit von Benoit (1995)).
[58] Vgl. Hooghiemstra (2010), S. 278.
[59] Vgl. z. B. Aerts (1994), S. 338.
[60] Clatworthy/Jones (2003), S. 174. Gleiche Kritik auch bei Hooghiemstra (2010), S. 278.

Vertrauensbeziehungen wirken kann.[61] Allerdings ist die Forschung hierzu noch sehr überschaubar und so bemängeln z. B. Van Laer/Ruyter (2010): „thus far, ... the identification of which words are more effective and when ... has remained unexplored".[62] Tatsächlich zeigt die Forschung unterschiedliche Ergebnisse bezogen auf die Effektivität bestimmter Rechenschaftsaussagen, was auch an dem bereits erwähnten Mangel an einheitlichen konzeptionellen Grundlagen liegt.[63] Darüber hinaus existiert bis heute kaum Forschung in Bezug auf einen solchen Vertrauenswiederaufbau zwischen Unternehmen und individuellen Anspruchsgruppen. Es stellt sich außerdem die Frage, ob die Ergebnisse im Bereich der individuellen Beziehungen (Mikroebene) unmittelbar auf die Unternehmensebene (Mesoebene) übertragbar sind. So liegt in diesen Studien ein starker Fokus auf der Analyse von Ausreden und vor allem Entschuldigungen.[64] In diesen Studien wird eine Entschuldigung in Form eines umfassenden Schuldeingeständnisses als eine der effektivsten Formen der Rechenschaftsabgabe darstellt.[65] Auf der organisationalen Ebene ist der Gebrauch einer solchen Aussage allerdings selten explizit zu beobachten und auch nicht uneingeschränkt zu empfehlen. Denn ein Unternehmen, welches ein allumfassendes Schuldeingeständnis abgibt, läuft Gefahr, sich existenzgefährdenden rechtlichen Konsequenzen stellen zu müssen.[66] Forscher im Bereich der Unternehmenskommunikation kritisieren deshalb auch, dass das klassische Konzept der Entschuldigung oftmals keine angemessene Handlungsoption für Unternehmen darstellt und alternative Konzepte entwickelt werden müssen.[67] Anders ausgedrückt gilt es weiterhin zu untersuchen, ob eine effektive Unternehmenskommunikation, wie die Abgabe von Rechenschaft nach einem negativen Ereignis, positiv auf eine zerstörte Vertrauens-

---

[61] Vgl. z. B. Dirks et al. (2011); Kim et al. (2006), (2004); Ferrin et al. (2007).
[62] Van Laer/Ruyter (2010), S. 170; Ähnlich äußern sich McDonald/Sparks/Glendon (2010), S. 263.
[63] Z. B. kommen Blasio/Veale (2009) zu dem Ergebnis, dass eine Entschuldigung anderen Rechenschaftsaussagen deutlich überlegen ist. Schweitzer/Hershey/Bradlow (2006) hingegen zeigen hierzu widersprüchliche Ergebnisse.
[64] Zur gleichen Ansicht kommen auch De Cremer/van Dijk/Pillutla (2010), S. 123.
[65] Vgl. z. B. Blasio/Veale (2009); Ferrin et al. (2007).
[66] Vgl. Benoit (1997), S. 181; George/Evuleocha (2003), S. 6. Ähnlich bei Leunissen/De Cremer/Folmer (2012), S. 220.
[67] Vgl. Tyler (1997), S. 66 f.

beziehung zwischen einer Bank und deren Anspruchsgruppen wirkt und wie diese Prozesse erklärt werden können.

Forschungsfrage: 4.) Wie kann durch die Abgabe von Rechenschaft Vertrauen wiederaufgebaut werden und wie wirken hierbei verschiedene Typen der Rechenschaftsabgabe auf den Vertrauenswiederaufbau?

Zusammenfassend kann das Ziel der vorliegenden Arbeit wie folgt beschrieben werden:

Ziel ist es, auf Grundlage der Analyse der bestehenden Literatur, vorhandener Typologien sowie unter Einbezug empirischer Erhebungen die Rechenschaftsabgabe von Banken nach einem vertrauenszerstörenden Ereignis zu beschreiben, deren Wirkung und Wirkungsweise auf den Vertrauenswiederaufbau zu analysieren und ihre Effektivität zu beurteilen.

1.3 Gang der Untersuchung

Um die Forschungsfragen zu beantworten, wird die Arbeit in drei Hauptkapitel untergliedert: in ein theoretisch konzeptionelles sowie zwei empirische Kapitel. Die Forschungsziele der Arbeit legen dabei einen Mixed-Method Ansatz nahe, da hiermit sowohl qualitative als auch quantitative Methoden kombiniert angewandt werden können.[68] Für Mixed-Method Ansätze existieren in der Literatur verschiedene Vorschläge.[69] Im Rahmen dieser Arbeit wird in Anlehnung an Creswell/Clark (2007) ein „explanatory design" Ansatz verwendet, welcher durch eine qualitative und quantitative Phase gekennzeichnet ist. Dabei wird dem sogenannten „taxonomy development model" gefolgt.[70] Bei diesem Modell werden auf Basis einer qualitativen Untersu-

---

[68] Ausführlich zu Mixed-Method Ansätzen insbesondere bei Creswell/Clark (2007); Creswell (2002, 1994); Mayring (2001).
[69] Eine kurze Übersicht hierzu findet sich z. B. bei Horch (2009), S. 121 ff. oder Srnka/Koeszegi (2007), S. 31 ff.
[70] Die Autoren unterscheiden bei „explanatory designs" allgemein zwischen einem „instrument development model" und einem „taxonomy model" (vgl. hierzu Creswell/Clark (2007), S. 75 ff.).

chung wichtige Variablen (Rechenschaftstypen) identifiziert und anschließend in einer größeren quantitativen Untersuchung getestet.[71]

Die Arbeit beginnt mit dem theoretisch-konzeptionellen Kapitel 2 (S. 15 ff.). Ziel dieses Kapitels ist es, die wesentlichen Elemente des Vertrauenswiederaufbaus durch Rechenschaftsabgabe zu analysieren und einen konzeptionellen Bezugsrahmen für deren Analyse zu entwickeln. In Hinblick darauf sollen die vorhandenen Forschungsergebnisse zusammengefasst und eigene Konzeptualisierungen entwickelt werden. Dies bildet die Grundlage für die empirischen Analysen der Kapitel 3 und 4. Zuerst wird hierzu das Phänomen des Vertrauens im Detail analysiert. Diesbezüglich wird Vertrauen nicht nur aus einer disziplinübergreifenden Perspektive betrachtet, sondern es wird auch ein konzeptioneller Bezugsrahmen entwickelt, der die systematische Analyse und Beschreibung des Konstrukts erleichtert. Die Analyse zeigt, dass Vertrauen, insbesondere für Banken, von zentraler Bedeutung ist. Darüber hinaus wird in diesem Kapitel das Phänomen der Rechenschaftsabgabe untersucht. Ziel ist es, das Konzept der Rechenschaft als ein zentrales Kommunikationsinstrument zur Wahrnehmungsbeeinflussung zu analysieren. Um dies zu erreichen, wird zuerst das Konzept der Rechenschaft als soziales Konstrukt abgegrenzt und beschrieben. Die Ergebnisse dieser Untersuchung zeigen, dass die Abgabe von Rechenschaft ein zentrales Phänomen der sozialen Interaktion darstellt, welches jedoch in der Forschung fragmentiert und unsystematisch behandelt wird. Es wird deutlich, dass die freie Rechenschaftsabgabe von Unternehmen vor allem in den narrativen Abschnitten – insbesondere dem Aktionärsbrief – beobachtet werden kann. Auf dieser Grundlage wird abschließend ein Erklärungsmodell zur Rechenschaftsabgabe im organisationalen Umfeld abgeleitet.

In der empirischen Untersuchung von Kapitel 3 (S. 73 ff.) wird eine Typologie der Rechenschaftsabgabe von Banken entwickelt und quantitativ beschrieben. Ziel dieser empirischen Untersuchung ist es herauszufinden, in welcher Form und in welchem Umfang Banken Rechenschaft nach einem negativen Ereignis abgeben. Die Grund-

---

[71] Vgl. Creswell/Clark (2007), S. 75 ff. Die Autoren sprechen hier auch von einem „taxonomy development model" (Creswell/Clark (2007), S. 76).

lage hierzu bildet eine Inhaltsanalyse von Aktionärsbriefen amerikanischer und europäischer Banken. Hierzu wird ein Teil des Datenmaterials im Rahmen einer qualitativen Untersuchung ausgewertet und in einem induktiv-deduktiven Forschungsprozess eine Typologie zur Rechenschaftsabgabe im Bankenbereich abgeleitet. Auf Grundlage der entwickelten Typologie wird anschließend der Rest der Daten codiert und im Rahmen einer quantitativen Inhaltsanalyse die Rechenschaftsabgabe im Detail ausgewertet sowie vermutete Unterschiede verschiedener Gruppen getestet (Unterschiedshypothesen). Es zeigt sich, dass Banken insbesondere Zukunftsaussagen bei der Abgabe von Rechenschaft verwenden.

Ziel des in Kapitel 4 (S. 139 ff.) durchgeführten Experiments ist es zu überprüfen, wie die entwickelten Rechenschaftstypen auf einen potentiellen Wiederaufbau von Vertrauen wirken. Hierzu wird auf Basis theoretischer und konzeptioneller Überlegungen ein Wirkungsmodell der Rechenschaftsabgabe entwickelt. Auf dieser Basis werden Zusammenhangs- und Unterschiedshypothesen abgeleitet und getestet. Methodisch wird hierzu ein Web-Experiment (Quasi-Experiment) entwickelt, das eine hohe externe Validität bietet und es ermöglicht, größere Stichproben zu untersuchen. Es zeigt sich, dass sich die Abgabe einer Rechenschaft positiv auf den Vertrauenswiederaufbau auswirken kann, wobei insbesondere die Glaubwürdigkeit einer Erklärung den Erfolg einer Rechenschaftsepisode mitbestimmt.

In Kapitel 5 (S. 215 ff.) wird ein zusammenfassendes Fazit gezogen.

2 Theoretische Bezugsrahmen zu Vertrauen und Rechenschaft [72]

2.1 Unterschiedliche Perspektiven von Vertrauen

Ursprünglich wird unter Vertrauen das zwischenmenschliche Vertrauen, wie das Vertrauen in einen Lebenspartner, verstanden. Dabei geht Vertrauen über rein zwischenmenschliche Beziehungen hinaus.[73] Es wird als ein soziales Phänomen aufgefasst, welches eine Beziehung zwischen zwei Parteien in einem sozialen Umfeld impliziert.[74] In dieser Austauschbeziehung vertraut der Vertrauensnehmer (trustee) dem Vertrauensgeber (trustor). Der Vertrauensnehmer wird auch als Vertrauensobjekt, der Vertrauensgeber als Vertrauenssubjekt bezeichnet. Diese können neben Personen auch Kollektive wie z. B. Unternehmen umfassen.[75] Eine ausführliche wissenschaftliche Auseinandersetzung mit dem Vertrauensphänomen hat spätestens seit den 1960er und 1970er Jahren begonnen.[76] Dennoch, obwohl oder gerade weil Vertrauen als gemeinhin „central, superficially obvious"[77] gilt, hat sich bis heute keine einheitliche wissenschaftliche Definition von Vertrauen in der Literatur herausbilden können.[78] Keen/Schrump/Chan (1999) formulieren dieses Dilemma daher wie folgt: „what exactly is trust? It's so easy to talk about, so hard to pin down."[79] Verschiedene Forschungsdisziplinen haben darum versucht, eine Reihe unterschiedlicher Konzepte, Messmodelle und Definitionen für das Vertrauensphänomen zu entwickeln.[80] Vor allem in der Philosophie, Psychologie, Soziologie sowie der Ökonomie haben sich

---

[72] Kapitel 2.1 wurde in wesentlichen Teilen in Kury/Brühl (2012) wörtlich vorveröffentlicht. Auf eine weitere Zitierung von Kury/Brühl (2012), insbesondere auch der wörtlich übernommenen Passagen und Abbildungen, wird aus Übersichtlichkeitsgründen im Folgenden verzichtet.
[73] Vgl. Schweer (2008), S. 13.
[74] Vgl. Späth (2008), S. 10; Laeequddin et al. (2010), S. 54.
[75] Vgl. Späth (2008), S. 10 f. Die Autorin betont jedoch, dass es insbesondere in der betriebswirtschaftlichen Literatur umstritten ist, ob als Vertrauenssubjekt auch Kollektive in Frage kommen oder ob das Subjekt auf Personen beschränkt bleibt.
[76] Vgl. Lyon/Möllering/Saunders (2012), S. 2.
[77] Blois (1999), S. 197.
[78] Vgl. Brühl/Horch/Orth (2009), S. 97; Götz (2006), S. 61; Neubauer/Rosemann (2006), S. 115; Laeequddin et al. (2010), S. 54.
[79] Keen/Schrump/Chan (1999), S. 4; ähnlich äußern sich auch Hosmer (1995), S. 379 f. und Endreß (2001), S. 164 f.
[80] Vgl. Laeequddin et al. (2010), S. 54; Blois (1999), S. 197.

unterschiedliche Ansätze herausgebildet.[81] Trotz der vielen Forschungsarbeiten im Vertrauensbereich fehlt es jedoch noch immer an einheitlichen Ansätzen. So macht die Vertrauensforschung, nicht zuletzt auch aufgrund der heterogenen Bearbeitung des Vertrauensphänomens in den unterschiedlichen Forschungsdisziplinen, einen fragmentierten[82], unfertigen und unsystematischen Eindruck.[83] Obwohl der Übergang zwischen den einzelnen Forschungssichtweisen oft „fließend"[84] ist, scheint es angebracht, das Vertrauenskonstrukt aus diesen unterschiedlichen Forschungsperspektiven zu betrachten.

Insbesondere die Soziologie hat verschiedene Forschungsansätze zum Vertrauen entwickelt,[85] obwohl dieses lange Zeit „nie ein Thema des soziologischen Mainstream gewesen [ist]".[86] In dieser Disziplin wird es als ein soziales Phänomen verstanden.[87] Vertrauen ist demnach ein Merkmal sozialer Beziehungen, bei welchen mindestens zwei Akteure beteiligt sein müssen.[88] Hierbei können sowohl einzelne Personen als auch kooperative Akteure (Unternehmen, Verbände u. ä.) involviert sein.[89] Vertrauen ist in dieser Betrachtung also kein Phänomen, welches sich ausschließlich in zwischenmenschlichen Beziehungen abspielt, sondern gilt auch als Variable zur Erklärung von Gruppen- oder Organisationsverhalten.[90] Innerhalb solcher Beziehungen kann Vertrauen die Problematik der Informationsunsicherheit sowie des Informationsproblems zwischen den beteiligten Akteuren lösen. Denn in sozialen Beziehungen werden Leistungen in der Regel mit zeitlichen Verzögerungen ausgetauscht (Zeitproblem). Dies hat zur Folge, dass sich die Akteure nicht sicher sein können, ob sich ihr Interaktionspartner verbindlich an die Vereinbarungen hält

---

[81] Vgl. Laucken (2001), S. 301. Ähnlich auch bei Neubauer/Rosemann (2006), S. 115; Blois (1999), S. 197.
[82] Vgl. McEvily/Perrone/Zaheer (2003), S. 91; McEvily/Tortoriello (2011), S. 35; Kramer/Lewicki (2010), S. 250.
[83] Vgl. Swift (2001), S. 18.
[84] Nitzl (2012), S. 32. (Der Autor führt dabei den fließenden Übergang zwischen der ökonomischen und psychologischen Sichtweise auf).
[85] Vgl. Pirson (2006), S. 38.
[86] Luhmann (2001), S. 143.
[87] Vgl. Pirson (2006), S. 38.
[88] Vgl. Preisendörfer (1995), S. 264; Lewis/Weigert (1985), S. 968.
[89] Vgl. Preisendörfer (1995), S. 264.
[90] Vgl. Lewis/Weigert (1985), S. 968.

(Informationsproblem).[91] Durch eine einseitige Vorleistung eines Akteures (Vertrauen) kann dieses Problem allerdings gelöst werden.[92] Für Forscher wie den Soziologen Niklas Luhmann ist Vertrauen darum auch in erster Line eine „Form der Reduktion von [sozialer] Komplexität".[93]

Aus psychologischer Sicht wird Vertrauen als ein psychologischer Zustand aufgefasst,[94] welcher von affektiven und kognitiven Prozessen determiniert wird. Der Vertrauensgeber hat hierbei eine positive zukünftige Erwartung in das Verhalten des Vertrauensnehmers und ist somit von diesem abhängig.[95]

Aus ökonomischem Blickwinkel wird Vertrauen hauptsächlich aus einer transaktionskostentheoretischen und spieltheoretischen Sichtweise betrachtet.[96] Dabei wird Vertrauen zum einen als kooperatives Verhalten verstanden, welches Überwachungs- und Durchsetzungskosten senkt (Transaktionskostentheorie), zum anderen trägt es zur Überwindung des sogenannten Gefangenendilemmas bei (Spieltheorie).[97] Insgesamt werden durch Vertrauen Transaktionskosten reduziert und höhere Kooperationsgewinne ermöglicht.[98] Für Albach (1998) ist Vertrauen deshalb auch eine „wichtige Erfolgsgröße für die Unternehmenspolitik" sowie „ein bedeutsames Kriterium für die wettbewerbspolitische Beurteilung von Märkten".[99] Im wirtschaftlichen Kontext wird Vertrauen somit eine essentielle Bedeutung zugesprochen,[100] da es zum einen eine der zentralen Voraussetzungen von Geschäftsbeziehung darstellt[101] und darüber hinaus Komplexität reduziert, Handlungsspielräume eröffnet sowie Kontrollkosten senkt.[102] Aus ökonomischer Sicht kann somit geschlussfolgert werden, dass

---

[91] Vgl. Preisendörfer (1995), S. 264.
[92] Vgl. Preisendörfer (1995), S. 264.
[93] Luhmann (1973), S. 8.
[94] Vgl. Rousseau et al. (1998), S. 398.
[95] Vgl. Brühl/Horch/Orth (2009), S. 98.
[96] Vgl. Nitzl (2012), S. 32.
[97] Vgl. Nitzl (2012), S. 32.
[98] So auch bei Herkendell (2007), S. 4.
[99] Albach (1998), S. 2.
[100] Vgl. Kater (2011), S. 94.
[101] Vgl. Hardin (2001), S. 328.
[102] Vgl. Reinmuth (2011), S. 42.

durch Vertrauen effizienzsteigernde und kostensenkende Wirkungen möglich sind.[103] Auch für Banken ist dies von entscheidender Bedeutung, da Anteilseigner aufgrund von Vertrauen in die Bank dieser Ressourcen in Form von Kapital zur Verfügung stellen, ohne das die Banken wiederum nicht wirtschaften könnten.

Nicht zuletzt aufgrund der unterschiedlichen Sichtweisen hat sich eine große Anzahl von verschiedenen Vertrauensdefinitionen entwickelt.[104] Dennoch gibt es einige Kernelemente, die sich in den meisten Definitionen wiederfinden.[105] So beschreibt z. B. Nitzl (2012) auf Grundlage einer Analyse verschiedener Vertrauensdefinitionen vier Kernbestandteile, die den meisten Vertrauensdefinitionen gemeinsam sind: Zukunftsbezug, Freiwilligkeit, Verletzbarkeit sowie positive Erwartungen.[106] Vor allem die positiven Erwartungen sind nach Nitzl (2012) in fast allen Definitionen enthalten.[107]

In vorliegender Untersuchung wird dem Vertrauensverständnis von Rousseau et al. (1998) gefolgt. Diese Definition ist bewusst breit angelegt und wird in vielen ähnlichen Untersuchungen verwendet.[108]

Vertrauen wird deshalb im Folgenden definiert als:

„ein psychologischer Zustand, der eine positive Erwartung in das Verhalten oder die Absichten anderer Personen ausdrückt, von denen man abhängig ist".[109]

---

[103] Vgl. Bertelsmann Stiftung (2009), S. 10.
[104] Vgl. Lyon/Möllering/Saunders (2012), S. 2.
[105] Vgl. Rousseau et al. (1998), S. 398; Kramer/Lewicki (2010), S. 247; Gambetta (2001), S. 211. Umfangreiche Übersichten zu verschiedenen Vertrauensdefinitionen finden sich z. B. bei Nitzl (2012), S. 40 f.; Neuberger (2006), S. 12 ff.; Laeequddin et al. (2010), S. 54 f.
[106] Vgl. Nitzl (2012), S. 40 ff. (Es steht jedoch hierbei ein interpersoneller Fokus im Vordergrund).
[107] Vgl. Nitzl (2012), S. 42.
[108] Vgl. z. B. Kim et al. (2006), S. 49, (2004), S. 105; Leunissen/De Cremer/Folmer (2012), S. 216; Ferrin et al. (2007), S. 894.
[109] Rousseau et al. (1998), S. 395, in der dt. Übersetzung von Jammel/Leistikow (2011), S. 148. (Im englischen Orginal: „a psychological state comprising the intention to accept vulnerability based on positive expectations of the intentions or behavior of another").

2.2 Theoretischer Bezugsrahmen zum Vertrauen

2.2.1 Voraussetzungen und Bedingungen des Vertrauens

Aufgrund der beschriebenen Fragmentierung der Vertrauensforschung soll ein theoretischer Bezugsrahmen für die vorliegende Untersuchung verwendet werden. Eine für die vorliegende Arbeit geeignete Konzeptualisierung kommt von Brühl/Horch/Orth (2009). Die Autoren entwickeln in ihrer Arbeit einen theoretischen Bezugsrahmen für Vertrauen im Controlling-Bereich. Da dieser verschiedene konzeptionelle Perspektiven integriert, wird er der beschriebenen mehrperspektivischen Forschung des Vertrauens gerecht. Hervorzuheben ist außerdem, dass diese Konzeption im Gegensatz zu anderen Rahmenkonzepten explizit zwischen verschiedenen Ebenen des Vertrauens unterscheidet. In Abbildung 1 ist eine für diese Untersuchung angepasste und erweiterte Form dieses Bezugsrahmens dargestellt.

Beeinflusst wird die Art und Weise, wie jemand vertraut, von verschiedenen Voraussetzungen. Zum einen von situativen Einflussfaktoren sowie zum anderen von personenbedingten Einflussfaktoren.[110] Darüber hinaus ist die Ebene, auf der sich die soziale Interaktion abspielt, von großer Bedeutung. Im Folgenden wird auf diese Aspekte kurz eingegangen werden.

Als eine der wichtigsten Voraussetzungen für Vertrauensbeziehungen gelten die situativen Gegebenheiten. Auf der Grundlage einer disziplinübergreifenden Analyse der Vertrauensliteratur identifizierten Rousseau et al. (1998) Risiko und Interdependenz als zentrale situative Bedingung einer Vertrauensbeziehung.[111] Zwischen den Begriffsbezeichnungen herrscht in der Literatur allerdings große Uneinigkeit. Insbesondere das unterschiedliche Verständnis von Risiko lässt einige Autoren eine andere Bezeichnung wählen.[112] In dieser Arbeit soll der Bezeichnung und Definition von Möllering (2006) gefolgt werden.[113] Dieser unterscheidet zwischen Unsicherheit und

---

[110] Vgl. Späth (2008), S. 103.
[111] Vgl. Rousseau et al. (1998), S. 395.
[112] Ein kurzer Überblick über diese Problematik findet sich bei Späth (2008), S. 12 ff.
[113] Dabei wird der Argumentation von Späth (2008) gefolgt, welcher diese Begriffsbezeichnung als besonders „eindeutig" auffasst (vgl. Späth (2008), S. 14).

Kapitel 2 – Theoretische Bezugsrahmen zu Vertrauen und Rechenschaft

Verwundbarkeit.[114] Bei Unsicherheit geht es darum, dass der Vertrauensnehmer nicht sicher vorhersagen kann, wie sich der Vertrauensgeber verhalten wird.[115] Die Verwundbarkeit resultiert aus der Abhängigkeit des Vertrauensgebers gegenüber dem Vertrauensnehmer und dem dazugehörigen Risiko, in dieser Situation Schaden zu erleiden.[116] Demnach kann geschlussfolgert werden, dass in einer Situation, in der ein Akteur nicht verwundbar ist, Vertrauen auch bedeutungslos ist.[117]

Voraussetzungen/Bedingungen	Vertrauenskonstrukt
Situationsbedingte Einflussfaktoren	*Kognitive Prozesse*
- Unsicherheit über Zukunft - Abhängigkeit	Wahrgenommene Vertrauenswürdigkeit des Vertrauensnehmers (Fähigkeit, Integrität)
Vertrauensebene (Art der sozialen Interaktion)	
- Individuum – Individuum - Individuum – Organisation - Organisation – Organisation	Vertrauensintention des Vertrauensgebers
Personenbedingte/organisationale Einflussfaktoren	
Eigenschaften des Vertrauensgebers: - Bereitschaft zum Vertrauen - Risikoneigung	Eigenschaften des Vertrauensnehmers: - Fähigkeit - Wohlwollen - Integrität	Vertrauenshandlung

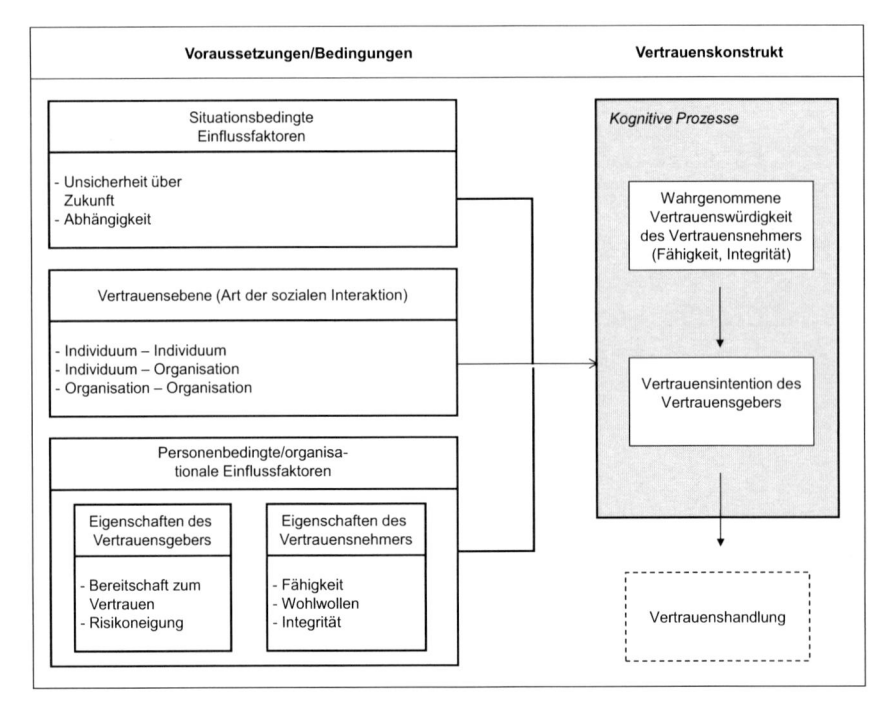

Abbildung 1: Theoretischer Bezugsrahmen des Vertrauens

---

[114] Vgl. Möllering (2006), o.S.
[115] Vgl. Späth (2008), S. 14.
[116] Vgl. Späth (2008), S. 15.
[117] Vgl. Späth (2008), S. 15.

Als zweite wichtige Voraussetzung für Vertrauensbeziehungen gelten die personenbedingten Einflussfaktoren. Diese lassen sich in Eigenschaften des Vertrauensgebers[118] und Eigenschaften des Vertrauensnehmers unterteilen.[119] In der Literatur gibt es eine große Anzahl verschiedener identifizierter Eigenschaften des Vertrauensnehmers, welchen ein Einfluss auf Vertrauen zugesprochen wird.[120] Als weit verbreitet gelten jedoch drei wesentliche Eigenschaften,[121] welche Mayer/Davis/Schoorman (1995) auf Grundlage einer Analyse der Literatur beschrieben haben: Integrität, Fähigkeit und Wohlwollen.[122] Unter Fähigkeiten werden dabei die Eigenschaften verstanden, die dem Vertrauensgeber ermöglichen, in einem spezifischen Bereich den Anforderungen gerecht zu werden. Wohlwollen ist eine Eigenschaft, bei der der Vertrauensnehmer dem Vertrauensgeber hilft und wohlgesonnen ist, ohne dafür eine konkrete Gegenleistung zu erwarten. Zuletzt wird unter Integrität die Fähigkeit verstanden, sich an Prinzipen auszurichten, nach denen auch der Vertrauensnehmer handelt. Mit der Integrität eng verbunden ist darüber hinaus die Vereinbarungstreue, die ausdrückt, ob sich der Vertrauensnehmer an (vertragliche) Vereinbarungen hält.[123] Diese Dimension wird häufig bei Untersuchungen zum interorganisationalen Vertrauen herangezogen.

Für das Vertrauensverhältnis zwischen Bank und Kunde bedeutet dies z. B., dass der Kunde in der Anlageberatung von einem Kundenberater erwartet, dass dieser die Fähigkeit hat, die Risiken von Anlageprodukten einzuschätzen, die dem Kunden ein Abwägen von Risiken und Erträgen ermöglicht. Weiterhin erwartet der Kunde einer Bank, dass sich der Kundenberater ihm gegenüber wohlwollend verhalten wird und ihn umfassend über zielgerechte Anlageformen berät und nicht die höhere Provision von bankeigenen Produkten im Auge hat. Zuletzt wird er hoffen, dass das Verhalten

---

[118] Vgl. Mayer/Davis/Schoorman (1995), S. 714 ff.
[119] Vgl. Mayer/Davis/Schoorman (1995), S. 716 ff.
[120] Einen Überblick über verschiedene Eigenschaften bietet z. B. Mayer/Davis/Schoorman (1995), S. 718.
[121] Vgl. Poppo/Schepker (2010), S. 127.
[122] Vgl. Mayer/Davis/Schoorman (1995), S. 717 ff.
[123] Vgl. Sako/Helper (1998), S. 388.

des Kundenberaters von für ihn bedeutenden Prinzipen und grundlegenden Werten geleitet wird.

Eine wesentliche Frage in der Vertrauensforschung ist es, ob sich die Dimensionen der Vertrauenswürdigkeit in verschiedenen Kontexten unterscheiden oder ob es eine Art generelle Vertrauenswürdigkeit gibt.[124] Für diese Arbeit ist diese Frage insofern relevant, weil eventuell ein Aktienbesitzer gegenüber seiner Bank (Vertrauen in Organisationen) andere Dimensionen zur Beurteilung der Vertrauensbeziehung wählt als gegenüber dem CEO einer Bank (Vertrauen in eine Person). Im Folgenden soll sich ausschließlich auf das Vertrauen in Organisationen bezogen werden. Hierzu werden zwei Dimensionen der Vertrauenswürdigkeit unterschieden: (1) Fähigkeit und (2) Integrität. Für diese Fokussierung sprechen auch aktuelle Forschungsergebnisse. In ihrer Untersuchung zum Vertrauen von Stakeholdern in eine Organisation finden Pirson und Malhotra, dass Fähigkeiten sowohl für interne als auch für externe Stakeholder relevant sind und dass die Relevanz von Wohlwollen und Integrität von der Tiefe der Stakeholder-Beziehung abhängt: Im Falle von tiefen Beziehungen – gemessen an der Zahl der Interaktionen und der Länge der Beziehung – ist das Wohlwollen relevant, bei weniger tiefen Beziehungen ist es die Integrität.[125] Da diese Arbeit auf weniger tiefe Beziehungen fokussiert (Anteilseigner/Bank), soll sich im Folgenden auf Integrität und Fähigkeit konzentriert werden. Es spricht einiges für die Vermutung, dass diese beiden Dimensionen der Vertrauenswürdigkeit von Banken im Zuge der Finanzkrise neu eingeschätzt wurden. So könnten z. B. Berichte über fehlendes Risikomanagement in einigen Banken zu einem Überdenken der Fähigkeiten dieser Unternehmen führen. Aber auch Berichte über Manipulationen einiger Banken bezüglich eines wichtigen Zinses, wie dem Libor, könnte der Anlass von Bankkunden sein, die Integrität dieser Banken neu zu bewerten. Für die Frage, ob sich Vertrauensgeber in eine Vertrauensbeziehung begeben oder diese aufrechterhalten wollen, ist daher die Beurteilung der Vertrauenswürdigkeit von ausschlagge-

---

[124] Vgl. Janowicz/Noorderhaven (2006), S. 266 ff.
[125] Vgl. Pirson/Malhotra (2011), S. 1099. Ähnlich argumentiert auch Poppo/Schepker (2010), S. 127. Im Speziellen für seine Analyse über öffentliches Vertrauen argumentiert der Autor, dass Wohlwollen keine zentrale Rolle spielt. Allerdings erkennt er durchaus an, dass dies für andere Anspruchsgruppen, wie z. B. Mitarbeiter, sehr wohl von Bedeutung sein kann.

bender Bedeutung: Erst wenn sie die für sie wesentlichen Dimensionen der Vertrauenswürdigkeit des Vertrauensnehmers positiv einschätzen, gehen sie eine Beziehung ein.[126]

Weiterhin haben auch die Eigenschaften des Vertrauensgebers eine Auswirkung darauf, wie und ob Vertrauen abgeben wird. Hier ist zum einen die allgemeine Bereitschaft des Vertrauensgebers, überhaupt zu vertrauen, von Bedeutung. Da Vertrauen in der Regel als eine Bereitschaft verstanden wird, sich in einer bestimmten Situation verwundbar zu machen, spielt auch die Frage der Risikobereitschaft eine zentrale Rolle. Insofern wird die Abgabe von Vertrauen auch von den jeweils individuell verschiedenen Risikoneigungen des Vertrauensgebers mitbestimmt.[127]

Im Zentrum der Voraussetzungen und Bedingungen des Vertrauens steht die Ebene der sozialen Interaktion, wobei Individuen und Organisationen und deren Interaktionen unterschieden werden. Auf organisationaler Ebene können der Vertrauensnehmer und der Vertrauensgeber sowohl Individuen als auch ein Unternehmen sein.[128] Zu diesem Zweck wird oft zwischen einer extraorganisationalen, einer intraorganisationalen sowie einer interorganisationalen[129] Vertrauensebene unterschieden.[130] Vertrauen als Phänomen wird in dieser Arbeit für drei Interaktionsmöglichkeiten betrachtet: (1) Vertrauen in Individuen, (2) Vertrauen in Organisationen und (3) Vertrauen zwischen Organisationen.

(1) Vertrauen in Individuen: So kann im Rahmen einer Beziehung mit einem Privatkunden die Interaktion mit dem individuellen Kundenberater als interpersonal bezeichnet werden. Denn auch wenn der Kundenberater letztlich im Na-

---

[126] Vgl. Currall/Judge (1995), S. 164 f., die einen starken Einfluss der Vertrauenswürdigkeit feststellen.
[127] Vgl. hierzu die Ausführungen bei Brühl/Horch/Orth (2009), S. 99 f.
[128] Teilweise wird jedoch auch argumentiert, dass Organisationen nicht selbst Vertrauen abgeben können, sondern nur Personen. Deshalb, so die Argumentation, ist das Vertrauenssubjekt immer ein Individuum (vgl. Janowicz/Noorderhaven (2006), S. 265).
[129] Im Mittelpunkt der intraorganisationalen Ebene steht die Vertrauensbeziehung zwischen den Mitgliedern einer Organisation, bei der extraorganisationalen Ebene wird hingegen das Vertrauen verschiedener externer Anspruchsgruppen in das Unternehmen betrachtet (vgl. z. B. Götz (2006), S. 62 f.). Bei interorganisationalen Beziehungen geht es um das Vertrauen zwischen Organisationen (vgl. z. B. Laeequddin et al. (2010)).
[130] Vgl. Seppänen/Blomqvist/Sundqvist (2007); Laeequddin et al. (2010).

men der Bank handeln wird, so nimmt der Kunde ihn doch als Individuum wahr, das ihn persönlich betreut, und nicht als Organisation.

(2) Vertrauen in Organisationen: Ist der Vertrauensgeber ein Individuum und der Vertrauensnehmer eine Organisation, dann handelt es sich um das Vertrauen in eine Organisation. Typische Beispiele sind Kunden und Aktionäre einer Bank, die ihrer Bank vertrauen. Ist das Individuum kein Mitglied innerhalb der Organisation, so wird dies meist auch als extraorganisationales Vertrauen bezeichnet; handelt sich hingegen um eine Vertrauensbeziehung von Mitgliedern innerhalb einer Organisation (Mitarbeiter/Vorgesetzter), so wird dies als intraorganisationales Vertrauen bezeichnet.

(3) Vertrauen zwischen Organisationen: Eine interorganisationale Beziehung liegt vor, wenn Banken untereinander Forderungen und Verbindlichkeiten auf dem Interbankenmarkt tauschen. Klassische Beispiele in der betriebswirtschaftlichen Literatur sind hier insbesondere die Supply-Chain-Partnerschaften.[131]

Aus dem Blickwinkel von Individuen werden Organisationen häufig insofern individualisiert, als die persönlichen Kontakte und Interaktionen mit Individuen stattfinden und diese Personen als individuelle Stellvertreter wirken. So ist man zwar Kunde der Bank X aber doch nur, weil ein so gutes Verhältnis zur Kundenberaterin Frau Schmidt und dem Kassierer Herrn Müller existiert. Es spricht daher einiges dafür, dass das Konstrukt Vertrauen seine Bedeutung im Wesentlichen aus der sozialen Interaktion zwischen Individuen bezieht und dann auf Vertrauen in Organisationen überträgt.[132] Diese Arbeit beschränkt sich auf die Interaktionen zwischen individuellen Akteuren (Aktionären) und Organisationen (Banken). Obwohl also alle drei Möglichkeiten bei Banken auftreten, soll sich im Folgenden auf die zweite Möglichkeit konzentriert werden.

---

[131] Eine Übersicht über interorganisationale Vertrauensbeziehungen findet sich z. B. bei Laeequddin et al. (2010) und Seppänen/Blomqvist/Sundqvist (2007), die in ihrer Arbeit auf Supply-Chain-Partnerschaften fokussieren.
[132] Vgl. Janowicz/Noorderhaven (2006), S. 268.

2.2.2 Vertrauen als Konstrukt

Auf der Konstruktebene existieren heute ebenfalls verschiedene Konzepte, welche Vertrauen in unterschiedliche Dimensionen unterteilen. Ein gängiges Konzept ist das von Lewis/Weigert (1985), welches zwischen einer affektiven („affective trust"), einer kognitiven/emotionalen („cognitive/emotional trust") und einer verhaltensorientierten („behavioural trust") Komponente unterscheidet.[133] Im Folgenden werden diese kurz beschrieben.

Im Zentrum der bisherigen Forschung standen meist die kognitiven Eigenschaften von Vertrauen.[134] Denn auf Basis kognitiver Prozesse entscheiden Personen, welchen Individuen oder Organisationen sie vertrauen oder misstrauen sollten.[135] In diesem Zusammenhang spielen Erfahrung und Wissen über den Vertrauensnehmer eine zentrale Rolle in der Beurteilung der Vertrauenswürdigkeit durch den Vertrauensgeber.

Bei der affektiven Dimension stehen der Einfluss und die Wirkung von Emotionen im Mittelpunkt. Hierbei geht es um die Zuversicht, die der Vertrauensgeber auf Basis von positiven Gefühlen für den Vertrauensnehmer hat. Die affektive Komponente von Vertrauen wird bestimmt durch die wahrgenommene Stärke der Beziehung und von Gefühlen der Sicherheit. Demnach spielen bei Vertrauensbeziehungen Emotionen eine bedeutende Rolle.[136]

Als dritte Dimension gilt die Verhaltensorientierung von Vertrauen. Demnach äußert sich kognitives und affektives Vertrauen in bestimmten Vertrauenshandlungen.[137] Die Verhaltensorientierung von Vertrauen ist dabei „reciprocally related" zu den beiden anderen beschriebenen Elementen (kognitives und affektives Vertrauen).[138] Lewis/Weigert (1985) fassen diese Verhaltensorientierung wie folgt auf: „the behavioral

---

[133] Vgl. Lewis/Weigert (1985), S. 969 ff.
[134] Vgl. Schoorman/Mayer/Davis (2007), S. 348 f.; Brühl/Horch/Orth (2009), S. 101.
[135] Vgl. Lewis/Weigert (1985), S. 970.
[136] Vgl. Johnson/Grayson (2005), S. 501.
[137] Vgl. Lewis/Weigert (1985), S. 971.
[138] Vgl. Lewis/Weigert (1985), S. 971.

content of trust is the undertaking of a risky course of action on the confident expectation that all persons involved in the action will act competently and dutifully".[139]

Im Rahmen dieser Arbeit wird Vertrauen unter dem kognitiven Aspekt betrachtet, d. h., die Zuschreibung von Vertrauen wird primär als ein kognitiv beeinflusster Entscheidungsprozess aufgefasst.[140]

Je nachdem, welcher theoretischer Hintergrund eingenommen wird und auf welche Dimensionen fokussiert werden soll, existieren unterschiedliche Konzeptualisierungen und somit auch Operationalisierungen von Vertrauen. In den meisten Studien werden Vertrauenswürdigkeit, Vertrauensintention sowie die Vertrauenshandlung als zentrale Bestandteile von Vertrauen angesehen.[141] Diese sollen im Folgenden kurz erläutert werden:

(1) Eine große Anzahl der empirischen Forschungsarbeiten operationalisieren Vertrauen nur über die wahrgenommene Vertrauenswürdigkeit.[142] Das alleinige Gleichsetzen der wahrgenommenen Vertrauenswürdigkeit mit Vertrauen wird jedoch von großen Teilen der Literatur stark kritisiert, da empirische Studien darauf hindeuten, dass die wahrgenommene Vertrauenswürdigkeit zwar eine wichtige Determinante von Vertrauen darstellt, dieses jedoch nicht mit Vertrauen per se gleichzusetzen ist.[143]

(2) Die Vertrauensintention stellt die Bereitschaft dar, sich in einer Situation verwundbar zu machen. Dabei kann zwischen einer generellen und einer spezifischen Vertrauensintention unterschieden werden. Bei der generellen Vertrauensintention geht es um die prinzipielle Neigung, anderen Parteien zu vertrauen. Bei der spezifischen Vertrauensintention geht es um eine konkrete Situation. Insofern wird die spezifische Vertrauensintention bei einigen Vertrauensmodellen, wie dem von Mayer/Davis/Schoorman (1995), als das eigentliche Vertrauen aufgefasst. Für die Ope-

---

[139] Lewis/Weigert (1985), S. 971. (Hierbei beziehen sich die Autoren auch auf die Arbeit von Barber (1983)).
[140] Vgl. Hardin (1992).
[141] Vgl. Späth (2008), S. 133; McEvily/Tortoriello (2011), S. 38.
[142] Vgl. Gillespie (2012), S. 178.
[143] Vgl. Gillespie (2012), S. 177 f.

rationalisierung gibt es verschiedene Skalen. Anerkannte Skalen sind insbesondere die von Mayer/Davis (1999)[144] und Gillespie (2003).[145] Teilweise sind, wie z. B. bei dem Fragenkatalog von Gillespie (2003), die verwendeten Fragen jedoch sehr spezifisch auf eine Vertrauensbeziehung zwischen Mitarbeitern und Vorgesetzten abgestimmt. Diese lassen sich schwerer auf andere Vertrauensbeziehungen, insbesondere die zwischen einem Unternehmen und einem Aktionär, übertragen.

(3) In experimentellen Designs mit ökonomischem Hintergrund ist die Messung von Vertrauen über die tatsächliche Vertrauenshandlung weit verbreitet.[146] Bekannt geworden ist hierbei vor allem das Vertrauensspiel von Berg/Dickhaut/McCabe (1995), welches bis heute in verschiedenen Varianten und Modifikationen angewendet wird.[147] Befürworter solcher Operationalisierung heben nicht nur die letztlich entscheidende Relevanz der eigentlichen Vertrauenshandlung hervor,[148] sondern argumentieren, dass die Vertrauenshandlung auch als indirekte Variable (Proxy) zur Messung von Vertrauen (Vertrauensintention) herangezogen werden kann. So konnten z. B., Schweitzer/Hershey/Bradlow (2006) experimentell zeigen, dass die Messung der Vertrauenshandlung die gleichen Ergebnisse liefert wie die Operationalisierung über eine Befragung. Gegner solcher ökonomischer Experimente bezweifeln jedoch, ob hierbei wirklich Vertrauen gemessen wird. Insbesondere wird argumentiert, dass die Motivation, eine bestimmte Handlung auszuüben (i.e.S. Geldbetrag zu senden),

---

[144] Die Autoren verwenden eine Vier-Item Skala für die Operationalisierung der spezifischen Vertrauensintention (vgl. Mayer/Davis (1999), S. 136).

[145] Die 10 Item Skala wird auch als „Behavioral Trust Inventory" (BIT) bezeichnet. Die Itemwerte repräsentieren dabei zwei wichtige Dimensionen von Vertrauen. Zum einen die „Bereitschaft, sich auf das Wissen, Fähigkeiten und Urteile der anderen Person verlassen" zu können, „zum anderen die Bereitschaft, sich hinsichtlich sensitiver, arbeitsbezogener und persönlicher Informationen zu öffnen" (Späth (2008), S. 135).

[146] Vgl. z. B. Glaeser et al. (2000), S. 822.

[147] In der Grundform des Trust Games stehen sich zwei Experimentalteilnehmer, A und B, in verschiedenen Räumen gegenüber. Teilnehmer A bekommt einen Geldbetrag X. Diesen Geldbetrag kann A ganz oder teilweise an B übermitteln. Den Betrag, den A übermittelt, wird vom Experimentalleiter verdoppelt. Anschließend kann B einen Teil des erhaltenen Geldes wiederum an A zurücktransferieren. Das Geld, das A an B sendet („amount send"), wird dabei zur Messung von Vertrauen herangezogen. Beiden Teilnehmern sind die Spielregeln bekannt. Dabei entsteht eine Situation, in der es für A ökonomisch am besten wäre, wenn er alles an B übergibt und B wiederum mehr als die Hälfte an A zurückgibt. Hierzu muss A aber darauf vertrauen, dass sich B an die Vereinbarung hält.

[148] Denn in letzter Konsequenz, so die Argumentation, ist in der Regel das tatsächliche Verhalten, das aus dem Vertrauen resultiert, der entscheidende Aspekt bei jeglicher Vertrauensbeziehung.

auch aus altruistischen Gründen heraus erklärt werden könnte. Dem widerspricht allerdings eine aktuelle Studie von Brülhart/Usunier (2012), welche keinen signifikanten Einfluss von Altruismus auf die Vertrauenshandlung nachweisen konnte.[149] Teilweise wird auch versucht, die Vertrauenshandlung nicht direkt zu erfassen, sondern über Befragungen zu operationalisieren. Dies ist allerdings nicht unproblematisch. Denn es ist in solchen Untersuchungen oft fraglich, ob beim Versuch, die Vertrauenshandlung zu operationalisieren, nicht fälschlicherweise eher die Vertrauensintention operationalisiert wird.[150]

Welche Vorgehensweise der Forscher wählen sollte, ist umstritten. Es existiert kein allgemeingültiges und anerkanntes Konzept.[151] Vielmehr muss die Wahl der Operationalisierung immer vor dem Hintergrund der Forschungsfrage sowie der verwendeten Konstruktdefinition- und Konzeptualisierung betrachtet werden.

Für die Operationalisierung von Vertrauen in dieser Arbeit wird der Konzeptualisierung von Mcknight/Cummings (1998) gefolgt. Hierin wird Vertrauen über die wahrgenommene Vertrauenswürdigkeit (wahrgenommene Integrität und wahrgenommene Fähigkeit) und die (spezifische) Vertrauensintention gemessen. Diese bilden zusammen das Vertrauen in ein bestimmtes Vertrauensobjekt. Die Vertrauenshandlung ist hierbei nicht das Vertrauen selbst, sondern die Konsequenz von Vertrauen. Die Wahl dieses Ansatzes scheint aus folgenden Gründen sinnvoll:

---

[149] Vgl. Brülhart/Usunier (2012), S. 22.

[150] Siehe z. B. Wiedmann/Wüstefeld/Klibert (2011), S. 82. Die Autoren operationalisieren die Vertrauenshandlung mit der Frage: „Auch in Zukunft stellt ein Investment in „Unternehmen X" eine attraktive Geldanlage für mich da". Hierbei ist es fraglich, ob somit nicht eher die Intention anstatt die Handlung operationalisiert wurde.

[151] In der Regel wird versucht, im Rahmen von Experimenten oder Umfragen Vertrauen oder Vertrauenswürdigkeit zu messen. McEvily/Tortoriello (2011) identifizieren in ihrer Metastudie 207 verschiedene Messmethoden für Vertrauen. Erstaunlich ist dabei, dass, obwohl Vertrauen in der Regel als ein mehrdimensionales Konstrukt aufgefasst wird (vgl. McEvily/Tortoriello (2011), S. 26, S.33; Seppänen/Blomqvist/Sundqvist (2007), S. 254 f.), in 78 % der Fälle (N=161), dieses als eindimensionales Konstrukt operationalisiert wird (vgl. McEvily/Tortoriello (2011), S. 33). Denn wird Vertrauen als ein latentes Konstrukt aufgefasst, so lässt es sich in empirischen Studien eigentlich nicht unmittelbar erfassen. Hierzu, so die verbreitetste Argumentation, muss das Konstrukt in seine „theoretisch postulierten Teilmerkmale" aufgeteilt werden (vgl. Späth (2008), S. 132). In der Studie von McEvily/Tortoriello (2011) wurden jedoch lediglich 46 Messmethoden (22%) identifiziert, welche Vertrauen als ein mehrdimensionales Konstrukt operationalisieren. Diese zeichneten sich darüber hinaus durch eine hohe Heterogenität in der Art der Operationalisierung aus. So identifizierten die Autoren 38 unterschiedliche Dimensionen zur Messung von Vertrauen (vgl. McEvily/Tortoriello (2011), S. 33 f.).

(1) Zum einen fokussiert sich die Arbeit primär auf die kognitiven Aspekte von Vertrauen. Dies spiegelt auch die verwendete Definition und Konzeptualisierung von Vertrauen wider.[152] Denn Vertrauen wurde in Kapitel 2 (S. 18) definiert als: „ein psychologischer Zustand, der eine positive Erwartung in das Verhalten oder die Absichten anderer Personen ausdrückt, von denen man abhängig ist".[153]. Die Konzeptualisierung von Mcknight/Cummings (1998) wird dem sehr gut gerecht, indem Vertrauen als Vertrauenswahrnehmung und Vertrauensintention aufgefasst wird. Folglich werden vertrauenswiederherstellende Maßnahmen verstanden als: „activities, directed at making a trustor`s trusting beliefs and trusting intentions more positive after a violation is perceived to have occurred".[154] Somit spiegelt dieses Modell auch die dominierende Literaturmeinung, welche das Vertrauensphänomen als ein multidimensionales Konstrukt auffasst, wider.[155]

(2) Zum anderen ist im Bereich der Vertrauensforschung, insbesondere in der Forschung zum Vertrauenswiederaufbau durch Rechenschaftsabgabe, die Konzeptualisierung von Mcknight/Cummings (1998) einer der anerkanntesten und meist verwendeten Ansätze.[156] Aus wissenschaftstheoretischer Sicht ist die Verwendung von etablierten Konzepten zu begrüßen, da so Untersuchungen und Ergebnisse erst vergleichbar werden und es somit zu einer Akkumulation von Wissen kommen kann. Darüber hinaus unterscheidet sich das Modell im Kern kaum von anderen verbreiteten Konzepten, insbesondere dem bekannten Modell von Mayer/Davis/Schoorman (1995), sodass bei der Operationalisierung einzelner Dimensionen auf diese Konzepte zurückgegriffen werden kann.

---

[152] Gillespie (2012) sieht es als eine der zentralen Herausforderungen an zu gewährleisten, dass die Operationalisierung von Vertrauen mit dessen Definition und Konzeptualisierung vereinbar ist (vgl. Gillespie (2012), S. 181).
[153] Rousseau et al. (1998), S. 395, in der dt. Übersetzung von Jammel/Leistikow (2011), S. 148.
[154] Kim et al. (2004), S. 105. So auch bei Kim/Dirks/Cooper (2009), S. 402 f.
[155] Vgl. Kim et al. (2004), S. 105.
[156] Vgl. hierzu auch die Ausführungen in Kapitel 4.2.1, (S. 147 ff.).

2.3 Bedeutung von Vertrauen für die Finanz- und Bankenbranche

2.3.1 Vertrauen als Geschäftsgrundlage

Wie bereits angedeutet, hat Vertrauen verschiedene positive Auswirkungen. Dabei erfährt Vertrauen nochmals eine besondere Relevanz und Aktualität in Verbindung mit dem Kapitalmarkt, insbesondere mit dessen Akteuren.[157] Zu den zentralen Kapitalmarktakteuren gehören der Gesetzgeber, die kapitalnachfragenden Unternehmen sowie die sogenannten intermediären Finanzinstitutionen.[158] Letztere sind insbesondere die Banken, welche die Infrastruktur bereitstellen und so den Handel zwischen den Marktteilnehmern gewährleisten.[159] Grundsätzlich kann zwischen Geschäftsbanken[160] und Zentralbanken[161] unterschieden werden.[162] Geschäftsbanken werden dabei als Wirtschaftsunternehmen aufgefasst, welche finanzielle Dienstleistungen anbieten.[163] Vertrauen kommt in diesem System insofern eine „Schlüsselrolle"[164] zu, da es die eigentliche Geschäftsgrundlage für die Funktionsfähigkeit des Kapitalmarkts darstellt.[165]

Um Kredite an andere Marktteilnehmer vergeben zu können, benötigt eine Bank selbst Geld bzw. Liquidität. Dieses bekommt sie unter anderem dadurch, dass sie

---

[157] Vgl. Banzhaf/Kuhnle (2006), S. 88; Deutsche Bundesbank (2010), S. 79; Kater (2011), S. 96 ff.
[158] Vgl. Banzhaf/Kuhnle (2006), S. 90 f. Die EZB unterscheidet zwei Arten von Finanzintermediären: Die monetären Finanzinstitute (MFIs), zu denen z. B. Kreditinstitute zählen, sowie die sonstigen Finanzintermediäre (SFIs), zu denen unter anderem die Pensionskassen gezählt werden. (Für eine detailliertere Diskussion vgl. hierzu Europäische Zentralbank (2012), S. 49 ff.).
[159] Vgl. Banzhaf/Kuhnle (2006), S. 90; Deutsche Bundesbank (2010), S. 78 f.
[160] Geschäftsbanken können wiederum in verschiedene Unterarten untergliedert werden. Diese unterscheiden sich teilweise zwischen den verschiedenen Rechtsräumen und Ländern. In Deutschland kann allgemein zwischen Universalbanken (z. B. Sparkassen oder Kreditbanken) und Spezialbanken (z. B. Bausparkassen und Realkreditinstituten) unterschieden werden. Im Oktober 2010 waren in Deutschland 1918 Banken registriert (vgl. Deutsche Bundesbank (2010), S. 85 ff.).
[161] Die Zentralbanken bzw. Notenbanken haben andere Aufgaben und Funktionen als Geschäftsbanken und werden als eine Art „Bank der Banken" angesehen (vgl. Deutsche Bundesbank (2010), S. 79 f.). Im Rahmen der vorliegenden Arbeit stehen jedoch nur die Geschäftsbanken im Vordergrund. Auf eine genaue Analyse der Zentralbanken wird nicht näher eingegangen. Einen Überblick über Aufgaben und Funktionen von Zentralbanken findet sich z. B. bei Barro/Grilli/Ahrns (1996), S. 304 ff. Am Beispiel der EZB illustriert z. B. Scheller (2006) ausführlich die Struktur und Wirkung einer Zentralbank.
[162] Vgl. Deutsche Bundesbank (2010), S. 79.
[163] Vgl. Deutsche Bundesbank (2010), S. 79 f.
[164] Vgl. Deutsche Bundesbank (2010), S. 79.
[165] Vgl. Banzhaf/Kuhnle (2006), S. 88.

Kapitel 2 – Theoretische Bezugsrahmen zu Vertrauen und Rechenschaft 31

sich selbst Geld von Marktteilnehmern der Realwirtschaft leiht.[166] Die einfachste Form ist hierbei die Eröffnung eines Bankkontos einer natürlichen Person und die Einzahlung von Geld. Dieses Geld kann eine Bank nun verwenden, um selbst einen Kredit zu vergeben. Allerdings hat der Kunde das Recht, jederzeit seine Einlagen zum Nominalwert zurückfordern.[167] Aus diesem Grund ist eine Bank verpflichtet, eine Mindestreserve bei der Zentralbank zurückzuhalten. Da nun quasi zwei Personen über die fast identische Summe verfügen können, ist es in diesem Prozess zu einer faktischen Geldschöpfung gekommen.[168] Dieser Prozess der Geldschöpfung wird auch unter den Stichwörtern Geldschöpfungsmultiplikator,[169] Fiatgeld („fiat-money"),[170] Fiatgeld-System in der Literatur diskutiert. Dieser Geldschöpfungsprozess ist eine der Grundlagen des heutigen Bankensystems. Er funktioniert allerdings nur so lange, wie die Kreditgeber den Banken vertrauen, dass sie jederzeit ihr Geld zurückbekommen können.[171] Wird dieses Vertrauen enttäuscht, kann das dazu führen, dass viele Kunden einer Bank zu einem ähnlichen Zeitpunkt ihre Konten auflösen möchten. Da eine Bank jedoch nur einen kleinen Teil dieser Kontobestände tatsächlich vorhält, ist eine Bank „immer der latenten Gefahr der Illiquidität und damit des Konkurses ausgesetzt".[172] Vertrauen die Anleger ihrer Bank also nicht mehr, so kann dies zu einem Bank-Run führen,[173] infolgedessen diese auch tatsächlich zahlungsunfähig werden kann, unabhängig davon, ob die Bank tatsächlich eine schlechte finanzielle Struktur besitzt oder nicht.[174] Schon 1873 beschrieb dies Bagehot wie folgt: „Every banker

---

[166] Ähnlich bei Barro/Grilli/Ahrns (1996), S. 325.
[167] Vgl. Barro/Grilli/Ahrns (1996), S. 321.
[168] Vgl. Suntum (2001), S. 87, 89.
[169] Zum tieferen Verständnis vgl. auch Barro/Grilli/Ahrns (1996), S. 310 ff., insbesondere 314 ff.
[170] Fiatgeld kommt vom lateinischen Wort *fiat* (es werde gemacht, es geschehe) und spielt darauf an, dass das Geld in einem solchen System kaum einen tatsächlichen Wert an sich besitzt, sondern einzelnen Institutionen das Recht der Geldschöpfung zugesprochen wird und es somit quasi aus dem Nichts erschaffen werden kann (vgl. Süssmuth/Weizsäcker (2007), S. 171; Kater (2011), S. 97 f.).
[171] Das Vertrauen geht hierbei über die Banken hinaus. Da der Staat und die Zentralbank oft direkt oder indirekt für die Bankeinlagen garantieren, bezieht sich das Vertrauen auch auf die Garantieversprechen dieser Institutionen und auf den Wert des Geldes an sich.
[172] Stillhart (2002), S. 137. Ähnlich auch bei Barro/Grilli/Ahrns (1996), S. 321.
[173] Eine bekannte Arbeit über Ursachen von Bank-Runs und deren Prävention stammt von Diamond/Dybvig (1983).
[174] Ähnlich bei Preisendörfer (1995), S. 270; Barro/Grilli/Ahrns (1996), S. 321.

knows that if he has to prove that he is worthy of credit, however good may be his arguments, in fact his credit is gone".[175] Vertrauen ist deshalb für das Banken- und Finanzsystem das Fundament ihrer Geschäftstätigkeit.[176] Somit ist dieses Fundament vom „unbedingten Vertrauen in die Banken"[177] abhängig. Das Fehlen dieses Vertrauens entzieht Banken nicht nur ihre zentrale Geschäftsgrundlage,[178] im Gegensatz zu anderen Industrien kann dies aufgrund der besonderen Stellung von Banken als zentrale Finanzmarktakteure fundamentale Auswirkungen auf das gesamte Wirtschaftssystem haben.[179] So schlussfolgern Lewis/Weigert (1985): „Economic collapse occurs in contemporary industrial and commercial societies not when nature fails to send rain or locusts ravage crops, but when society fails to support trust and sends citizens running on the banks".[180]

2.3.2 Vertrauen zwischen Bank und Kunden

Banken sind Dienstleistungsunternehmen. Somit stellen Kunden, welche diese Dienstleistungen in Anspruch nehmen, einen zentralen Faktor einer erfolgreichen Geschäftstätigkeit dar. Darum ist es wichtig, die Bedeutung von Vertrauen für erfolgreiche Kundenbeziehungen im Bankgeschäft aufzuzeigen. Für Peter Buschbeck, Mitglied des Vorstandes der Hypovereinsbank, ist daher „das Vertrauen der Kunden ... das wichtigste Kapital einer Bank".[181] Das ist wenig verwunderlich, bedenkt man, dass das traditionelle Kerngeschäft der Bankenbranche das Kreditgeschäft darstellt. Bei vielen Banken, wie z. B. Sparkassen und Genossenschaftsbanken, ist diese Art der Liquiditätsbeschaffung nach wie vor eine der zentralen Säulen des Geschäfts-

---

[175] Bagehot (1873), .2.64.
[176] Vgl. Neubäumer (2008), S. 732; Kater (2011), S. 96.
[177] Härting (2013), S. 10.
[178] Um dieses Vertrauen zu stärken und Bankenkrisen zu verhindern, werden verschiedene präventive Maßnahmen diskutiert und in unterschiedlichem Umfang in vielen Ländern auch angewandt. Zu diesen gehören unter anderem verschiedene Formen der Einlageversicherung, die Rolle der Zentralbank als „Kreditgeber letzter Instanz" sowie die Haltung eines Mindestreservesatzes. Auf solche Maßnahmen wird jedoch im Rahmen dieser Arbeit nicht weiter eingegangen. Ein Überblick hierzu findet sich z. B. bei Barro/Grilli/Ahrns (1996), S. 321 ff.
[179] Ähnlich auch bei Kater (2011), S. 96.
[180] Lewis/Weigert (1985), S. 980.
[181] Buschbeck (2011), o.S.

modells. Die Bedeutung einer solchen Kreditbeziehung zwischen Bank und Kunde wird schon in der etymologischen Bedeutung des Wortes Kredit deutlich. Dieses stammt vom lateinischen Wort credere ab und bedeutet vertrauen.[182] In dieser Beziehung vertraut der Kreditgeber dem Kreditnehmer, dass dieser sein Geld zurückzahlen wird.[183] Die Bank kann diesbezüglich als Kreditgeber oder als Kreditnehmer fungieren und muss daher sowohl Vertrauen aufbringen als auch Vertrauen entgegengebracht bekommen. Insbesondere im Privatkundengeschäft ist der Dienstleitungscharakter, im Speziellen die Beratung der Kunden, von hoher Bedeutung. Für Dienstleistungen, welche auch als Vertrauensgüter bezeichnet werden,[184] ist Vertrauen allgemein besonders wichtig.[185] Aufgrund des intangiblen Charakters von Dienstleistungen sind diese nur schwer erfassbar. Als Konsequenz können Verbraucher die Qualität solcher Leistungen nicht direkt beurteilen.[186] Im Bankenbereich geht es darüber hinaus um besonders sensible Ressourcen und Informationen der Kunden, welche ein Vertrauensverhältnis voraussetzen. So geben in einer Studie des Münster Research Instituts 93% der Befragten an, dass sie sich nicht vorstellen können, mit einer Bank Geschäfte zu machen, welcher sie nicht vertrauen. Für 95% der Befragten ist Vertrauen daher auch eine notwendige Bedingung bei Bankgeschäften.[187] Fehlt schließlich das Vertrauen, so entziehen Anleger den Banken Geld und somit Liquidität, was wiederum die Kreditvergabe negativ beeinflusst.

Neben dem Privatkundengeschäft sind institutionelle Akteure ein wichtiger Faktor im Kreditgeschäft. Insbesondere im sogenannten Interbankenmarkt bzw. Interbankenhandel, bei welchem Banken untereinander Kreditgeldgeschäfte tätigen,[188] wird die

---

[182] Vgl. De La Motte/Clemens/Czernomoriez (2010), S. 40; Kater (2011), S. 96.
[183] Vgl. De La Motte/Clemens/Czernomoriez (2010), S. 40 f.
[184] Vgl. Sprenger (2007), S. 91 f. (Weitere Güterarten sind die sogenannten Such- und Erfahrungsgüter).
[185] Vgl. Tyler/Stanley (2007), S. 335.
[186] Vgl. Sprenger (2007), S. 91 f.
[187] Vgl. Münster Research Institut (2009), S. 14.
[188] Vgl. Wildmann (2010), S. 145; De La Motte/Clemens/Czernomoriez (2010), S. 41 f.

34 Kapitel 2 – Theoretische Bezugsrahmen zu Vertrauen und Rechenschaft

Bedeutung von Vertrauen für Banken besonders deutlich.[189] Eine hohe Vertrauensbasis der Marktteilnehmer untereinander ist für die Funktionsfähigkeit dieses Marktes von elementarer Bedeutung. Wird nicht mehr darauf vertraut, dass man in der Lage ist, das geliehene Geld zurückzuzahlen, so ist die Funktionsfähigkeit des gesamten Marktes in Gefahr.[190] Wie fragil dieses Vertrauen ist, konnte in Folge der Insolvenz der amerikanischen Investmentbank Lehman Brothers im Jahr 2008 beobachtet werden. Aufgrund der gestiegenen Unsicherheit über den tatsächlichen finanziellen Status der Banken kam es zu einer Vertrauenskrise im Interbankenmarkt. So verdreifachte sich im Spätsommer 2008 der Renditeabstand zwischen besicherten und unbesicherten Interbankenausleihungen, obwohl dieser im Zuge der Marktverwerfungen schon 10-mal so hoch war wie vor der Finanzmarktkrise.[191] Denn aus Sicht der Banken wurde das Ausfallrisiko zunehmend größer, so dass diese in großem Ausmaße ihre Aktivitäten auf dem Interbankenmarkt verringerten.[192] Als Konsequenz „trocknete der Interbankenhandel völlig aus".[193] Dies führte wiederum zu weiteren existenzgefährdenden Schwierigkeiten, insbesondere bei Banken, die sich hauptsächlich bei anderen Banken refinanzieren mussten.[194]

2.3.3 Vertrauen zwischen Banken und Investoren/Anteilseignern

Damit eine Aktiengesellschaft erfolgreich auf dem Markt bestehen kann, müssen Anleger bereit sein, in Form eines Aktienkaufes dem Unternehmen Kapital zur Verfügung zu stellen.[195] Ohne Anlegervertrauen ist eine hinreichende Kapitalanlage jedoch

---

[189] Der Interbankenmarkt ist für Banken zum einen von entscheidender Bedeutung, da dieser ein wichtiges Instrument darstellt, um sich kurzfristig Liquidität beschaffen zu können, zum anderen dient dieser Markt jedoch auch der Generierung von bedeutenden Spekulationsgewinnen. Darüber hinaus sorgt der Interbankenhandel auch für eine gleichmäßigere Verteilung von Risiken zwischen den Banken (vgl. im Detail De La Motte/Clemens/Czernomoriez (2010), S. 42 f.).
[190] Eine umfassende Ausführung zur Rolle von Vertrauen auf dem Interbankenmarkt bietet De La Motte/Clemens/Czernomoriez (2010), S. 40 ff.
[191] Vgl. Deutsche Bundesbank (2009), S. 8.
[192] Vgl. Deutsche Bundesbank (2009), S. 94.
[193] Weber (2008), S. 3. Ähnlich auch bei Neubäumer (2008), S. 736.
[194] Vgl. Eger (2011), S. 5; Weber (2008), S. 3.
[195] So auch bei Wiedmann/Wüstefeld/Klibert (2011), S. 44, 42.

Kapitel 2 – Theoretische Bezugsrahmen zu Vertrauen und Rechenschaft 35

nicht möglich.[196] Denn die Kaufentscheidung einer Aktie ist vor allem durch Vertrauenseigenschaften gekennzeichnet. Das heißt, dass der Käufer darauf vertrauen muss, dass die Aktie die ihr zugesprochene Qualität in Form der erhofften Rendite besitzt, da es ihm nicht möglich ist, diese vor oder nach dem Kauf vollständig zu ergründen.[197] Tomczak/Coppetti (2006) definiert eine Aktie deshalb auch als „ein Vertrauensgut, deren Leistung (in Form der Rendite) erst in der Zukunft bewertet werden kann".[198] Banzhaf/Kuhnle (2006) betont auch die Notwendigkeit der „Schaffung von Vertrauen in die Aktie allgemein als wohl wichtigstes Kapitalmarktinstrument".[199] Ihrer Meinung nach bildet hohes Vertrauen die „Lebensgrundlage" zwischen Anlegern und Finanzsektor.[200] Folglich ist heute die Schaffung von Vertrauen für viele Unternehmen ein zentraler Aspekt bei der Kapitalmarktkommunikation.[201] Für Banken ist darüber hinaus das Eigenkapital der Anteilseigner von hoher Bedeutung, da Banken gesetzlich verpflichtet sind, immer eine angemessene Höhe von Eigenkapital vorzuhalten.[202] Die Eigenkapitalbasis dient unter anderem als Puffer, der verhindern soll, dass Verluste von z. B. Bankkunden getragen werden müssen.[203] Eine zu niedrige Eigenkapitalbasis kann somit wiederum einen negativen Einfluss auf die Kreditvergabe von Banken haben.

Zusammenfassend kann festgestellt werden, dass Vertrauen für wirtschaftliches Handeln wichtig, für die Bankenbranche jedoch von besonderer Bedeutung ist. Insbesondere nach einem Vertrauensschwund besteht das Problem, wie Vertrauen wieder hergestellt werden kann. Noch einmal sei der Unterschied zu anderen Unternehmen betont: Zwar hätte ein kompletter Stromausfall aufgrund einer technischen

---

[196] Vgl. Banzhaf/Kuhnle (2006), S. 88.
[197] Vgl. Wiedmann/Wüstefeld/Klibert (2011), S. 44; Tomczak/Coppetti (2006), S. 275 f.
[198] Tomczak/Coppetti (2006), S. 276.
[199] Banzhaf/Kuhnle (2006), S. 88.
[200] Vgl. Banzhaf/Kuhnle (2006), S. 88.
[201] Vgl. Banzhaf/Kuhnle (2006), S. 95.
[202] Die Höhe richtet sich nach verschiedenen Kriterien wie z. B. die Entwicklungen auf den Finanzmärkten oder die Qualität des Risikomanagementsystems der Bank. Beschlossen worden sind diese Regelungen im Basler Ausschuss für Bankenaufsicht, bei dem die Zentralbanken und Bankaufsichtsbehörden verschiedener Länder zusammenarbeiten. Unter den Stichworten Basel II und Basel III finden sich die Inhalte dieser Regelungen in den Gesetzestexten der wichtigsten Industrienationen wieder (vgl. Deutsche Bundesbank (2010), S. 100 f.).
[203] Vgl. Deutsche Bundesbank (2010), S. 99 ff.

Panne in einer Volkswirtschaft verheerende Auswirkungen. Wenn das technische Problem jedoch gelöst ist, werden alle Stromkunden den Strom wieder unverzüglich nutzen. Ist hingegen ein Vertrauensschwund im Finanzsystem eingetreten, führt auch das Fluten mit Geld, das die Notenbanken seit Ausbruch der Finanzkrise einsetzen, nicht direkt wieder zur Funktionsfähigkeit der Märkte. Daher kommt den Instrumenten, die Vertrauen wiederaufbauen können, eine besondere Rolle zu.

Eine Möglichkeit, wie Banken verlorenes Vertrauen wiederaufbauen können, ist die Abgabe einer Erklärung über ihre Handlungen. Solche Erklärungen (Rechenschaftsabgaben) werden im folgenden Kapitel betrachtet.

2.4 Rechenschaft – eine Grundlegung[204]

2.4.1 Verantwortung und Rechenschaft

Jemanden für ein negatives Ereignis verantwortlich machen oder ihn zur Rechenschaft ziehen, sind zwei eng verwandte Konzepte. Wem Verantwortung zugewiesen wird, von dem kann verlangt werden, dass er Rechenschaft über sein Handeln abgibt. Während Verantwortung mehr das Handeln des sozialen Akteurs im Blick hat und hier insbesondere die Frage, ob sein Handeln ursächlich für das negative Ereignis war, richtet sich Rechenschaft auf die Kommunikation dieser Verantwortung.[205] Bevor daher auf Rechenschaft eingegangen wird, soll der Begriff Verantwortung erläutert werden. Da Verantwortung ein sehr komplexer Begriff ist, müssen die folgenden Erörterungen notgedrungen kursorisch bleiben.

Verantwortung ist ein mehrstelliger Relationsbegriff, d. h., es sind verschiedene Konzeptualisierungen möglich. Im Folgenden wird von einem vierstelligen Begriff ausgegangen, der auf einer sozialen Interaktion zwischen zwei Akteuren beruht.[206] Ein (1) sozialer Akteur wird für ein (2) Ereignis (Handlungsergebnis, -folge) auf Basis einer

---

[204] Kapitel 2.4 - 2.6 wurden in wesentlichen Teilen in Brühl/Kury (2013) vorveröffentlicht. Die Ausführungen aus Brühl/Kury (2013) werden in großen Teilen wörtlich übernommen, ohne diese – aus Übersichtlichkeitsgründen – im Folgenden weiter zu kennzeichnen.
[205] Vgl. Schlenker et al. (1994), S. 632.
[206] Vgl. Werner (2006), S. 543.

(3) Norm von einem anderen (4) sozialen Akteur (Instanz) verantwortlich gemacht. Wird zur Vereinfachung der soziale Akteur (als Instanz) weggelassen, dann zeigt Abbildung 2 das klassische Modell der Verantwortung.[207] Es gibt drei Elemente, die miteinander in Beziehung stehen: der soziale Akteur als handelndes Individuum, das Ereignis, welches als Folge der Handlung angesehen wird und mindestens eine Norm.

Begonnen werden soll mit der subjektiven Ebene. Um einem sozialen Akteur Verantwortung zuzurechnen, werden verschiedene Umstände vorausgesetzt. Es muss eine Absicht (Intention) vorliegen: Der soziale Akteur ist in der Lage, möglichst gute Gründe zu nennen, um sein Handeln zu rechtfertigen.[208] Es sollte ein gewisses Maß an Voraussicht möglich sein, d. h., der soziale Akteur konnte erkennen, dass sein Handeln das Ergebnis bewirken wird. Aus der praktischen Philosophie lässt sich der Grundsatz übernehmen „Sollen impliziert Können".[209] Dem sozialen Akteur werden somit bestimmte Fähigkeiten unterstellt, ohne die er die Handlung nicht bewältigen kann. Als letzter Aspekt sei erwähnt, dass jemand, der unter Zwang handelt, in der Regel einen guten Grund hat, sich nicht verantwortlich zu fühlen (Kriterium der Freiwilligkeit).

---

[207] Vgl. Bayertz (1995), S. 5 ff.; Schlenker et al. (1994), S. 634 ff. (Schlenker et al. (1994) nennen ihr Modell „triangle model of responsibility", berücksichtigen allerdings die Instanz als viertes Element („the audience"), um die Rechenschaft („accountability") zu betrachten (vgl. Schlenker et al. (1994), S. 635)).
[208] Vgl. Wimmer (2012), S. 2310.
[209] Dieser Grundsatz ist zwar nicht unumstritten, lässt sich aber verteidigen. Eine solche Verteidigung findet sich z. B. in Vranas (2007).

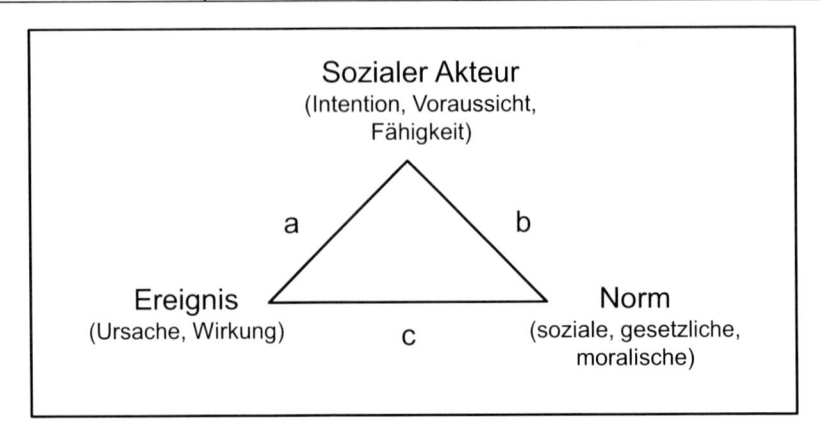

```
                    Sozialer Akteur
                 (Intention, Voraussicht,
                        Fähigkeit)

                    a  /\  b
   Ereignis         /    \         Norm
(Ursache, Wirkung)   c        (soziale, gesetzliche,
                                  moralische)
```

Abbildung 2: Klassisches Modell der Verantwortung

Die Zuschreibung eines Ereignisses zur Handlung setzt voraus, dass die Handlung auch tatsächlich dazu beigetragen hat, das Ereignis herbeizuführen. In der heutigen komplexen Welt ist es nicht immer einfach, eine solche Verursachung festzustellen. Allerdings halten soziale Akteure trotz dieser Komplexität an der Zuschreibung von Verantwortung fest und versuchen, den Beitrag der Handlung am Zustandekommen des Ereignisses zu ermitteln. Wenn es gelingt, die Verbindung (a) zwischen dem Handeln des sozialen Akteurs und dem Ereignis herzustellen, dann ist ein erster wesentlicher Schritt zur Verantwortungszuschreibung vorgenommen.

Verantwortung ist kein wertgeladener Begriff, vielmehr greifen soziale Akteure auf Normen zurück, um Verantwortung zuzuschreiben. Es muss sich bei der Norm aber nicht um eine gesetzliche Norm handeln, es kommen auch andere soziale Normen infrage, die in einer Gesellschaft gelten. Mit ihnen zeigt sich der soziale Charakter von Verantwortung: Das Individuum wird von der Gesellschaft durch andere soziale Akteure auf Basis von sozialen Normen verantwortlich gemacht (b). Auf Basis von Normen erfolgt die Beurteilung der Situation, d. h., ob das Ereignis im Licht der Normen als negativ und damit als normabweichend zu bewerten ist (c). Soziale Akteure nehmen in dieser Interpretation Rollen wahr, die ihnen von der Gesellschaft zugewiesen werden. Für diese Sichtweise ist von Bedeutung, dass Rolleninhaber Verantwortlichkeit zugewiesen bekommen,[210] d. h., die Rolle ist bereits mit einer Verantwortung ausgestattet und der Rollen-Inhaber rechenschaftspflichtig.

Inwieweit besteht nun eine kollektive Verantwortung einer Bank als Organisation für ihr Handeln? Oder ist nur ein Vorstandsvorsitzender für das Handeln der Organisation verantwortlich? Ohne auf die umfangreiche Diskussion zur kollektiven Verantwortung von Organisationen einzugehen, lässt sich konstatieren, dass Organisationen eine kollektive Verantwortung zugewiesen wird und die Begründung ähnlich zur individuellen Verantwortung ist.[211] Organisationen wird wie Individuen eine Intention zugeschrieben. So diskutiert Bratman (2007), wie geteilte Absichten zustande kommen, und argumentiert, dass insbesondere die gemeinsamen Pläne eine solche kollektive Intention widerspiegeln.[212] Als herausragendes Merkmal sieht French die interne Entscheidungsstruktur von Organisationen, welche die Verantwortung in der organisatorischen Machtstruktur aufzeigt[213] und somit Verantwortung im Rahmen dieser Struktur verteilt. Diese Verteilung und damit ihre Zuschreibung erfolgt jedoch institutionell durch die spezifische Entscheidungsstruktur. Sie ist somit ein kollektives Phänomen und kann durch Individuen nur im Rahmen der Entscheidungsstrukturen beeinflusst oder gar verändert werden. Auch wenn die Manager und Mitarbeiter für ein Unternehmen handeln, sind sie doch in gewisser Weise an die Pläne und Absichten des Unternehmens gebunden. Ihr Handeln wird daher nicht nur ihnen persönlich, sondern auch dem Unternehmen verantwortlich zugeschrieben.[214]

Verantwortung ist somit ein Zuschreibungsbegriff,[215] d. h., er dient dazu, dass ein Akteur auf Basis eines sozial-kognitiven Prozesses einem anderen individuellen oder kollektiven Akteur Verantwortung zuschreibt.[216] Um einen Vertrauensnehmer für ein normabweichendes Ereignis verantwortlich zu machen, muss der Vertrauensgeber daher beurteilen, ob die drei Elemente des klassischen Verantwortungsmodells und

---

[210] Vgl. Hamilton (1986), S. 320 f.
[211] Vgl. Pettit (2007), S. 177 ff.
[212] Vgl. Bratman (2007), S. 417 ff.
[213] Vgl. French (1979), S. 212.
[214] Vgl. Neuhäuser (2011), S. 153 ff.
[215] Vgl. Hart (1948).
[216] Vgl. Ott (1997), S. 254.

ihre Beziehungen tatsächlich vorliegen (siehe nochmals Abbildung 2). In der Argumentation der vorliegenden Arbeit ist das ein wichtiger Zwischenschritt für den Vertrauens(wieder)aufbau, weil der Vertrauensnehmer diesen Prozess der Zuschreibung von Verantwortung antizipiert und mit einer Rechenschaftsabgabe darauf reagiert. Wie die nächsten Kapitel zeigen, zielen verschiedene Rechenschaftstypen auf die Komponenten des Verantwortungsmodells, die der Zuschreibung von Verantwortung zugrunde liegen.

2.4.2 Rechenschaftsabgabe

2.4.2.1 Rechenschaft - Definition

Soziale Normen[217] zwischen sozialen Akteuren wie Individuen oder Organisationen sind ein zentraler Faktor der Interaktion. Werden diese verletzt, kann das Sanktionen zur Folge haben.[218] Wenn z. B. eine Partei die Erwartungen einer anderen Partei nicht erfüllt, hat dies in der Regel negative Auswirkungen auf deren komplexes Beziehungsgeflecht. Diese Auswirkungen können vielfältig sein und äußern sich etwa in einem Vertrauens-[219] oder Imageverlust.[220] So geschah es im Falle der Geschäftsbanken während der Finanzkrise, die einen Vertrauensverlust hinnehmen mussten. Wenn der Vertrauensnehmer jedoch die Zuschreibung von Verantwortung und Vertrauen durch den Vertrauensgeber erkennt, hat er die Möglichkeit, Rechenschaft für sein Handeln abzugeben.[221]

---

[217] Eine (soziale) Norm soll folgendermaßen verstanden werden: „A ... kind of guide of action which is supported by social sanctions, negative ones providing penalties for interaction, positive ones providing rewards for exemplary compliance" (Goffman (1972), S. 95). Eine ausführliche Diskussion zum Begriff der sozialen Norm findet sich bei Haller (1987).
[218] Vgl. Fritsche (2002), S. 371.
[219] Vgl. Haselhuhn/Schweitzer/Wood (2010); De Cremer/van Dijk/Pillutla (2010); Tucker/Yeow/Viki (2010).
[220] Vgl. George/Evuleocha (2003).
[221] In dieser Arbeit wird der deutschen Begriffsbezeichnung gefolgt und das Phänomen allgemein als Rechenschaft oder Rechenschaftslegung bezeichnet.

Allgemein betrachtet ist eine Rechenschaft[222] eine Erklärung zu einem Ereignis. Diese kann dazu führen, dass negative Reaktionen beseitigt oder gemildert werden. Denn die mit Rechenschaft verbundenen sprachlichen Äußerungen gegenüber anderen sozialen Akteuren lassen sich als Sprechakte und damit als Handlungen auffassen.[223] Nach Austin verbinden sich drei Handlungen mit einer sprachlichen Äußerung, was zur folgenden Interpretation von Rechenschaft führt: 1. Der soziale Akteur sagt etwas; 2. Indem der soziale Akteur etwas sagt, handelt er; 3. Dadurch, dass der soziale Akteur etwas sagt, erzeugt er eine Wirkung.[224] Wer Rechenschaft abgibt, versucht etwas zu erklären. Diese Erklärung wird gegenüber einem sozialen Akteur abgegeben, dem ein negatives Ereignis widerfahren ist, um sich beispielsweise zu entschuldigen. Rechenschaft kann und soll dazu führen, dass negative Reaktionen des Betroffenen nicht erfolgen oder gemildert werden.

Diese allgemeine Beschreibung weist schon darauf hin, dass die Abgabe von Rechenschaft in vielen Bereichen eine Rolle spielt. So ist die Abgabe von Rechenschaft insbesondere im Bereich der Soziologie, Kommunikationswissenschaften und Psychologie,[225] aber auch der Politikwissenschaft[226] Gegenstand der Forschung. Orbuch (1997) hebt die Relevanz der Forschung zur Rechenschaftsabgabe für die Sozialwissenschaften hervor und betont: „The [account] concept is useful for gaining insight into the human experience and arriving at meanings or collective understandings of other cultural, gender, or ethnic groups".[227] Im Bereich der Kommunikationswissenschaft steht insbesondere die Frage der Vermeidung von negativen Konsequenzen in Krisensituationen im Mittelpunkt („crisis communication").[228] Die psychologische Forschung hingegen befasst sich vor allem mit den kognitiven Prozessen

---

[222] In der deutschsprachigen Literatur wird der Begriff „account" häufig mit Rechenschaft, (vgl. z. B. Fritsche (2003), S. 3) übersetzt. Teilweise wird auch der englische Terminus verwendet oder dieser wörtlich übersetzt (vgl. z. B. Snyder/Higgins/Stucky (1983) und Snyder/Higgins/Stucky (1990)).
[223] Vgl. Savigny (1980), S. 127 ff.
[224] Vgl. Austin (2002), S. 112 ff.
[225] Vgl. Fritsche (2003), S. 12; Garrett et. al (1989), S. 509.
[226] Vgl. z. B. Laux/Schütz (1996); Bennett (1980).
[227] Orbuch (1997), S. 474.
[228] Vgl. z. B. Benoit (1995), S. 92.

beim Abgeben und Empfangen von Rechenschaftsepisoden.[229] In der Politikwissenschaft geht es meist um Formen und Möglichkeiten der öffentlichen Selbstdarstellung und -verteidigung im politischen Diskurs.[230] Die Betriebswirtschaftslehre orientiert sich bei der Forschung zur Abgabe von Rechenschaft überwiegend an der psychologischen Forschung und untersucht vor allem die Auswirkungen von Rechenschaftsabgabe zwischen verschiedenen Individuen (z. B. Arbeitnehmer und Vorgesetzter) im unternehmerischen Kontext.[231]

Darüberhinaus wird der Begriff der Rechenschaft und Rechenschaftslegung in der deutschen Rechnungswesenforschung intensiv diskutiert. Insbesondere dem Lagebericht wird eine Rechenschaft- und Informationsfunktion zugewiesen.[232] Obwohl das Gesetz den Begriff der Rechenschaft nicht unmitelbare regelt, weist insbesondere die Generalnorm des § 264 Abs. 2 S. 1 auf den Zweck der Rechenschaft hin.[233] Der DRS 20 spezifiziert diesen Zeck noch einmal: „Ziel der Konzernlageberichterstattung nach diesem Standard ist es, Rechenschaft über die Verwendung der anvertrauten Ressourcen im Berichtszeitraum zu legen sowie Informationen zur Verfügung zu stellen, die es dem verständigen Adressaten ermöglichen, sich ein zutreffendes Bild vom Geschäftsverlauf, von der Lage und von der voraussichtlichen Entwicklung des Konzerns sowie von den mit dieser Entwicklung einhergehenden Chancen und Risiken zu machen". Insgesamt geht es im Rechenungswesen bei der Verwendung des Begriffs Rechenschaft darum, ein vollständiges Bild über die wirtschaftliche Lage des Unternehmens abzugeben. Hierzu merkt Leffson (1987) an: „Rechenschaft bedeutet Offenlegung der Verwendung anvertrauten Kapitals in dem Sinne, daß dem Informationsberechtigten – das kann auch der Rechenschaftslegende selbst sein – ein so vollständiger, klarer und zutreffender Einblick in die Geschäftstätigkeit gegeben wird,

---

[229] Vgl. z. B. Tomlinson/Mayer (2009).
[230] Vgl. z. B. Laux/Schütz (1996).
[231] Vgl. Garrett et al. (1989), S. 509 f.
[232] Vgl. Coenenberg/Haller/Schultze (2012), S. 925.
[233] Vgl. Blasius (2006), S. 23.

daß dieser sich ein eigenes Urteil über das verwaltete Vermögen und die damit erzielten Erfolge bilden kann."[234]

In der englischsprachigen Literatur wird überwiegend der Begriff „account"[235] (Rechenschaft) verwendet. Allerdings existiert bisher keine einheitliche Begriffsbestimmung, was zu einer heterogenen Begriffslandschaft des Konstrukts führt. So verwenden manche Autoren die Termini „social accounts",[236] „verbal accounts"[237] oder „managerial accounts"[238]. Je nach Forschungsrichtung werden auch Begriffe wie z. B. „vocabularies of motive",[239] „quasi-theories",[240] „verbal impression-management tactics"[241] oder „explanatory talk"[242] verwendet. Viele Autoren benutzen zudem Begriffe wie z. B. „failure management strategies",[243] „image restoring strategies",[244] „verbal remedial tactics",[245] „remedial work",[246] „techniques of neutralization"[247] oder schlicht „excuses"[248]. Bei den zuletzt genannten kommen schon in der Begriffsbezeichnung der Zweck und die Wirkung solcher Erklärungen zum Ausdruck. Teilweise spiegeln die Begriffe deshalb auch unterschiedlich weit gefasste Konzeptualisierungen des Konstrukts wider,[249] die allerdings im Kern ein ähnliches Phänomen beschreiben.

---

[234] Leffson (1987), S. 64.
[235] Vgl. z. B. Scott/Lyman (1968), S. 46; Fritsche (2002), S. 371.
[236] Vgl. z. B. Bies (1987); De Cremer/van Dijk/Pillutla (2010); Elkins/Bozeman/Phillips (2003), S. 1113; Sonenshein/Herzenstein/Dholakia (2011), S. 69.
[237] Vgl. z. B. Elsbach (1994).
[238] Vgl. z. B. Bobocel/Farrell (1996), S. 22; Elkins/Bozeman/Phillips (2003), S. 1111.
[239] Vgl. z. B. Mills (1940), S. 905. Oft wird die Konzeptualisierung von Mills auch als motive talk bezeichnet (vgl. Elkins/Bozeman/Phillips (2003), S. 1112; Semin/Manstead (1983), S. 71; Murphy (2004), S. 150), auch wenn der Autor sie selbst in seinem Originalwerk so nicht bezeichnet hat.
[240] Vgl. z. B. Hewitt/Hall (1973), S. 367.
[241] Vgl. z. B. Giacalone/Pollard (1990), S. 108.
[242] Vgl. z. B. Antaki (1994), S. 1.
[243] Vgl. z. B. McLaughlin/Cody/O'Hair (1983), S. 211.
[244] Vgl. z. B. Benoit (1995), S. 92; George/Evuleocha (2003), S. 1.
[245] Vgl. z. B. Elkins/Bozeman/Phillips (2003), S. 1112; Giacalone/Pollard (1990); Schlenker (1980), S. 135.
[246] Vgl. Goffman (1972), S. 109.
[247] Vgl. Sykes/Matza (1957), S. 667.
[248] Vgl. Snyder/Higgins/Stucky (1983). Die Bezeichnung „excuses" wird in vielen Rechenschaftstypologien als Unterkategorie eines Gesamtkonstrukts zur Rechenschaftsabgabe verwendet. Bei Snyder/Higgins/Stucky (1983). wird das Gesamtkonstrukt als „excuse" bezeichnet, welches ebenfalls in Unterkategorien untergliedert wird.
[249] Ähnlich bei. Fincham (1992), S. 168.

Darum legen sich viele Autoren in ihren Arbeiten erst gar nicht fest und verwenden verschiedene Bezeichnungen synonym.[250]

Da keine einheitlichen Begriffsbezeichnungen zum Phänomen der Rechenschaft existieren, ist es wenig erstaunlich, dass auch keine einheitlichen Definitionen darüber vorzufinden sind. So werden teilweise gleiche Begriffsbezeichnungen unterschiedlich breit definiert. Nach Goffman (1972) oder Schlenker (1980) sind z. B. „accounts" eine Untergruppe der sogenannten „remedial works". Zu diesen „remedial works" zählen die Forscher neben „accounts" auch „apologies". Damit grenzen die Autoren die Begriffe voneinander ab. Andere Forscher hingegen wie z. B. Bies (1987) fassen den Begriff „account" (i.e. „social accounts") weiter und verstehen darunter auch Aussagen, die dem „apology" Konstrukt von Goffman (1972) oder Schlenker (1980) entsprechen.[251] In der Terminologie von Bies (1987) sind also „remedial works" wohl allgemein als „(social) accounts" zu bezeichnen. Auch Bennett (1980) verwendet eine enge Eingrenzung von „accounts" und trennt diese z. B. von „denials"[252] ab.[253] Bestimmte Formen von „denials" werden jedoch von anderen Autoren wie z. B. Goffman (1972) oder Elsbach (1994) sehr wohl unter dem Begriff „account" zusammengefasst.

An diesen Beispielen wird deutlich, dass in der Literatur vermeintlich gleiche Begriffe im Detail unterschiedlich aufgefasst werden. Es ist deshalb für die Forschung zur Rechenschaftsabgabe wichtig, den Begriff der Rechenschaft klarer zu definieren und von ähnlichen Definitionen abzugrenzen. Im Folgenden soll sich dem Wesen der Rechenschaftsabgabe genähert werden, indem bekannte und bedeutende Definitionen

---

[250] Vgl. z. B. Elkins/Bozeman/Phillips (2003); Giacalone/Pollard (1990); Bobocel/Farrell (1996); Benoit (1995).
[251] So bezeichnet Bies (1987). z. B. Entschuldigungen auch als „penitantial accounts" (vgl. Bies (1987), S. 302 f.).
[252] Diese sind Aussagen, bei denen der Beschuldigte vorgibt, das Vorgeworfene nicht gemacht zu haben oder nicht wusste, dass er etwas Unrechtes gemacht hat (vgl. Bennett (1980), S. 793).
[253] Vgl. Bennett (1980), S. 793.

analysiert und nach Gemeinsamkeiten untersucht werden.[254] In Tabelle 1 ist eine Auswahl von bedeutenden Rechenschaftsdefinitionen dargestellt.

Die dargestellten Definitionen zeigen, dass trotz bestehender Unterschiede viele Gemeinsamkeiten, wie die Abgabe einer Erklärung,[255] in den Definitionen erkennbar sind. Damit beschreiben alle Begriffe im Kern ein ähnliches Phänomen.[256]

Auf Grundlage der dargestellten Definitionen können folgende Begriffsbestandteile als zentral identifiziert werden:

(1) Erklärung

Fast allen Definitionen ist gemeinsam, dass es sich bei einer Rechenschaft zunächst um eine Erklärung eines sozialen Akteurs handelt.[257] Einige Autoren sprechen explizit von verbalen Erklärungen. Damit grenzen sie diese von anderen Kommunikationsformen wie nonverbaler oder paraverbaler Kommunikation ab. Im Rahmen dieser Arbeit soll die Rechenschaftsabgabe ebenfalls als eine verbale Erklärung verstanden werden, da Gesten, Symbolik etc. nicht Gegenstand vorliegender Arbeit sind.[258]

(2) Normabweichendes Ereignis

Breite Definitionsversuche verstehen unter Rechenschaftstypen Erklärungen, die sich auf alltägliche Entscheidungen und Handlungen richten.[259] Meist wird jedoch hervorgehoben, dass es sich um unerwartete, negative oder von der Norm abweichende Verhaltensweisen handeln muss.[260] Die ersten Autoren, die den englischen Begriff „account" verwenden, grenzen eine Rechenschaft explizit von gewöhnlichen Erklärungen ab. Diese sind nach Scott/Lyman (1968) „statements about events where untoward action is not an issue and does not have critical implications for a

---

[254] Vorgehen angelehnt an Nitzl (2012), S. 40 ff., welcher durch eine Analyse ausgewählter Vertrauensdefinitionen ebenfalls zentrale Begriffsbestandteile identifiziert.
[255] So auch bei Fincham (1992), S. 168.
[256] Zu einer ähnlichen Schlussfolgerung kommt auch Fritsche (2002), S. 371.
[257] Vgl. auch Fincham (1992), S. 168.
[258] Einen Überblick über verschiedene Arten des non-verbalen Verhaltens in sozialen Interaktionen bietet z. B. Patterson (1990).
[259] Vgl. Tucker/Yeow/Viki (2010).
[260] Vgl. Scott/Lyman (1968); Sonenshein/Herzenstein/Dholakia (2011); Bennett (1980), S. 793.

relationship".[261] Im Rahmen dieser Arbeit wird ein Rechenschaftstyp deshalb auch als eine Erklärung infolge eines negativen Ereignisses verstanden. Ereignisse sind Sachverhalte, die explizit zeitlich bestimmt sind, wie z. B. ein Gewinneinbruch einer Bank X, der am 27.11.2009 verkündet wird. Zur Kategorie der Ereignisse sind auch Handlungen als eine spezielle Form von Ereignissen zu zählen, weil sie „von Personen zu bestimmten Zeitpunkten vollzogen"[262] werden. Wenn ein Bankkunde davon erfährt, dass eine Bank ein Geschäft mit einem anderen Kunden abgeschlossen hat, um dann im Anschluss gegen dieses Geschäft zu wetten, dann gibt es zwar kein negatives Ereignis im Sinne eines finanziellen Verlustes für den Bankkunden, er wird aber eventuell die Handlung der Bank gegenüber einem anderen Kunden als negativ werten.

(3) Sozialer Akteur

Weiterhin ist es von Bedeutung, gegenüber wem eine Rechenschaft abgeben wird. In der Regel wird davon ausgegangen, dass diese gegenüber einem anderen sozialen Akteur abgegeben wird. Die Rechenschaftslegung ist jedoch nicht automatisch auf einen externen Opponenten festgelegt, sondern neben diesem „interindividuellen Kontext" existiert eine intraindividuelle Rechenschaftslegung. So wurde z. B. zu Beginn dieses Kapitels der mehrstellige Relationsbegriff der Verantwortung analysiert, in dem die Verantwortung gegenüber einer Instanz berücksichtigt wird. Häufig richtet sich die Rechenschaftsabgabe auf einen bestimmten sozialen Akteur; als Instanz kann jedoch auch das Individuum selbst fungieren. Wenn beispielsweise ein Normenverstoß vom Individuum bemerkt wird, ohne dass andere soziale Akteure davon erfahren, so kann sein Gewissen wie eine soziale Instanz wirken.[263] Vor allem im Bereich der Neutralisationstheorie werden solche Formen der Rechenschaftsabgabe untersucht.[264] Das bedeutet, dass man Rechenschaft auch gegenüber sich selbst

---

[261] Scott/Lyman (1968), S. 46 f.
[262] Vossenkuhl (2003), S. 236 f.
[263] Vgl. Fritsche (2003), S. 4 f.
[264] In der Neutralisationstheorie nach Sykes/Matza (1957) wird untersucht, inwieweit z. B. Rechtfertigungen den potentiellen Normbruch neutralisieren. Intraindividuelle Rechenschaftslegung ist jedoch nicht Gegenstand dieser Untersuchung und wird im Rahmen dieser Arbeit nicht vertieft diskutiert.

bewusst oder unbewusst abgeben kann. Dies ist insofern von Bedeutung, da Rechenschaft, die nach außen abgegeben wird, unbewusst auch gegenüber sich selbst abgegeben wird. Damit unterliegt sie psychologischen Einflüssen wie z. B. einem „egocentric bias", welche die Art der Rechenschaftsabgabe entscheidend bestimmen kann. Fritsche (2003) trennt mit dieser Unterscheidung die Forschungstraditionen unter anderem danach, ob eine Rechenschaft eher als interne Kognition oder externe Äußerung verstanden wird.[265] In dieser Arbeit soll deshalb der Auffassung gefolgt werden, dass Rechenschaft auch gegenüber sich selbst abgegeben werden kann.

(4) Zeitbezug

Darüber hinaus wird in einigen Definitionen die Rechenschaftslegung bezüglich des Zeitpunkts unterschieden. So existiert insbesondere im Bereich der Neutralisationstheorie zum einen eine Rechenschaftsabgabe, welche nach einem aufgedeckten normwidrigen Verhalten erfolgen kann. Zum anderen gibt es jedoch auch eine Rechenschaftsabgabe, welche für geplantes oder vorhergesehenes normwidriges Verhalten verwendet wird.[266] Für die Definition dieser Arbeit soll der Zeitbezug der Rechenschaftsabgabe in der Begriffsbestimmung mit berücksichtigt werden.

Auf Grundlage der obigen Ausführungen soll im Rahmen dieser Arbeit folgende Definition verwendet werden:

Ein Rechenschaftstyp ist eine Erklärung eines sozialen Akteurs gegenüber anderen sozialen Akteuren und/oder sich selbst über vergangene und/oder zukünftige normabweichende Ereignisse.

---

[265] Vgl. Fritsche (2003), S. 12 ff.
[266] Vgl. Fritsche (2003), S. 12 ff.; Bertsch (2008), S. 26 f.

Autor	Definition	Bestandteile
Bies (1987), S. 289.	„an explanation that includes a justification and/or an apology for his or her behavior".	• Erklärung • Sozialer Akteur
Bolino et al. (2008), S. 1082.	„Accounts provide explanations for a negative event to escape disapproval; excuses and justifications are specific types of accounts".	• Erklärung • Normabweichendes Ereignis
Cobb/Stephens/ Watson (2001), S. 1127.	„Explanations one person gives another for a decision made or an action taken. These explanations are typically given to 'explain unanticipated or untoward behavior' that has produced harm to the account receiver and/or violated some normative expectation".	• Erklärung • Normabweichendes Ereignis • Sozialer Akteur
Fincham (1992), S. 169.	„Communications that occur when a person feels or is made to feel answerable for his/her behavior or believes".	• Erklärung • Normabweichendes Ereignis • Sozialer Akteur
Frey/Cobb, (2010), S. 1203 f.	„Social accounts—that is, the explanations managers give for their disappointing decisions—help to mitigate negative reactions to those decisions. ... Social accounts can be viewed as a form of persuasive communication designed to affect the perceptions, attitudes, and behavior of those who receive them".	• Erklärung • Normabweichendes Ereignis
Fritsche (2001), S.6.	„Account giving can be seen as a social interaction script that should also work as a cognitive equivalent and which has the purpose of legitimizing a personal normcontracting which is either anticipated or already committed".	• Normabweichendes Ereignis • Sozialer Akteur • Zeitbezug
Hamilton/Hagiwara (1992), S. 158	„An explanation or interpretation of the event".	• Erklärung
Scott/Lyman (1968), S. 46.	„An account is a linguistic device employed whenever an action is subjected to valuative inquiry".	• Erklärung • Normabweichendes Ereignis
Sonenshein/ Herzenstein/ Dholakia, (2011), S. 69.	„Accounts ... are statements that a social actor uses to explain unanticipated or deviant behaviors".	• Erklärung • Normabweichendes Ereignis • Sozialer Akteur
Takaku/Green/ Ohbuchi (2010), S. 275.	„Verbal explanations by an individual who has been accused of committing a wrongdoing".	• Erklärung • Normabweichendes Ereignis

Tabelle 1: Ausgewählte Definitionen von Rechenschaft

2.4.2.2 Typologien zur Abgabe von Rechenschaft

In der Forschung zur Abgabe von Rechenschaft existieren eine Vielzahl unterschiedlicher Typologien. Ausgehend von einer sehr breiten Einteilung, basierend auf Austin

Kapitel 2 – Theoretische Bezugsrahmen zu Vertrauen und Rechenschaft 49

(1956-1957) und später auch Scott/Lyman (1968),[267] zwischen verantwortungsannehmenden und verantwortungsablehnenden Rechenschaftsaussagen, entwickelten sich eine Reihe von Erweiterungen dieser Ursprungsmodelle.[268] Autoren wie Antaki (1994) kritisieren deshalb auch die ständigen Erweiterungsversuche und schlagen eine Art Renaissance eines „idealized accounts inventory"[269] vor. Da jegliche Unterteilung aufgrund der Vielzahl von Darstellungsmöglichkeiten wieder neu gegliedert werden kann, sollte man sich, so der Vorschlag, auf die von Austin (1956-1957) und Scott/Lyman (1968) vorgeschlagene Unterteilung zwischen Rechtfertigung und Ausrede zurückbesinnen.[270] Dieser Sichtweise sind einige Autoren (bewusst oder unbewusst) auch gefolgt, sodass heute, wohl nicht zuletzt auch aufgrund der leichteren empirischen Erhebung, viele Studien nur noch zwischen zwei Typen der Rechenschaftslegung unterscheiden.[271] Es ist jedoch zweifelhaft, ob eine solche Einteilung, wie die zwischen Verantwortung annehmen oder Verantwortung ablehnen, immer allen Rechenschaftssituationen gerecht werden kann. Solche Modelle haben zwar aufgrund ihrer Einfachheit den Vorteil einer leichteren empirischen Anwendung, sind jedoch auch weniger valide. Folglich ist eine der zentralen Herausforderungen der zukünftigen Forschung zur Rechenschaftsabgabe, den Spagat zwischen Reliabilität (wenigen und verständlichen Kategorien) und Validität (vielen, aber die Realität gut abbildenden Kategorien), insbesondere in empirischen Arbeiten, zu bewältigen. Obwohl kein allgemeingültiges Konzept für die Rechenschaftsabgabe von Banken zu einem negativen Ereignis existiert, so sind dennoch Gemeinsamkeiten zwischen den einzelnen Typen erkennbar. Insbesondere die bereits erwähnte Unterscheidung zwischen Aussagen, welche die Verantwortung für ein Ereignis annehmen, und solchen, die die Verantwortung ablehnen, ist hier zu nennen.

---

[267] Obwohl in der Literatur überwiegend die Arbeit von Scott/Lyman (1968) als Ursprung dieser Unterteilung genannt wird, greifen die Autoren bei ihren Überlegungen auf die Arbeit von Austin (1956-1957) zurück.
[268] Vgl. hierzu ausführlich Anhang 1: Typologien zur Abgabe von Rechenschaft.
[269] Antaki (1994), S. 66.
[270] Vgl. Antaki (1994), S. 66 f.
[271] Vgl. Kuwabara (2006). (In der Regel wird in der Forschung zwischen „apology" und „denial" unterschieden, wobei die spezifischen Konzeptualisierungen der Konstrukte oft unterschiedlich sind).

Forscher, welche sich mit der Abgabe von Rechenschaft beschäftigen, können demnach auf diese Erkenntnisse zurückgreifen, um z. B. Kategorien für einen spezifischen Sachverhalt zu entwickeln. Hierzu bietet sich im Besonderen die Grund-Typologie von Schönbach (1980) sowie die Erweiterung von McLaughlin/Cody/O'Hair (1983) an. Auf Grundlage des Konzeptes von Scott/Lyman (1968) entwickelte Schönbach (1980) eine umfangreiche Erweiterung und Modifikation. In seiner Typologie werden die beiden Kategorien Ausrede („excuse") und Rechtfertigung („justification") durch die Kategorien Eingeständnis („concession") und Zurückweisung („refusal") erweitert.[272] Um die Komplexität zu reduzieren, sollten die vielen Unterkategorien in Schönbachs Konzept nicht verwendet werden.[273] Jedoch können diese als Hilfestellung zur Identifizierung von Rechenschaftsaussagen dienen. Die Arbeit von McLaughlin/Cody/O'Hair (1983) baut im Wesentlichen auf den vier Hauptkategorien von Schönbach (1980) auf. Interessant ist diese Typologie aufgrund der Integration einer fünften Kategorie: Abwarten.[274] Fraglich ist, inwiefern ein solches Unterlassen einer Erklärung, Nicht-Äußern, Abwarten oder Schweigen[275] in eine Typologie zur Rechenschaftsabgabe integriert werden sollte. Denn traditionell wird zwischen Rechenschaftsabgabe und Abwarten unterschieden. Wenn Rechenschaft aber als Sprechakt und damit als Handlung bezeichnet wird, lässt sich Abwarten als das Unterlassen dieser Handlung und damit als Kontrastbegriff auffassen.[276] Abwarten ist daher als Unterlassen einer Erklärung aufzufassen, wenn für den sozialen Akteur die Möglichkeit besteht, eine Erklärung abzugeben. Bei der Entwicklung einer Typologie zur Abgabe von Rechenschaft ist es darum wichtig, auch eine Kategorie zu integrieren, welche die Nicht-Abgabe einer Rechenschaft explizit enthält, da eine solche Handlung im direktem Bezug zu einer Abgabe gesehen werden kann. Diesbezüglich soll Abwarten im Folgenden als eine spezifische Form der Rechenschaftsabgabe verstanden werden, nicht zuletzt auch deshalb, da gerade das Nicht-Abgeben einer

---

[272] Vgl. Schönbach (1980), S. 195 f.
[273] In seiner 1990 veröffentlichten Erweiterung existieren weit über 200 solcher Unterkategorien.
[274] Vgl. McLaughlin/Cody/O'Hair (1983), S. 210.
[275] Begriffe wie Unterlassen einer Erklärung, Nicht-Äußern, Abwarten, Schweigen und ähnliche werden im Folgenden synonym verwendet.
[276] Vgl. Birnbacher (1995), S. 32 ff.

Erklärung aus Sicht des Empfängers sehr wohl als eine Form der Rechenschaftsabgabe verstanden werden kann, insbesondere dann, wenn dieser der Auffassung ist, dass bewusst geschwiegen wurde.

Demnach können für die Forschung im Bereich der Rechenschaftsabgabe folgende Kategorien als Grundlage verwendet werden:

(1) Aussagen, die eine Verantwortung für das Ereignis zugeben

(2) Aussagen, die die Verantwortung für ein Ereignis ablehnen

(3) Aussagen, die die Existenz des negativen Ereignisses leugnen

(4) Aussagen, die das Ereignis rechtfertigen

(5) Das Nicht-Abgeben einer Erklärung

Der Vorteil dieser Kategorien liegt zum einen darin, dass Schönbachs Typologie auf dem Ursprungsmodell von Scott/Lyman (1968) aufbaut und somit die etablierte Unterscheidung zwischen einem Schuldeingeständnis und einer Schuldablehnung enthält. Zum anderen diente die sehr detaillierte Untergliederung der einzelnen Kategorien von Schönbach (1980,1990) als eine Art Codierhandbuch, welches eine genaue und valide Zuordnung erleichterte. Die Erweiterung um die von McLaughlin/Cody/O'Hair (1983) vorgeschlagene Kategorie des Abwartens oder Schweigens ist nicht zuletzt deshalb sinnvoll, da das Nicht-Abgeben einer Erklärung eine in der Realität oft verwendete Strategie darstellt,[277] dennoch in vielen Typologien zu Rechenschaftsabgabe konzeptionell nicht berücksichtigt wird.

Diese fünf Kategorien sollen als Grundlage für die weiteren empirischen Untersuchungen dieser Arbeit dienen.

---

[277] Vgl. Ferrin et al. (2007), S. 906.

2.5 Rechenschaft mit Hilfe der externen Rechnungslegung

2.5.1 Die narrativen Abschnitte im Geschäftsbericht

Das zentrale Unternehmensmedium, in dem die Abgabe von Rechenschaft beobachtet werden kann, ist die jährliche obligatorische Berichterstattung. Im Geschäftsbericht, welcher „als einer der wichtigsten Aktionärs-Kontaktpunkte"[278] gilt, geben die Unternehmen Rechenschaft über ihre Geschäftstätigkeit des abgelaufenen Jahres ab.[279] Dieser gilt dabei als eines der wichtigsten Kommunikationsmedien für Unternehmen.[280] Dias/Matias-Fonesca (2010) bezeichnen ihn auch als „one of the most important external documents" sowie „an important vehicle for organizations to communicate with their stakeholders."[281] Der Geschäftsbericht ist jedoch mehr als ein komplexer und hauptsächlich technisch orientierter Text. Er gibt Aufschluss darüber, wie das Unternehmen sich selbst sieht.[282] So ist Reinmuth (2011) der Auffassung, dass der Geschäftsbericht „ein Spiegel des Unternehmensimages und der Unternehmensphilosophie [darstellt und darüber hinaus] ... einen Beitrag zur Schaffung einer unverwechselbaren Identität [liefert]".[283] Somit deckt dieser nicht nur den Informationsbedarf des Kapitalmarktes, sondern auch von weiteren relevanten Anspruchsgruppen des Unternehmens.[284] Aufgrund der hohen Relevanz für unterschiedliche Zielgruppen werden auch verschiedene Absichten bei der Berichterstattung verfolgt.[285] Neben den obligatorischen Funktionen im Rahmen der Veröffentlichungspflichten werden auch fakultative Absichten, wie die positive Darstellung aller relevanten Aspekte der Geschäftstätigkeit, hervorgehoben.[286] So wird der Ge-

---

[278] Tomczak/Coppetti (2006), S. 284.
[279] Vgl. Reinmuth (2011), S. 36.
[280] Vgl. Petranix (2011), S. 4; Reinmuth (2011), S. 36. Ähnlich auch bei Linsley/Kajüter (2008), S. 79 f.
[281] Dias/Matias-Fonesca (2010), S. 207.
[282] Vgl. Amernic (1992), S. 2.
[283] Reinmuth (2011), S. 36. Diese erzählerische Komponente des Geschäftsberichtes ist vor allem in den narrativen Bereichen zu finden.
[284] Vgl. Osann (2010), S. 32. Die Anzahl der verschiedenen Anspruchsgruppen wurde über die Jahre größer und differenzierter, so dass heute eine Vielzahl unterschiedlicher Anspruchsgruppen als Adressaten des Geschäftsberichtes gelten (vgl hierzu z. B. Reinmuth (2011), S. 36 f.).
[285] Ähnliche Argumentation bei Reinmuth (2011), S. 40.
[286] Vgl. Reinmuth (2011), S. 40.

schäftsbericht z. B. in der Studie von Hoffmann/Meckel (2009) abschließend als „an excellent instrument in order to address relevant issues driving corporate reputation"[287] bezeichnet. Für Reinmuth (2011) ist dabei eine der wesentlichen Funktionen die Schaffung von Vertrauen durch die glaubwürdige Vermittlung von Informationen.[288] Und für Küting/Busch (2003) stellt der Geschäftsbericht noch immer „das zentrale Medium zur Information und Vertrauensbildung dar – sowohl für Anteilseigner, Kreditgeber, Lieferanten als auch für Mitarbeiter".[289]

Der Geschäftsbericht besteht in der Regel aus quantitativen Daten (z. B. Gewinn- und Verlustrechnung) und qualitativen Daten (z. B. narrative Texte),[290] welche sich in den notwendigen und freien Teilen des gesetzlichen Jahresabschlusses wiederfinden. In den narrativen Abschnitten werden die Ereignisse und finanziellen Ergebnisse des abgelaufenen Geschäftsjahres aus Sicht des Managements diskutiert.[291] Küting/Busch (2003) merken an, dass es aufgrund des dispositiven Charakters der Berichterstattung keine abschließende Aufzählung der freien Teile im Geschäftsbericht geben kann.[292] Folglich existiert auch keine abschließende Aufzählung der narrativen Abschnitte. In der Forschung und Praxis zählen jedoch insbesondere die Abschnitte des Lageberichtes sowie der Brief an die Aktionäre[293] zu den zentralen und meistbetrachteten Abschnitten im Bereich der narrativen Berichterstattung.[294] Bei der inhaltlichen Gestaltung all dieser Bereiche sind nur wenig regulative Beschränkungen vor-

---

[287] Hoffmann/Meckel (2009), S. 13.
[288] Vgl. Reinmuth (2011), S. 36 ff.
[289] Küting/Busch (2003), S. 156.
[290] Vgl. Dias/Matias-Fonesca (2010), S. 207.
[291] Vgl. Aerts (1994), S. 337.
[292] Freie Teile sind solche, für die der Gesetzgeber keine Bestimmungen vorgesehen hat. Für Küting/Busch (2003) sind dies alle Bereiche, die nicht den notwendigen Teilen zugerechnet werden können (vgl. Küting/Busch (2003), S. 155).
[293] Einen interessanten Überblick über die geschichtliche Entwicklung des Aktionärsbriefs findet sich bei Gohr (2002), insbesondere S. 13 ff.
[294] Freie und narrative Bereiche sind dabei nicht zwangsläufig identisch. So gehört der Lagebericht strenggenommen zu den notwendigen Bestandteilen im Rahmen der Unternehmenspublizität, hat jedoch gleichzeitig auch einen narrativen Charakter.

zufinden.²⁹⁵ Mittlerweile hat das IASB jedoch ein nicht verpflichtendes Praxisstatement²⁹⁶ zu bestimmten narrativen Abschnitten im Geschäftsbericht veröffentlicht. ²⁹⁷

Trotz der Bedeutung der zentralen narrativen Bereiche in der Berichterstattung wurde ihnen zu Anfang in der Forschung oft nur wenig Betrachtung geschenkt.²⁹⁸ Zum einen kritisierten Forscher die fehlende einheitliche Struktur dieser Abschnitte, was die Vergleichbarkeit zwischen verschiedenen Geschäftsberichten erschwerte.²⁹⁹ Darüber hinaus widersprach der subjektive narrative Charakter dem traditionellen Paradigma, dass das Rechnungswesen, welches bei der Berichtserstattung maßgeblich beteiligt und mitverantwortlich ist,³⁰⁰ neutral berichten sollte³⁰¹ und dabei mittels eines eher technisch orientierten Kommunikationsprozesses versuchen sollte,³⁰² die Realität möglichst genau wiederzugeben.³⁰³ Aus dieser Sichtweise heraus können narrative Bereiche bestenfalls in anderer Form wiedergeben, was in den quantitativen Berichtsteilen schon enthalten ist.

Diese sehr kritische Sichtweise wird in der Literatur jedoch heute überwiegend angezweifelt.³⁰⁴ Viele sind der Auffassung, dass durch die Berichterstattung Realität nicht

---

[295] Vgl. Abrahamson/Amir (1996), S. 1158.
[296] Dieses stellt jedoch kein IFRS dar und besitzt somit auch keine unmittelbare rechtliche Relevanz. Das IASB schreibt dazu: „The Practice Statement is not an IFRS. Consequently, entities applying IFRSs are not required to comply with the Practice Statement" (IASB (2010), S. 5).
[297] So schreibt das IASB: „Management commentary is a narrative report that provides a context within which to interpret the financial position, financial performance and cash flows of an entity. It also provides management with an opportunity to explain its objectives and its strategies for achieving those objectives. ... For many entities, management commentary is already an important element of their communication" (IASB (2010), S. 5). Vgl. hierzu im Detail Kajüter/Fink (2012); Fink/Kajüter (2011).
[298] Vgl. Abrahamson/Amir (1996), S. 1157; McConnell/Haslem/Gibson (1986), S. 66.
[299] Vgl. McConnell/Haslem/Gibson (1986), S. 66. (Die fehlende einheitliche Struktur ist bis heute eine Herausforderung geblieben. Wie erwähnt versuchen Standardsetter wie das IASB allerdings immer öfter auch hier einen Rahmen vorzugeben) (vgl. hierzu IASB (2013)).
[300] Unabhängig davon, ob diese Sichtweise geteilt wird, zeigen Studien jedoch, dass an der Erstellung des Geschäftsberichtes viele verschiedene Personen beteiligt sind, welche wiederum verschiedene Interessen und Ansichten vertreten (vgl. z. B. Osann (2010)).
[301] Vgl. Solomons (1991), S. 287 f.
[302] Vgl. z. B. die Ausführungen von Bedford/Vahe (1962), S. 652 ff.
[303] Vgl. Hines (1989), S. 53. In der Literatur vertreten diese Auffassung unter anderem Anhänger der sogenannten positivistischen Rechnungswesenforschung („positive accounting research") (vgl. hierzu im Detail ebenfalls die Ausführungen bei Hines (1989)).
[304] Vgl. Amernic (1992), S. 2; Amernic/Craig (2007), S. 65.

nur wiedergegeben, sondern auch erschaffen wird und somit beeinflussbar ist.[305] Dabei sind gerade die narrativen Teile, welche keinen großen regulativen Vorschriften unterliegen[306] und deshalb relativ frei und unabhängig vom Management verfasst werden können,[307] vor allem für Forschung im Bereich der freiwilligen Berichterstattung oder des Impression Managements[308] interessant.[309] In diesen unabhängigen Teilen finden sich neben finanziellen Kennzahlen auch nicht finanzielle Erklärungen und Interpretationen, welche im vom Wirtschaftsprüfer geprüften Finanzbericht in dieser Form nicht vorkommen oder nicht vorkommen dürfen.[310] Somit kann das Management unabhängig von rechtlichen Vorgaben beschreiben, wie das Unternehmen sich und seine Ergebnisse sieht. Auch deshalb wird heute die Bedeutung der Inhalte dieser narrativen Abschnitte hervorgehoben.[311]

Mittlerweile existiert eine Reihe von Forschungsarbeiten zur Analyse von narrativen Abschnitten. Bei der Analyse der Diskussion der Jahresergebnisse durch das Management („performance explanation") wird in der Forschung häufig auf diese Bereiche zurückgegriffen. Amernic (1992) ist daher der Meinung, dass: „the history written in the annual report is an interesting candidate for examining and gaining insight into management's story, as told by management".[312] Der Chairman des IASB, Sir David Tweedie, bezeichnet beispielsweise die stark narrativ geprägten „Management Commentaries"[313] als einen der nützlichsten Teile eines Geschäftsberichtes und betont: „In today's uncertain financial climate it is particularly important for entities to explain their financial performance relative to their expectations and their strate-

---

[305] Vgl. z. B. Hines (1989), (1988).
[306] Vgl. Fanelli (2006), S. 6; Geppert/Lawrence (2008), S. 285.
[307] Vgl. Geppert/Lawrence (2008), S. 285; Reinmuth (2011), S. 47.
[308] Ebert/Piwinger (2007) definieren Impression Management als: „Eindruckssteuerung durch Selbstdarstellung bzw. Steuerung der für die Eindrucksbildung relevanten Informationen" (vgl. Ebert/Piwinger (2007), S. 206).
[309] Vgl. Brennan/Guillamon-Saorin/Pierce (2009), S. 790.
[310] Vgl. Abrahamson/Amir (1996), S. 1157.
[311] Vgl. z. B. Amernic/Craig (2007) – die Autoren heben ganz allgemein die Bedeutung von „CEO-Words" in verschiedenen Kontexten wie z. B. dem Aktionärsbrief hervor – so auch Conaway/Wardrope (2010), S. 164.
[312] Amernic (1992), S. 2.
[313] Vgl. ausführlich auch IASB (2013).
[313] Amernic/Craig (2007), S. 65.

gies".[314] Außerdem gelten Inhalte wie die des Aktionärsbriefes als „powerful storytelling tools, fashioning opinions and ... an important point of view".[315]

Im Rahmen dieser Arbeit wird die Rechenschaftsabgabe im Aktionärsbrief betrachtet. Eine Fokussierung hierauf ist deshalb sinnvoll, weil der Aktionärsbrief durch seine freie Gestaltung sehr gut zur Untersuchung der Rechenschaftsabgabe geeignet ist. In vielen europäischen Untersuchungen ist der Brief an die Aktionäre bei der Analyse der Ergebnisdarstellung durch das Management daher auch das primäre Forschungsobjekt.[316] Hierbei ist anzumerken, dass auch der Lagebericht und dessen internationale Pendants (z.B. MD&A)[317] zur Untersuchung der Rechenschaftsabgabe grundsätzlich geeignet wären. Insbesondere in US-amerikanischen Untersuchungen wird der MD&A-Bereich analysiert. Hierfür spricht, dass der Lagebericht teilweise als Rechenschaftsbericht bezeichet wird, da dieser die wirtschaftliche Situatioin des Unternehmens mittels vergangener, aktueller sowie prospektiver Angaben umfassend darstellt.[318] Darüberhinaus ist der Lagebericht prüfungspflichtig, was eine hohe Glaubwürdigkeit bei externen Lesern vermuten lassen könnte. Gegen die Verwendung des Lageberichts in dieser Arbeit sprechen allerdings insbesondere die regulatorischen Vorgaben. Dieser gilt zwar als weniger streng reguliert als andere Bereiche des Geschäftsberichtes, besitzt jedoch verschiedene regulative Vorschriften zum Inhalt und vor allem zur Struktur. Der Aktionärsbrief hingegen ist in Bezug auf die freie Gestaltung dem Lagebericht überlegen. Auch in Europa sind für die äquivalenten Teile (z. B. Lagebericht, Management Commentary) ähnliche Bestimmungen zu finden. So sind z. B. Kapitalgesellschaften in Deutschland gemäß § 264 Abs. 1, S. 1 HGB verpflichtet, einen Lagebericht zu erstellen, sodass dieser zu den notwendigen und nicht freien Teilen gezählt wird. Darüberhinaus fallen die verschiedenen regulatorischen Vorschriften der Länder unterschiedlch streng aus.[319] Das bedeutet, dass bei

---

[314] IASB (2013), S. 1.
[315] Amernic/Craig (2007), S. 65.
[316] Vgl. z. B. D'Aveni/MacMillan (1990); Aerts (1994); Kohut/Segars (1992); Merkl-Davies/Brennan/McLeay (2011); Hooghiemstra (2010); Bettmann/Weitz (1983); Keushu/Bollen/Hassink (2012).
[317] Vgl. Coenenberg/Haller/Schultze (2012), S. 924.
[318] Vgl. Coenenberg/Haller/Schultze (2012), S. 924 f.
[319] Vgl. im Detail Coenenberg/Haller/Schultze (2012), S. 923 ff.

einer Untersuchung der Rechenschaftsabgabe in den Lageberichten die rechtlichen Rahmenbedigungen einen wesentlichen Einfluss auf deren Inhalt haben können. Diese Vermutung wird durch die Untersuchung von Aerts/Tarca (2010) gestützt, welche einen solchen Einfluss zum Teil nachweisen konnten. Für den Aktionärsbrief hingegen existieren trotz seiner Bedeutung kaum regulative Vorschriften.[320] Er gilt deshalb sowohl in Europa als auch in den USA als der am wenigsten regulierte Bereich im Geschäftsbericht.[321] Obwohl also der Lagebericht zur Untersuchung der Abgabe von Rechenschaft prinzipiell geeignet wäre, wird in dieser Arbeit, aufgrund der beschriebenen Probleme in Bezug auf die existierenden regulativen Vorgaben der Aktionärsbrief als zentrales Medium der Rechenschaftsabgabe betrachtet.

2.5.2 Der Aktionärsbrief

Der Aktionärsbrief gilt heute als einer der zentralen freien Bereiche im Geschäftsbericht. Er wird von Forschung und Praxis überwiegend geschätzt, da er einen breiten zusammenfassenden Überblick über die Entwicklung des Unternehmens im Berichtsjahr bietet[322] und als erster längerer Text im Geschäftsbericht eine Eröffnungs- und Repräsentationsfunktion innehat.[323] Dennoch war dieser lange Zeit nicht unumstritten. Aufgrund seines narrativen und freien Charakters wurde er teilweise eher als Werbedokument mit wenig bis gar keinem relevanten Inhalt betrachtet,[324] welcher keinen Kernbestandteil eines Jahresabschlusses darstellt.[325] Teilweise wird auch heute noch bemängelt, dass die Vorteile der freien inhaltlichen Gestaltung und Darstellung gar nicht ausgeschöpft würden. So kritisiert z. B. Reinmuth (2011), dass Aktionärsbriefe häufig die Freiheiten, die ihnen geboten werden, gar nicht ausnutzen

---

[320] Vgl. Abrahamson/Amir (1996), S. 1158; Reinmuth (2011), S. 100; Fanelli (2006), S. 6; Geppert/Lawrence (2008), S. 285.
[321] Vgl. Abrahamson/Amir (1996), S. 1158.
[322] Vgl. Merril Lynch (2000), S. 1; Hoffmann/Meckel (2009), S. 11; McConnell/Haslem/Gibson (1986), S. 66. In der Studie von Martina Gohr zeigte sich, dass der durchschnittliche deutsche Aktionärsbrief oftmals als eine Zusammenfassung des Lageberichts aufgefasst wird (vgl. Gohr (2002), S. 29).
[323] Vgl. Keller (2006), S. 148.
[324] Vgl. McConnell/Haslem/Gibson (1986), S. 66.
[325] Vgl. Merril Lynch (2000), S. 3.

und sich vielfach lediglich durch „eine nicht vorhandene Dramaturgie, ihre monotone Wortwahl und Syntax und ihren vorhersehbaren Aufbau"[326] auszeichnen.

Heutzutage wird der Aktionärsbrief jedoch überwiegend positiv betrachtet. Forscher wie Stegmann hoben schon früh die Bedeutung des Briefes an die Aktionäre hervor und bezeichneten ihn auch als „the most important element in the report"[327]. So stimmten in einer Studie von Gohr (2002) immerhin 56% der Befragten darin überein, dass der Aktionärsbrief den meistgelesenen Teil des Geschäftsberichts darstellt.[328] In der Literatur wird der Aktionärsbrief daher oftmals als einer der wichtigsten,[329] prominentesten[330] und meistbetrachteten Abschnitte im Geschäftsbericht angesehen.[331]

Das könnte auch daran liegen, dass die Themen, die in den Briefen an die Aktionäre angesprochen werden, oft auch die sind, die vom Management priorisiert und fokussiert werden.[332] So sind z. B. D'Aveni/MacMillan (1990) der Meinung, dass die Inhalte, die in den Aktionärsbriefen diskutiert werden, gute Indikatoren für die Themen darstellen, welche aus Managementsicht tatsächlich von zentraler Bedeutung sind.[333] Des Weiteren wird vermutet, dass der Aktionärsbrief die grundsätzlichen Ansichten des Managements einer Organisation widerspiegelt.[334] Darüber hinaus haben einige bekannte CEOs ihre starke persönliche Involvierung in den Erstellungsprozess des Aktionärsbriefes öffentlich hervorgehoben,[335] was die Relevanz dieses Textes aus Sicht des Top-Managements hervorhebt.

---

[326] Reinmuth (2011), S. 47. Durch die vielen Verweise auf deutsche Geschäftsberichte beziehen sich die Ausführungen von Reinmuth (2011) allerdings wohl primär auf Geschäftsberichte im deutschsprachigen Raum.
[327] Stegman (1987), S. 44 zitiert nach Petranix (2011), S. 9. Keller bemängelt jedoch, dass es unklar bleibt, was Autoren wie Stegeman unter „wichtig" verstehen (vgl. Keller (2006), S. 148).
[328] Vgl. Gohr (2002), S. 32.
[329] Vgl. Hoffmann/Meckel (2009), S. 10. (Die Autoren identifizieren den Aktionärsbrief als den dritt wichtigsten Inhaltsfaktor nach dem Finanzreport und den Key Financial Figures).
[330] Vgl. Reinmuth (2011), S. 37.
[331] Vgl. Fanelli (2006), S. 6; Petranix (2011), S. 9; Clatworthy/Jones (2003), S. 183.
[332] Vgl. Craig/Amernic (2011), S. 566 f.
[333] Vgl. D'Aveni/MacMillan (1990), S. 640.
[334] Vgl. D'Aveni/MacMillan (1990), S. 640; Salancik/Meindl (1984), S. 243.
[335] Craig/Amernic (2011) führen als Beispiel Jack Welch und Warren Buffet auf. Ihre Diskussion, inwieweit der Aktionärsbrief wirklich vom CEO persönlich verfasst wird, schließen sie mit der folgenden Bemerkung ab: „The CEO letter reflects and constitutes the "reality" image as "seen" by a CEO ... after all, he/she signed it" (Craig/Amernic (2011), S. 566).

Heute wird dem Aktionärsbrief daher auch eine hohe Bedeutung in Bezug auf Kapitalallokationsentscheidungen zugesprochen.[336] Verschiedene Studien zeigen, dass Investoren die gegebenen Informationen im Aktionärsbrief verwenden, um Leistungen des Unternehmens zu bewerten.[337]

Im Mittelpunkt dieser Arbeit steht der Vertrauenswiederaufbau durch die organisationale Berichterstattung. Wie aufgezeigt wurde, kann der Brief an die Aktionäre durch seine freie Gestaltung am besten unabhängig auf Ereignisse eingehen. Gerade in Bezug auf die Vermittlung von Vertrauen ist er anderen Teilen des Geschäftsberichtes überlegen. Denn der Aktionärsbrief ist in seiner Funktion als Brief „persönlich, anekdotenhaft, emotional gefärbt".[338] Damit unterscheidet er sich von anderen narrativen Abschnitten des Geschäftsberichtes.[339]

2.6 Theoretische Erklärungsansätze zur freiwilligen narrativen Berichterstattung

2.6.1 Theorien der Berichterstattung

In der Forschung zur freiwilligen Berichterstattung werden neben den ökonomischen Theorien sozial- und verhaltenswissenschaftliche Theorien herangezogen, um mit ihrer Hilfe die Phänomene der narrativen Teile der externen Berichterstattung zu erklären.[340]

- In ökonomischen Theorien, welche auf dem Modell des methodologischen Individualismus[341] basieren, wird davon ausgegangen, dass Manager die frei-

---

[336] Vgl. Keusch/Bollen/Hassink (2012), S. 3.
[337] Vgl. z. B. Abrahamson/Amir (1996). Beispiele von solchen Studien auch bei Keusch/Bollen/Hassink (2012), S. 3.
[338] Reinmuth (2011), S. 46.
[339] Reinmuth (2011) kritisiert jedoch auch, dass der Aktionärsbrief nicht immer diesem Anspruch gerecht wird, da von ihm in seiner Funktion als Informationsvermittler ein hohes Maß an Objektivität erwartet wird. Diese Erwartung wird allerdings dann enttäuscht, wenn der Leser den Bericht als hauptsächlich „persuasiv" wahrnimmt. Folglich sind häufig große Teile des Berichtes „verklausuliert und bürokratisch" (Reinmuth (2011), S. 45 f.).
[340] Vgl. Brühl/Orth (2008), S. 29; Brühl (2011), S. 770 ff.
[341] Vgl. hierzu Popper (1965), S. 107; Schumpeter (1908), S. 88 ff.

willige Berichterstattung verwenden, um sich einen Vorteil aus ihrem Informationsvorsprung gegenüber Investoren und Anteilseignern zu verschaffen. Demnach bilden die Annahmen des rationales Handelns und der Nutzenmaximierung eines der Kernelemente von ökonomischen Erklärungsansätzen.[342] Aus dieser Sichtweise heraus werden die narrativen Bereiche als ein Vehikel für Manager betrachtet, um ihre bewusst positive verzerrte Sichtweise der Unternehmenslage darzustellen. Ziel ist es hierbei, den finanziellen Erfolg des Unternehmens und letztendlich auch den eigenen zu maximieren. Um Konflikte mit Anteilseignern zu vermeiden, werden Manager demnach schlechte Aspekte eher vernachlässigen und positive Erfolge hervorheben.[343]

- Sozialwissenschaftliche Theorien ermöglichen es, soziale Kontextfaktoren, mit denen Manager inner- und außerhalb der Unternehmensgrenzen konfrontiert sind, in Erklärungsansätze einzubeziehen. Die Stakeholder-Theorie zeigt beispielsweise auf, welche Anspruchsgruppen Informationen über das Handeln von Unternehmen einfordern.[344] Vertreter von neoinstitutionalistischen Theorien gehen davon aus, dass Unternehmen bestrebt sind, sich gegenüber einem in der Gesellschaft vorherrschenden Wertekanon konform zu verhalten.[345] Ein Verstoß würde das Ansehen des Unternehmens schädigen und damit den Zugang des Unternehmens zu den Absatz- und den Faktormärkten erschweren. Die narrativen Teile in der externen Berichterstattung werden daher als Instrument verstanden, unternehmerisches Handeln zu legitimieren.

- In verhaltenswissenschaftlichen Theorien wird explizit das Individuum zum Gegenstand der Forschung. Dabei werden einseitige Annahmen wie die des homo oeconomicus durch weitaus realitätsnähere Menschenbilder ersetzt. Als ein wesentlicher Theoriestrang lässt sich das Impression Management[346] heranziehen. Mit dieser Sozialtechnik versuchen soziale Akteure das Bild, das

---

[342] Vgl. Merkel-Davies/Brennan (2011), S. 428.
[343] Vgl. Merkel-Davies/Brennan (2011), S. 424 f.; Ähnlich auch bei Osann (2010), S. 54.
[344] Vgl. Freeman (1984), S. 52 ff.; Freeman et al. (2010), S. 24 ff.
[345] Vgl. Suchman (1995), S. 574 ff.; Deephouse/Suchmann (2008), S. 52 ff.
[346] Eine Einführung zum Impression Management bietet z. B. Ebert/Piwinger (2007).

sich andere soziale Akteure von ihnen machen, zu beeinflussen.[347] Impression Management ist ein Konzept, das in der Sozialpsychologie entwickelt wurde und maßgeblich auf Erving Goffman zurückgeht. Er ging davon aus, dass Menschen ein bestimmtes Selbstbild von sich haben und ihr Verhalten darauf ausrichten, dass andere dieses Selbstbild übernehmen; hierzu griff er zu der Metapher, dass wir alle eine Rolle auf einer Theaterbühne spielen, um dieses Ziel zu erreichen.[348] Die Impression Management Theorie hat einen engen Bezug zur Attributionstheorie, die sich mit den kausalen Erklärungen von sozialen Akteuren beschäftigt.[349] Da sie Aussagen darüber trifft, wie soziale Akteure ihre kausale Zuschreibung vornehmen, ist für die Forschung von Relevanz, ob und wie es möglich ist, diese Zuschreibung zu verändern.

Während sozialwissenschaftliche Forschung das Handeln kollektiver sozialer Akteure in ihrem jeweiligen gesellschaftlichen, kulturellen und politischen Umfeld untersucht, steht im Mittelpunkt verhaltenswissenschaftlicher Forschung das Handeln von Individuen in ihrem Umfeld. Beide Sichtweisen sind eher als Untersuchungsschwerpunkte zu verstehen und nicht als scharfe disziplinäre Grenzen, denn Individuen handeln in einem Rahmen, der durch soziale Akteure gesetzt wird, und soziale Akteure sind wiederum in ihrem Handeln auf Individuen angewiesen. Trotzdem führen die Schwerpunkte in diesen Disziplinen zu einer Konzentrierung auf verschiedene Theorie-Ebenen.[350] Sozialwissenschaftliche Disziplinen, insbesondere soziologische Theorien, sind häufig auf der gesellschaftlichen (Makro-) Ebene und auf der organisationalen (Meso-)Ebene, hingegen sind verhaltenswissenschaftliche, insbesondere psychologische Theorien, meist auf der individuellen und Gruppen-(Mikro-)Ebene angesiedelt. Wenn sozialwissenschaftlich geprägte Theorien mit verhaltenswissenschaftlichen Theorien verbunden werden sollen, um das Handeln einzelner Manager im Unternehmen zu erklären und damit eine individuelle Perspektive zu vermitteln, ist es sinnvoll, die Theorie-Ebenen zu unterscheiden und zu klären, inwieweit es notwendig

---

[347] Vgl. Schlenker (1980), S. 6.
[348] Vgl. Goffman (2011), S. 19 f.
[349] Vgl. Martinko/Douglas/Harvey (2006), S. 130 ff.
[350] Vgl. Molloy/Ployhart/Wright (2011), S. 586 ff.

ist, mehrere Ebenen gleichzeitig in der Untersuchung zu betrachten.[351] Obwohl der Schwerpunkt der Arbeit auf den beiden letztgenannten Theorien liegt, sei angemerkt, dass die Grenzen zu den ökonomischen Theorien ebenfalls fließend sind. Insbesondere können ökonomische und sozialwissenschaftliche Theorien nicht immer eindeutig voneinander abgegrenzt werden,[352] weshalb diese auch als sich gegenseitig ergänzende Theorien verstanden werden sollen.

Die kurze Skizze theoretischer Ansätze zeigt schon die Vielfalt der Forschung im Bereich der narrativen Teile der Berichterstattung. Im Folgenden soll ein Überblick über die konzeptionellen und empirischen Beiträge dieser Theorien gegeben werden. Die Darstellungen orientieren sich an einer Einteilung der Impression Management Forschung in die organisationale und individuelle Ebene[353] und einer Sender- und Empfängerperspektive. Zunächst soll zu Beginn des nächsten Kapitels die Relevanz der ersten Unterscheidung beispielhaft anhand der Impression Management Theorie aufgezeigt werden, um dann die Forschung zu beiden Ebenen darzustellen.

2.6.2 Phänomene der Berichterstattung als Mehrebenenprobleme

Am Beispiel der Impression Management Theorie soll das grundsätzliche Problem von Mehrebenentheorien verdeutlicht werden (vgl. Abbildung 3). Soziale Akteure setzen Impression Management ein, um von anderen sozialen Akteuren so gesehen zu werden, wie sie gesehen werden möchten.[354] Impression Management Taktiken dienen daher Individuen, ihr Selbstkonzept zu bewahren und gegen negative Ereignisse zu schützen.[355] Eine beispielhafte soziale Situation in Abbildung 3 könnte daher ein starker Gewinneinbruch einer Bank sein, der vom Manager als negatives Ereignis angesehen wird, das sein Selbstkonzept als erfolgreicher Manager gefährdet. Er könnte sich daher veranlasst sehen, Impression Management Taktiken einzusetzen,

---

[351] Vgl. Kozlowski/Klein (2004), S. 11 ff.
[352] Vgl. Osann (2010), S. 56.
[353] Vgl. Bolino et al. (2008), S. 1081.
[354] Vgl. Aronson/Wilson/Akert (2008), S. 154.
[355] Vgl. Schlenker (1980), S. 135 ff.

um diesem negativen Selbstbild entgegenzuwirken. Er könnte z. B. versuchen, seine Berichterstattung so darzustellen, dass er für die Ursachen, die zu dem Gewinneinbruch geführt haben, nicht verantwortlich ist, indem er darauf hinweist, dass eine dramatische Finanzkrise aufgetreten ist, die er nicht beeinflussen konnte.

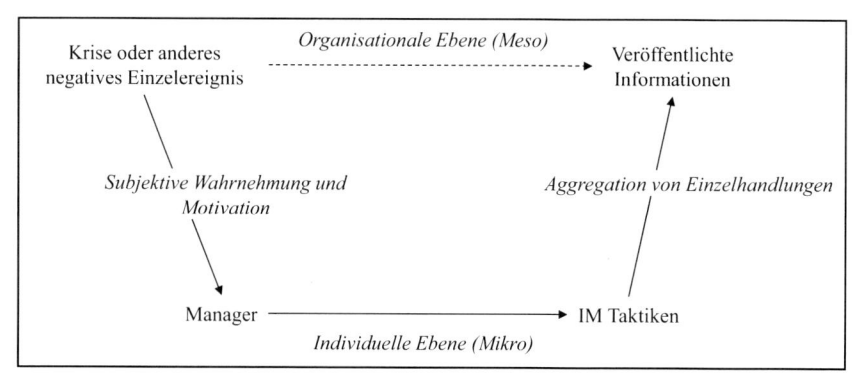

```
                      Organisationale Ebene (Meso)
   Krise oder anderes   ─────────────────────────▶   Veröffentlichte
   negatives Einzelereignis                          Informationen
              ╲                                         ▲
               ╲                                       ╱
                ╲                                     ╱
       Subjektive Wahrnehmung und        Aggregation von Einzelhandlungen
            Motivation                              ╱
                 ╲                                 ╱
                  ╲                               ╱
                   ▼                             ╱
                  Manager  ─────────────────▶  IM Taktiken
                         Individuelle Ebene (Mikro)
```

Abbildung 3: Beispiel eines Mehrebenen-Modells für Impression Management

Wenn Forscher mithilfe der Impression Management Theorie die Art und Weise analysieren, wie Informationen veröffentlicht werden, müssen sie beachten, dass diese Theorie ein psychologisches Konzept für Individuen entwickelt. Analysen eines Geschäftsberichts sind hingegen auf der organisationalen Ebene angesiedelt. Um von individuellen Handlungen auf organisationales Handeln zu schließen – wobei noch zu klären wäre, was letzteres eigentlich bedeuten soll – müssen eine Reihe von Annahmen gemacht werden; sie sind in Abbildung 3 abkürzend als Aggregation von Einzelhandlungen bezeichnet. So hat in Deutschland der Vorstand von Aktiengesellschaften die gemeinsame Verantwortung für Geschäftsentscheidungen und ist daher häufig auch an der Entstehung des Geschäftsberichts beteiligt. Ein Brief des Vorstands an die Stakeholder ist somit ein Gruppenphänomen und dies gilt erst recht für weitere narrative Teile der Berichterstattung. Es ist nicht ungewöhnlich, dass an diesen Abschnitten bis zu fünfzig und mehr Personen beteiligt sind. Eine Impression Management Theorie für Organisationen muss daher klären, was organisationales

Handeln ausmacht. Sie ist deshalb sehr wahrscheinlich anders aufgebaut und unterscheidet sich auch in den zentralen Konstrukten von der individuellen Variante. Abbildung 3 weist nur zwei Ebenen auf; das Phänomen kann hingegen auf mehr als zwei Ebenen betrachtet werden:[356]

1. eine individuelle Ebene des einzelnen Managers;
2. eine Gruppenebene, wie sie z. B. durch ein Vorstandsgremium realisiert ist;
3. eine Organisationsebene, z. B. die Bank, die den Geschäftsbericht veröffentlicht;
4. eine Umfeldebene, wie z. B. das Organisationsfeld mit wichtigen Regulatoren oder der Kapitalmarkt.

Es hängt letztlich vom Untersuchungsziel ab, ob eine oder mehrere Ebenen betrachtet werden. Wenn allerdings die Berichterstattung z. B. in Form des Geschäftsberichts Ausgangspunkt einer Untersuchung ist, dann ist die organisationale Ebene angesprochen. Zunächst soll jedoch die Forschung auf der individuellen Ebene skizziert werden, da in der Forschung auf der organisationalen Ebene auf einige dieser Theorien Bezug genommen wird.

2.6.3 Theorien und Forschung auf der individuellen Ebene

Auf der individuellen Ebene wird davon ausgegangen, dass eine Verbindung zwischen der organisationalen Berichterstattung und der persönlichen Erstellung des Berichtes besteht. Demnach gibt nicht nur die Organisation als Ganzes Rechenschaft über Ereignisse ab, sondern insbesondere der Manager als Verfasser des Berichtes (z. B. ein Vorstandsvorsitzender). Um verhaltenswissenschaftliche Theorien auf der individuellen Ebene anwenden zu können, müssen jedoch mindestens zwei grundsätzliche Annahmen getroffen werden.

---

[356] Vgl. die verschiedenen Möglichkeiten in Molloy/Ployhart/Wright (2011), S. 584 ff.

Erstens ist davon auszugehen, dass der Verfasser bei der Rechenschaftsabgabe über die Leistungen des Unternehmens diese auch als eine Rechenschaftsabgabe der eigenen Leistung interpretiert und wahrnimmt. Das heißt, dass der Manager bewusst oder unbewusst die Beurteilung des Unternehmens auch als eine Beurteilung der eigenen Leistung wahrnimmt. Hierfür spricht, dass die Bewertung der Unternehmensleistung aus Sicht der relevanten Anspruchsgruppen oft einen direkten Einfluss auf die in Verantwortung stehenden Manager hat. Ein negatives Unternehmensbild hat demnach nicht nur eine Konsequenz für das Unternehmen, z. B. durch einen sinkenden Börsenkurs, sondern kann auch zu negativen finanziellen und sozialen Konsequenzen für den Manager führen, z. B. in Form eines Statusverlustes oder niedrigeren Bonuszahlungen. Zweitens ist anzunehmen, dass der Manager als Verfasser des Berichtes einen großen individuellen Einfluss auf die Erstellung des Berichtes hat und nicht durch regulative oder soziale Normen in der Erstellung wesentlich beeinflusst oder beschränkt wird. Für diese Annahme spricht, dass die meisten Aktionärsbriefe in der Regel von Vorstandsvorsitzenden (CEO) unterzeichnet werden. Durch die Unterschrift wird die uneingeschränkte Identifikation mit dem Text unterstrichen.[357] Darüber hinaus haben einige bekannte CEOs wie Warren Buffet oder Jack Welch ihre starke persönliche Involvierung in den Erstellungsprozess des Aktionärsbriefes öffentlich hervorgehoben.[358] Ein weiteres Indiz für den Einfluss von CEOs führt Campbell in seiner Studie an, indem er zeigt, dass der Umfang von freiwillig zu veröffentlichenden Informationen (am Beispiel des CSR-Reporting) von der Person des Vorstandsvorsitzenden abhängt.[359]

Wenn von diesen Annahmen ausgegangen wird, dann können psychologische Theorien auf der individuellen Ebene zur Erklärung von verzerrter Berichterstattung herangezogen werden. Im Rahmen von psychologischen Theorien gibt es verschiedene Ansätze, um Impression Management Taktiken und damit einhergehender verzerrter Berichterstattung zu erklären. Besonders prominent sind die Attributionstheorie[360]

---

[357] Vgl. Craig/Amernic (2011), S. 566.
[358] Vgl. Craig/Amernic (2011), S. 566.
[359] Vgl. Campbell (2000).
[360] Vgl. Koonce/Seybert/Smith (2011), S. 212 ff.

und die Theorie der kognitiven Dissonanz,[361] aus denen sich verschiedene Erklärungsmuster ergeben:

Eine erste Erklärung geht davon aus, dass es aufgrund der Tendenz des Verfassers, negative Konsequenzen zu vermeiden, im Rahmen der Berichterstattung zu einer systematischen Verzerrung kommen kann. Manager haben ein persönliches Interesse daran, durch Impression Management Stakeholder zu beeinflussen und potenzielle negative Reaktionen zu verhindern. Bei der Anwendung von Impression Management Taktiken versuchen Manager, soziale oder ökonomische Vorteile zu erlangen und Sanktionen für ihr Handeln oder Nicht-Handeln zu vermeiden.[362] Ziel von Impression Management Taktiken ist es – bewusst oder unbewusst –, die eigene Situation und die des Unternehmens so darzustellen, dass ein möglichst positiver Eindruck über die Leistung des Managers und des Unternehmens entsteht. Soziale Akteure unterliegen dabei einem systematischen Attributionsfehler, der in der Literatur als selbstwertdienliche Verzerrung („self-serving bias") bezeichnet wird.[363] Diese Art der Verzerrung wurde in verschiedenen Kontexten beobachtet und gilt als sehr robust.[364] Sie zeigt die Tendenz von sozialen Akteuren auf, positive Ereignisse sich selbst zuzuschreiben und Verantwortung für negative Ereignisse auf die Situation oder andere soziale Akteure zu übertragen. Verschiedene Untersuchungen weisen auf eine solche selbstwertdienliche Verzerrung hin. Dabei wird analysiert, wie Manager Erfolge und Misserfolge entlang verschiedener Dimensionen attribuieren. Hierbei wird deutlich, dass Manager dazu neigen, Erfolge als intern und kontrollierbar, Misserfolge tendenziell als extern und unkontrollierbar zu attribuieren.[365] Bettman und Weitz schlussfolgern deshalb, dass die selbstwertdienliche Verzerrung, die eigentlich für Individuen gilt, auch auf die organisationale Ebene übertragbar ist.[366] Hooghiemstra hat darüber hinaus versucht, kulturelle Unterschiede in der Berichterstattung auf

---

[361] Vgl. Koonce/Mercer (2005), S. 187 ff.
[362] Merkl-Davies/Brennan (2011), S. 426.
[363] Vgl. Martinko/Douglas/Harvey (2006), S. 140 f.
[364] Vgl. Mezulis et al. (2004), S. 737.
[365] Vgl. Bettmann/Weitz (1983); Aerts (1994); Clatworthy/Jones (2003); Keusch/Bollen/Hassink (2012).
[366] Vgl. Bettmann/Weitz (1983), S. 180.

Basis der selbstwertdienlichen Verzerrung zu finden. In seiner Vergleichsstudie zwischen amerikanischen und japanischen Aktionärsbriefen konnte er jedoch nicht alle Hypothesen bestätigen,[367] denn, obwohl in der japanischen Kultur die selbstwertdienliche Verzerrung eher gering ausgeprägt ist,[368] traten auch dort selbstwertdienliche Verzerrungen auf. Dieser Befund könnte darauf hindeuten, dass institutionelle Faktoren der Unternehmensumwelt eine wichtige Rolle bei der Erklärung von Phänomenen in der externen Berichterstattung spielen.[369]

Wenn mit der Theorie der kognitiven Dissonanz argumentiert wird, dann wird verzerrte Berichterstattung damit erklärt, dass zwischen der Wahrnehmung der tatsächlichen Leistung und der des eigenen Selbstbildes eine Lücke klafft, die als dissonant empfunden wird und geschlossen werden muss.[370] Da Menschen danach streben, Ereignisse kausal zu erklären, versuchen sie, Ereignisse und Entscheidungen als Ursache-Wirkungs-Zusammenhänge zu begreifen. Dabei geht es darum, mittels ex-post-Erklärungen Entscheidungen und Ereignisse als möglichst rational und nachvollziehbar darzustellen; in der Literatur wird dies auch als retrospektive Sinnzuschreibung bezeichnet („retrospective sensemaking").[371] Für Manager geht es sowohl darum, dass sie Gründe und Ursachen für Ereignisse finden und beschreiben als auch zukünftige Prognosen abgeben. Es wird weiter argumentiert, dass ein Manager als Verfasser des Berichtes nicht vollkommen rational über sich und das Unternehmen urteilen kann; es liegt vielmehr beschränkte Rationalität („bounded rationality") vor. Darum kann es bei der Beurteilung der eigenen Leistung zu einer sogenannten egozentrischen Verzerrung („egocentric bias") kommen: Um das eigene Selbstbild zu wahren und zu bestätigen, werden die eigenen positiven Leistungen tendenziell überschätzt und hervorgehoben und die anderer sozialer Akteure unterschätzt.[372] Ein ähnliches Phänomen, welches in der Forschung untersucht wird, ist die systematische Selbstüberschätzung („overconfidence bias"), die sich z. B.

---

[367] Vgl. Hooghiemstra (2010), S. 291.
[368] Vgl. Mezulis et al. (2004), S. 731 f.
[369] Vgl. hierzu im Detail auch Kapitel 2.6.4 (S. 68 ff.).
[370] Vgl. Festinger (1962).
[371] Vgl. Aerts (2005), S. 497.
[372] Vgl. Ross/Sicoly (1979), S. 322 ff.

dadurch ausdrückt, dass Menschen ihre eigenen Fähigkeiten oder Leistungen überschätzen.[373]

Während die in diesem Unterkapitel skizzierten psychologischen Theorien darauf zielen, individuelle Eigenschaften von Managern zu deuten und zu erklären, um sie für die Erklärung von Impression Management in der externen Berichterstattung zu nutzen, werden im folgenden Kapitel Theorien vorgestellt, welche die Ursachen für Impression Management in der externen Berichterstattung im organisatorischen Umfeld von Unternehmen vermuten.

2.6.4 Theorien und Forschung auf der organisationalen Ebene

Wie bereits eingangs dieses Kapitels angedeutet, hat eine organisationale Impression Management Theorie andere zentrale Konstrukte. Der individuelle Ursprung der Theorie schimmert jedoch in vielen empirischen Untersuchungen immer wieder durch; kennzeichnend hierfür ist der Gebrauch eines ähnlichen Vokabulars, wie z. B. Selbstbild oder Selbstwert.[374]

Auf organisationaler Ebene bieten sich sozialwissenschaftliche Theorien zur Erklärung der Verwendung von Taktiken des Impression Managements an. In Abbildung 4 ist ein Erklärungsmodell zur Verwendung von Taktiken des Impression Managements abgebildet. Insbesondere die Stakeholdertheorie[375] und die Theorie der Ressourcenabhängigkeit können hierzu herangezogen werden. Denn nach der Stakeholdertheorie haben Anspruchsgruppen („Stakeholder") ein umfassendes Informationsinteresse an einem Unternehmen. Zu den wichtigsten Stakeholdern gerade für Banken zählen

---

[373] Vgl. Moore/Healy (2008), S. 502 f.
[374] Daher sind Vorschläge wie z. B. von Highhouse/Brooks/Gregarus (2009) skeptisch zu beurteilen, mit denen versucht wird, Organisationen individuelle Eigenschaften zuzuschreiben (vgl. Highhouse/Brooks/Gregarus (2009), S. 1483). Ein wesentlicher Nachteil dieses Vorgehens ist es, nicht erkannt und dann meist auch nicht erforscht wird, wie die Mechanismen ablaufen, mit denen bei kollektiven sozialen Akteuren Entscheidungen über die Berichterstattung gefällt werden. Es ist daher kein Zufall, dass in der empirischen Rechnungswesensforschung kaum Prozessanalysen veröffentlicht werden (zu einer ähnlichen Einschätzung kommt auch Adams (2002), S. 228).
[375] Vgl. Freeman (1984); Freeman et. al (2010); Mitchell/Agle/Wood (1997); Laplume/Sonpar/Litz (2008).

Kapitel 2 – Theoretische Bezugsrahmen zu Vertrauen und Rechenschaft   69

neben den klassischen Anteilseignern auch weitere Kapitalgeber wie Kunden und andere Fremdkapitalgeber. Diese stellen der Bank z. B., in Form von Kundeneinlagen oder Krediten wichtige finanzielle Ressourcen zur Verfügung.[376] Tritt ein negatives Ereignis z. B. in Form eines Verlustes ein, so hat die Bank ein Interesse daran, die Anspruchsgruppen davon zu überzeugen, ihr weiterhin zu vertrauen.

Weiterhin wird davon ausgegangen, dass die finanzielle Berichterstattung[377] sowie die Wahl von Impression Management Taktiken auch von kulturellen Aspekten[378] mitbeeinflusst wird.[379] Zaidman/Drory (2001) heben deshalb auch die Bedeutung des Zusammenhanges zwischen Kultur und Impression Management hervor und betonen: „The need to examine impression management as a culturally constructed phenomenon is especially important as globalization of organizations increase and managers need to interact across cultures".[380]

Für die Frage, welche internen und externen Stakeholder mit der externen Berichterstattung vornehmlich adressiert werden, lässt sich von einem Vorschlag von Mitchell/Agle/Wood (1997) ausgehen. Sie schlagen drei Kriterien vor, welche über die Wichtigkeit von Stakeholdern entscheiden:[381]

1. die Macht, über die die Stakeholder verfügen,[382]

2. die Legitimität, mit der die Stakeholder ausgestattet sind und

3. die Dringlichkeit, d. h., inwieweit die Beziehung hoher Aufmerksamkeit durch das Unternehmen bedarf.

---

[376] Vgl. hierzu auch die Ausführungen in Kapitel 2 (S. 15 ff.)
[377] Vgl. z. B. die Übersicht bei Chanchani/MacGregor (1999).
[378] Vgl. z. B. Hooghiemstra (2010); Zaidman/Drory, S. 676.
[379] Neben kulturellen Faktoren werden teilweise auch mögliche institutionelle Einflussfaktoren untersucht (vgl. z. B. Aerts/Tarca (2010)). Diese stehen jedoch im Folgenden nicht im Zentrum der Betrachtung und werden darum in das Erklärungsmodell nicht integriert.
[380] Zaidman/Drory (2001), S. 672.
[381] Vgl. Mitchell/Agle/Wood (1997), S. 865 ff.
[382] Eine Theorie, mit der sich erklären lässt, warum Stakeholder Macht gegenüber einem Unternehmen haben, ist die Ressourcen-Abhängigkeits-Theorie. In ihrem Zentrum stehen die Ressourcen, die Stakeholder dem Unternehmen zur Verfügung stellen und die es zum langfristigen Überleben benötigt (vgl. Pfeffer/Salancik (1978)). Den Zusammenhang zwischen dieser Theorie, dem Neoinstitutionalismus und der Stakeholder-Theorie für die Erklärung der Umweltberichterstattung zeigen Chen/Roberts auf (vgl. Chen/Roberts (2010)).

In empirischen Studien konnte gezeigt werden, dass alle drei Kriterien von Unternehmen eingesetzt werden,[383] allerdings konnten Boesso/Kumar (2009) nicht für alle Stakeholder-Gruppen nachweisen, dass die wahrgenommene Wichtigkeit der Stakeholder die freiwillige Berichterstattung positiv beeinflusst.[384]

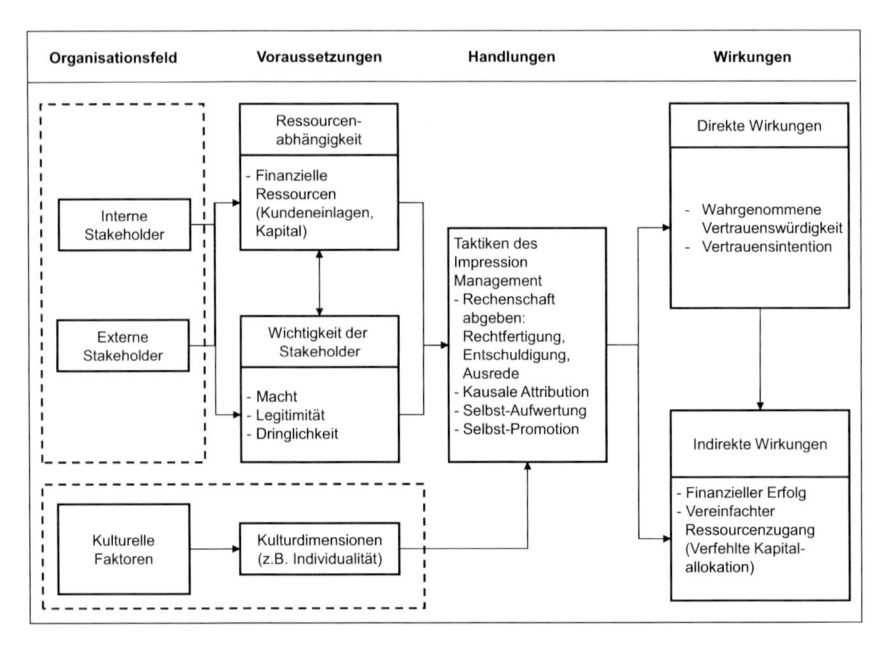

Organisationsfeld	Voraussetzungen	Handlungen	Wirkungen
Interne Stakeholder	Ressourcenabhängigkeit - Finanzielle Ressourcen (Kundeneinlagen, Kapital)	Taktiken des Impression Management - Rechenschaft abgeben: Rechtfertigung, Entschuldigung, Ausrede - Kausale Attribution - Selbst-Aufwertung - Selbst-Promotion	Direkte Wirkungen - Wahrgenommene Vertrauenswürdigkeit - Vertrauensintention
Externe Stakeholder	Wichtigkeit der Stakeholder - Macht - Legitimität - Dringlichkeit		Indirekte Wirkungen - Finanzieller Erfolg - Vereinfachter Ressourcenzugang (Verfehlte Kapitalallokation)
Kulturelle Faktoren	Kulturdimensionen (z.B. Individualität)		

Abbildung 4: Ein Erklärungsmodell von Taktiken und Handlungen in den narrativen Teilen der externen Berichterstattung

Das in diesem Unterkapitel beschriebene Wirkungsmodell beruht auf theoretischen Überlegungen und ausgewählten empirischen Befunden. Es zeigt, dass es für einige Hypothesen zwischen Konstrukten zwar schon explorative Befunde gibt, allerdings

---

[383] Vgl. Agle/Mitchell/Sonnenfeld (1999), S. 518 ff.; Boesso/Kumar (2009), S. 169 f.
[384] Vgl. Boesso/Kumar (2009), S. 170 f.

sind auch beträchtliche Forschungslücken zu erkennen. Einige wichtige Aspekte sollen erwähnt werden:

1. Trotz erster Ansätze, Taktiken des organisationalen Impression Managements zu systematisieren,[385] fehlt noch ihre Einbindung in ein nomologisches Gerüst, wie es exemplarisch in Abbildung 4 dargestellt ist. Wenn es empirisch validiert ist, kann - von dieser einheitlichen Basis ausgehend - die Forschung vorangetrieben werden. Denn bisher führt die Fülle an unterschiedlichen Begriffen und Typologien zu einer unübersichtlichen Forschung, die kaum kumuliert werden kann. Darüber hinaus gibt es weiterhin noch Forschungsbedarf bezüglich der Einflüsse auf die Auswahl verschiedener Rechenschaftsaussagen.

2. Forschungsbedarf besteht bei den direkten Wirkungen. Es fehlt aber an organisationalen Studien, welche die Effektivität und Effizienz dieser Maßnahmen auf einer organisationalen Ebene untersuchen. In den meisten Studien zur Abgabe von Rechenschaft wird ein möglicher Vertrauenswiederaufbau zwischen zwei Individuen betrachtet (interpersonelle Ebene). Ausnahmen sind z. B. die Arbeiten von Blasio/Veale (2009) und Van Laer/Ruyter (2010). Bei letzteren steht eine Marketing-Perspektive im Vordergrund, sodass die Vertrauensbeziehung zwischen Unternehmen und Kunden im Vordergrund steht. Ein Branchenfokus ist dabei nicht zu erkennen. So steht bei Blasio/Veale (2009) die Lebensmittelbranche,[386] bei Van Laer/Ruyter (2010) die Gesundheitsbranche[387] im Fokus der Analyse.

3. Weiterhin ist es noch immer unklar, welchen genauen Einfluss verschiedene Kontextfaktoren auf die Wahl und den Einsatz von Impression Management Taktiken haben. So wird z. B. der Kultur ein Einfluss auf das Impression Management zugesprochen, allerdings werden teilweise gegenteilige Ergebnisse berichtet, als sie auf Grundlage von kulturellen Unterschieden zu erwarten wä-

---

[385] Vgl. Mohamed/Gardner/Paolillo (1999), S. 111 ff.; Bolino et al. (2008), S. 1102.
[386] Vgl. Blasio/Veale (2009), S. 78.
[387] Vgl. Van Laer/Ruyter (2010), S. 166.

ren.[388] Aus diesem Grund vermuten z. B. Aerts/Tarca (2010) einen stärkeren Einfluss von rechtlichen Aspekten des jeweiligen Landes, welche mögliche kulturelle Faktoren überschatten.[389]

4. Des Weiteren sind die indirekten Wirkungen der verschiedenen Taktiken und Handlungen empirisch nur unzureichend erforscht; insbesondere fehlen empirische Analysen, inwieweit eine Steigerung des organisationalen Vertrauens zum (monetären) Erfolg beiträgt oder ob es einen erleichterten Zugang zu Ressourcen ermöglicht.[390]

---

[388] Vgl. z. B. Hooghiemstra (2010).
[389] Vgl. Aerts/Tarca (2010), S. 427 f. (Institutionelle und rechtliche Aspekte sind allerdings nicht in dieses Modell integriert worden, da diese nicht Gegenstand der Untersuchung sind).
[390] Ähnliche Kritik bei Forwe/Frank/Jansen (2013), S. 67. (Die Autoren beziehen sich bei ihrer Kritik jedoch nicht auf Vertrauen im speziellen, sondern allgemein auf Reputationsschäden eines Unternehmens).

3 Empirische Analyse zur Rechenschaftsabgabe von Banken

3.1 Methodisches Vorgehen

3.1.1 Auswahl der Forschungsmethode

Im Folgenden soll der in der Einleitung aufgestellten Frage, wie Banken Rechenschaft über ihre Ergebnisse nach der Finanzkrise abgeben, nachgegangen werden. Wie erläutert, geben Banken im Geschäftsbericht Rechenschaft über ihre Geschäftstätigkeit ab, wobei solche Erklärungen im Aktionärsbrief aufgrund seiner Eröffnungs- und Repräsentationsfunktion unabhängig von externen Regularien abgegeben werden können. Deshalb bietet sich als Gegenstand der Untersuchung zur Rechenschaftsabgabe eine inhaltsanalytische Untersuchung der Aktionärsbriefe von Banken an.

Neben der Wahl des Untersuchungsgegenstandes muss die Frage der methodischen Vorgehensweise beantwortet werden. Grundsätzlich können empirische Daten im Rahmen einer Inhaltsanalyse qualitativ oder quantitativ ausgewertet werden. Welche Vorgehensweise dabei als indiziert angesehen werden kann, hängt in erster Linie von der Fragestellung und den Zielen der empirischen Untersuchung ab.[391]

Für ein qualitatives Vorgehen spricht, dass im Theorieteil keine allgemeingültige Typologie der Rechenschaftsabgabe identifiziert werden konnte, welche zur Analyse der Rechenschaftsabgabe angewendet werden kann. So sieht Geiger (2007) die Notwendigkeit der Entwicklung eines neues Codiersystems dann als gegeben an, wenn die vorhandenen Systeme nicht (a) „der Forschungsfragestellung und dem ... Design der Untersuchung Rechnung tragen [können]", (b) „den neuesten Erkenntnissen und Weiterentwicklungen angepasst sind" sowie (c) „nicht reliabel anwendbar [sind]".[392] Letzteres setzt darüber hinaus die Existenz eines umfangreichen Codierhandbuchs voraus.[393] Die vorhandenen Typologien[394] erfüllen diese Bedingungen

---

[391] Vgl. z. B. Haase (2007), S. 38; Flick (2007), S. 53. (Die erkenntnistheoretische Position des Forschers hingegen sollte keinen Einfluss auf die Wahl der Forschungsmethode haben (vgl. hierzu ausführlich die Diskussion bei Haase (2007)).
[392] Geiger (2007), S. 171.
[393] Vgl. Geiger (2007), S. 171 f.

nicht oder nur teilweise, was auf die Verwendung eines explanativen qualitativen Forschungsdesigns hindeutet.

Auf der anderen Seite hat die Arbeit jedoch auch das Ziel, eine generalisierende Aussage zur Rechenschaftsabgabe von Banken in Europa und den USA abzugeben. Die Generalisierung von Ergebnissen ist hingegen ein Indikator für ein quantitatives Forschungsdesign. Durch die Anwendung eines reliablen Codiersystems können die Daten statistisch ausgewertet werden. So können Aussagen über Umfang und Ausmaß der verwendeten Kategorien getroffen werden. Auch das Testen von Kausalzusammenhängen ist im Rahmen einer solchen quantitativen Inhaltsanalyse möglich.

Ein Kompromiss zwischen beiden Vorgehensweisen bilden Mixed-Method Ansätze, bei welchen qualitative und quantitative Methoden miteinander verbunden werden. Insbesondere bei inhaltsanalytischen Arbeiten bietet sich eine Kombination beider Ansätze an. Auf Grundlage einer Analyse von verschiedenen qualitativ-quantitativen Forschungsansätzen (Mixed-Method) von Mayring (2001); Brian (2003) und Creswell (1994), (2002) unterscheiden Srnka/Koeszegi (2007) zwischen zwei Vorgehen:[395] Einem traditionellen Zwei-Studien Design und einem Integrativen Design:

(1) Zwei-Studien Design

Das traditionelle Zwei-Studien Design bildet dabei das vorherrschende Paradigma in der Inhaltsanalyse. Hier werden qualitative und quantitative Untersuchungen getrennt und als zwei separate Studien aufgefasst. In diesen sequentiell ablaufenden Studien wird meist (qualitativ) anhand einer Teilstichprobe eine Typologie entwickelt und anschließend auf eine andere Stichprobe angewandt und quantitativ ausgewertet.[396]

---

[394] Eine Übersicht von ausgewählten etablierten Typologien findet sich im Anhang 1: Typologien zur Abgabe von Rechenschaft (S. 220 ff.).
[395] Vgl. Srnka/Koeszegi (2007), S. 33 f.
[396] Zum Zwei-Studien Design vgl. insbesondere die Ausführungen von Srnka/Koeszegi (2007), S. 31 ff.

Kapitel 3 – Empirische Analyse zur Rechenschaftsabgabe von Banken 75

(2) Integratives Design

Hingegen sind die sogenannten Integrativen Verfahren eine relativ junge Methode, die sich noch in der Entwicklung befindet.[397] Hier werden Daten in einem einzigen integrierten Forschungsprozess qualitativ und quantitativ kombiniert ausgewertet. Dieses Vorgehen ermöglicht einen umfassenden Einblick in das Datenmaterial. Von einem „elaboration model" wird dann gesprochen, wenn ausgehend von quantitativen Daten diese mittels weiterer qualitativen Analysen ausgewertet werden. Wird hingegen von qualitativen Daten ausgegangen, welche danach quantitativ ausgewertet werden, spricht man von einem „generalization model". Das heißt, dass das Datenmaterial qualitativ untersucht und anschließend mittels quantitativer Methoden analysiert und beschrieben wird.[398] Studien, welche dem „generalization model" folgen, finden sich insbesondere in Organisationsstudien wieder.[399]

Da im Rahmen dieser Arbeit in einem ersten Schritt Kategorien entwickelt werden müssen, bevor quantitative Auswertungen vorgenommen werden können, wird dem „generalization model"[400] gefolgt. Die Typologie-Entwicklung und Beschreibung der Rechenschaftsabgabe von Banken wird anhand einer integrierten qualitativ-quantitativen inhaltsanalytischen Dokumentenanalyse[401] vorgenommen.[402]

---

[397] Vgl. Srnka/Koeszegi (2007), S. 33.
[398] Zum integrated Design vgl. insbesondere die Ausführungen von Srnka/Koeszegi (2007), S. 31 ff.
[399] Z. B. Studien im Marketingbereich zum Verhandlungsverhalten (vgl. hierzu die Anmerkungen bei Srnka/Koeszegi (2007), S. 34).
[400] An dieser Stelle sei auf eine grundsätzliche Problematik bei integrativen Verfahren hingewiesen. Diese bezieht sich auf die methodische Vorgehensweise. Es kann problematisch sein, wenn am gleichen Datenmaterial sowohl Hypothesen aufgestellt oder Typologien entwickelt werden und diese dann gleichzeitig auch daran getestet und angewandt werden. Dies kann, je nach Forschungsfrage, zu redundanten Ergebnissen führen. Deshalb wird am Ende des Kapitels 3.4.2 (S.124 ff.) auf dieses Problem im Detail noch einmal eingegangen und die Ergebnisse mit einer Teilstichprobe getestet (Robustheits-Check), in welchem die Daten der qualitativen Untersuchung entfernt wurden (in Anlehnung an das traditionelle Zwei-Studien Design).
[401] Nach Wolf (2012) sind Dokumente „standardisierte Artefakte, insoweit sie typischerweise in bestimmten Formaten auftreten: als Aktennotizen, Fallberichte ... Jahresberichte, ... Briefe oder Gutachten" (Wolf (2012), S. 503).
[402] Dabei wurde sich an Vorschlägen von Srnka/Koeszegi (2007) zum Aufbau solcher Untersuchungen orientiert, diese jedoch der Untersuchung angepasst.

3.1.2 Datenauswahl, Transkription

Um einen möglichst umfassenden Einblick in die Berichterstattung von Banken zu bekommen, wurden die fünfzig größten amerikanischen und fünfzig größten europäischen Banken[403] nach Anlagevermögen ausgewählt. Es wurden bewusst die größten Banken ausgewählt, da hier die Bedeutung der Berichterstattung höher einzuschätzen und deshalb das Vorhandensein von freiwilligen Berichtsteilen wahrscheinlicher ist. Ein ähnliches Vorgehen findet sich auch in anderen Untersuchungen. Aerts (1994) rechtfertigt dies z. B. wie folgt: „The final sample was biased towards bigger companies, characterized by greater public visibility ... and attaching more importance to the annual report as an external communication device".[404] Darüber hinaus stellen der US-amerikanische und der europäische Bankenmarkt zwei der wichtigsten Märke weltweit dar. In der Studie des Edelman Vertrauensbarometers (2012) zeigt sich, dass es in diesen beiden Ländern zu den größten Vertrauensverlusten nach der Finanzkrise gekommen ist. In vielen asiatischen Ländern konnten hingegen kaum Vertrauensverluste, teilweise sogar Vertrauensgewinne beobachtet werden.[405] Da es in dieser Arbeit im Kern um die Möglichkeit des Vertrauenswiederaufbaus geht, wurde sich auf die zwei Regionen mit den stärksten Vertrauensverlusten konzentriert.

Bei der Auswahl der Unternehmen wurde das Ranking der Zeitschrift The Banker (2009) zugrunde gelegt.[406]

Anschließend wurden die englischen Geschäftsberichte von den Websites der Unternehmen heruntergeladen oder per E-Mail Anfrage angefordert. Gleichwohl wurden nur solche Berichte miteinbezogen, für welche eine englische Version der Geschäftsberichte und des Aktionärsbriefes vorlag. Wie in anderen Studien üblich, ist

---

[403] Alle Unternehmen, welche durch die jeweilige Bankaufsicht kontrolliert werden.
[404] Aerts (1994), S. 342.
[405] Vgl. Edelman (2012), S. 9. Dieser Trend hat sich dabei sogar bis heute noch deutlich verstärkt (vgl. hierzu z. B. Edelman (2011), S. 4).
[406] Vgl. The Banker (2009). Die Daten beziehen sich auf die Jahresendwerte des Geschäftsjahres 2008. (Wenn keine Werte vorhanden waren, wurden die Zahlen aus den Geschäftsberichten entnommen).

davon ausgegangen worden, dass diese Übersetzungen der Originalberichte darstellen.[407]

Die Aktionärsbriefe wurden anschließend extrahiert und in ein Textformat transformiert, welches mittels MAXQDA[408] bearbeitet werden konnte. Im Gegensatz zu ähnlichen Untersuchungen wurden geschützte Dokumente in die Analyse miteinbezogen. In der Literatur werden teilweise nur Berichte untersucht, welche ohne vorherige Transformierung und Bearbeitung verwendet werden können. In diesen Studien werden Berichte, die geschützt sind, aus der Untersuchung ausgeschlossen.[409] Ein solches Vorgehen ist jedoch kritisch zu betrachten, da es hierdurch zu einer systematischen Verzerrung kommen kann. So ist es vorstellbar, dass gerade Unternehmen, welche eine detaillierte Untersuchung in ihrem Geschäftsbericht erschweren wollen, diese mittels Passwortschutz oder unüblichen Dateiformaten schützen. Da jedoch gerade auch solche Unternehmen miteinbezogen werden sollen, schien der Mehraufwand einer Transformation als gerechtfertigt.

Aufgrund der in dieser Arbeit verwendeten Definition von Rechenschaft sowie in Übereinstimmung mit der methodischen Vorgehensweise ähnlicher Studien, wurden bei der Transformierung der Berichte in MAXQDA stilistische Elemente, wie z. B. Hervorhebungen, Unterstreichungen oder Wiederholungen, nicht miteinbezogen. Es

---

[407] Vgl. z. B. Conaway/Wardrope (2010), S. 147 oder Leventis/Weetman (2004). Letztere stellen in ihrer Untersuchung von griechischen Unternehmen fest: „In general the English language version is a verbatim translation of the Greek text" (Leventis/Weetman (2004), S. 311). Zusätzlich wurden im Rahmen der vorliegenden Arbeit Stichproben der deutschen Geschäftsberichte vorgenommen. Dabei konnten die englischen Aktionärsbriefe als eine 1:1 Übersetzung der deutschen Originale verifiziert werden.

[408] MAXQDA ist eine professionelle Software für qualitative Datenanalysen. Details finden sich auf der Webseite des Herstellers: www.maxqda.de. Weitere Informationen zum Einsatz von Computerprogrammen in der qualitativen Forschung finden sich z. B. bei Flick (2007), S. 451 ff.; Attesländer/Cromm (2006), S. 202 ff. Eine detaillierte Einführung in die computerbasierte Auswertung qualitativer Daten bietet Kuckartz (2007).

[409] So bezeichnen Conaway/Wardrope sechs ihrer 60 Aktionärsbriefe als „unusable", da das Bildformat (.jpg) nicht mit ihrer Textanalysesoftware kompatibel war (vgl. Conaway/Wardrope).

78 Kapitel 3 – Empirische Analyse zur Rechenschaftsabgabe von Banken

wurde nur der Fließtext übernommen. Allerdings ist hervorzuheben, dass die Absatzstruktur, die im Originaldokument vorhanden war, beibehalten wurde.[410]

Um eine Vergleichbarkeit der Daten zu gewährleisten, mussten für die Identifikation der Aktionärsbriefe ebenfalls eindeutige Kriterien aufgestellt werden. Denn die Bezeichnung Aktionärsbrief ist nicht einheitlich und variiert von Unternehmen zu Unternehmen. Vor allem in den englischsprachigen Versionen der Geschäftsberichte besteht eine heterogene Begriffslandschaft. Teilweise werden auch gar keine Überschriften und Bezeichnungen verwendet. [411] Darüber hinaus existieren oftmals auch mehrere Briefe von verschiedenen Personen des Managements, die als Aktionärsbrief bezeichnet werden. Diese Heterogenität in der Begriffswahl spiegelt sich auch in der Fachliteratur wider. Gängige englische Bezeichnungen sind: „letter to the shareholders",[412] „shareholder letter",[413] „presidents' letter",[414] oder „chairman's statement". Dies macht die Identifikation und Vergleichbarkeit der Aktionärsbriefe bei der Datenauswahl schwierig. Erstaunlich ist deshalb, dass nur wenige Autoren in ihren Untersuchungen diesen Umstand problematisieren. Eine Ausnahme bildet z. B. Hooghiemstra (2010). Dieser macht auf das Problem zumindest teilweise aufmerksam und hebt in seiner Analyse hervor, dass der Terminus „letter to the shareholders" auch ähnliche Dokumente wie z. B. den „president's letter" und vergleichbare Termini umfasst.[415]

Um die Vergleichbarkeit zu gewährleisten, wurde deshalb wie folgt vorgegangen: Es wurde der Abschnitt verwendet, welcher eine der gängigen englischen Bezeichnungen für Aktionärsbriefe enthielt, wie z. B. „shareholder letter", „management commentary", „letter from the CEO" oder ähnliches. Waren mehrere solcher Berichtsteile vor-

---

[410] In der Regel wurde der Text hierfür in den Microsoft Editor kopiert, sodass ein reiner Fließtext ohne Formatierungen vorlag. Anschließend musste jedoch manuell die Absatzstruktur wieder in den Text implantiert werden. Dieses Vorgehen erwies sich dennoch als das effektivste und exakteste.
[411] Vgl. hierzu insbesondere die Auswertungen dieser Arbeit in Kapitel 3.4.1 (S. 119 ff.).
[412] Vgl. Hooghiemstra (2010), S. 275; Merril Lynch (2000), S. 1; Cho (2006), S. 1145; Craig/Amernic (2011), S. 565.
[413] Vgl. Short/Palmer (2003), S. 209; Amernic (1992), S. 17; Payne et al. (2011), S. 257.
[414] Vgl. Cho (2006), S. 1142; Abrahamson/Amir (1996), S. 1157; Dias/Matias-Fonesca (2010), S. 207; McConnell/Haslem/Gibson (1986), S. 66.
[415] Vgl. Hooghiemstra (2010), 275.

handen, wurde das Anschreiben des höchsten operativen Vorstandsmitgliedes (in der Regel der CEO) verwendet. War kein solcher Text vorhanden, so wurde geprüft, ob ein Äquivalent vorhanden ist. Bei dessen Identifikation wurde darauf geachtet, ob klassische Elemente eines Briefes, wie z. B. eine Anrede in Form von „Dear Shareholders" oder eine Unterschrift des Verfassers vorhanden waren.[416] Wurden keine der genannten Kriterien erfüllt, wurde das Unternehmen aus der Stichprobe entfernt und das nächste größere Unternehmen in die Untersuchung aufgenommen.

3.1.3 Beschreibung der Stichprobe

Insgesamt wurden fünfzig europäische und fünfzig amerikanische Banken ausgewählt. Im Anhang 2: Bankenliste (S. 229 ff.) sind die Banken im Detail aufgeführt. In Tabelle 2 ist die Verteilung der verwendeten Banken, bezogen auf deren finanzielles Ergebnis, dargestellt. Zu diesem Zweck wurde zwischen zwei Ereignissen unterschieden:

- Zum einen, ob das Unternehmen im Geschäftsjahr 2008 einen Gewinn oder Verlust (Vorsteuer-Ergebnis) erwirtschaftet hat.[417]
- Zum anderen, ob sich das Vorsteuerergebnis im Vergleich zum Vorjahr verbessert oder verschlechtert hat.[418]

Insgesamt erwirtschafteten 38 % der Banken einen Verlust und 62 % der Banken einen Gewinn. Hingegen hatten 91 % der Banken ihr Ergebnis im Vergleich zum Vorjahr verschlechtert. Lediglich 9% der Banken konnten ihr Ergebnis verbessern. Banken, welche einen Verlust auswiesen, jedoch im Vergleich zum Vorjahr eine Ergebnissteigerung erwirtschafteten, sind in der Stichprobe nicht enthalten. Es zeigt sich

---

[416] Nur in Ausnahmefällen wurde ein Text, der am Anfang des Berichtes stand und einen eindeutigen Überblickscharakter darstellte, als Aktionärsbrief gewertet, auch wenn keine der genannten Kriterien erfüllt wurden.
[417] Wie in ähnlichen Studien auch, wurde hierzu das Vorsteuer-Ergebnis verwendet (Pre-tax profit) (vgl. z. B. Clatworthy/Jones (2003)).
[418] Die Daten für 2007 wurden, soweit vorhanden, aus der Zeitschrift The Banker (2008) entnommen. Ansonsten wurden die Daten aus den Geschäftsberichten verwendet.

außerdem, dass sich die Verteilungsstruktur hinsichtlich dieser Merkmale zwischen amerikanischen und europäischen Banken in der Stichprobe ähnelt.

Ergebnis vor Steuern	Ergebnis-Entwicklung		Gesamt
	Negativ	Positiv	
Verlust (EU)	21 (42 %)*	0 (%)	21 (42 %)
Gewinn (EU)	25 (50 %)	4 (8 %)	29 (58 %)
Gesamt (EU)	46 (92 %)	4 (8 %)	50 (100 %)
Verlust (USA)	17 (34 %)	0 (0 %)	17 (34 %)
Gewinn (USA)	28 (56 %)	5 (10 %)	33 (66 %)
Gesamt (USA)	45 (90 %)	5 (10 %)	50 (100 %)
Verlust (USA und EU)	38 (38 %)	0 (0 %)	38 (38 %)
Gewinn (USA und EU)	53 (53 %)	9 (9 %)	62 (62 %)
Gesamt (USA und EU)	91 (91 %)	9 (9 %)	100 (100 %)

* in Klammern prozentualer Anteil an Teilstichprobe

Tabelle 2: Stichprobe: Gewinn/Verlust-Struktur nach Region (absolute Anzahl von Banken)

Es ergibt sich ein Umfang von 195.664 Wörtern, was einem standardisierten Seitenumfang von etwa 560 Seiten entspricht.[419] Auffallend ist dabei, dass die amerikanischen Berichte (125.553 Wörtern) ca. 79% länger sind als deren europäische Pendants (70.111 Wörter).

3.2 Qualitative Untersuchung: Deduktiv-induktive Typologie-Entwicklung der Rechenschaftsabgabe im Bankenbereich

3.2.1 Datenauswahl

Aufgrund der Größe der Erhebung war eine qualitative Untersuchung der gesamten Stichprobe nicht zielführend, insbesondere weil die Komplexität von großen Daten-

---

[419] Die Seitenzahlen sollen als eine Richtgröße dienen, die den Umfang der Daten veranschaulichen soll. Für die Standardisierung wurde mit durchschnittlich 350 Wörtern pro DIN A4 Seite gerechnet.

Kapitel 3 – Empirische Analyse zur Rechenschaftsabgabe von Banken 81

mengen die qualitative Kategorienentwicklung erschwert. In der Literatur wird daher vorgeschlagen, für größere Untersuchungsgegenstände ein „balanced random subsample of the material"[420] zu verwenden. Um die Stichprobe möglichst umfassend abzubilden, wurden deshalb auf Basis theoretischer Überlegungen zehn Banken ausgewählt. Zu diesem Zweck wurde darauf geachtet, dass sich die Verteilungsstruktur der Banken in der Stichprobe der qualitativen Untersuchung widerspiegelt. Merten (1995) spricht in diesem Zusammenhang auch von einer bewussten Auswahl.[421] Um mögliche Unterschiede in der Rechenschaftsabgabe in den verschiedenen Kultur- und Wirtschaftsräumen abzudecken, wurde darüber hinaus sichergestellt, dass in jeder Gruppe sowohl amerikanische als auch europäische Banken vorhanden waren. In Abbildung 5 ist die Auswahl der Banken für die qualitative Untersuchung dargestellt.

Ergebnis vor Steuern	Ergebnis- Entwicklung	
	Negativ	Positiv
Verlust	• Zions Banccooperation (USA) • Deutsche Bank (EU) • Postbank (EU) • Synous (USA)	
Gewinn	• Barclays (EU) • Bank of America (USA) • Santander (EU) • Valley National (USA)	• Northern Trust Cooperation (USA) • Swedbank (EU)

Abbildung 5: Auswahl Banken (Theoretisches Sampling)

---

[420] Im Detail schreiben Srnka/Koeszegi (2007): „for very large samples ... a balanced random subsample of the material can be drawn. In this case, the criteria for the selection of the balanced sample frame should be explained in the study report" (Srnka/Koeszegi (2007), S. 37).
[421] Vgl. hierzu im Detail Merten (1995), S. 284. Eine detaillierte Beschreibung von verschiedenen Auswahlverfahren findet sich bei Kaya/Himme (2009); Merten (1995), S. 283 ff.

3.2.2 Typologiebildung

Wie im wissenschaftlichen Forschungsprozess generell üblich, kann auch in der Inhaltsanalyse zwischen einer induktiven und deduktiven Vorgehensweise unterschieden werden. Über die Anwendbarkeit und Nützlichkeit der beiden Vorgehensweisen wird in der Literatur kontrovers diskutiert.[422] Einige Forscher betonen, dass Kategorien deduktiv aus der Theorie abgeleitet werden sollen, um das Kriterium der Reliabilität von Daten erfüllen zu können. Auf der anderen Seite wird hervorgehoben, dass die Kategorien das Wesen der zu untersuchenden Daten wiedergeben müssen, um die Validität der entwickelten Kategorien gewährleisten zu können [423] Seit geraumer Zeit schlagen deshalb einige Forscher vor, die Vorteile beider Ansätze miteinander zu kombinieren und in einer integrativen Vorgehensweise zusammenzuführen.[424] Um die verschiedenen Validitäts- und Reliabilitätskriterien zu erfüllen, soll in dieser Studie dem Ansatz von Früh (2004) gefolgt werden, welcher eine kombinierte deduktiv-induktive Vorgehensweise vorschlägt.[425] So kann nach Früh (2004) „nur eine sinnvolle, die jeweiligen methodischen Stärken nutzende Verbindung beider Sichtweisen und Strategien zu einer validen und ertragsreichen Methodenentwicklung bei der Inhaltsanalyse führen".[426]

In dem Phasenmodell von Früh (2004) wird vorgeschlagen, zuerst deduktiv auf Basis der Literatur Hauptkategorien aus der Forschungsfrage abzuleiten. Anschließend sollen diese durch eine empiriegeleitete Vorgehensweise induktiv in weitere Unterkategorien ausdifferenziert und erweitert werden.[427]

---

[422] Zur vertieften Diskussion zwischen induktiver und deduktiver Vorgehensweise vgl. z B. Früh (2004), S. 67 ff. oder Merten (1995), S. 99 ff.
[423] Vgl. Srnka/Koeszegi (2007), S. 37.
[424] Vgl. z. B. Srnka/Koeszegi (2007), S. 37.
[425] Vgl. Früh (2004), S. 72 ff.
[426] Früh (2004), S. 74.
[427] Vgl. Früh (2004), S. 73 f. Ein ähnliches Vorgehen entwickelte auch Srnka/Koeszegi (2007), S. 37. Zu diesem Zweck schlagen die Autoren vor: „Starting with categories identified in the literature, the category scheme can be adapted in reiterative steps to the specific research problem or content of data" (Srnka/Koeszegi (2007), S. 37).

Für die vorliegende Untersuchung wurde in Anlehnung an die vorgeschlagene Vorgehensweise von Früh (2004)[428] der Kategorie-Bildungsprozess in fünf Phasen unterteilt (vgl. Abbildung 6):

1. Kategorien aus Theorie: Auf Grundlage der Analyse der Literatur werden Kategorien und Hypothesen für die Codierung deduktiv abgeleitet.
2. Selektion/Reduktion: Es werden Textpassagen aus der Stichprobe extrahiert, welche im Zusammenhang mit der Forschungsfrage stehen.
3. Bündelung: Die Textstellen werden nach inhaltlichen Gemeinsamkeiten auf eine einheitliche Abstraktionsebene gruppiert. Mögliche Untergruppen werden separiert.
4. Generalisierung/ Abstraktion: Den gebündelten Textpassagen werden Namen (Labels) zugeordnet.
5. Rückbezug auf Theorie: Es wird überprüft, ob die theoretischen Konstrukte (Hauptkategorien) den relevanten Textpassagen zugeordnet werden können. Ist dies der Fall, werden die separierten Untergruppen (Schritt 2) als Unterkategorien übernommen. Wenn Hauptkategorien keiner Textstelle zugeordnet werden können, müssen neue Hypothesen und Kategorien gebildet werden.

Die verschiedenen Prozessschritte sind in dieser Arbeit jedoch weniger als fest vorgeschriebene sequentielle Abläufe zu begreifen. Vielmehr sind diese, wie in anderen qualitativen Modellentwicklungen üblich, als „iterative rekursive Vorgehensweise"[429] zu verstehen.

---

[428] Vgl. Früh (2004), S. 72 ff.
[429] Osann (2010), S. 95.

Kapitel 3 – Empirische Analyse zur Rechenschaftsabgabe von Banken

Kategorienbildung

```
Analysemodell → (1) Hypothesen (Theorie) → (2) Selektion/Reduktion
                                                    ↓
(5) Rückbezug auf Theorie → Hypothesen (Empirie)    (3) Bündelung
                            Definition der Typologien
                                    ↑
                          (4) Generalisierung/Abstraktion
```

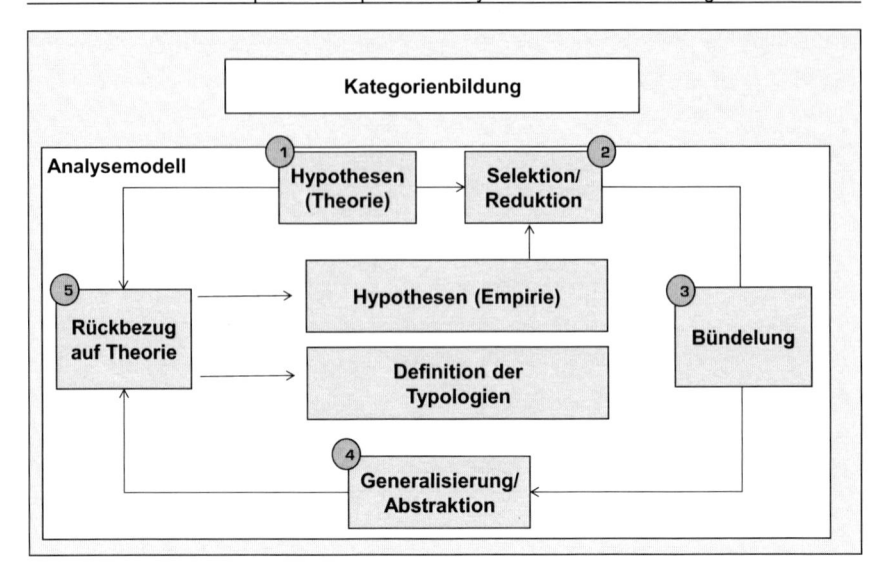

Abbildung 6: Deduktiv-induktive Codierung

In einem ersten Schritt wurden alle Absätze codiert, in welchen eine direkte oder indirekte Aussage zu einem negativen finanziellen Ereignis des Unternehmens getätigt wurde (Selektion/Bündelung). In diesem Prozessschritt stand die Identifikation von möglichst vielen relevanten Rechenschaftsaussagen im Vordergrund. Anschließend wurden ähnliche Textstellen zusammengefasst und gegebenenfalls neue Untergruppen gebildet (Bündelung). Danach wurden den gebündelten Textstellen gemeinsame Labels (Bezeichnungen) zugeordnet (Generalisierung/Abstraktion). In der Folge wurde versucht, die Textstellen mit bestimmten, in der Theorie identifizierten Kategorien zu verknüpfen (Rückbezug auf Theorie). Diese aus der Theorie abgeleiteten Kategorien bildeten die Grundlage für die Codierung und sicherten zudem eine hinreichende Validität der Kategorien. Wie in ähnlichen Studien üblich, wurde als Ausgangsbasis eine etablierte Typologie verwendet und diese mit zusätzlichen theoretischen Erkenntnissen erweitert.[430] Wie in Kapitel 2.4.2.2 (S. 48 ff.) beschrieben, wurden hierzu die vier Grundtypen von Schönbach (1980), (1990) verwendet und in Anlehnung an McLaughlin/Cody/O'Hair (1983) um die Kategorie des Abwartens erweitert:[431]

(1) Aussagen, die eine Verantwortung für das Ereignis zugeben

(2) Aussagen, die die Verantwortung für ein Ereignis ablehnen

(3) Aussagen, die die Existenz des negativen Ereignisses leugnen

(4) Aussagen, die das Ereignis rechtfertigen

(5) Das Nicht-Abgeben einer Erklärung

Konnten die Textpassagen einer der Kategorien zugeordnet werden, so erfolgte eine finalisierte Definition der Kategorie, ansonsten wurde eine neue Kategorie abgeleitet und der Prozess neu begonnen.

Die Komplexität solcher hermeneutisch iterativen Kategorieentwicklungsprozesse soll am Beispiel der Entwicklung der Kategorie Maßnahmen illustriert werden. So wurde die Kategorie Maßnahmen erst nach mehreren Codierrunden im Wechselspiel von empirischen Daten, theoretischen Erkenntnissen und konzeptionellen Überlegungen entdeckt. Eine Aussage der Form „we will now focus our business model even more intensely and more quickly than previously planned on our activities with private, business and corporate customers, and reduce capital market risks and portfolios" (Postbank, 2008) konnte keiner der fünf Ursprungskategorien eindeutig zugeordnet werden. In einer ersten Codierrunde wurden solche Aussagen teilweise als Kategorie (1) (Aussagen, die eine Verantwortung für das Ereignis zugeben) aufgefasst. In der Diskussion beider Codierer stellte sich heraus, dass je nach Kontext

---

[430] So auch bei Srnka/Koeszegi (2007), S. 37 ff.
[431] Vgl. hierzu die Ausführungen die Ausführungen in Kapitel 2.4.2.2 (S. 48 ff.).

subjektiv ein implizites Schuldeingeständnis in solchen Aussagen gesehen wurde.[432] Allerdings traf dies nicht für alle Aussagen zu und war keine zuverlässige reliable und trennscharfe Differenzierung.[433] Insgesamt war eine solche Zuordnung einer starken subjektiven Wahrnehmung unterlegen, was sich auch daran zeigte, dass in die Kategorieentwicklung nicht involvierte Personen solche Aussagen sehr unterschiedlich bewerteten. Daraufhin wurden noch einmal im Detail die Definitionen und Konstrukte der verschiedenen existierenden Typologien in der Literatur analysiert (Rückbesinnung auf Literatur). Dabei zeigte sich, dass solche Aussagen etwas mit Kategorien wie dem „request"-Konstrukt"[434] von Goffman (1972) gemeinsam haben: [435] Alle stellen primäre Aussagen über die Zukunft dar. Deshalb wurde eine neue Kategorie Zukunft gebildet. In mehreren weiteren Codierschleifen wurden diese anschließend weiter ausdifferenziert. Zu diesem Zweck wurden ähnliche Textstellen gebündelt und diese in Verbindung zu anderen Kategorien gesetzt. Daraufhin ergaben sich dann die Unterkategorien Maßnahmen (durchgeführte oder geplante), positive Aussicht (für das Unternehmen oder für das Umfeld) und negative Aussicht (für das Unternehmen oder für das Umfeld). All diesen Kategorien ist somit gemeinsam, dass Aussagen über die Zukunft und die Stabilität des negativen Ereignisses getroffen wurden.

Dieser für die Kategorienentwicklung typische Wechsel zwischen empirischen Daten, theoretischen Erkenntnisse und konzeptionellen Überlegungen dauerte mehrere Wochen und bildete den Kern der Typologie-Entwicklung. Die entwickelten Kategorien wurden hierzu immer wieder mit konzeptionellen Überlegungen aus der Literatur verglichen, um die Validität der Ergebnisse zu verbessern.[436] Insbesondere wurde so auch das in Abschnitt 2.4.1 (S. 36 ff.) beschriebene Modell der Verantwortung in die Entwicklung mit einbezogen.

---

[432] Es wurde argumentiert, dass wenn eine Veränderung vorgenommen wurde, zuvor auch etwas falsch gemacht worden sein muss.
[433] So gab es Berichte, bei denen eindeutig Verantwortung und Schuld abgelehnt wurde und dennoch zukünftige Veränderungen angesprochen wurden.
[434] Vgl. Goffman (1972), S. 113.
[435] Dabei ist festzuhalten, dass diese Aussagen nicht mit dem Konstrukt von Goffman (1972) identisch sind. Lediglich der Bezug auf die Zukunft ist ein Faktor, den beide Kategorien gemeinsam haben.
[436] Ähnliches methodisches Vorgehen bei Srnka/Koeszegi (2007), S. 43.

Im Folgenden werden die entwickelten Kategorien der Typologie im Detail dargestellt. Dabei sollen sowohl induktive als auch deduktive Begründungen für die Kategorienentwicklung erfolgen.

3.2.3 Typologie zur Abgabe von Rechenschaft von Banken[437]

(1) Abwarten

Bei einem negativen Ereignis kann das Unternehmen entscheiden, ob es über das in Frage stehende negative Ereignis berichten möchte oder nicht.[438] Abwarten oder Schweigen wird von verschieden Autoren als mögliche Handlungsoption vorgeschlagen.[439] Schütz (1996) schlägt z. B. vor, Abwarten im Kontext des Impression Management als eine defensive Taktik zu bewerten und bemängelt gleichzeitig die geringe Bedeutung dieses Konstrukts im wissenschaftlichen Diskurs.[440] Diese Kategorie wurde deduktiv aus der Theorie abgeleitet. Obwohl in den Daten hierzu kein Beispiel gefunden worden ist, wird sie aufgrund der dargestellten theoretischen Überlegungen (deduktive Ableitung) in das Modell integriert.

(2) Interpretation des Ereignisses ändern

Die zweite Kategorie umfasst solche Aussagen, die versuchen, die Interpretation des Empfängers über das negative Ereigniss zu verändern. Ziel dieser Kategorie ist es, jegliche Zuschreibung von Verantwortung dadurch zu beeinflussen, oder gar zu verhindern, indem die Situationsinterpretation verändert wird. Entschließt sich ein Unternehmen, eine Rechenschaft zu einem möglichen negativen Ereignis abzugeben, kann es die Beteiligung, Involvierung oder die Existenz des negativen Ereignisses ganz oder teilweise ablehnen. Hierzu bestehen zwei Möglichkeiten:

---

[437] Kapitel 3.2.3-3.2.4 wurde in Brühl/Kury (2014) im Wesentlichen wörtlich vorveröffentlicht. Auf eine weitere Zitierung von Brühl/Kury (2014), insbesondere auch der wörtlich übernommenen Passagen und Abbildungen, wird aus Übersichtlichkeitsgründen im Folgenden verzichtet.
[438] Vgl. D'Aveni/MacMillan (1990), S. 651.
[439] Vgl. McLaughlin/Cody/O'Hair (1983), S. 210; Schütz (1996), S. 125.
[440] Vgl. Schütz (1996), S. 125.

(a) Interpretation ablehnen

In der stärksten Form wird die Existenz des Ereignisses bestritten (Ablehnung).[441] Im Falle der Finanzkrise kann das Unternehmen z. B. abstreiten, dass es von den Folgen der Krise betroffen ist und gute Ergebnisse präsentieren. So schreibt z. B. die Swedbank zu Anfang ihres Berichtes:

„*2008 began with strong earnings and market success*" *(Swedbank, 2008).*

Noch grundsätzlicher wird die Deutsche Bank, indem sie betont, dass das grundsätzliche Geschäftsmodell erfolgreich und intakt ist:

„*Our business model remains valid*" *(Deutsche Bank, 2008).*

Zu beachten ist, dass Ablehnungen auch am Ende des Briefes stehen können. Ähnlich der Deutschen Bank, bezieht sich die Postbank z. B. zum Schluss ihres Aktionärsbriefes noch einmal auf die Unternehmenslage und stellt klar, dass sie ihr erfolgreiches Geschäftsmodell fortführen werde:

„*In the interest of our customers, shareholders and employees, we will maintain our successful business model in the future as well*" *(Postbank, 2008).*

Insgesamt wird, im Gegensatz zum Abwarten, das negative Ereignis angesprochen, jedoch eine Involvierung oder Beteiligung des Unternehmens an dem negativen Ereignis abgestritten. Diese Kategorisierung ist somit dem „refusal" Konstrukt von

---

[441] Vgl. Schlenker (1980), S. 138.

Schönbach (1980) sowie dem „denial" Konstrukt von Benoit (1995) sehr ähnlich.[442] Es geht hierbei um eine Veränderung der Situationswahrnehmung des Vertrauensgebers. In Anlehnung an den bekannten Großinvestor George Soros, („das Schwierigste im Leben ist, die eigene falsche Wahrnehmung zu erkennen und zu korrigieren"),[443] könnte diese Strategie zusammengefasst werden als ein Versuch, die Wahrnehmung des Berichtsempfängers zu verändern. Diese Strategie ist allerdings problematisch, da sie die Situationswahrnehmung und die Interpretationskompetenz des Lesers in Frage stellt. McLaughlin/Cody/O'Hair (1983) bezeichnen deshalb auch solche Strategien als: „most threatening to hearer's face".[444]

(b) Interpretation relativieren

Auch der generelle Kontext, in welchem die Ergebnisse des Unternehmens präsentiert werden, hat einen großen Einfluss darauf, wie Individuen die Ergebnisse interpretieren und welche Schlussfolgerungen sie daraus ziehen.[445] Eine Relativierung zielt darauf ab, den Kontext zu beeinflussen. Dabei wird nicht die komplette Situationsinterpretation des Gegenübers in Frage gestellt, sondern der Kontext des Ereignisses wird verändert. Im Gegensatz zur Ablehnung wird die grundsätzliche Situationsdefinition – Existenz eines negativen Ereignisses – jedoch akzeptiert. Hierzu wird das in Frage stehende Ereignis in einen größeren Kontext gesetzt und in einem positiveren Licht dargestellt. Für Relativierungen bieten sich verschiedene Möglichkeiten an:

Zum einen kann dem Leser der Kontext ins Bewusstsein gerufen werden. Das Unternehmen hebt zu diesem Zweck hervor, dass in Anbetracht der Umstände das Ergebnis als hinnehmbar und normal bewertet werden kann.[446] Es verweist hierbei auf andere Marktteilnehmer, die ähnlich betroffen sind. Somit wird ein horizontaler Vergleich vorgenommen und das negative Ereignis als ein Phänomen beschrieben, mit dem auch andere konfrontiert wurden. Ähnliche Konstrukte benennen auch Schütz

---

[442] Vgl. Schönbach (1980), S. 197; Benoit (1995), S. 75 f.
[443] George Soros zitiert in Riecke/Scheidges (2012), o.S.
[444] McLaughlin/Cody/O'Hair (1983), S. 212.
[445] Vgl. Lant/Shapira (2008), S. 63.
[446] Eine ähnliche Beobachtung dieses Phänomens macht Reinmuth (2011), S. 57.

(1993) (social comparison)[447] sowie Hamilton/Hagiwara (1992) (consensus).[448] Ein Beispiel einer solchen Relativierung findet sich bei Santander:

> „Even so, the share's fall in 2008 of 51% was much less than the average of the large European and US banks" (Santander, 2008).

In einer Abwandlung dieser Taktik wird ein vertikaler Vergleich gezogen und die Ergebnisse mit denen der Mitbewerber verglichen. Dabei werden diese anschließend auf einer relativen Basis als gut bewertet. In der psychologischen Forschung wird dieses Verhalten auch als „theory of downward comparison" bezeichnet.[449] Danach kann eine Person, welche eine negative Erfahrung gemacht hat, ihr subjektives Empfinden verbessern, wenn sie sich mit Anderen, welche eine noch negativere Erfahrung gemacht haben, vergleicht.[450] In der Literatur finden sich bei Bies (1987) (referential accounts) [451] sowie Schütz (1993) („downward comparison")[452] ähnliche Konstrukte. Eine solche Aussage findet sich im Geschäftsbericht der Northern Trust Cooperation:

> „On a relative basis we fared better than most, with our bank peer group experiencing even greater declines" (Northern Trust Cooperation, 2008).

Eine weitere Möglichkeit besteht darin, positive Entwicklungen in anderen Segmenten dem negativen Ereignis gegenüberzustellen. Dies ähnelt damit dem des „bolstering" Konstrukts von Benoit (1995).[453] Für diese Kategorie ist es jedoch wichtig, dass solche positiven Entwicklungen eindeutig in Bezug zu dem negativen Ereignis

---

[447] Vgl. Schütz (1993), S. 474 ff.
[448] Vgl. Hamilton/Hagiwara (1992), S. 164.
[449] Vgl. Wills (1981), S. 245.
[450] Im Detail hierzu vgl. z. B. Brehm/Kassin/Fein (2002), S. 80 ff.; Wills (1981).
[451] Vgl. Bies (1987), S. 300.
[452] Vgl. Schütz (1993), S. 474 ff.
[453] Vgl. Benoit (1995), S. 77.

Kapitel 3 – Empirische Analyse zur Rechenschaftsabgabe von Banken   91

stehen müssen, um eine Relativierungsabsicht unterstellen zu können.[454] Die Postbank bietet ein Beispiel für eine solche Aussage:

„but positive developments in the Bank's operative core business segments have made me confident about the future" (Postbank, 2008).

Wenn das Unternehmen die Verantwortung für ein Ereignis annimmt, jedoch keinen Fehler in seinem Handeln sieht, hat es weiterhin die Möglichkeit gute Gründe für sein Handeln zu beschreiben. In der Literatur werden solche Aussagen meist unter dem Begriff der Rechtfertigung (justification) zusammengefasst.[455] Die Deutsche Bank bietet ein Beispiel für eine solche Aussage:

"As always, we were conservative in our election of the 'fair value' option on our own debt. If we had elected to use this option on all own debt, we would have booked an additional € 5.8 billion of profit before taxes in the year 2008" (Deutsche Bank, 2008).

(3) Verantwortung annehmen/ablehnen

Die dritte Kategorisierung bezieht sich auf die Verantwortung des Vertrauensnehmers. Diese Unterteilung entspricht im Kern der Typologie von Scott/Lyman (1968). Eine Involvierung in das negative Ereignis wird grundsätzlich zugegeben, jedoch äußert man sich darüber hinaus zu den Ursachen und der Verantwortung des negativen Ereignisses. Ähnlich wie in der Unterscheidung von Scott/Lyman (1968) hat das Unternehmen zu diesem Zweck zwei Möglichkeiten:

---

[454] Der Unterschied zum Konstrukt von Benoit ist vor allem, dass positive Entwicklungen, die nicht eindeutig als Kontrast zum negativen Ereignis identifiziert werden können, nicht diesem Konstrukt zugeordnet werden.
[455] Vgl. z. B. Tomlinson/Mayer (2009), S. 99; Scott/Lyman (1968), S. 47; Austin, (1956), S. 2.

- Die Verantwortung ablehnen (Ausrede) oder
- die Verantwortung für das negative Ereignis annehmen (Eingeständnis)

(a) Verantwortung ablehnen: Ausrede

Lehnt das Unternehmen die Verantwortung ab, so wird dies als Ausrede bezeichnet. Die Definition des Konstrukts ähnelt sehr der Kategorie des „causal account" von Bies (1987). In den Geschäftsberichten sind einige Beispiele für solche Aussagen zu finden:

> „The deepening recession provides the context for our financial results" (Bank of America, 2008).
>
> „After remaining profitable throughout the earlier part of the crisis, Deutsche Bank reported a net loss of € 4.8 billion for the fourth quarter, and consequently a full-year net loss of € 3.9 billion. These results were driven primarily by weaknesses in particular business areas which were exposed by the extreme conditions of the fourth quarter" (Deutsche Bank, 2008).

Es sei an dieser Stelle noch einmal hervorgehoben, dass es nicht auf die Intention der Bank ankommt, da diese im Rahmen der Untersuchung nicht überprüft werden kann, sondern vielmehr auf die vermutete Wirkung auf den Rechenschaftsempfänger. Werden also Erklärungen abgeben, die externe Begründungen für das negative Ereignis liefern, ist dies als eine Ausrede aufzufassen, selbst wenn dies explizit nicht die Absicht der Bank ist. Ein Beispiel für eine solche Aussage, bei der die Bank beteuert, sich nicht herausreden zu wollen, jedoch externe Gründe für das Ergebnis anbietet, findet man z. B. bei der Bank of America:

> „The challenges created by the economic and market environment do not excuse Bank of America's performance. But they do help explain it" (Bank of America, 2008).

Kapitel 3 – Empirische Analyse zur Rechenschaftsabgabe von Banken

(b) Die Verantwortung annehmen: Eingeständnis

Wird hingegen eine Beteiligung an dem negativen Ereignis zugegeben und damit Verantwortung ganz oder teilweise angenommen, so kann von einem Eingeständnis gesprochen werden. In diesem Fall gibt das Unternehmen implizit oder explizit zu, Fehler gemacht zu haben.

„*As we work our way through the current cycle, we're applying the lessons we've learned the hard way. One lesson is that we must not rely too heavily on mathematical risk modeling in assessing risks*" (Bank of America, 2008).

„*Our commitment to our shareholders remains strong and therefore we have held ourselves accountable for our disappointing 2008 performance*" (Valley National Bank, 2008).

Es muss betont werden, dass es bei dieser Kategorie ausschließlich um die Frage der Annahme von Verantwortung geht. Damit ist sie deutlich enger gefasst als ähnliche Konstrukte, insbesondere der Kategorie „Concession" von Schönbach (1980), aus welcher das Konstrukt dieser Arbeit entwickelt wurde. Bei Schönbach ist die Annahme von Verantwortung ein zentrales Element. In der Regel wird dies jedoch kombiniert mit weiteren Elementen, vor allem in Kombination mit Aussagen der Reue oder mit Aussagen über Pläne der Wiedergutmachung etc. Solche Aussagen wurden bei Schönbach und ähnlichen Typologien somit implizit als eine Form der Entschuldigung bewertet.

Es kann jedoch auch vorkommen, dass keine direkte Begründung für das negative Ereignis dargelegt wird. So ist bei Read (1992) ein Eingeständnis im Wesentlichen eine Wiederholung dessen, was vorgeworfen wurde.[456] Hooghiemstra (2010) kriti-

---

[456] Vgl. Read (1992), S. 7. Eine ähnliche Auslegung von Read (1992) findet sich bei Petzold (2005), S. 42, (Fußnote 170).

siert, dass in bisherigen Studien solche Aussagen nicht betrachtet wurden.[457] Deshalb werden Aussagen, die ein negatives Ereignis (schlechte Performance des Unternehmens) ansprechen, jedoch keine Ursachen dafür nennen, in Anlehnung an Read (1992), ebenfalls als implizites Eingeständnis aufgefasst.

"We were disappointed to report a net loss of $584 million, or $1.77 per share, for 2008" (Synous, 2008).

(4) Zukünftiges ansprechen

Die bis hierher beschriebenen Rechenschaftsaussagen sind primär vergangenheitsorientiert. Sie sagen etwas über die Gründe und Ursachen zu einem negativen Ereignis aus oder zielen auf die Veränderung der Situationswahrnehmung ab. Die Attributionstheorie zeigt jedoch, dass auch Erklärungen von Bedeutung sind, die etwas über die Stabilität des Ereignisses in der Zukunft aussagen. Die Dimension der Stabilität des Ereignisses wird jedoch nur teilweise und wenn nur implizit von den soeben vorgestellten Rechenschaftsaussagen angesprochen.[458] So weist z. B. eine Aussage wie „Ich habe den Termin vergessen" auf eine temporäre Vergesslichkeit hin und würde nach Weiner/Figueroa-Munioz/Kakihara (1991) den Zweck verfolgen: „to change the other person's beliefs that the same thing might happen again in the future".[459] Erklärungen, die jedoch explizit eine Aussage über die Stabilität des Ereignisses in der Zukunft beinhalten – wie z. B. „Ich habe mir einen modernen elektronischen Terminkalender gekauft! So etwas wird nicht mehr vorkommen!"– können keiner der obigen dargestellten Rechenschaftsaussagen eindeutig zugeordnet werden.

---

[457] Vgl. Hooghiemstra (2010), S. 280.
[458] Implizit bedeutet in diesem Fall, dass das Wissen über das Verhalten einer Person in der Vergangenheit die Beurteilung Dritter über deren zukünftiges Verhalten beeinflussen kann. Jellison (1990) schreibt hierzu: „It is easy to see that if you fully understand the reason for a person's past behavior, then you should have an improved capacity to predict his future actions" (Jellison (1990), S. 285).
[459] Weiner/Figueroa-Munioz/Kakihara (1991), S. 10.

Dies ist insofern problematisch, da gerade große Teile des Geschäftsberichtes – im speziellen der Aktionärsbrief – zukunftsorientiert sind. Denn hierin werden Erwartungen des Managements bezüglich zukünftiger Entwicklungen, Chancen und Risiken beschrieben.[460] In der ökonomischen Literatur werden daher schon lange die Erwartungen des Managements bezüglich zukünftiger Entwicklungen diskutiert. Und auch in der Organisationsliteratur werden die kommunizierten Ziele des Managements und die Versuche, diese zu erreichen, untersucht.[461] McConnell/Haslem/Gibson (1986) analysieren z. B. in ihrer Studie die Zukunftsaussagen des Managements innerhalb des Aktionärsbriefes und identifizierten neun verschiedene Kategorien.[462]

Auch in der Impression Management Literatur gibt es Tendenzen, zwischen Aussagen bezogen auf die Zukunft und Aussagen bezogen auf die Vergangenheit zu differenzieren. So unterscheiden einige Autoren zwischen einem sogenannten „re-active" und einem „pro-active" Impression Management. Dabei konzentriert sich das „pro-active" Impression Management auf zukünftige Ereignisse und das „re-active" Impression Management eher auf ex-post Erklärungen von negativen Ereignissen.[463] Schließlich ist auch aus attributionstheoretischer Sicht die Bedeutung von Zukunftsaussagen hervorzuheben. Denn solche Aussagen betreffen im besonderen Maße die Relevanz des Ereignisses in der Zukunft. Damit beeinflussen diese die Stabilitätsdimension im Rahmen der Attributionstheorie, welche beschreibt, was unter ähnlichen Umständen in der Zukunft zu erwarten wäre.[464]

Im Rahmen dieser Arbeit wurden auf Basis der Berichte zwei Kategorien von Zukunftsaussagen identifiziert, welche etwas über die Stabilität des negativen Ereignisses in der Zukunft aussagen: Maßnahmen und Aussichten.

---

[460] Vgl. Kohut/Segars (1992), S. 7 ff.; McConnell/Haslem/Gibson (1986), S. 66; Dias/Matias-Fonesca (2010), S. 206.
[461] Vgl. Lant/Shapira (2008), S. 60 f. (Für eine tieferführende Diskussion zwischen „expectations" und „aspirations" vgl. Lant/Shapira (2008)).
[462] Vgl. McConnell/Haslem/Gibson (1986), S. 67. (Allerdings wird nicht deutlich, wie genau Autoren auf diese neun Kategorien gekommen sind. Außerdem wäre bei manchen Kategorien wie z. B. „Positive References to the Years ahead" und „Positive References to the Forthcoming Year" eine Aggregation auf eine Kategorie denkbar.
[463] Vgl. Aerts (2005), S. 497, insbesondere Fußnote 4.
[464] Vgl. Tomlinson/Mayer (2009), S. 88.

(1) Maßnahmen

Bei Maßnahmen handelt es sich um kommunizierte Handlungen eines Unternehmens als Reaktionen auf ein negatives Ereignis. Diese zielen darauf ab, die Situation des Unternehmens zu verbessern. Benoit (1995) hat mit der Kategorie der „corrective actions" innerhalb seiner „image restoring theory" ein ähnliches Konstrukt entwickelt.[465] Im Rahmen der Untersuchung des Datenmaterials wurde zum einen zwischen Maßnahmen unterschieden, welche geplant sind, jedoch noch nicht durchgeführt wurden:

> „We will now focus our business model even more intensely and more quickly than previously planned on our activities with private, business and corporate customers, and reduce capital market risks and portfolios" (Deutsche Bank, 2008).

Und zum anderen Maßnahmen, welche schon durchgeführt wurden:

> „We also significantly reduced balance sheet in key areas, cutting non-derivative trading assets by € 319 billion during the fourth quarter alone" (Deutsche Bank, 2008).

(2) Aussicht

Bei der Wiederherstellung von Vertrauen geht es vor allem auch um die Zuversicht in die zukünftige Vertrauenswürdigkeit des Unternehmens. Gillespie/Dietz (2009) sind z. B. der Auffassung: „the primary objectives of any trust repair process are to overcome these salient negative expectations and to restore confident positive expecta-

---

[465] Vgl. Benoit (1997), S. 181, (1995), S. 79.

tions about the violator's future trustworthiness".[466] Autoren wie McConnell/Haslem/Gibson (1986) verwenden darum Konstrukte wie „confidence"[467] und „positive references",[468] welche diese Tatsache widerspiegeln sollen.

Im Rahmen dieser Arbeit wurde das Konstrukt der Aussicht in die Zukunft entwickelt und in die Typologie integriert. Eine Aussicht bezieht sich dabei allgemein auf eine Aussage, bei der eine Prognose über die zukünftige Entwicklung des Unternehmens oder des Marktes[469] abgeben wird. So werden positive Aussagen über das Unternehmen z. B. in folgender Form abgeben:

„Despite a year with no shortage of bad news, I maintain a positive and optimistic outlook for our future" (Bank of America, 2008).

Eine positive Aussicht über das unternehmerische Umfeld findet sich z. B. bei der Synovus Bank

„We believe the economy will respond to the legislative measures taken to stimulate confidence and growth" (Synovus, 2008).

Es ist jedoch zu beachten, dass Prognosen nicht nur positiv sein können. Vielmehr konnte in den Berichten beobachtet werden, dass auch negative Prognosen über das eigene Unternehmen oder das Marktumfeld abgegeben werden:

---

[466] Vgl. Gillespie/Dietz (2009), S. 133.
[467] „Confidence is commonly expressed using terms such as „confident", „optimistic" and „certain"" (McConnell/Haslem/Gibson (1986), S. 67).
[468] Bei positive references geht es um den Optimums bezogen auf die kurz- und langfristige Entwicklung des Unternehmens (vgl. McConnell/Haslem/Gibson (1986), S. 67).
[469] Die Entwicklung des Marktes hat eine direkte Konsequenz für die Entwicklung des Unternehmens, sodass Prognosen über Marktwachstum, Rezessionen etc. ebenfalls mit einbezogen wurden.

"2008 was one of the most challenging years in our company's history. 2009 will be a great challenge as well" (Bank of America, 2008).

"As we look forward in 2009, our industry continues to face significant challenges" (Deutsche Bank, 2008)

Dies ist auf den ersten Blick erstaunlich, da das Ziel einer Selbstdarstellung im Sinne eines Impression Management eigentlich die besonders positive Selbstdarstellung ist. Der Grund, warum ein Unternehmen jedoch trotzdem negative Prognosen und Erwartungen abgibt, könnte zum einen darin liegen, dass ein Unternehmen mit solchen negativen Prognosen versucht, sich selbst und vor allem sein Umfeld auf mögliche Misserfolge vorzubereiten.[470] Goffman (1973) z. B. integrierte deshalb auch mit der Kategorie „request" ein Konstrukt, bei dem es darum geht, vor einem negativen Ereignis dieses anzukündigen.[471] In der Impression Management Literatur findet man hierfür gelegentlich auch den Begriff des „anticipatory excuse".[472] Da eine Rechenschaft außerdem an Effektivität verlieren kann, wenn sie ständig eingesetzt wird, jedoch z. B. nicht eingehalten werden kann, können solche negative Prognosen besonders wichtig sein, um die langfristige Glaubwürdigkeit und Vertrauenswürdigkeit des Unternehmens zu stärken.[473]

In Abbildung 7 ist die entwickelte Rechenschaftstypologie graphisch dargestellt. Die Abbildung zeigt einen idealtypischen Ablauf, der die Kategorien für die Rechenschaftsabgabe plausibel machen soll; es sind jedoch auch andere Abläufe denkbar:

---

[470] Eine extreme Form dieses Verhaltens ist das sogenannte „self-handicapping". Hierbei benachteiligt sich eine Person absichtlich, um damit eine Ausrede für einen möglichen Misserfolg zu haben. Im Detail hierzu siehe z. B. Brehm/Kassin/Fein (2002), S. 78 f.
[471] Vgl. Goffman (1972), S. 144 ff.
[472] Hierdurch sollen die Erwartungen an das Unternehmen gesenkt werden, sodass die Notwendigkeit einer erneuten Rechtfertigung im kommenden Jahr verringert wird (vgl. Schlenker/Weigold (1992), S. 161).
[473] Es ist z. B. fraglich, ob positive Prognosen über das Unternehmen, welche in der Zukunft jedoch nie zutreffen, langfristig von Lesern des Berichtes noch als glaubwürdig aufgefasst werden.

Kapitel 3 – Empirische Analyse zur Rechenschaftsabgabe von Banken

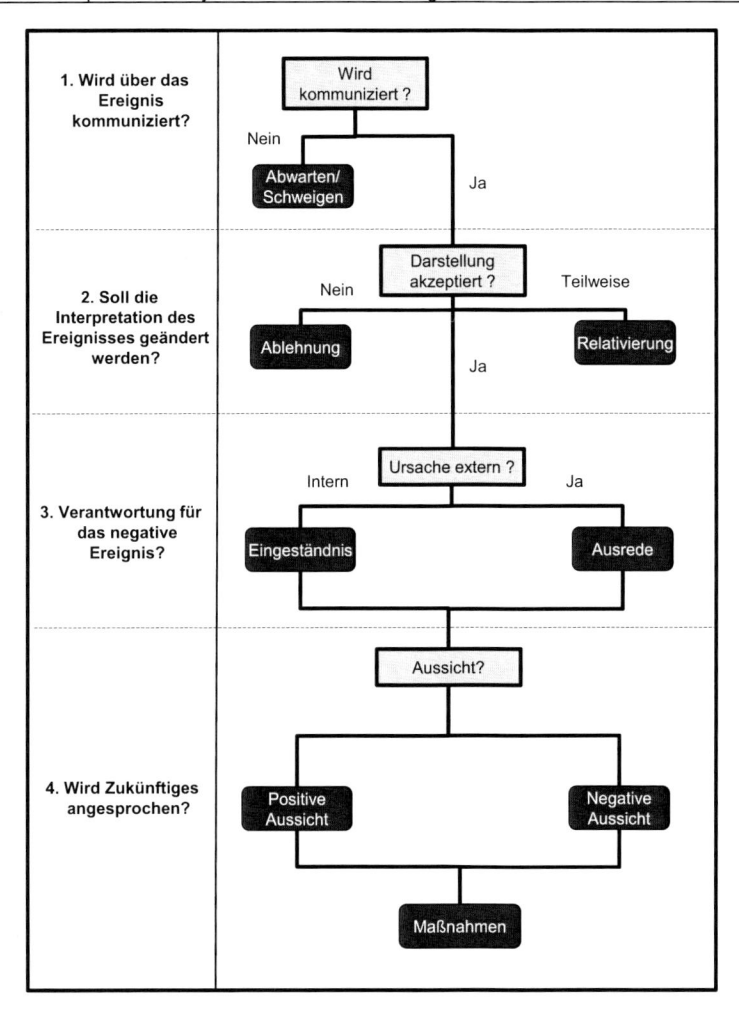

1. Wird über das Ereignis kommuniziert?
- Wird kommuniziert?
  - Nein → Abwarten/Schweigen
  - Ja → (weiter)

2. Soll die Interpretation des Ereignisses geändert werden?
- Darstellung akzeptiert?
  - Nein → Ablehnung
  - Ja → (weiter)
  - Teilweise → Relativierung

3. Verantwortung für das negative Ereignis?
- Ursache extern?
  - Intern → Eingeständnis
  - Ja → Ausrede

4. Wird Zukünftiges angesprochen?
- Aussicht?
  - Positive Aussicht
  - Negative Aussicht → Maßnahmen

Abbildung 7: Typologie zur Abgabe von Rechenschaft bei Banken

3.2.4 Zwischenfazit

In diesem Kapitel wurde die Abgabe der Rechenschaft von Banken untersucht. Bis heute existiert kein Modell, welches die Abgabe von Rechenschaft von Banken beschreiben kann. Viele empirische Arbeiten fokussieren – in Anlehnung an Scott/Lyman (1968) – auf eine Unterteilung zwischen der Annahme von Verantwortung (meist in Form einer Entschuldigung) und der Ablehnung von Verantwortung (meist in Form einer Ausrede). Eine solche Sichtweise ist aus forschungspragmatischen Gründen zwar vorteilhaft, beeinträchtigt jedoch die externe Validität derartiger Untersuchungen. Deshalb wurde, auf Grundlage von theoretischen und konzeptionellen Überlegungen sowie empirischen Befunden im Rahmen eines deduktiv-induktiven Forschungsdesigns, ein Modell zur Abgabe von Rechenschaft von Banken entwickelt. Im Rahmen einer qualitativen Untersuchung wurden vier Kategorien abgeleitet, welche die Abgabe von Rechenschaft von Banken beschreiben. Um die Validität der Ergebnisse zu verbessern, wurden die entwickelten Kategorien immer wieder mit existierenden Typologien verglichen. Dabei zeigte sich, dass die verschiedenen Typologien auch durch die entwickelten Kategorien beschrieben werden können. Abbildung 8 zeigt ausgewählte Typologien der Literatur[474] und die dazugehörigen Kategorien des neu entwickelten Rechenschaftsmodells. Zu beachten ist, dass die Einteilung und Unterscheidung zwischen den verschiedenen Typen und Typologien als Tendenzaussage zu verstehen ist, die helfen soll, eine Gruppierung der einzelnen Rechenschaftstypen vorzunehmen.

---

[474] Eine Zusammenfassung dieser Typologien findet sich im Anhang 1: Typologien zur Abgabe von Rechenschaft (S. 220 ff.).

Kapitel 3 – Empirische Analyse zur Rechenschaftsabgabe von Banken

Konzepte \ Kategorien	Abwarten	Interpretation des Ereignisses ändern	Verantwortung annehmen/ ablehnen	Zukünftiges ansprechen
Sykes/Matza (1957)		███████████		
Scott/Lyman (1968)		████		
Goffmann (1972)		██████		
Schlenker (1980)		██████		
Schönbach (1980, 1990)		██████		
Bies (1983)		█████		
McLaughlin/Cody/ O'Hair (1983)	██████████			
Semin/Manstead (1983)		█████		
Elsbach (1994)		████		
Benoit (1995)		██████████		

Abbildung 8: Gemeinsame Kategorien verschiedener Rechenschaftstypologien

Gleichzeitig ist durch die Berücksichtigung der empirischen Daten eine für den Untersuchungsgegenstand spezifischere Form der Rechenschaftsabgabe abgeleitet worden. Dieses entwickelte Modell stellt einen wichtigen Forschungsbeitrag zur Literatur dar und kann als Weiterentwicklung bestehender Konzeptualisierungen angesehen werden. Die entwickelte Typologie unterscheidet sich von etablierten Konzepten insbesondere durch die explizite Integration von Aussagen, welche auf die zukünftige Entwicklung eines negativen Ereignisses fokussieren. Diese wurden erst aus dem Zusammenspiel zwischen empirischen und theoretischen Daten entdeckt. Gerade aus Unternehmenssicht scheint eine Konzentration auf zukünftige Ereignisse nach einem negativen Ereignis besonders wichtig zu sein. Die primär auf individuelle Beziehungen fokussierenden Typologien der Literatur werden dieser Tatsache nur unzureichend gerecht.

Gleichzeitig stellt sie einen Kompromiss zwischen sehr generischen (hohe Reliabilität)[475] und sehr spezifischen (hohe Validität)[476] Konzepten dar und kann somit auch in empirischen Forschungsvorhaben verwendet und getestet werden.[477] Die Relevanz und Bedeutung solch neuer und erweiterter Taxonomien spiegeln sich auch in der Aussage von Kim et al. (2006) wider, welche anmerken: „the accounts literature may benefit by broadening its taxonomy".[478]

Darüber hinaus wurden die theoretisch-konzeptionellen Überlegungen aus Kapitel 2.4 (S. 36 ff.) bei der Konzeptualisierung der Typologie berücksichtigt. So lassen sich alle Typen daraufhin untersuchen, wie sich der zu Verantwortende zu seiner Verantwortung stellt, da Rechenschaftsabgabe, wie in Kapitel 2.4.1 (S. 36 ff.) beschrieben, auf die Zuschreibung der Verantwortung gerichtet ist. Insbesondere lassen sich, ausgehend vom klassischen Modell der Verantwortung, die Rechenschaftstypen daraufhin beurteilen, inwieweit sie auf die Elemente und Beziehungen dieses Modells abzielen.

3.3 Quantitative Untersuchung: Beschreibung und Analyse der Rechenschaftsabgabe von Banken

Nachdem in Kapitel 3.2 (S. 80 ff.) eine Typologie zur Rechenschaftsabgabe für Banken entwickelt wurde, soll im Folgenden die Rechenschaftsabgabe von europäischen und amerikanischen Banken quantitativ beschrieben und untersucht werden. Hierzu werden auf Basis der Impression Management Theorie Hypothesen zu Art und Umfang der Rechenschaftsabgabe abgeleitet. Anschließend werden die Kategorien der entwickelten Rechenschaftstypologie (vgl. Kapitel 3.2, S. 80 ff.) für eine Operationalisierung spezifiziert und auf die Stichprobe angewandt. Darauf aufbauend sollen anschließend Art und Umfang der Rechenschaftsabgabe beschrieben und Hypothesen überprüft werden.

---

[475] Vgl. z. B. das Modell von Scott/Lyman (1968).
[476] Vgl. z. B. das Modell von Schönbach (1980), (1990).
[477] Zu ausführliche und detaillierte Typologien erschweren die forschungspragmatische Verwendbarkeit solcher Modelle im empirischen Forschungsprozess.
[478] Kim et al. (2006), S. 60.

3.3.1 Entwicklung der Hypothesen

(1) Hypothese bezüglich des Konstrukts Ablehnung

Die Literatur geht davon aus, dass erfolgreiche und weniger erfolgreiche Unternehmen unterschiedlich auf eine Krise reagieren.[479] Aus der Perspektive der Impression Management Theorie versuchen Unternehmen, sich und ihre Ergebnisse immer positiv darzustellen. Banken mit einem positiven Ergebnis haben somit einen besonderen Anreiz, ihren vorhanden Gewinn als handfesten Beweis („tangible evidence")[480] hervorzuheben und objektive Hinweise („logical proofs")[481] aufzuführen, mit deren Hilfe die Nicht-Betroffenheit begründet werden kann. Damit unterscheiden sie sich von anderen Unternehmen in der Krise und heben sich durch ihre kommunizierte Nicht-Betroffenheit von dem vertrauenszerstörenden Ereignis ab. Das positive Ergebnis kann dabei als ein objektiver Maßstab für die gute Geschäftstätigkeit dienen, unabhängig davon, ob das Unternehmen die Gewinnerwartungen des Vorjahres erfüllen konnte oder nicht. Banken mit einem positiven Ergebnis stützen sich somit auf eine Rechtfertigungsstrategie, welche eine vertrauensverletzende Situation abstreitet, da mit dem positiven Ergebnis ein kommunizierbares und objektives Kriterium besteht, mit dem dieses belegt werden kann. Gleichwohl ist es keine notwendige Kausalität, dass nicht auch Unternehmen mit einem negativen oder schlechten Ergebnis sich in dieser Form äußern. Denn auch Unternehmen, die einen Verlust (negatives Ergebnis) gemacht haben, können versuchen, positive Aspekte hervorzuheben. So kann z. B. versucht werden, positive operative Ergebniskennzahlen zu präsentieren, um den Eindruck zu erwecken, es gäbe keinen Grund, dem Unternehmen gegenüber Misstrauen zu haben.

Hypothese 1: Unternehmen mit einem positiven Ergebnis werden mehr Ablehnungen verwenden als Unternehmen mit einem negativen Ergebnis

---

[479] Vgl. Keusch/Bollen/Hassink (2012), S. 5.
[480] Kim/Dirks/Cooper (2009), S. 408.
[481] Cody/McLaughlin (1990), S. 231.

(2) Hypothese bezüglich des Konstrukts Relativierung

Die gleiche Argumentation kann auch für die Relativierung gelten. Unternehmen mit einem positiven Ergebnis können den Fokus auf die Aspekte lenken, die zu diesem Ergebnis positiv beigetragen haben. Gerade im Kontext einer Krise können solche Unternehmen auf gute Entwicklungen hinweisen, die trotz der Krise erzielt wurden.[482] Auch wird es ihnen leichter möglich sein, sich positiv ins Verhältnis zu anderen Unternehmen zu setzen, denen es schlechter geht.

Hypothese 2: Unternehmen mit einem positiven Ergebnis werden mehr Relativierungen verwenden als Unternehmen mit einem negativen Ergebnis

(3) Hypothese bezüglich der Konstrukte Eingeständnis und Ausrede (Aussagen zur Ursache des Ereignisses)

Nach der in dieser Arbeit entwickelten Typologie zur Rechenschaftsabgabe[483] haben Banken grundsätzlich die Möglichkeit, vergangenheitsbezogene oder zukunftsbezogene Rechenschaftsaussagen zu verwenden, wenn diese sich zu einem negativen Ereignis äußern. Insbesondere in Zeiten der Krise, in denen die Handlungsfähigkeit von Banken aufgrund der ungewissen Involvierung der Unternehmen in der Finanzkrise in Frage gestellt wird, stehen Unternehmen, die einen Verlust erleiden mussten, unter einer besonderen Beobachtung ihrer Kapitalgeber. Diese werden mehr Informationen über Gründe und Ursachen dieses Ereignisses erfahren wollen. Es wird daher vermutet, dass Unternehmen mit einem Verlust bei der Rechenschaftsabgabe stärker Erklärungen ins Zentrum rücken, die etwas über die Ursachen aussagen, unabhängig davon ob sie Verantwortung hierfür eingestehen oder nicht. Es wird somit angenommen, dass der Anteil solcher Erklärungen an allen getätigten Rechenschaftsaussagen bei Unternehmen mit einem Verlust größer ausfallen wird.

---

[482] Ähnliche Argumentation auch bei Kohut/Segars (1992), S. 9.
[483] Vgl. Kapitel 3.2 (S. 80 ff.).

Hypothese 3: Unternehmen mit negativem Ergebnis werden mehr Rechenschaftsaussagen verwenden die etwas über die Verantwortung zum Ergebnis sagen (Eingeständnis oder Ausrede), als Unternehmen mit positivem Ergebnis.

(4) Hypothesen bezüglich des Konstrukts Ausrede

Die Forschung geht davon aus, dass schlechte Ergebnisse eher nach außen und gute Ergebnisse nach innen attribuiert werden („self-serving bias").[484] Forscher stellen weiterhin fest, dass diese Verzerrung in unterschiedlichen kulturellen Kontexten verschieden ausfällt. So wird vermutet, dass in Regionen mit einer ausgeprägten individualistischen Kultur der „self-serving bias" größer ist.[485] Nach Hofstede (2001) ist die am stärksten individualistisch geprägte Kultur die der USA.[486] Es wird deshalb in Anlehnung an den „self-serving bias" vermutet,[487] dass US-amerikanische Unternehmen, welche von der Krise betroffen sind, mehr Ausreden verwenden werden als europäische Unternehmen. Anders ausgedrückt, bedeutet dies, dass amerikanische Unternehmen in höherem Maße Ausreden verwenden, um negative Ergebnisse zu erklären, als es europäische Unternehmen tun werden.

Hypothese 4: Amerikanische Unternehmen verwenden mehr Ausreden als europäische Unternehmen.

(5) Hypothesen bezüglich des Konstrukts positive Aussicht

Es wird weiterhin vermutet, dass es bezüglich optimistischer Zukunftsäußerungen Unterschiede zwischen den amerikanischen und europäischen Unternehmen gibt.

---

[484] Vgl. hierzu ausführlich die Ausführungen in Kapitel 2.6.4 (S. 68 ff.).
[485] Vgl. Hooghiemstra (2010), S. 279.
[486] Vgl. Hofstede (2001), S. 500.
[487] In Anlehnung deshalb, da nicht untersucht wird, wie mit positiven Ergebnissen umgegangen wird, sondern nur die Rechenschaftsabgabe zu einem negativen Ergebnis untersucht wird.

Verschiedene Untersuchungen zeigen, dass die Kultur einen Einfluss auf die Art und die Ausprägung des Optimismus von Personen haben kann.[488] Gemeinhin wird Amerikanern ein hoher Optimismus bezüglich ihrer Zukunft zugesprochen.[489] So äußerte sich z. B. der amerikanische Botschafter in Deutschland, Philip D. Murphy, über die Amerikaner wie folgt: „Optimism is in our DNA. It is part of who we are as a people. We don't give up".[490] Zu dieser Einzelmeinung gibt es jedoch auch empirische Hinweise. Harris Interactive (2005) zeigen z. B. in einer 2004 veröffentlichten Studie, dass Amerikaner positiver und optimistischer sind als Europäer. Amerikaner waren demnach eher bereit zu glauben, dass sich ihre persönliche Situation verbessern wird (55% zu 38%). Dabei zeigte sich der Unterschied nicht nur zwischen den USA und der EU als Ganzes, sondern auch zwischen den USA und allen - damals noch 25 - einzelnen Mitgliedsstaaten der EU.

Weiterhin konnten Fischer/Chalmers (2008) zeigen, dass Individualismus einen signifikanten Einfluss auf den Optimismus hat. Demnach ist der Optimismus größer in stärker individualistisch geprägten Umgebungen.[491] Wie erwähnt, gelten die USA als das Land mit der stärksten individualistischen Ausprägung.[492] Eine aktuelle Studie von Pew Research Center (2011) kommt zu dem gleichen Ergebnis und stellt fest, dass Amerikaner generell stärker individualistisch eingestellt sind als Europäer.[493]

Gründe für diesen stärker ausgeprägten Individualismus nennen z. B. Harris Interactive (2005). Zum einen vermuten sie, dass das stärkere Wachstum der letzten 15 Jahre den Optimums der Amerikaner gestärkt haben könnte. Zum anderen könnte der Unterschied jedoch auch fundamentaler und grundsätzlicher Natur sein. So vermuten die Autoren, dass Amerikaner aufgrund „their history, their natural self-

---

[488] Vgl. z. B. Fischer/Chalmers (2008).
[489] Vgl. z. B. Hall/Hall (1990). Die Autoren bezeichnen die Amerikaner in einem kulturellen Vergleich zwischen den USA, Europa und Japan, als „Individualistic. ... competitive, confident and direct" (Hall/Hall (1990), S. 147).
[490] Murphy (2012). (In der Rede des US- amerikanischen Botschafters spricht dieser über den gefühlten hohen Optimismus der Amerikaner und führt Erklärungen hierfür an).
[491] Fischer/Chalmers (2008), S. 380. (Fischer bezieht sich bei seinen Ausführungen zum Individualismus ausdrücklich auf Hofstede).
[492] Vgl. Hofstede (2001), S. 500.
[493] Pew Research Center (2011), S. 1. (Untersucht wurden neben den Amerikanern Engländer, Franzosen, Spanier und Deutsche).

confidence, and their faster economic growth over more than 200 years - are inherently more optimistic than Europeans".[494] Demnach haben kulturelle Dimensionen, wie die Ausprägung des Individualismus einer Gesellschaft, einen hohen Einfluss auf die Ausprägung des Optimismus von Personen.[495]

Hypothese 5: Amerikanische Unternehmen werden mehr positive Aussichten verwenden als europäische Unternehmen.

3.3.2 Codierprozess

3.3.2.1 Spezifikation der Kategorien

Für die Codierung der Daten wurde auf die in der qualitativen Untersuchung entwickelte Typologie zurückgegriffen. Ziel des Codierprozesses ist es, die Daten in nominale Variablen umzuwandeln, um statistische Analysen vornehmen zu können. Um dies zu erreichen, mussten in einem ersten Schritt die generischen Definitionen der entwickelten Typologie mittels operationaler Definitionen spezifiziert und trennscharf gemacht werden. Für Kerlinger (1975) ist eine operationale Definition eine Art Handbuch, welches beschreibt, was ein Forscher konkret tun muss, um eine Variable zu messen.[496] Früh (2004) nennt verschiedene notwendige Bestandteile einer operationalen Definition:[497] Hierzu gehört die verbale Umschreibung des Bedeutungsinhaltes jeder Kategorie sowie die Existenz von Indikatoren.[498] Letztere sind empirische Äquivalente, welche für nicht direkt sinnlich wahrgenommene Sachverhalte herangezogen werden.[499] Als drittes nennt Früh Codierregeln, welche angeben, wie die Indikatoren in ein Datenformat umgewandelt werden sollen.[500] Im Rahmen dieser Arbeit

---

[494] Harris Interactive (2005).
[495] Vgl. Fischer/Chalmers (2008).
[496] Vgl. Kerlinger (1975), S. 31. (Zum Unterschied zwischen Normaldefinition und operationaler Definition vgl. auch Brühl (2008), S. 365).
[497] Im Detail hierzu Früh (2004), S. 85 ff.
[498] Vgl. Früh (2004), S. 85.
[499] Vgl. Früh (2004), S. 86.
[500] Vgl. Früh (2004), S. 89.

wurde den Anmerkungen von Früh (2004) gefolgt und alle Codierregeln in einem Codierhandbuch dokumentiert.[501]

Weiterhin musste festgelegt werden, welche Einheit des Textes als Codiereinheit (unit) herangezogen werden soll. Allgemein wird zwischen formal-syntaktischen oder inhaltlich-semantischen Codiereinheiten unterschieden.[502] Ein Beispiel für eine formal-syntaktische Festlegung der Codiereinheit sind Schlüsselbegriffe.[503] Ihr Vorteil liegt in der hohen Verlässlichkeit und Anwendbarkeit.[504] Der Nachteil ist allerdings eine höhere Wahrscheinlichkeit an Fehlcodierungen,[505] was sich negativ auf die Validität der Ergebnisse auswirkt. Deshalb bietet sich als zweite Möglichkeit die inhaltlich-semantische Codiereinheit an. Hierbei werden keine formalen Zeichen, sondern Bedeutungen erfasst.[506] Der Nachteil der inhaltlich-semantischen Vorgehensweise besteht allerdings in einer meist niedrigeren Reliabilität. Um eine hinreichende Reliabilität erreichen zu können, muss deshalb in der Regel ein zeit- und ressourcenintensiverer Codierprozess vorgenommen werden. In vorliegender Untersuchung wurde, insbesondere aufgrund der zu erwartenden besseren Reliabilität, eine Codiereinheit inhaltlich-semantisch definiert. Als Einheit bieten sich hierfür verschiedene Textbestandteile an, wie z. B. Sätze, Wörter oder Absätze. Die Wahl richtet sich unter anderem auch nach der zu untersuchenden Forschungsfrage.[507] In der vorliegen Untersuchung bestand eine solche Einheit aus mindestens einem Satz.[508] Sätze als Codier-

---

[501] Vgl. Anhang 3: Codierhandbuch (S. 233 ff.).
[502] Vgl. Früh (2004), S. 91. Ausführlicher bei Merten (1995), S. 119 ff.
[503] Vgl. Früh (2004), S. 91.
[504] Vgl. Früh (2004), S. 93.
[505] So konnte festgelegt werden, dass eine Aussage immer dann als Ausrede codiert wird, wenn das Wort „Ausrede", „ausreden" u. Ä. vorkommt. Zum einen könnten so jedoch viele Aussagen, die als Ausreden zu bezeichnen wären, nicht entdeckt werden (Beispiel: „Ich habe nichts damit zu tun. Er war es!"). Zum andern könnten eine Reihe von Fehlcodierungen entstehen, wenn einzelne Aussagen als eine Ausrede codiert werden würden, die eigentlich keine Ausreden darstellen (Beispiel: „Ausreden machen keinen Sinn. Ich bin schuld").
[506] Vgl. Früh (2004), S. 91.
[507] Vgl. Srnka/Koeszegi (2007), S. 36.
[508] In der Regel bestand eine Codiereinheit aus einem Satz. In Ausnahmefällen konnte sie jedoch auch aus mehreren Sätzen bestehen. Dies musste der Codierer für jeden Einzelfall jedoch mit dem zweiten Codierer besprechen, diskutieren und eine Übereinstimmung erzielen. In Fällen, in denen keine Übereinstimmung erzielt wurde, entschied der Autor der Studie. (Dies kam jedoch im Rahmen dieser Untersuchung nicht vor).

einheiten haben sich in vielen inhaltsanalytischen Studien bewährt.[509] So stellt z. B. Milne/Adler (1999) fest: „As a basis for coding, sentences are far more reliable than any other unit of analysis".[510] Darüber hinaus wird eine Rechenschaft, wie erläutert, als eine Erklärung aufgefasst, welche in der Regel in Satzform vorliegt.

Auf Grundlage des Codierhandbuches wurden in mehreren Codierschleifen anhand von Teilstichproben[511] die Definitionen solange spezifiziert, bis eine subjektiv angemessene Reliabilität erreicht werden konnte. Dabei wurde auch, wie von Srnka/Koeszegi (2007) vorgeschlagen, eine „intercoder consistency matrix" verwendet, um die Schärfe der Kategorieabgrenzung zu verbessern.[512] Tabelle 3 stellt die Kategorien und ihre Beschreibung dar.

Zusätzlich wurden im Rahmen der Untersuchung noch weitere Variablen erhoben. Zum einen wurden – wie in inhaltsanalytischen Studien üblich – formale Kategorien gebildet, wie z. B. der Name des Berichterstellers oder der Titel des Berichtes. Diese waren unter anderem von Bedeutung, da sie die Vergleichbarkeit der Berichte untereinander gewährleisteten.[513] Darüber hinaus sollte überprüft werden, wer die Adressaten des Berichtes sind. Bei der qualitativen Analyse fiel auf, dass die Adressaten des Berichtes nicht immer eindeutig über die Ansprache des Berichtes identifiziert werden konnten. Aus diesem Grund wurden immer dann Absätze codiert, wenn in diesen Anteilseigner, Kunden und/oder Mitarbeiter direkt angesprochen wurden.[514] Diese weiteren Kategorien sind in Tabelle 4 beschrieben.

---

[509] Vgl. Milne/Adler (1999), S. 243. Weitere Möglichkeiten für Codiereinheiten sind z. B. einzelne Wörter, Absätze, oder ganze Berichtsteile.
[510] Milne/Adler (1999), S. 243.
[511] Es wurden verschieden Aktionärsbriefe verwendet, die teilweise auch nicht Gegenstand des zu untersuchenden Datensatzes waren. In diesem Schritt wurde auch per Hand codiert und auf eine Überführung in ein digitales Datei-Format verzichtet. Die Codierer saßen sich dabei meist gegenüber, um so schneller Unklarheiten diskutieren zu können.
[512] Vgl. Srnka/Koeszegi (2007), S. 38 f.
[513] Vgl. hierzu die Ausführungen in Kapitel 3.1.2, insbesondere S. 78.
[514] Zusätzlich wurde eine Kategorie Sonstige gebildet, in der weitere Anspruchsgruppen wie die Gesellschaft oder die Politik erfasst wurden.

Kategorie	Beschreibung
Ablehnung	Aussage, bei der die negative Auswirkung des kritischen Ereignisses auf das gesamte Unternehmen verneint wird.
Relativierung	Aussage, bei der der Schaden für das Unternehmen relativiert wird.
Eingeständnis	Aussage, bei der Verantwortung ganz oder teilweise eingeräumt wird.
Ausrede	Aussage, bei der die Verantwortung ganz oder teilweise abgestritten wird.
Maßnahmen/ umgesetzt	Umgesetzte Maßnahmen sind durchgeführte Aktionen, welche eine direkte Reaktion auf die Krise darstellen und darauf abzielen, den Status quo zu verbessern.
Maßnahmen/ geplant	Geplante Maßnahmen sind noch nicht durchgeführte Aktionen, welche eine direkte Reaktion auf die Krise darstellen und darauf abzielen, den Status quo zu verbessern.
Positive Aussicht/ extern	Aussage, bei der eine positive Prognose bezogen auf exogene Variablen (im Unternehmensumfeld) gegeben wird.
Positive Aussicht/ intern	Aussage, bei der eine positive Prognose bezogen auf endogene Variablen (im Unternehmen selbst) gegeben wird.
Negative Aussicht/ extern	Aussage, bei der eine negative Prognose bezogen auf exogene Variablen (im Unternehmensumfeld) gegeben wird.
Negative Aussicht/ intern	Aussage, bei der eine negative Prognose bezogen auf endogene Variablen (im Unternehmen selbst) gegeben wird.

Tabelle 3: Beschreibung der Kategorien des sozial-kognitiven Wirkungsmodells der Rechenschaftsabgabe von Banken[515]

---

[515] Im Detail Anhang 3: Codierhandbuch (S. 233 ff.).

Kapitel 3 – Empirische Analyse zur Rechenschaftsabgabe von Banken 111

Kategorie	Beschreibung
Titel des Berichtes	Titel des Berichtes, z. B. „Letter to Shareholder"
Anrede	Verwendete Anrede des Berichtes, z. B. „Dear Shareholder"
Name	Name der oder des Verfasser(s) des Berichtes
Position	Position der oder des Verfasser(s) des Berichtes z. B. CEO
Datum	Datum der Erstellung des Berichtes
Anteilseigner	Direkte Ansprache der Interessengruppe Shareholder
Kunde	Direkte Ansprache der Interessengruppe Kunde
Mitarbeiter	Direkte Ansprache der Interessengruppe Mitarbeiter
Sonstige Interessengruppen	Direkte Ansprache von weiteren Interessengruppen, welche nicht Shareholder, Kunde oder Mitarbeiter sind. Beispiele sind Politik oder Gesellschaft an sich.

Tabelle 4: Weitere verwendete Kategorien[516]

3.3.2.2 Reliabilität und Validität der Untersuchung

Um die Güte der Daten zu gewährleisten, wurden per Zufallsstichprobe 10 Geschäftsberichte (10 % des Datenmaterials) ausgewählt und Reliabilitäts- und Validitätstests durchgeführt.[517] Um Verzerrung, z. B. aufgrund gemeinsamer Vorkenntnisse zu vermeiden, wurde darauf geachtet, dass die verwendeten Geschäftsberichte der qualitativen Studie (Kategorieentwicklung) für diese Reliabilitäts- und Validitätsüber-

---

[516] Im Detail Anhang 3: Codierhandbuch (S.233 ff.).
[517] Verwendete Banken für die Reliabilitäts- und Validitätsüberprüfung: Lloyds Banking Group, UniCredit, ING Bank, Crédit Industriel et Commercial, Nord LB, DnB Nord, KeyCorp, First Horizon National Corporation, Associated Banc Corporation. (Vgl. auch Anhang 2: Bankenliste).

prüfung nicht miteinbezogen wurden. Somit kannten die Codierer die Geschäftsberichte nicht und konnten diese unabhängig voneinander codieren. Wie in der Regel üblich, wurde die Codierung von zwei Codierern durchgeführt, von denen einer der Autor dieser Studie war.[518] Der zweite Codierer war ein Student, welcher vertieft in die Thematik eingewiesen wurde. Teilweise wird in der Literatur gefordert, dass ein Codierer nicht der Autor der Studie sein sollte. Insbesondere, wenn es um das Testen von Hypothesen geht, so der Einwand, könnte der Autor bewusst oder unbewusst in Richtung seiner Hypothesen codieren. Dem ist allerdings entgegenzuhalten, dass z. B. Maurer/Jandura (2001) keinen wesentlichen Effekt der Voreinstellung eines Codierers auf das Codierverhalten nachweisen konnten. Die Autoren kommen zu dem Fazit, dass es möglich ist „durch präzise Anweisungen im Codebuch und eine intensive Codiererschulung ... Codierer auszubilden, deren Textverständnis ... bereits beim Lesen eines Beitrags nicht von ihren Voreinstellungen sondern von den Anweisungen im Codebuch geprägt ist". [519] Somit ist es nicht verwunderlich, dass in vielen ähnlichen quantitativen inhaltsanalytischen Untersuchungen die Autoren direkt in den Codierprozess mit involviert sind.[520]

Für die Realibilitätsüberprüfung wurde die Intercoder-Übereinstimmung gemessen. Hiermit wird überprüft, ob zwei unabhängige Codierer das gleiche Datenmaterial auf Basis der Codieranweisungen gleich codieren würden.[521] Eine hinreichende Intercoder-Übereinstimmung ist notwendig, um die Güte der Daten zu gewährleisten. Eine etwas aufwändigere, aber sehr ausführliche und analytische Methode der Messung der Intercoder-Übereinstimmung ist die Aufteilung in zwei Phasen: Einem sogenannten unitizing und einem coding.[522] Beim unitizing wird das Datenmaterial in codierba-

---

[518] In einer Metastudie über inhaltsanalytische Arbeiten im Bereich des Marketings stellten die Autoren fest, dass in den meisten der analysierten Studien zwei Codierer involviert waren. Hierbei war in ca. 20 % der Fälle der Autor bei der Codierung beteiligt (vgl. Kolbe/Burnett (1991)).
[519] Maurer/Jandura (2001), S. 196.
[520] Vgl. z. B. Brennan/Guillamon-Saorin/Pierce (2009), S. 802. (Weiterhin ist es aus forschungsökonomischer Sicht oftmals nicht möglich, dass der Autor nicht in den Codierprozess involviert ist).
[521] Vgl. Kassarjian (1977), S. 14.
[522] Dieses Vorgehen wird von einigen Autoren vorgeschlagen wie z. B. Angelmar/Stern (1978), S. 97; Wilken et al. (2010), S. 81; Kreyer (2011), S. 167; Srnka/Koeszegi (2007), S. 35 ff.; Graf/Koeszegi/Pesendorfer (2010), S. 502; Garrett et al. (1989), S: 512 f.

Kapitel 3 – Empirische Analyse zur Rechenschaftsabgabe von Banken   113

re Sinneinheiten (units) unterteilt.[523] Beim coding werden die identifizierten units einem zuvor festgelegten Kategoriensystem zugeordnet (i.e.S. die Art der Rechenschaftsaussage).[524]

Beim unitizing werden in der Regel zwei Maße verwendet; zum einen Guetzkows U,[525] zum anderen der „Index of Coterminality".[526] Mithilfe von Guetzkows U wird die Anzahl der identifizierten units zwischen den beiden Codierern verglichen. Dieser Wert gilt als Grundlage für eine Bewertung der Reliabilität des unitizings.[527] Guetzkows U (U) berechnet sich aus dem Quotienten zwischen der Differenz der identifizierten units beider Codierer und der Summe der identifizierten units beider Codierer (1):[528]

$$U = \frac{O_1 - O_2}{O_1 + O_2} \quad (1)$$

O_1=Anzahl Units Codierer 1; O_2=Anzahl Unit Codierer 2

Bei insgesamt 444 codierten Units konnte ein Wert von 0,0090 erzielt werden. Damit liegt die Abweichung unter 1 %, und kann somit als sehr zufriedenstellend bezeichnet werden.[529]

Mittels Guetzkows U kann jedoch lediglich eine Aussage darüber getroffen werden, ob die gleiche Anzahl von Units gebildet worden ist. Da jedoch die Codierer inhaltlich unterschiedliche Sätze als unitis gebildet haben könnten,[530] schlagen einige Autoren vor, zusätzlich den „Index of coterminability" (IC)[531] bzw. die „intercoder unitizing reliability"[532] zu berechnen. Anzumerken ist, dass die Verwendung dieses Übereinstimmungsmaßes in der Literatur selten zu finden ist. Der Grund hierfür könnte sein, dass

---

[523] Vgl. Guetzkow (1950), S. 57.
[524] Vgl. Kreyer (2011), S. 167; Guetzkow (1950), S. 57.
[525] Vgl. Guetzkow (1950).
[526] Vgl. Angelmar/Stern (1978), S. 78.
[527] Vgl. Guetzkow (1950), S. 55.
[528] Vgl. Guetzkow (1950), S. 55.
[529] Vgl. z. B. Garrett et al. (1989), S. 512.
[530] Vgl. hierzu ausführlich die Diskussion bei Guetzkow (1950), S. 54 f.
[531] Vgl. Angelmar/Stern (1978), S. 78; Kreyer (2011), S. 171; Wilken et al. (2010), S. 81.
[532] Srnka/Koeszegi (2007), S. 42.

es sich im Kern um eine einfache inhaltliche Konsistenzüberprüfung der identifizierten Units handelt und mit der anschließenden Überprüfung der inhaltlichen Übereinstimmung der Codierungen letztendlich auch Fehler im unitizing aufgedeckt werden. Der Vorteil des „index of coterminability" ist allerdings, dass schon in einer frühen Phase Unregelmäßigkeiten aufgedeckt werden können, sodass auch deshalb im Folgenden auf die Berechnung nicht verzichtet wird. Dieser Index kann als Quotient zwischen der Anzahl der Übereinstimmungen und der Summe aus Übereinstimmungen und Nicht-Übereinstimmungen dargestellt werden (2):

$$IC = \frac{Ü}{Ü + kÜ} \qquad (2)$$

Ü=Anzahl der Übereinstimmungen; kÜ=Anzahl der Nicht-Übereinstimmungen

Für den Index of conterminability konnte ein Wert von 0,87 (87%) erreicht werden, was ebenfalls ein zufriedenstellendes Ergebnis ist. Insgesamt ähneln die Werte des unitizings somit den Ergebnissen anderer, jedoch methodisch ähnlicher inhaltsanalytischer Untersuchungen.[533]

Nachdem sich die Codierer auf ein finales Set von units geeinigt hatten, mussten die units den verschiedenen Rechenschaftstypen zugeordnet werden („coding"). Für die Bestimmung des Grads dieser Übereinstimmung gibt es in der Literatur eine Vielzahl unterschiedlicher Reliabilitätsmaße.[534] Meist werden nur einfache Übereinstimmungsmaße verwendet.[535] Empfohlen werden heute jedoch in der Regel konservative Maße, welche die zufällige Übereinstimmung beider Codierer herausrechnen. Ein weitverbreitetes Maß ist Cohens kappa (k). Berechnet wird Cohens kappa wie folgt (3):

$$k = \frac{(p_0 - p_c)}{(1 - p_c)} \qquad (3)$$

---

[533] Vgl. z. B. Kreyer (2011), S. 171.
[534] Für eine Übersicht vgl. z. B. die Metastudie von Kolbe/Burnett (1991), S. 248 f. oder Lombard/Snyder-Dutsch/Bracken (2002), S. 590 ff.
[535] Vgl. z. B. die Übersicht von Kolbe/Burnett (1991), S. 248.

p_0=Anzahl der übereinstimmenden codierten Units; p_c= Anzahl der erwarteten zufälligen Übereinstimmungen.

Abbildung 9 zeigt die Cohens kappa Werte für die jeweiligen Kategorien.

Kategorien	Unterkategorien	Cohens kappa (10 % des Samples)
Allgemeines	Anrede	100%
Cohens kappa 100%	Datum	100%
	Name	100%
	Position	100%
	Titel des Berichtes	100%
Stakeholderbezug	Kunde	84%
Cohens kappa 90 %	Arbeitnehmer	100%
	Shareholder	81%
	Sonstiges	88%
Rechenschaftsaussage - zukunft	Maßnahmen\ Vergangenheit	85%
Cohens kappa 85 %	Maßnahmen\ Zukunft	71%
	Neg. Aussicht\ Umfeld (extern)	85%
	Neg. Aussicht\ Unternehmen (intern)	74%
	Pos. Aussicht\ Umfeld (extern)	Nicht vorgekommen
	Pos. Aussicht\ Unternehmen (intern)	87%
Rechenschaftsaussage-vergangenheit	Ablehnung	81%
Cohens kappa 88 %	Relativierung	86%
	Eingeständnis	67%
	Ausrede	92%
Schweigen	Schweigen	Nicht vorgekommen
Gesamt		87%

Abbildung 9: Reliabilitätstest: Cohens kappa

Insgesamt wurde in der Teilstichprobe (10 Geschäftsberichte) eine kategorieübergreifende Intercoder-Reliabilität von 87 % erreicht. Allgemeingültige Grenzwerte für hinreichende Cohens kappa Werte sind in der Literatur nicht vorhanden,[536] da diese nicht zuletzt vor dem Hintergrund der Komplexität der zu codierenden Variablen interpretiert werden müssen. Dennoch existieren in der Literatur einige Vorschläge für angemessene Cohens kappa Werte, welche als Grundlage einer Diskussion der Reliabilität der Daten dienen können. Dabei sollten die Werte weniger als feste Grenz-

---

[536] Ähnlich auch bei Lombard/Snyder-Dutsch/Bracken (2002), S. 593; Kolbe/Burnett (1991), S. 249.

werte (cut off values) verstanden werden, sondern vielmehr als Richtwerte (Benchmarks).[537]

Cohens kappa Werte über 82 % können in der Regel als sehr gut bezeichnet werden.[538] Insbesondere vor dem Hintergrund der schwierigen Operationalisierung einiger zentraler Konstrukte kann die erreichte Intercoder-Reliabilität von 87 % daher als sehr gut bezeichnet werden. Die Werte für die einzelnen Kategorien liegen fast alle über 70 % und sind damit ebenfalls als gut zu bewerten. Lediglich die Kategorie Eingeständnis ist mit 67 % etwas tiefer. Dies ist jedoch damit zu erklären, dass diese in der Stichprobe selten aufgetreten sind.[539] Die sehr guten Werte der Kategorie „Allgemeines" waren zu erwarten, da die Codierung eindeutig zuzuordnen war. Niedrigere Werte in dieser Kategorie würden auf eine unsaubere Arbeitsweise hindeuten. Lediglich für die Unterkategorie Positive Aussicht (extern) sowie für die Kategorie Abwarten waren keine Beispiele in den Daten vorhanden. Um die Reliabilität dieser Kategorien zu gewährleisten, wurde festgelegt, dass sich die Codierer nochmals absprechen sollten, wenn eine potentielle Codierung einer dieser Kategorien in dem Datenmaterial vorkommen sollte. Insgesamt kann aufgrund obiger Ergebnisse die Reliabilität der Codierung als gegeben angesehen werden.

---

[537] Dass sich in einigen Studien nur auf diese Richtwerte bezogen wird, ist nicht unkritisch zu betrachten. So heben z. B. Srnka/Koeszegi zu Recht hervor: „to evaluate the quality of the study, intercoder reliability measures should thus be interpreted in the context of the research problem, the nature of the data, and the details provided on the analysis process" (Srnka/Koeszegi (2007), S. 46). Denn nicht immer sind vermeintlich niedrige Intercoder-Werte unangemessen. Gerade wenn es sich um sehr abstrakte Konstrukte handelt, können vor dem Hintergrund der Forschungsfrage auch niedrigere Werte angemessen sein. Gleichzeitig kann ein vermeintlich hoher Wert bei bestimmten Konstrukten und Kategorien auch nicht ausreichend sein. So kann z. B. ein Wert von 0,70 als unzureichend gelten, wenn es um die Codierung des Autors der zu untersuchenden Texte geht, da diese in der Regel eindeutig identifiziert werden müssten. Ein solcher Wert könnte dann auf eine unsaubere Arbeitsweise der Codierer hinweisen. Bei sehr abstrakten Konstrukten hingegen könnte derselbe Wert als sehr gut angesehen werden.

[538] Landies/Koch (1977) nennen als Benchmarks folgende Grenzwerte: <0,00=poor; 0,0-0,20=slight; 0,21-0,40=fair; 0,41-0,60=moderate; 0,61-0,80=substantial; 0,81-1,00=almost perfect (vgl. Landies/Koch (1977), S. 165). Kassarjian (1977) bezeichnet generell Werte über 85 % als sehr zufriedenstellend, wobei dieser noch nicht einmal von konservativen Maßen wie Cohens kappa ausgeht (vgl. Kassarjian (1977), S.14). Auch Graf/Koeszegi/Pesendorfer (2010) bezeichnen ihre erzielten kappa Werte von 0,84 als sehr gut (vgl. Graf/Koeszegi/Pesendorfer (2010), S. 502).

[539] Gleiche Vermutung für niedrige Cohens kappa Werte, welche selten codiert wurden, bei Geiger (2007), S. 181 und Kreyer (2011), S. 173.

Bei der Frage der Validität geht es darum, zu überprüfen, ob das, was gemessen wurde, auch das ist, was gemessen werden sollte. Dies ist „ein [wichtiger] inhaltsanalytischer Qualitätsstandard".[540] Hierzu existieren eine Reihe unterschiedlicher Arten der Validität.[541] Allerdings unterliegen alle diese Methoden bei der Inhaltanalyse einer Grundproblematik.[542] Denn wenn man davon ausgeht, dass Wirklichkeit nicht objektiv erfasst werden kann, ist das entwickelte Codiersystem immer eine Interpretation der Realität des Autors.[543] Somit sind Ergebnisse dann valide, wenn das gemessen wird, „was sich der Forscher als Realität vorstellt und als theoretisches Konstrukt definiert".[544] Demnach kann eine Intercoder-Übereinstimmung zwischen Autor und Codierer nicht nur für die Reliabilität, sondern auch für die Validität der Ergebnisse herangezogen werden; denn „die Überstimmung von Forschern und Codierern [sagt] etwas über die Validität der Analyse aus, weil belegt ist, dass das, was der Forscher als theoretisches Konstrukt messen will und das, was von den Codierern tatsächlich gemessen wird, übereinstimmen".[545] In der Forschung wird diesbezüglich auch von einer sogenannten „face validity" gesprochen. Insbesondere in inhaltsanalytischen Arbeiten wird deshalb auf die Anwendung statistischer Testpläne in der Regel verzichtet.[546] Denn wenn der Autor selbst am Codierprozess beteiligt ist und eine ausreichende Intercoder-Übereinstimmung festgestellt werden konnte, so kann die externe Validität der Daten als gegeben angesehen werden.[547] Zusätzlich merkt Merten (1995) an, dass „eine Validierung der Inhaltsanalyse durch andere Erhebungsinstrumente nicht unproblematisch [ist]".[548] Im Folgenden wird deshalb auf die „face validity" abgestellt und die Ergebnisse somit ebenfalls, aufgrund der hohen Intercoder-Übereinstimmung, als valide angesehen.[549]

---

[540] Früh (2004), S. 183. Ähnlich bei Merten (1995), S. 310.
[541] Vgl. speziell für die Inhaltsanalyse z. B. Merten (1995), S. 311 ff. Umfassend bei Brühl/Buch (2006).
[542] Hierzu im Detail insbesondere Früh (2004), S. 183 ff.
[543] Ausführlich hierzu bei Früh (2004), S. 185.
[544] Früh (2004), S. 185.
[545] Früh (2004), S. 185.
[546] Vgl. z. B. Geiger (2007), S. 615.
[547] Gleiche Schlussfolgerung bei Geiger (2007), S. 615.
[548] Merten (1995), S. 313.
[549] Gleiche Argumentation bei Geiger (2007), S. 182.

3.3.2.3 Codierung

Zum Abschluss der Reliabilitätstests wurden vorhandene Unterschiede im Coding diskutiert und bei Abweichungen auf eine finale Codierung angepasst.[550] Anschließend codierten beide Codierer den Rest der Daten.[551] Trotz der verhältnismäßig hohen Reliabilität wurden die Codierer angewiesen, in strittigen Fällen diese als unsicher zu kennzeichnen.[552] Am Ende setzten sich beide Codierer zusammen und diskutierten und protokollierten alle unsicheren Fälle im Detail (N=217) und einigten sich auf eine finale Codierung.[553] Dieses Vorgehen sollte nochmals die Validität und Reliabilität der Ergebnisse verbessern. In Abbildung 10 wird die Vorgehensweise des Codierprozesses nochmals abschließend illustriert.

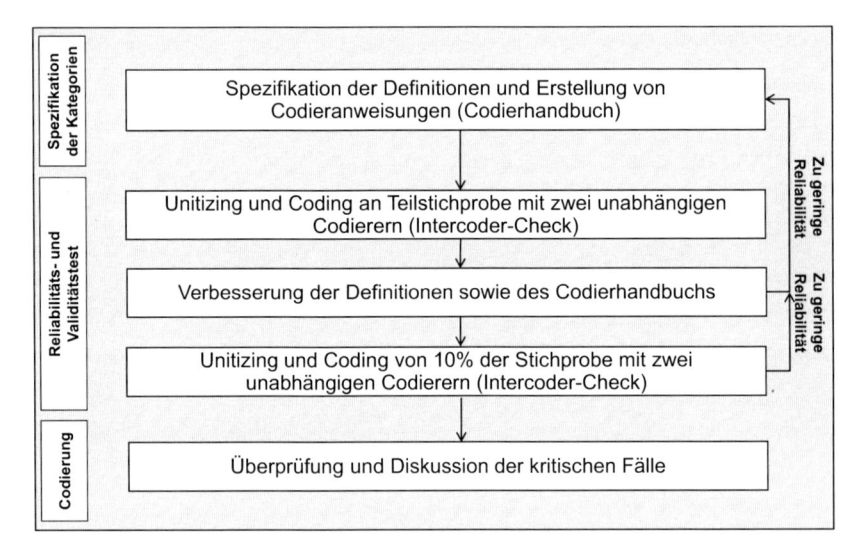

Abbildung 10: Vorgehensweise beim Codierprozess

---

[550] Gleiches Vorgehen bei Graf/Koeszegi/Pesendorfer (2010), S. 502.
[551] Etwa 70 % der Daten codierte der Autor, 30 % der Zweit-Codierer.
[552] Dabei wurden die Codierer angewiesen, vorsichtig zu codieren. War sich ein Codierer nicht sicher, ob und wie etwas zu codieren ist, sollte es als unsicher markiert werden. Diese als unsicher markierten Stellen wurden anschließend mit dem zweiten Codierer diskutiert und auf ein finales Coding angepasst.
[553] Das Ergebnis der Diskussionen wurde ebenfalls in Stichworten für jeden einzelnen Fall schriftlich festgehalten.

Kapitel 3 – Empirische Analyse zur Rechenschaftsabgabe von Banken

3.4 Darstellung und Interpretation der Ergebnisse

3.4.1 Deskriptive Statistik

3.4.1.1 Adressaten des Aktionärsbriefes

Der Aktionärsbrief ist in der Regel in Briefform verfasst. Der Brief an die Aktionäre hat jedoch, anders als der Titel vermuten lassen würde, oft unterschiedliche Adressaten. In der Anrede wird meist der primäre Adressat des Briefes aufgedeckt. Diesbezüglich sind in 54 % der Fälle die Adressaten die Anteilseigner, wobei in 34 % der Fälle kein direkter Adressat angesprochen wird. In 12 % der untersuchten Berichte wurden allgemeine Floskeln verwendet in der Form von „Ladies and Gentlemen", „Dear friends" etc. Und in 10 % der Fälle wurden andere Interessengruppen angesprochen, insbesondere Mitarbeiter und Investoren.

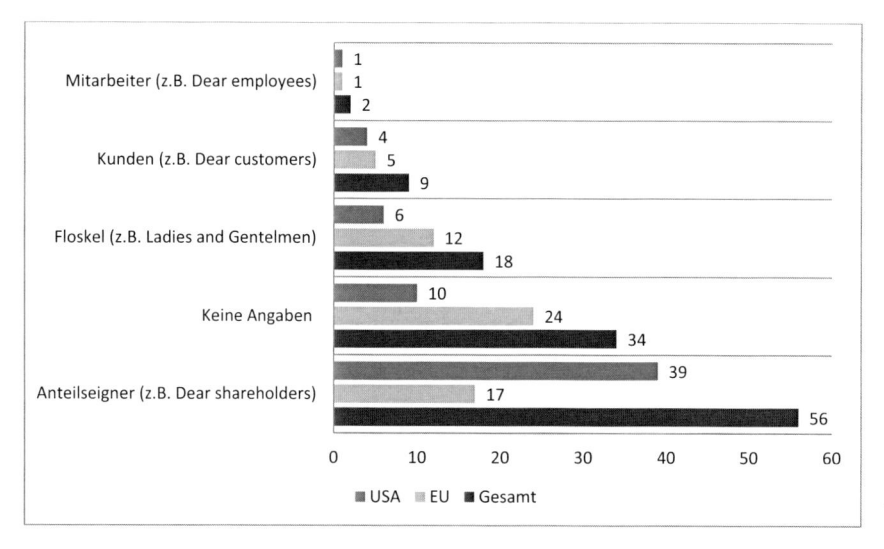

Adressat	USA	EU	Gesamt
Mitarbeiter (z.B. Dear employees)	1	1	2
Kunden (z.B. Dear customers)	4	5	9
Floskel (z.B. Ladies and Gentelmen)	6	12	18
Keine Angaben	10	24	34
Anteilseigner (z.B. Dear shareholders)	39	17	56

Abbildung 11: Adressaten des Aktionärsbriefes (Ansprache)[554]

---

[554] Mehrfachnennungen waren möglich (z. B. „Dear shareholders and customers").

Ein differenzierteres Bild der Adressaten des Aktionärsbriefes kann gewonnen werden, wenn man analysiert, welche Interessensgruppen (Stakeholder) im Brief direkt angesprochen werden. Darum wurden im Rahmen der Untersuchung die Absätze markiert, in welchen eine bestimmte Interessensgruppe direkt angesprochen wurde. Es zeigt sich dabei, dass Kunden – mit durchschnittlich 2,6-mal pro Bericht – am häufigsten angesprochen werden. Mitarbeiter und Anteilseigner werden im Schnitt hingegen lediglich 1,5-mal angesprochen. Unterschiede zeigen sich insbesondere bei der Ansprache von Anteilseignern und Kunden. In amerikanischen Berichten werden die Anteilseigner deutlich häufiger angesprochen (1,92) als in Europa (1,22).

Insgesamt kann jedoch geschlussfolgert werden, dass der Brief an die Aktionäre nicht ausschließlich an die Anteilseigner gerichtet ist. Demnach ist der Begriff Aktionärsbrief irreführend. Es zeigt sich, dass in den amerikanischen Berichten ein deutlich stärkerer Aktionärsbezug besteht, was mit der höheren Shareholder-Value Tradition im amerikanischen Wirtschaftsraum zu erklären sein könnte.

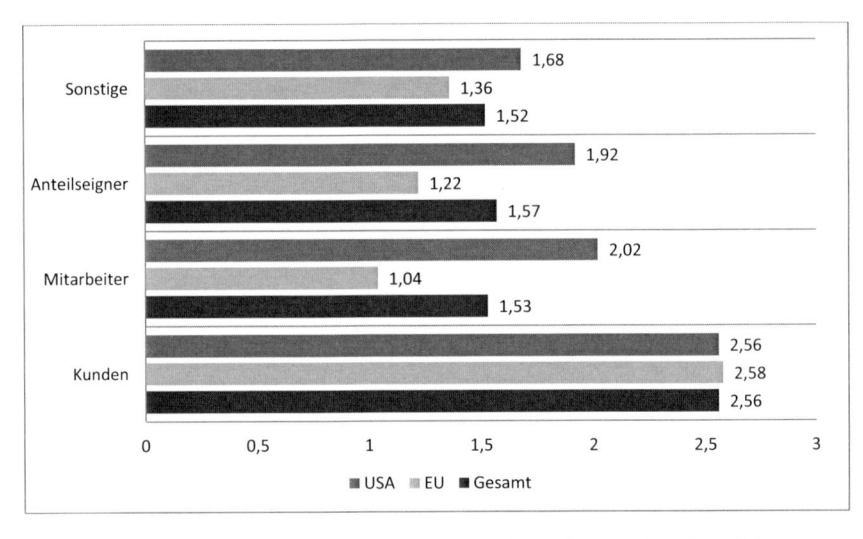

Interessensgruppe	USA	EU	Gesamt
Sonstige	1,68	1,36	1,52
Anteilseigner	1,92	1,22	1,57
Mitarbeiter	2,02	1,04	1,53
Kunden	2,56	2,58	2,56

Abbildung 12: Durchschnittliche Anzahl der direkten Ansprache einer Interessensgruppe

Kapitel 3 – Empirische Analyse zur Rechenschaftsabgabe von Banken   121

In Kapitel 3.1.2 (insbesondere S. 78) wurde dargestellt, dass die Identifizierung des Aktionärsbriefes nicht nur über den Titel des Berichtes vorgenommen werden kann. Dies war auch in der untersuchten Stichprobe zu erkennen. Die überwiegende Anzahl der Berichte werden als „Letter from the [editor]"[555] bezeichnet und tragen nicht etwa die umgangssprachliche Bezeichnung Aktionärsbrief („letter to shareholders") (27 %). Immerhin 24 % der Berichte verwenden keinen Titel für den Brief. In Abbildung 13 wird dies dargestellt.

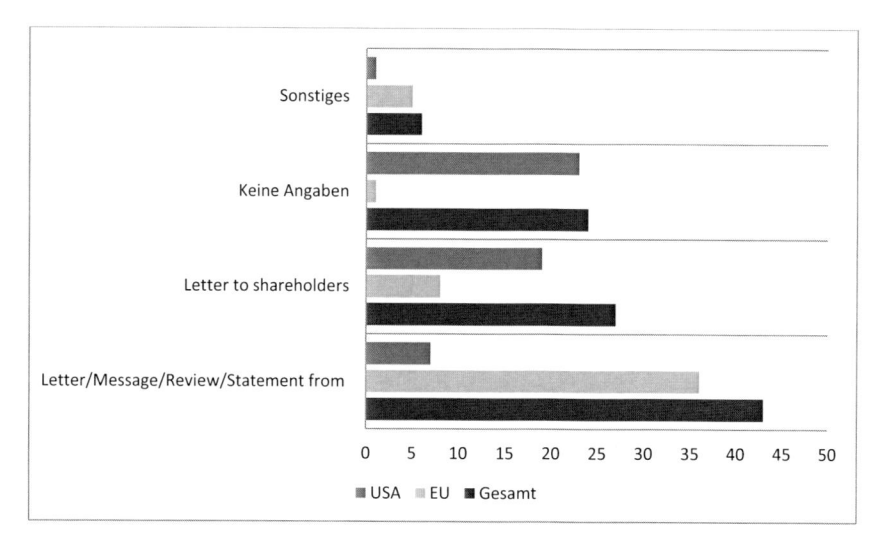

Abbildung 13: Titel des Berichtes

Obwohl es umstritten ist, wer den Aktionärsbrief wirklich schreibt und wie viele Personen bei der Erstellung Einfluss haben, kann anhand der Unterschrift dennoch vermutet werden, dass der Unterzeichnende auch der Verfasser des Berichtes ist. Dabei wird deutlich, dass in 77 % der Fälle eine Person den Bericht unterschreibt. Das lässt

---

[555] Hierunter fallen auch ähnliche Bezeichnungen wie Statement from the [editor], [editor's] Reviews etc. der editor ist in der Regel der CEO, Chairman oder der Vorstand.

vermuten, dass diese Person auch einen wesentlichen Einfluss auf den Inhalt des Berichtes hat. Dies ist insofern von Bedeutung, wenn, wie in den Hypothesen geschehen, individuelle Theorien verwendet werden. Wenn zwei Personen unterschreiben, so ist dies entweder der CEO und der Chairman[556] oder der CEO und der Operation Officer. In lediglich drei Fällen konnte kein Verfasser identifiziert werden.

Zählt man die Briefe hinzu, in denen der gesamte Vorstand kollektiv unterschrieben hat, ist in 94 % der Fälle der Vorstandsvorsitzende (CEO) an der Erstellung beteiligt. Insgesamt kann somit auch von einer guten Vergleichbarkeit der Berichte ausgegangen werden.

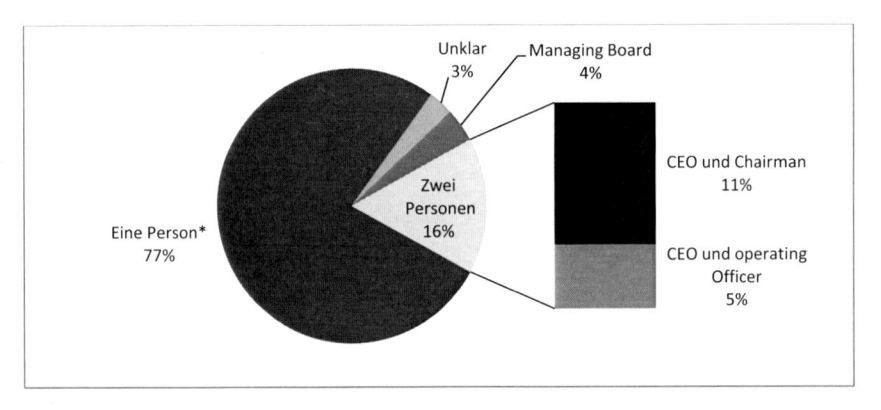

*davon in 96 % der Fälle CEO

Abbildung 14: Verfasserstruktur der Berichte

---

[556] Der Chairman ist in diesen Fällen meist mit dem deutschen Vorsitzenden des Aufsichtsrates vergleichbar.

3.4.1.2 Struktur der Rechenschaftsabgabe

Kategorie	Median	Mittelwert	Summe
Vergangenheitsaussagen	9	10,72	1.072
Ablehnung	2	2,71	271
Relativierung	2	3,55	355
Ausrede	2	3,09	309
Eingeständnis	1	1,37	137
Zukunftsaussagen	13	15,78	1.578
Maßnahmen	8	9,36	936
Positive Aussicht	3	4,01	401
Negative Aussicht	1,5	2,41	241
Gesamt	24	26,5	2.650

Tabelle 5: Anzahl der Codierungen (N= 100 Banken)

Innerhalb der Gesamtstichprobe von 100 Banken wurden insgesamt 2.650 Rechenschaftsaussagen getroffen, die im direkten oder indirekten Bezug zum wirtschaftlichen Ergebnis des Unternehmens stehen. Davon waren 1.072 Vergangenheitsaussagen und 1.578 Zukunftsaussagen.

Innerhalb der Vergangenheitsaussagen wurde am häufigsten die Unterkategorie Relativierung verwendet (N=355), gefolgt von Ausrede (N=309) und Ablehnung (N=271). Eingeständnisse wurden im Schnitt 1,37-mal pro Bericht verwendet, was einer Gesamtzahl von 137 entspricht.

Bei den Zukunftsaussagen wurden vor allem Erklärungen zu vergangenen oder zukünftig geplanten Maßnahmen getätigt (N=963). Darüber hinaus wurden weniger negative Aussagen über das zukünftige wirtschaftliche Umfeld oder die wirtschaftliche Lage des Unternehmens getroffen (N=241) als positive Aussagen (N=301).

Eine detaillierte Übersicht zu den Zukunftsaussagen findet sich in Tabelle 6. Hierin wird deutlich, dass sich 92 % der positiven Aussagen auf die Lage des Unternehmens beziehen (N=369); im Gegensatz zu den negativen Aussagen, bei welchen sich lediglich 36 % der Rechenschaftsaussagen auf die zukünftige Entwicklung des Unternehmens beziehen (N=86).

Kategorie	Median	Mittelwert	Summe
Negative Aussicht	1,5	2,41	241
Unternehmen	0	0,86	86
Umfeld	1	1,55	155
Positive Aussicht	3	4,01	401
Unternehmen	3	3,69	369
Umfeld	0	0,32	32
Maßnahmen	8	9,36	936
Durchgeführt	4	5,79	579
Geplant	3	3,57	357
Gesamt (Zukunftsaussagen)	13	15,78	1.578

Tabelle 6: Übersicht Zukunftsaussagen (N=100 Banken)

3.4.2 Test der Hypothesen

Um die Hypothesen zu testen, wurde ein Datensatz gebildet, welcher nur Unternehmen enhielt, die auch einen Verlust oder einen Ergebnisrückgang erleiden mussten. Dies erscheint sinnvoll, da es bei den Hypothesen primär um Banken geht, welche ein negatives Ereignis in Form eines Gewinnrückganges oder Verlustes erleiden mussten. Um mögliche Störeffekte zu vermeiden, wurden darum Banken, welche einen Gewinn und eine Ergebnisverbesserung zum Vorjahr erzielt hatten ausgeschlossen. Dieser Datensatz bestand aus 91 Unternehmen.[557]

Zum Testen der Hypothesen wurden jeweils Mittelwertvergleiche zwischen den jeweiligen Gruppen durchgeführt. Dabei wurde das absolute Vorkommen in den Berichten betrachtet. Da der Umfang der Rechenschaftsabgabe von jedem Unternehmen frei gewählt werden kann, ist eine Vergleichbarkeit gegeben.

Hypothese1: Unternehmen mit einem positiven Ergebnis werden mehr Ablehnungen verwenden als Unternehmen mit einem negativen Ergebnis.

---

[557] Vgl. hierzu auch Anhang 2: Bankenliste (S. 229 ff.).

Kapitel 3 – Empirische Analyse zur Rechenschaftsabgabe von Banken

Ein Mittelwertvergleich ergab deutliche Unterschiede zwischen den beiden Gruppen. So verwendeten Unternehmen mit einem negativen Ergebnis im Schnitt nur 1,3 mal eine Ablehnung in ihrem Aktionärsbrief, wohingegen Unternehmen mit einem positiven Ergebnis dies 3 mal so oft taten (vgl. Abbildung 15). Um zu überprüfen, ob dieser Unterschied auch signifikant nachweisbar ist, wurde ein t-Test – bei Varianzheterogenität ein Welch-Test (W) –[558] durchgeführt.[559] Dieser zeigt ein hochsignifikantes Ergebnis (W=-3,690; df=88,287; p<0,000; d^{560}=0,76). Demnach bestätigen die Ergebnisse der Stichprobe die Vermutung, dass Unternehmen mit einem positiven Ergebnis mehr Ablehnungen verwenden als Unternehmen mit einem negativen Ergebnis.

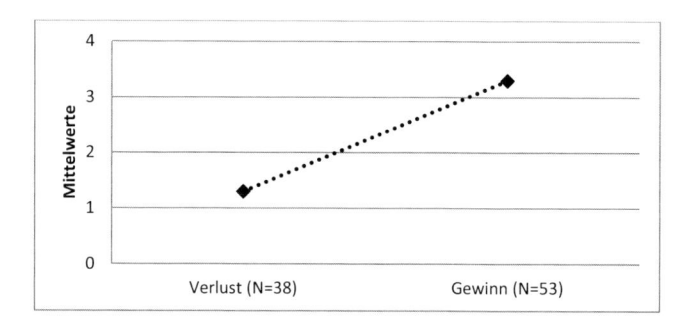

Abbildung 15: Mittelwertvergleich – Ablehnung

---

[558] Varianzhomogenität wurde mit einem Levene-Test geprüft. Bei ungleichen Varianzen wurde ein Welch-Test (W) durchgeführt (vgl. hierzu z. B. Kähler (2010), S. 396).
[559] Da die Stichprobenumfänge der beiden Teilstichproben jeweils größer als 30 sind, kann von einer Normalverteilung approximativ ausgegangen werden. Darüber hinaus sind nach Kähler (2010) Testergebnisse aufgrund der „Robustheit des t-Tests" bei Stichprobenumfängen größer 30 „unempfindlich gegenüber der Verletzung der Normalverteilung (vgl. Kähler (2010), S. 393 f.).
[560] Alle Effektgrößen (Cohens d) dieser Arbeit wurden mittels der Mittelwerte, Gruppengrößen und der Standardabweichungen berechnet. Nach Cohen (1992) werden Werte von d>0,20 als kleine Effekte, d>0,50 als mittlerer Effekte und d>0,80 als große Effekte bezeichnet (vgl. Cohen (1992), S. 156 f.). Bei der Berechung von Cohens d wurden die exakten Werte der Standardabweichung und der Mittelwerte (nicht die gerundeten) des SPSS Ausdrucks verwendet. In dieser Arbeit werden alle Werte jedoch gerundet angegeben.

Hypothese 2: Unternehmen mit einem positiven Ergebnis (Gewinn) werden mehr Relativierungen verwenden als Unternehmen mit einem negativen Ergebnis (Verlust).

Um die Hypothese zu testen, wurde wiederum auf die gewählte Stichprobe, die zum Test der Hypothese 1 verwendet wurde, zurückgegriffen. Das heißt, es wurden nur die Unternehmen einbezogen, die auch einen Gewinnrückgang erleiden mussten (N = 91). Es zeigte sich, dass Unternehmen mit einem Verlust im Schnitt mit 3,71 Relativierungsaussagen dies in etwa genauso oft taten wie Unternehmen mit einem Gewinn (3,70) (T=0,16; df=89; p=0,988; d=0,00). Die Hypothese muss somit verworfen werden.

Hypothese 3: Unternehmen mit negativem Ergebnis werden mehr Rechenschaftsaussagen verwenden die etwas über die Verantwortung zum Ergebnis sagen (Eingeständnis oder Ausrede), als Unternehmen mit positivem Ergebnis.

Um diese Hypothese zu testen mussten die Werte für Ausreden und Eingeständnisse zusammengefasst werden, da beide Rechenschaftstypen wie in der entwickelten Typologie zu Rechenschaftsabgabe etwas über die Verantwortung zu einem Ereignis aussagen[561] und keine Unterscheidung bezüglich der inhaltlichen Aussage (Ausrede oder Eingeständnis) einer solchen Erklärung in der Hypothese aufgestellt wurde. Diese aggregierten Werte bildeten eine neue Kategorie „Verantwortung". Ein Vergleich der Mittelwerte dieser Kategorie zeigt, dass Unternehmen, welche Verlust gemacht (5,13) haben, im Mittel mehr Aussagen verwenden, die etwas über die Ursache des negativen Ereignisses aussagen als Unternehmen mit positivem Ergebnis (4,32). Zwar sind diese Unterschiede statistisch nicht signifikant, jedoch zeigt sich mit d=0,20 ein kleiner Effekt. (T=0,918; df=89; p=0,361; d=0,20) (vgl. Abbildung 16).[562] Die Hypothese kann nur teilweise bestätigt werden.

---

[561] Vgl. hierzu Kapitel 3.2, (S. 80 ff.).
[562] Berechnet man den Anteil der Kategorie Verantwortung an allen Vergangenheitsaussagen, so wird der Unterschied noch deutlicher (T=4,272; p<0,00, d=0,93).

Kapitel 3 – Empirische Analyse zur Rechenschaftsabgabe von Banken

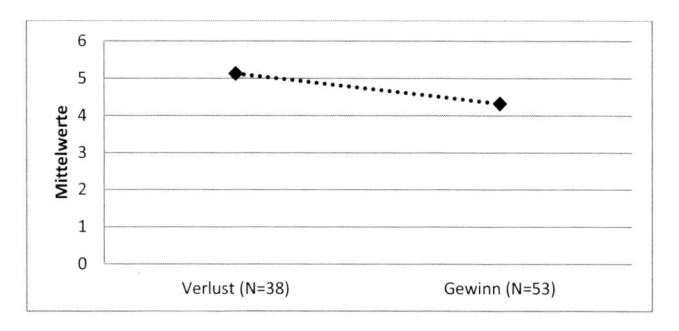

Abbildung 16: Mittelwertvergleich – Verantwortung

Die Übersicht der Ergebnisse der Hypothesentests der Verlustgruppen (Hypothesen 1 bis 3) findet sich in Tabelle 7.

Rechenschaft	Art des Ergebnisses	N	T-Wert	df	p	d	$\bar{x}$	s
Ablehnung	Verlust	38	-3,690*	88,287	0,00	0,76	1,32	2,04
	Gewinn	53					3,32	3,14
Relativierung	Verlust	38	0,016	89	0,988	0,00	3,71	3,60
	Gewinn	53					3,70	3,82
Verantwortung	Verlust	38	0,918	89	0,361	0,20	5,13	3,61
	Gewinn	53					4,32	4,51

*W= Welch-Test, da ungleiche Varianzen (Levene –Test p<0,05)

Tabelle 7: Gruppenstatistik – Verlustgruppen

Hypothese 4: Amerikanische Unternehmen werden mehr Ausreden verwenden als europäische Unternehmen.

Um die Hypothesen 4 und 5 zu testen, wurden wiederum nur die Unternehmen betrachtet, welche keine Ergebnissteigerung erzielt hatten (N=91). Die Stichproben wurden anschließend in amerikanische und europäische Unternehmen aufgeteilt.

Im Ergebnis zeigte sich, dass amerikanische Unternehmen im Schnitt 3,96-mal eine Ausrede[563] verwenden, europäische Unternehmen nur 2,5 mal. Ein Test ergab, dass dieser Unterschied auch signifikant ist und eine mittlere Effektstärke aufweist (W=-2,487; df=61,834; p=0,016; d=0,53). Somit kann die Hypothese 4 bestätigt werden.

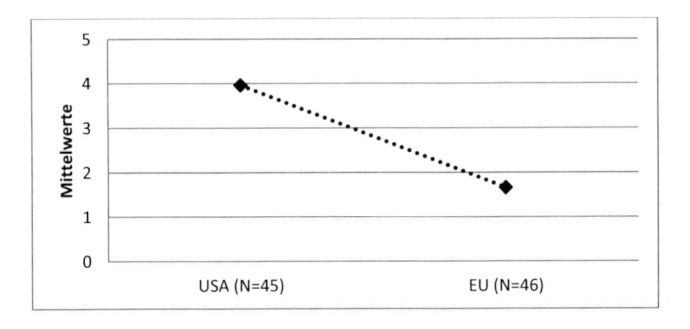

Tabelle 8: Mittelwertvergleich – Ausreden

Hypothese 5: Amerikanische Unternehmen werden mehr positive Aussichten verwenden als europäische Unternehmen.

Bei einem Mittelwertvergleich der Verwendung von positiven Aussichten zeigte sich, dass amerikanische Unternehmen im Mittel 5,04-mal eine positive Aussicht verwenden, europäische Unternehmen hingegen nur 2,98-mal. Um zu überprüfen, ob dieser Unterschied auch signifikant ist, wurde ein Welch-Test durchgeführt. Dieser zeigte einen signifikanten Unterschied zwischen den beiden Gruppen (W=-3,193; df=77,214; p=0,002; d=0,68).

Somit zeigt sich, dass amerikanische Unternehmen signifikant mehr positive Aussichten verwenden als europäische Unternehmen.

---

[563] Es sei nochmal darauf hingewiesen, dass eine Ausrede nur dann verwendet wurde, wenn es sich um eine Aussage zu einem negativen Ergebnis des Unternehmens handelte.

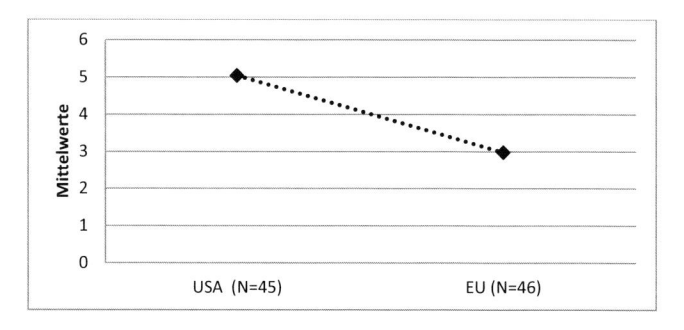

Kapitel 3 – Empirische Analyse zur Rechenschaftsabgabe von Banken

Tabelle 9: Mittelwertvergleich – positive Aussicht

Die Übersicht der Ergebnisse der Hypothesentests zwischen den USA und der EU (Hypothese 4 und 5) findet sich in Tabelle 10.

Rechenschaft	Art des Ergebnisses	N	T-Wert	df	p	d	$\bar{x}$	s
Ausrede	USA	45	-2,487	61,834	0,016	0,53	3,96	3,57
	EU	46					2,50	1,66
Positive Aussicht	USA	45	3,193*	77,214	0,002	0,68	5,04	3,61
	EU	46					2,98	2,44

*W= Welch-Test, da ungleiche Varianzen (Levene –Test p<0,05)

Tabelle 10: Gruppenstatistik – Regionen

Insgesamt konnten die Hypothesen 1, 4 und 5 bestätigt werden. Bei Hypothese 3 waren die Ergebnisse nicht eindeutig. Hypothese 2 musste verworfen werden. In Tabelle 11 sind alle Hypothesentests nochmals aufgeführt.

Kapitel 3 – Empirische Analyse zur Rechenschaftsabgabe von Banken

Hypothese	Gegenstand	Bestätigt
1	Unternehmen mit einem positiven Ergebnis werden mehr Ablehnungen verwenden als Unternehmen mit einem negativen Ergebnis.	Ja
2	Unternehmen mit einem negativen Ergebnis werden mehr Relativierungen verwenden als Unternehmen mit einem positiven Ergebnis.	Nein
3	Unternehmen mit negativem Ergebnis werden mehr Rechenschaftsaussagen verwenden die etwas über die Verantwortung zum Ergebnis sagen (Eingeständnis oder Ausrede), als Unternehmen mit positivem Ergebnis.	Teilweise
4	Amerikanische Unternehmen werden mehr Ausreden verwenden als europäische Unternehmen.	Ja
5	Amerikanische Unternehmen werden mehr positive Aussichten verwenden als europäische Unternehmen.	Ja

Tabelle 11: Übersicht der Hypothesentests

Robustheits-Check

Kritisiert werden könnte, dass die Hypothesentests am gleichen Datenmaterial vorgenommen wurden wie die Entwicklung der Konstrukte (Typologie). Diese Kritik hat sicher ihre Berechtigung, ist jedoch auch eine generelle Einschränkung am Vorgehen integrativer Verfahren. Allerdings muss beachtet werden, dass nicht die Typologien an sich bestätigt oder getestet wurden, sondern nur deren quantitatives Vorkommen in den Daten. Trotz alledem wurde zur Überprüfung, ob sich durch die Integration des qualitativen Datenmaterials Verzerrungen ergeben, ein zusätzlicher Robustheits-Check der Ergebnisse durchgeführt. Dabei wurden die Hypothesentests zusätzlich mit einer Teilstichprobe getestet, bei welcher die Daten der qualitativen Studie nicht enthalten waren. Diese Stichprobe bestand demnach aus 83 Datensätzen.[564] Es zeigten sich dabei ähnliche Ergebnisse zwischen den beiden Stichproben,[565] sodass eine Verzerrung der Ergebnisse ausgeschlossen werden kann.

---

[564] Es wurden insgesamt 8 Datensätze entfernt, da zwei der Datensätze der qualitativen Studie keinen Gewinneinbruch oder Ergebnisrückgang erleiden mussten und somit nicht in die quantitative Untersuchung einbezogen wurden (Hypothesentest).

[565] Hypothese 1: W=-3,494; d=0,73 p=0,00; Hypothese 2: T=-0,0302; d=0,07; p=0,763, Hypothese 3: T=0,695; d=0,16; p=0,489; Hypothese 4: W=-2,482;d=0,55; p=0,016; Hypothese 5: W=-3,926; d=0,87; p<0,000. (N=83).

3.4.3 Diskussion der Ergebnisse

In der Literatur existieren bis heute noch keine detaillierten Analysen zu Art und Umfang der Rechenschaftsabgabe von Unternehmen. Vorhandene Studien haben in der Regel einen primär attributionstheoretischen Hintergrund[566] und sind darüber hinaus nicht auf Banken fokussiert. Vor dem Hintergrund der derzeitigen außergewöhnlichen Vertrauenskrise im Bankensektor und des damit vorhanden Rechenschaftsdrucks von Seiten der breiten Öffentlichkeit ist dies erstaunlich. Darüber hinaus steht in den überwiegenden Teilen dieser Studien die potentielle attributive Wirkung einzelner Aussagen im Vordergrund.[567] Insofern erweitert die vorliegende Untersuchung die Forschung, da sie die erste Studie ist, welche ausführlich verschiedene Arten der Rechenschaftsabgabe speziell von Banken untersucht. Die Auswertungen der deskriptiven Statistik zeigen, dass Banken bei der Abgabe von Rechenschaft in ihren Geschäftsberichten insbesondere Erklärungen verwenden, die sich auf die Zukunft beziehen. Vor dem Hintergrund der beobachteten empirischen Relevanz solcher Aussagen in der Berichterstattung, wird in bisherigen Modellen zur Rechenschaftsabgabe dieser Aspekt nicht oder nur unzureichend berücksichtigt. Bei der Verwendung von Vergangenheitsaussagen fokussieren sich die Unternehmen auf Relativierung. Dies könnte damit erklärt werden, dass beide Erklärungen keine Aussagen zur Ursache des negativen Ereignisses machen und somit weitgehend neutral sind. Darüber hinaus lassen die Daten vermuten, dass Unternehmen versuchen, die Anspruchsgruppen auf eine schwierige Zukunft vorzubereiten, indem die zukünftige wirtschaftlichen Lage als negativ beschrieben, jedoch gleichzeitig Zuversicht bezüglich des eigenen Unternehmens geäußert wird. Somit wird die zukünftige Entwicklung des eigenen Unternehmens trotz der schlechten wirtschaftlichen Lage als positiv dargestellt.

Die Ergebnisse geben auch einen detaillierteren Einblick in die Verfasserstruktur des Aktionärsbriefes. Denn bis heute ist es unklar, wer solche Berichte wirklich

---

[566] Vgl. Aerts (2001), S. 4.
[567] War das Ereignis: 1) intern/extern, 2.) kontrollierbar/nicht kontrollierbar, 3.) stabil/nicht stabil.

schreibt.⁵⁶⁸ Es zeigt sich, dass Unternehmen zumindest angeben, dass der alleinige Verfasser in der Regel der Vorstandsvorsitzende ist. Es ist dabei durchaus denkbar, dass derjenige, der den Brief unterschreibt (wie diese Forschungsergebnisse zeigen, ist dies in der Regel der CEO), auch derjenige ist, welcher den Inhalt des Berichts maßgeblich bestimmt. Prominente Beispiele wie Jack Welch oder Warren Buffet sprechen für diese These. Zukünftigen Forschungsvorhaben können diese Anmerkungen hilfreiche Hinweise dafür geben, welche theoretischen Annahmen für bestimmte methodische Vorgehensweisen vorausgesetzt werden müssen. So setzt z. B. die Verwendung individueller Theorien zur Erklärung von bestimmten Arten der Rechenschaftsabgabe voraus, dass auch wirklich eine einzige Person den wesentlichen und entscheidenden Einfluss bei der Erstellung solcher Briefe hat.

Die Überprüfung der Unterschiedshypothesen zeigte, dass die Verwendung von Rechenschaftsaussagen in den Aktionärsbriefen nicht zufällig vorgenommen wird. Vielmehr zeigte sich, dass die Art des negativen Ergebnisses (Gewinn oder Verlust) sowie der kulturelle Hintergrund (USA oder EU) die Rechenschaftsabgabe beeinflussen kann. Dies kann einerseits als eine wichtige Bestätigung älterer Forschungsergebnisse aufgefasst werden, ⁵⁶⁹ welche auch nachweisen, dass bestimmte Erklärungen in den Geschäftsberichten von Unternehmen unterschiedlich eingesetzt werden.⁵⁷⁰ Insofern konnten die Ergebnisse in einem neuen Kontext einerseits bestätigt werden, gleichzeitig wurde die Forschung jedoch auch durch den methodischen Ansatz der Studie erweitert.⁵⁷¹

Im Detail bestätigten sich die vermuteten Unterschiede zwischen den amerikanischen und europäischen Banken. Gerade die Berücksichtigung von kulturellen Aspekten bei der Wahl der Art und des Umfanges der Rechenschaftsabgabe ist in der

---

[568] Vgl. Brennan/Merkl-Davis (2013), S. 17.
[569] Forscher kritisieren jedoch das Alter dieser Ergebnisse. Clatworthy/Jones (2003), fordern deshalb auch: „clearly, these findings need to be replicated in a contentporary context, especially given the change in emphasis of annual reports (Clatworthy/Jones (2003), S. 174).
[570] Vgl. hierzu insbesondere die Studien von Bettman/Weitz (1983), Salancik/Meindl (1984), Aerts (1994), (2001).
[571] Wie erwähnt, wurde sich nicht nur auf die attributiven Aspekte einer Aussage konzentriert, sondern Aussagen auf Basis der entwickelten Typologie unterschieden. Dieser Ansatz ist in der Literatur zur freiwilligen Berichterstattung nur selten zu finden und stellt eine weitere Möglichkeit zur Untersuchung der narrativen Berichterstattung von Unternehmen da.

Literatur schon lange unterrepräsentiert. So kritisieren Zaidman/Drory (2001): „Little attention has been given to cultural influence on the choice of tactics".[572] Die vorliegende Untersuchung kommt somit dem Bedarf an Forschung in diesem Bereich nach. So zeigten sich Unterschiede bei der Verwendung von positiven Aussagen über die zukünftige Entwicklung (positive Aussicht) zwischen amerikanischen und europäischen Banken. Hierbei sei jedoch auf die Problematik zwischen Korrelation und Kausalität hingewiesen. Es könnte für diesen vorgefunden Unterschied auch eine institutionelle[573] Erklärungen geben, welche jedoch im theoretischen Rahmen dieser Arbeit bewusst nicht berücksichtigt wurde. So ist es denkbar, dass der historisch verwurzelte Gläubigerschutzgedanke in der kontinentaleuropäischen Rechnungslegung noch immer einen Einfluss auf die Berichterstattung der europäischen Unternehmen haben könnte. Denn die ursprüngliche kontinentaleuropäische Rechnungslegung war im Gegensatz zu den US-GAAP stärker am Gläubigerschutz orientiert und weniger dem „true and fair view" verbunden, welche den Informationsbedarf der Investoren in den Vordergrund stellt.[574] Obwohl mit den IFRS ebenfalls eine Rechnungslegung in Europa etabliert wurde, die den US-GAAP in Bezug auf die Investorenorientierung stark ähneln, kann vermutet werden, dass die lange traditionelle Verwurzelung des stärker auf Gläubigerschutz orientierten Rechnungswesens immer noch einen, zumindest unbewussten Einfluss bei der Berichterstattung hat. Anders ausgedrückt würde dies bedeuten, dass amerikanische Unternehmen eine längere regulative Prägung in Bezug auf die Berücksichtigung und Kommunikation von zukünftigen Entwicklungen im Unternehmen haben.

Die Unterschiede in der Verwendung von Ausreden zwischen den beiden Regionen (USA vs. EU) konnte ebenfalls nachgewiesen werden. Dies erweitert auch die Forschung in diesem Bereich. So versuchte auch Hooghiemtra (2010) einen solchen Unterschied zwischen amerikanischen und japanischen Unternehmen nachzuwei-

---

[572] Zaidman/Drory (2001), S. 676.
[573] Der Institutionalismus geht davon aus, dass Unternehmen, die aus der gleichen Umgebung kommen, auch ähnliche organisationale Praktiken besitzen und diese über die Zeit hinweg schließlich isomorphisch werden (vgl. Kostova/Roth (2002), S. 215).
[574] Vgl. Engelhardt et al. (o.J.).

sen.[575] Allerdings zeigte sich überraschenderweise die stärkere Tendenz von japanischen CEOs, schlechte Ergebnisse nach außen zu attribuieren, obwohl Amerikaner deutlich stärker individualistisch geprägt sind. Dies könnte daran gelegen haben, dass der Effekt von der stärkeren Tradition des „Gesicht-Wahrens" in asiatischen Kulturen überschattet wurde.[576] In dieser Untersuchung wurden jedoch Kulturräume betrachtet, bei welchen eine solche Verzerrung nicht zu erwarten ist. Dadurch konnte ein Effekt aufgrund der unterschiedlichen individualistischen Prägungen der Gesellschaften leichter identifiziert werden. Dies bietet Raum für weitere detailliertere Forschung.

Der Unterschied in der Verwendung von Aussagen über die Verantwortung (unabhängig davon, ob Eingeständnis oder Ausrede) zwischen Unternehmen mit einem Verlust oder einem Gewinn konnte nur zum Teil bestätigt werden. Insgesamt weisen die absoluten Ergebnisse jedoch in die postulierte Richtung. Zwar zeigte sich kein signifikantes Ergebnis, jedoch war ein kleiner Effekt nachweisbar. Ingesamt lassen die Ergebnisse Raum für weitere Forschung. So ist, auf einer relativen Basis betrachtet, die Verwendung von Aussagen über die eigene Verantwortung für Unternehmen mit einem Verlust besonders relevant. Berechnet man nicht die absoluten, sondern die relativen Werte – Verhältnis von Verantwortung zu allen Rechenschaftsaussagen –, so zeigen sich signifikante Unterschiede (T=2,016; df=89; p=0,047; d=0,43). Im Detail ist der Anteil von Rechenschaftsaussagen der Kategorie Verantwortung an den Gesamtaussagen pro Bericht bei Unternehmen mit einem positiven Ergebnis (16 %) im Schnitt um 5 %-Punkte niedriger als bei Unternehmen mit einem negativen Ergebnis (21%). Dies unterstützt wiederum die Vermutung, dass es für Unternehmen mit einem Verlust wichtiger ist, über die Ursachen aufzuklären, anstatt sich z. B. mit Relativierungen oder Zukunftsbezügen zu rechtfertigen.

Der Unterschied in der Verwendung von Ablehnung konnte, wie erwartet, zwischen Unternehmen mit einem Verlust und einem Gewinn vorgefunden werden. Dies ist ein weiterer Hinweis auf den vermuten Zusammenhang zwischen Impression Manage-

---

[575] Methodisch unterscheidet sich jedoch das Vorgehen dieser Studie von dem von Hooghiemtra (2010).
[576] Vgl. Hooghiemstra (2010), S. 296.

ment und freiwilliger Berichterstattung. Darüber hinaus könnte dies auch ein Hinweis[577] darauf sein, dass Banken Rechenschaftsaussagen bewusst einsetzen, um z. B. Vertrauen wiederaufzubauen. Denn nach Kim/Dirks/Cooper (2009) wird ein Vertrauensnehmer bei einem Vertrauenswiederaufbau immer versuchen, die Taktik zu verwenden, die den größtmöglichen Vertrauenswiederaufbau erwarten lässt.[578] Nach ihrem „Bilateral Model of Trust Repair" verspricht die glaubhafte Ablehnung des Ereignisses und das Abstreiten der Involvierung den größtmöglichen Vertrauenszuwachs.[579] Eine Involvierung in ein negatives Ereignis abzustreiten, ist für Unternehmen, die sichtbare Sachverhalte vorlegen können, also leichter als für Unternehmen, die dies nicht können, weshalb ein solcher Unterschied auch dann zu erwarten wäre.

Der vermutete Unterschied zwischen der Verwendung von Relativierungen bestätigte sich hingegen nicht. Tatsächlich gab es keinen Unterschied in der Verwendung. Dies könnte damit zu erklären sein, dass Relativierungen leicht einzusetzen sind. Die Gefahr, dass der Rechenschaftsempfänger dieses als beeinflussend wahrnimmt und negativ reagiert („[accounts] might backfire"),[580] ist deutlich geringer als bei einer Ablehnung, da das Ereignis an sich nicht bestritten, sondern nur der Kontext erweitert wird. Es ist also denkbar, dass Relativierungen generell häufig eingesetzt werden, da sie relativ unproblematisch einzusetzen sind und trotzdem eine erweiterte Interpretation des Ereignisses liefern. Für diese These spricht auch die generelle Häufigkeit der Relativierung in den Daten.

Bisherige Untersuchungen sind darüber hinaus auf den US-amerikanischen Raum fokussiert. So kritisiert Hooghiemstra (2010): „European research in this area is relatively scare".[581] Diese Untersuchung erweitert die Forschung dahingehend, dass eine europäische Perspektive miteinbezogen wird. Darüber hinaus kritisieren z. B. Aerts/Tarca (2010) die generelle starke Begrenzung auf einzelne Länder in älteren

---

[577] Anhand der Daten kann dies allerdings nicht nachgewiesen werden.
[578] Kim/Dirks/Cooper (2009), S. 406.
[579] Kim/Dirks/Cooper (2009), S. 405 ff.
[580] Kuwabara (2006), S. 5.
[581] Vgl. Hooghiemstra (2010), S. 278.

Untersuchungen („single country studies").[582] Gerade aufgrund der immer stärker werdenden Harmonisierungsbestrebungen der Rechnungslegung – insbesondere zwischen US-GAAP und IFRS –[583] werden länderübergreifende Studien jedoch besonders auch im Bereich der narrativen Berichterstattung gefordert.[584] Durch den länderübergreifenden Charakter dieser Untersuchung wurde der Forderung nach einer Erweiterung auf mehrere Länder nachgekommen.

Limitationen und weitere Forschungsmöglichkeiten

Bei der Interpretation der Ergebnisse sind einige Einschränkungen zu beachten, welche jedoch auch Ansätze für weitere Forschungsmöglichleiten bieten. Zuerst ist hierbei eine generelle Kritik an der Operationalisierung und Codierung inhaltsanalytischer Daten zu nennen, insbesondere, wenn die Codiereinheiten inhaltlich-semantisch erfasst werden.[585] Denn eine solche Codierung beinhaltet immer eine Interpretationsleistung von Seiten der Codierer. Dies kann sich negativ auf die Reliabilität der Daten auswirken. Um diese negativen Auswirkungen jedoch zu minimieren und kontrollieren zu können, wurde ein Intercoder-Check durchgeführt, welcher eine sehr gute Reliabilität zeigte. Darüber hinaus wurden kritische Codierungen immer im Konsens codiert. Trotz alledem kann in Untersuchungen wie dieser nie vollkommen ausgeschlossen werden, dass Variablen falsch codiert und somit auch falsch operationalisiert worden sind.

Weiterhin konnten in der europäischen Stichprobe, aufgrund der Komplexität der Datenerhebung, jeweils nur eine geringe Anzahl von Banken in den jeweiligen Ländern untersucht werden.[586] Dies beeinträchtigte die Generalisierbarkeit der Ergebnisse innerhalb der einzelnen Länder.[587] Das Generalisierungsproblem betrifft dabei auch

---

[582] Vgl. Aerts/Tarca (2010), S. 422.
[583] Für eine detaillierte Übersicht über die bisherigen Ergebnisse und weiteren Vorhaben dieser Konvergenzbestrebungen vgl. IFRS (o.J.).
[584] Vgl. z. B. Aerts/Tarca (2010), S. 441.
[585] Vgl. z. B. Aerts/Tarca (2010), S. 442.
[586] Ähnlich äußern sich Aerts/Tarca (2010). Die Autoren rechtfertigen ihre Vorgehensweise ebenfalls mit einem Verweis auf den bekannten hohen Aufwand bei der Datengenerierung solcher Studien: „labor intensive and time consuming nature of data collection" (Aerts/Tarca (2010), S. 442).
[587] Ähnliche bei Aerts/Tarca (2010), S. 442.

Kapitel 3 – Empirische Analyse zur Rechenschaftsabgabe von Banken 137

den Zeitpunkt der Erhebung, da nur ein Jahr erfasst wurde. Dieses war zugleich ein besonderes Krisenjahr in der Branche. Es bleibt daher unklar, ob auch die Berichterstattung aufgrund der außerordentlichen Ereignisse anders ausfällt als üblich. Eine weitere Einschränkung betrifft die nicht explizite Überprüfung des nationalen oder kulturellen Hintergrundes der oder des Verfassers der Berichte. Obwohl in den meisten Fällen der Verfasser der CEO war und dieser in der Regel auch aus dem gleichen Kulturraum wie das Heimatunternehmen kommt, wurde dies in den Daten nicht direkt kontrolliert.

Eine weitere Einschränkung betrifft die Operationalisierung der Rechenschaftsaussagen. Bei der Erfassung wurden keine Gewichtungen von Rechenschaftsaussagen vorgenommen. Jede Aussage wurde somit gleich bewertet. Eine bestimmte Erklärung kann jedoch durch Hervorhebungen oder durch ihre rhetorischen Formulierungen eine für den Adressaten oder Verfasser subjektiv höhere Aussagekraft haben. In zukünftiger Forschung sollte versucht werden, durch eine Gewichtung von einzelnen Erklärungen diesen Faktor zu berücksichtigen. Aufgrund der zu erwartenden niedrigeren Reliabilität einer solchen Berücksichtigung wurde jedoch auf die Integration dieses Faktors in dieser Untersuchung verzichtet.

Ein weiterer ungeklärter Aspekt betrifft die schon erwähnte Frage des tatsächlichen Verfassers des Aktionärsbriefes. Zwar konnte gezeigt werden, dass in der Regel der CEO den Bericht unterschreibt, es bleibt allerdings unklar, ob dieser wirklich den Aktionärsbrief verfasst. So zeigt z. B. Osann (2010), dass bei der Erstellung des Geschäftsberichtes viele unterschiedliche Personen und Abteilungen involviert sind.[588] Brennan/Merkl-Davis (2013) kritisieren deshalb auch: „Relatively little is understood about the processes underlying their construction ... Who writes the accounting narratives?"[589] Ob jedoch eine oder mehrere Personen bei der Erstellung beteiligt sind, hat einen Einfluss auf die theoretische Fundierung (Mehrebenproblem). Methodisch könnte dies mittels klassischer Experteninterviews untersucht werden. Alternativ wäre es denkbar, sich die Rechenschaftsabgabe von Unternehmen anzuschauen, bei

---

[588] Vgl. hierzu ausführlich die Arbeit von Osann (2010).
[589] Brennan/Merkl-Davis (2013), S. 17.

denen der CEO gewechselt hat. Die Vermutung wäre, dass sich der Inhalt, wie z. B. die Art der Rechenschaftsabgabe, voneinander unterscheidet, wenn der CEO den Bericht maßgeblich selbst verfasst hat. Dies könnte dann im Rahmen einer qualitativen oder quantitativen Inhaltsanalyse überprüft werden.[590]

Praktische Implikationen

Diese Ergebnisse werfen einige praktische Implikationen auf. Sie weisen darauf hin, dass die Abgabe von Rechenschaft im Aktionärsbrief durch Impression Management verzerrt werden kann. Da dieser Abschnitt, wie erläutert, einen der wichtigsten und meist gelesenen Teile im Geschäftsbericht darstellt[591] und kaum regulatorischen Vorschriften unterworfen ist, kann dies negative Auswirkungen auf die Qualität der Berichterstattung haben („true and fair view"). Der Gesetzgeber muss sich dieser Tatsache bewusst werden und darüber nachdenken, ob er nicht stärker regulatorisch in den narrativen Bereichen tätig werden sollte.[592] Insbesondere sollte darauf geachtet werden, ob zwischen den narrativen Aussagen und den stärker regulativ bestimmten Bereichen große Unterschiede in der Darstellung und Interpretation der Ergebnisse vorliegen. Sollte dies der Fall sein, müsste über eine stärkere Kontrolle dieser Bereiche nachgedacht werden. Allgemein müssen sich Leser dieser Briefe im Klaren sein, dass Art und Umfang der gemachten Rechenschaftsaussagen durch unterschiedliche Variablen bestimmt werden. Gerade wenn es darum geht, verschiedene Berichte miteinander zu vergleichen, müssen solche Aspekte beachtet werden.[593]

---

[590] Dabei müsste sichergestellt werden, dass die Situation des Unternehmens zu den verschiedenen Zeitpunkten vergleichbar ist.
[591] Vgl. hierzu die Ausführungen in Kapitel 2.5.2 (S.57 ff.).
[592] Vgl. hierzu auch Hooghiemstra (2010), S. 297.
[593] Ähnlich argumentieren auch Clatworthy/Jones (2003), S. 183 f.

4 Vertrauenswiederaufbau durch Rechenschaftsabgabe

4.1 Theorien der Vertrauenswirkung[594]

4.1.1 Der symbolische Interaktionismus als Bezugsrahmen

Vertrauen ist ein Konzept, das sich auf Basis einer sozialen Interaktion zwischen Individuen und Individuen (interpersonales Vertrauen) sowie Individuen und Organisationen entwickelt. Da im Rahmen dieser Arbeit insbesondere die kognitive Auffassung diskutiert wird, bietet es sich an, Theorien wie die Attributiostheorie heranzuziehen, um kognitive Prozesse zu untersuchen, die eingesetzt werden, um Personen Verantwortung für Handlungen zuzuschreiben.

In einer ersten Überlegung ist diese Theorie deswegen geeignet, weil sie in ihrem Kern eine Kausalanalyse von Handlungen und Ergebnissen von Handlungen beschreibt, auf deren Basis soziale Akteure Verantwortung zuschreiben und somit auf Grundlage der zugeschriebenen Verantwortung[595] die Vertrauenswürdigkeit anderer sozialer Akteure einschätzen. Ein zweiter Theoriestrang, der herangezogen werden soll, ist der symbolische Interaktionismus, welcher insbesondere die Rolle der Kommunikation zwischen sozialen Akteuren und den Prozess des Aushandelns über die Situation betont.[596] Beide Theorien lassen sich miteinander verbinden, indem der symbolische Interaktionismus als Rahmen für die Modellierung von sozialen Interaktionen und ihrer Kommunikation dient und die Attributionstheorie dieses Modell hinsichtlich der kognitiven Prozesse ergänzt.

Blumer (1969) hat drei Annahmen formuliert, auf denen der symbolische Interaktionismus ruht:[597] (1) Soziale Akteure handeln auf Basis der Bedeutung, die sie den Dingen zuschreiben. (2) Diese Bedeutung wird auf Basis der sozialen Interaktion gewonnen. (3) Die Bedeutung wird durch Interpretation während der Interaktion gewonnen und verändert. Aus diesen Annahmen leitet Blumer (1969) eine Reihe von

---

[594] Kapitel 4.1 wurde in Kury/Brühl (2012) im Wesentlichen wörtlich vorveröffentlicht. Auf eine weitere Zitierung von Kury/Brühl (2012), insbesondere auch der wörtlich übernommenen Passagen und Abbildungen, wird aus Übersichtlichkeitsgründen im Folgenden verzichtet.
[595] Vgl. Heider (1977).
[596] Vgl. Mead (1973), insbesondere Blumer (1969).
[597] Vgl. Blumer (1969), S. 2 ff.

wesentlichen Ideen für seinen Bezugsrahmen ab, wobei hier insbesondere die Natur menschlicher Handlungen interessiert. Sie ist gekennzeichnet durch Interpretation des Handelns Anderer[598] und somit einer Konstruktion der Wirklichkeit, die durch das Individuum erbracht werden muss. Blumer (1969) gibt zwar einige knappe Hinweise, betont aber, dass er den Interpretationsprozess nicht analysiert. Somit ist zwar ein Rahmen gegeben, es fehlt jedoch eine adäquate Beschreibung, wie Interpretationsprozesse ablaufen können.

Ein zweiter wesentlicher Aspekt ist, wie Interpretationen während der sozialen Interaktion entstehen und beeinflusst werden. Es ist ein wesentlicher Grundgedanke des symbolischen Interaktionismus, dass die menschliche Sicht auf soziale Sachverhalte durch Symbole geprägt wird, die in der Interaktion mit anderen Akteuren ausgetauscht werden. Ihr Symbolgehalt ist daher nicht objektiv gegeben, sondern muss in der jeweiligen Situation von den Interaktionspartnern gemeinsam definiert werden: „Simply stated, objects, events, words, and actions, lack meaning until placed in a situational context. Such a context must be constructed by people".[599] Worauf es hier ankommt, ist die gemeinsame Konstruktionsleistung in der sozialen Interaktion. Es spielt nach dieser Auffassung eine untergeordnete Rolle, ob vermeintlich objektive Tatsachen vorliegen, die die wahrgenommene Realität belegen. Denn die Definition von sozialer Realität ist keine objektivierbare Tatsache, sondern ergibt sich in einem ständigen Aushandlungsprozess zwischen beteiligten gesellschaftlichen Akteuren.

Es ist die gemeinsame Konstruktionsleistung, die ausschlaggebend ist, da sie dem Vertrauensnehmer die Möglichkeit einräumt, durch Kommunikation auf die Konstruktion der sozialen Realität einzuwirken. Denn auch die Zuschreibung von Verantwortung beruht wesentlich auf Kommunikation und ist „Verhandlungssache".[600] Somit lässt sich der Einsatz von Rechenschaftstypen als ein „reality negotiating"[601] interpretieren, bei dem der Vertrauensnehmer Einfluss auf die Wahrnehmung und Interpreta-

---

[598] Vgl. Blumer (1969), S. 15.
[599] Schlenker (1980), S. 28.
[600] Bayertz (1995), S. 16.
[601] Snyder/Higgins (1990), S. 213.

tion der sozialen Situation durch den Vertrauensgeber nimmt und versucht, Vertrauen wiederaufzubauen.

4.1.2 Ein attributionstheoretisches Wirkungsmodell des Vertrauensaufbaus

Auf Basis des skizzierten Interaktionsmodells wird in diesem Kapitel die Attributionstheorie – insbesondere in der Fassung von Weiner (1985), (1995) – herangezogen, um ein Wirkungsmodell des Vertrauensaufbaus zu entwickeln. Mit dessen Hilfe sollen die Mechanismen zur Nutzung von Rechenschaftstypen zum Vertrauens(wieder)aufbau plausibel gemacht werden. Unter Attributionen werden kausale Erklärungen („causal explanation") von sozialen Akteuren verstanden.[602] Allgemein befasst sich die Attributionstheorie damit, wie sich soziale Akteure die Handlungen anderer sozialer Akteure (kausal) erklären.[603] Da bei der Zuschreibung von Verantwortung geklärt werden muss, ob der soziale Akteur durch sein Handeln das negative Ereignis verursacht hat,[604] ist die Kausalattribution ein inhärenter Bestandteil der Verantwortungszuschreibung.[605] Sie ist jedoch nicht ausreichend für die Beurteilung der Vertrauenswürdigkeit des Vertrauensnehmers.

Das in diesem Kapitel skizzierte Modell ist daher eine Erweiterung des Modells von Tomlinson/Mayer (2009), die ein kausales Attributionsmodell für den Wiederaufbau von Vertrauen diskutieren, indem sie die Vertrauenskonzeption von Mayer/Davis/Schoorman (1995) mit Weiners (1986) Variante der Attributionstheorie verbinden. Sie postulieren, dass der Vertrauensgeber eine kausale Zuschreibung der drei Vertrauenseigenschaften vornimmt (Fähigkeit, Integrität und Wohlwollen), fügen allerdings eine vierte Komponente hinzu, die als Restgröße dient, wenn kein Vertrau-

---

[602] Vgl. Martinko/Douglas/Harvey (2006), S. 130.
[603] Vgl. Försterling (2001), S. 3 ff.; Heider (1977), S. 136 ff.
[604] Vgl. Neuhäuser (2011), S. 57 ff.
[605] In der Attributionstheorie wird überwiegend von Attribution und Kausalattribution gesprochen. Um die Kausalattribution von der Zuschreibung von Verantwortung und Vertrauen abzugrenzen, wird für letztere Prozesse der Begriff der Zuschreibung reserviert. Bei den drei Prozessen handelt es sich um Beurteilungen sozialer Sachverhalte, die in unserem Modell aufeinander bezogen sind.

ensverlust eintritt.[606] Ob soziale Akteure diese direkte Vertrauenseinschätzung vornehmen, soll hier nicht weiter untersucht werden. Es erscheint jedoch plausibler, dass sie sich für ihre Einschätzung die Frage nach der Verantwortung stellen und auf dieser Basis den Vertrauensnehmer neu bewerten. Das dargestellte Modell wird daher den Prozess der Vertrauenseinschätzung mithilfe einer Einschätzung der Verantwortung einleiten. Im Folgenden soll das Modell am Beispiel der Banken und ihrem Vertrauensverlust gegenüber ihren Aktionären beschrieben werden, wobei als Ereignis ein tatsächlich eingetretener Gewinneinbruch aufgrund der Finanzkrise angenommen wird.

Ausgangspunkt der Überlegungen sind die in der Einleitung benannten Vertrauensverluste der Banken im Zuge der Finanzkrise. Aufgrund der hohen Bedeutung von Vertrauen für Unternehmen, insbesondere für Banken, stellt sich die Frage, wie diese dem Vertrauensverlust durch Rechenschaftsabgabe (Berichterstattung) entgegenwirken können. Um hierauf eine Antwort zu geben, muss zunächst erklärt werden, wie der Prozess des Vertrauenswiederaufbaus im Modell berücksichtigt wird. Abbildung 17 zeigt dieses Modell als ein Interaktionsmodell, das folgende Bestandteile in Beziehung setzt: Den Vertrauensnehmer (in diesem Fall eine Bank) und den Vertrauensgeber (in diesem Fall einen Aktionär der Bank). Anzumerken ist, dass aus Vereinfachungsgründen die vor dem negativen Ereignis bereits vorhandene Zuschreibung von Vertrauen des Vertrauensgebers nicht in die Abbildung mit aufgenommen wurde. Idealtypisch wird davon ausgegangen, dass Vertrauensnehmer und Vertrauensgeber Attributionen und Zuschreibungen über das vergangene Ereignis und die Rolle des Vertrauensnehmers vornehmen, d. h., eine Interpretation ihrer sozialen Interaktion abgeben. Im Falle des Vertrauensnehmers wird angenommen, dass er die voraussichtlichen Attributionen, die der Vertrauensgeber vornimmt, antizipiert und seine Rechenschaftstypen auf diese Voraussicht abstimmt.

Wie eingangs des Kapitels beschrieben, sind für die Zuschreibung von Verantwortung die drei Dimensionen Ereignis (Ursache, Wirkung), sozialer Akteur (Intention, Voraussicht und Fähigkeit) und Norm zu beurteilen (siehe Abbildung 17). Der Ver-

---

[606] Vgl. Tomlinson/Mayer (2009), S. 87 ff.

trauensgeber beginnt nach einem negativen Ereignis mit einer Analyse der Verantwortung des Vertrauensnehmers. Im Kern dieser Zuschreibung wird nach Weiner (1985) ein Attributionsprozess in Gang gesetzt, sobald ein Ereignis auftritt, das vom Individuum als negativ bewertet wird. Ein starker und eventuell existenzgefährdender Gewinneinbruch bei einer Bank führt demnach zu einer neuen Bewertung des Vertrauensnehmers, da dieses Ereignis nicht den Erwartungen der Aktionäre (Vertrauensgeber) entspricht. Der Vertrauensgeber muss die Situation allerdings erst definieren und wird dies häufig auf Basis der Informationen tun, die ihm der Vertrauensnehmer liefert. Der Akteur sieht sich somit einer Reihe von situativen Gegebenheiten gegenüber, die er in seinem kognitiven System verarbeitet.[607] Kommt er in seiner Analyse der Situation (Situationsdefinition) zur Ansicht, dass ein negatives Ereignis z. B. durch einen starken Gewinneinbruch seiner Bank vorliegt, dann führt dies nach der Attributionstheorie zu einem Verlangen, die Gründe und Ursachen für das nicht erwartete Ereignis zu erfahren.

Tritt ein Ereignis „Gewinneinbruch einer Bank" ein, so wird mithilfe der Kausalattribution ermittelt, inwieweit die Ursache für den Gewinneinbruch innerhalb oder außerhalb des Einflussbereiches der Bank lag (Lokus: intern/extern) und inwieweit die Ursache kontrollierbar für das Management der Bank war (Kontrollierbarkeit: kontrollierbar/unkontrollierbar); zusätzlich ist es von Interesse, wie sich das negative Ereignis in der Zukunft entwickeln wird (Stabilität: stabil/instabil).

Da das Erwirtschaften von Gewinnen ein wesentliches Ziel von Managern ist, wird der Vertrauensgeber davon ausgehen, dass hier die Intentionen und die Voraussicht von Managern im Spiel sind. Ein Gewinneinbruch, den er auf ein ungenügendes Risikomanagement zurückführt, kann daher seine Beurteilung des Ereignisses verändern. Obwohl der Vertrauensgeber davon ausgeht, dass die Ursache der Finanzkrise außerhalb seiner Bank liegt und er nicht glaubt, dass die Bank einen Einfluss darauf hatte, kann er zu dem Schluss kommen, dass das Management Krisen voraussehen kann und durch entsprechendes Risikomanagement diesen Krisen vorbeugen sollte. Daher kann sich aufgrund eines mangelhaften Risikomanagements die Einschätzung

---

[607] Vgl. Esser (1999), S. 29 ff.

144　　　　　　　　　Kapitel 4 – Vertrauenswiederaufbau durch Rechenschaftsabgabe

der Fähigkeiten des Managements ändern. Je nachdem, welche Norm er als verletzt ansieht, wird sich seine Beurteilung der Vertrauenswürdigkeit des Bankmanagements auf verschiedene Dimensionen beziehen.

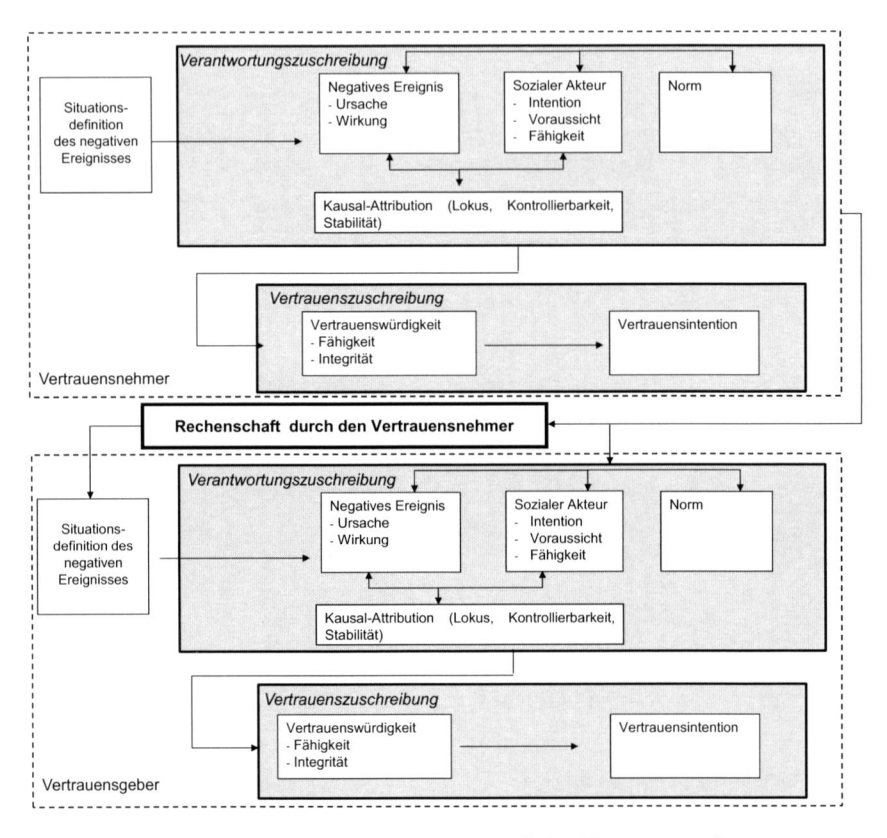

Abbildung 17: Ein sozial-kognitives Wirkungsmodell des Vertrauensaufbaus

Er wird die Analyse der Handlungen des Managements im Lichte der Normen vornehmen, die er für die Beurteilung des Managements als angemessen ansieht. Normen sind Regeln und somit Handlungsvorschriften; sie können gesetzlicher, moralischer, sozialer oder ökonomischer Herkunft sein. Sie spielen für die Beurteilung der Zuschreibung der verschiedenen Vertrauensdimensionen eine wesentliche Rolle. So wird sich die Beurteilung auf Basis von ökonomischen Normen eher auf die Dimension Fähigkeit auswirken, weil z. B. die Gewinnerwartungen auf Basis bestimmter ökonomischer Fähigkeiten gebildet werden. Treten Gesetzesverstöße auf, so wird unter gesetzlichen Normen die Integrität eines Vertrauensnehmers leiden. Werden Manipulationen von wichtigen Bankinstrumenten bekannt, dann kann darunter die Einschätzung des Wohlwollens Schaden nehmen. Festzuhalten bleibt, dass das Ergebnis dieser Vertrauensanalyse eine neue Zuschreibung der Vertrauenseigenschaften ist. Das bedeutet, dass die Vertrauensgeber (Stakeholder) sich dazu veranlasst sehen, das Vertrauen in den Vertrauensnehmer (Bank) neu zu bewerten. Im Falle der Auswirkungen der Finanzkrise auf die Gewinne von Banken führte dies bei den meisten Anspruchsgruppen zu starken Vertrauensverlusten gegenüber den Banken.

Der Hinweis darauf, dass der Vertrauensnehmer seine Rechenschaft auf die angenommene Attribution des Vertrauensgebers abstimmt, bedarf noch einer theoretischen Ergänzung. Wenn ein Vertrauensnehmer weiß, dass er für sein Handeln verantwortlich gemacht wird, so ist anzunehmen, dass er sich auf diese zukünftige Situation einstellt.[608] Dies stimmt zwar mit der Grundintention der Attributionstheorie überein, dass soziale Akteure absichtsvoll handeln und daher für ihr Handeln verantwortlich gemacht werden können.[609] Allerdings zeigt das Modell, dass Kausalattributionen eher als Voraussetzung der Verantwortungszuschreibung zu betrachten sind und diese Beurteilung nicht ersetzen können.[610] Der Vertrauensnehmer wird die Attribution des Vertrauensgebers im Lichte der Erwartungen vorhersehen, die an ihn im Laufe seiner Sozialisation durch die sozialen Regeln und Normen herangetragen werden. Bereits der Begründer des symbolischen Interaktionismus hat betont,[611] dass das Selbst als „privates" Publikum wirkt, um als Referenz für das „öffentliche" Publikum zu dienen.[612] Dies beschreibt den allgemeinen sozialen Mechanismus, der in der von uns betrachteten Situation zwischen einer Bank und ihren Stakeholdern um konkrete Mechanismen, wie z. B. Standards einer Kundenberatung oder ökono-

---

[608] Vgl. Tetlock (1985), S. 306 ff.
[609] Vgl. Heider (1977), S. 136 ff.
[610] Vgl. Shultz/Schleifer (1983), S. 53.
[611] Vgl. Mead (1973), S. 184.
[612] Vgl. Schlenker/Weigold (1992), S. 155.

mische Ziele, zu ergänzen ist. Aufgrund dieser Beschreibung sollte klar sein, dass Vertrauensnehmer infolge der antizipierten Verantwortlichkeit ihr Handeln danach ausrichten werden. Es zeigt sich somit der soziokognitive Charakter des Modells, denn neben den kognitiven Prozessen insbesondere den Zuschreibungen und Attributionen, welche die sozialen Akteure vornehmen, sind es die sozialen Interaktionen der Beteiligten, insbesondere ihre Kommunikationsprozesse, die ihre soziale Realität schaffen und letztlich darüber entscheiden, ob Vertrauen wiederaufgebaut wird oder nicht.

Die Attributionstheorie bietet nun jedoch nicht nur eine Erklärung für das veränderte Verhalten der Anspruchsgruppen (Vertrauensentzug), sondern auch eine Begründung und damit Lösungsmöglichkeit, wie Vertrauen wiederhergestellt werden kann. Denn der beschriebene kognitive Zuschreibungsprozess ist nie endgültig und wird immer wieder neu in Gang gesetzt, sobald dem Vertrauensgeber neue Informationen zur Verfügung gestellt werden.[613] Bei der Attribution ist das „discounting principle"[614] zu beachten, das Auskunft darüber gibt, wie eine neu hinzukommende Ursache das Gewicht der ursprünglichen Ursache verringert, wenn ursprünglich nur eine Ursache die Wirkung erklärt.[615] Solche neuen Informationen erlangen die Anteilseigner unter anderem durch die narrative Rechenschaftsabgabe des Unternehmens im Rahmen der jährlichen Berichterstattung. Dies kann folglich zu einer Neubewertung der Vertrauenseigenschaft infolge einer neuen Zuschreibungsanalyse führen. Denn aufgrund einer abgegeben Rechenschaft, wie z. B. einer Ausrede („Wir sind nicht für den Gewinneinbruch verantwortlich. Der Markt ist dramatisch zusammengebrochen in Folge der von uns nicht verschuldeten Finanzkrise"), kann eine neue Situationsdefinition folgen, welche zu einer positiven Neubewertung der Vertrauensbeziehung führen kann. Rechenschaftstypen (z. B. entschuldigen, rechtfertigen, herausreden etc.) können daher aus attributionstheoretischer Sicht als eine Art von Attributionspaketen[616] verstanden werden, welche kognitive Bewertungsprozesse beim Vertrau-

---

[613] Vgl. Tomlinson/Mayer (2009), S. 92 ff.
[614] Kelley (1973), S. 113.
[615] Vgl. Morris/Larrick (1995), S. 348.
[616] „Packages of attributions" (Fincham (1992), S. 168).

ensgeber erneut in Gang setzen.[617] Es ist somit insbesondere ihr Erklärungscharakter, welcher diese Verbindung herstellt. Da soziale Akteure durch Zuschreibungen nach Erklärungen suchen, hat der Vertrauensnehmer die Möglichkeit, durch seine Rechenschaftstypen – als Erklärungen über vergangene und zukünftige Ereignisse – alternative Erklärungen anzubieten und somit die Zuschreibungen des Vertrauensgebers zu beeinflussen.

4.2 Empirische Analyse zur Wirkung der Rechenschaftsabgabe

4.2.1 Forschungsüberblick

Im Folgenden sollen empirische Belege für die Wirkungsweise von Rechenschaftsabgabe auf den Vertrauenswiederaufbau analysiert werden. In der Literatur existiert hierzu eine Reihe von Forschungsarbeiten. Allerdings liegen bis heute kaum systematische Zusammenstellungen dieser Forschungsergebnisse vor.[618] Um einen Überblick über die Forschung zu erlangen, wurde eine datenbankbasierte Literaturanalyse durchgeführt.[619] Dabei wurden 13 relevante Artikel identifiziert, wobei alle Arbeiten zwischen den Jahren 2004 und 2012 veröffentlicht wurden.[620] Bei allen betrachteten Studien handelt es sich um empirische Arbeiten mit einem experimentellen Design. Die Studien von Kim et al. (2004), (2006); Ferrin et al. (2007) stellen Laborexperimente dar. Die Arbeiten von Utz/Matzat/Snijders (2009); Sonenshein/Herzenstein/Dholakia (2011); Van Laer/Ruyter (2010); Blasio/Veale (2009)[621] sind als quasi-experimentelle Designs und als Internetbefragung konzipiert. Die Studien von De Cremer (2010); De Cremer/van Dijk/Pillutla (2010); Leunissen/De Cre-

---

[617] Vgl. Orbuch (1997), S. 464.
[618] Ausnahmen bilden zum Teil Kramer/Lewicki (2010), Dirks/Lewicki/Zaheer (2009) und Kim/Dirks/Cooper (2009) Die Literaturüberblicke beziehen sich jedoch nicht ausschließlich auf den Vertrauenswiederaufbau durch Rechenschaftsabgabe, sondern umfassen auch weitere Instrumente und Methoden. Dirks/Lewicki/Zaheer (2009) geht es zudem eher um die generelle Identifikation von Forschungsströmungen im Bereich des Wiederaufbaus von Vertrauen. Auch bei Kim/Dirks/Cooper (2009) steht eher die Entwicklung eines Trust-Repair-Modells im Vordergrund und weniger die systemische Darstellung von Forschungsergebnissen aus der Literatur.
[619] Zum Vorgehen bei der Literaturanalyse vgl. Anhang 4: Vorgehen Literaturanalyse (S. 245 ff.).
[620] Eine Jahresbeschränkung wurde bei der Suche jedoch nicht eingestellt.
[621] Für die Identifikation von Rechenschaftsaussagen führte Blasio/Veale (2009) zusätzlich eine qualitative Vorstudie durch.

mer/Folmer (2012); Schweitzer/Hershey/Bradlow (2006); Ho (2012); Dirks et al. (2011) sind Varianten des bekannten Trust-Games von Berg/Dickhaut/McCabe (1995), bei dem Vertrauen über die Vertrauenshandlung (bestimmte Geldbeträge, die sich die Teilnehmer gegenseitig zusenden können) operationalisiert wird.

Von besonderer Relevanz für die Arbeit ist auch die Frage der Art der analysierten Vertrauensbeziehung (1) sowie die verwendete Definition (2) und Operationalisierung von Vertrauen (3) in den Studien. Denn diese Variablen haben einen bedeutenden Einfluss auf die Interpretation und Vergleichbarkeit der Ergebnisse und somit auch Auswirkungen auf die Hypothesenentwicklung:

(1) Art der Vertrauensbeziehung

In den meisten Studien wird der Vertrauenswiederaufbau zwischen zwei Individuen betrachtet (interpersonelle Ebene). Lediglich in den Arbeiten von Blasio/Veale (2009) und Van Laer/Ruyter (2010) geht es um einen Vertrauenswiederaufbau zwischen Unternehmen und einem Individuum. Bei letzteren steht eine Marketing-Perspektive im Vordergrund, so dass die Vertrauensbeziehung zwischen Unternehmen und Kunden im Vordergrund steht. Ein Branchenfokus ist dabei nicht zu erkennen. So steht bei Blasio/Veale (2009) die Lebensmittelbranche,[622] bei Van Laer/Ruyter (2010) die Gesundheitsbranche[623] im Fokus der Analyse.

(2) Definition von Vertrauen

Bei der Definition von Vertrauen wird in den meisten Studien (N=7) die Definition von Rousseau et al. (1998) verwendet, welche Vertrauen definiert als: „a psychological state comprising the intention to accept vulnerability based on positive expectations of the "Intentions or behavior of another".[624] Utz/Matzat/Snijders (2009) und Sonenshein/Herzenstein/Dholakia (2011) folgen der Definition von Mayer/Davis/Schoorman (1995), welcher Vertrauen definiert als: „The willingness of a party to be vulnerable to the actions of another party based on the expectation that

---

[622] Vgl. Blasio/Veale (2009), S. 78.
[623] Vgl. Van Laer/Ruyter (2010), S. 166.
[624] Rousseau et al. (1998), S. 395.

Kapitel 4 – Vertrauenswiederaufbau durch Rechenschaftsabgabe 149

the other will perform a particular action important to the truster, irrespective of the ability to monitor or control that other party" und Vertrauenswürdigkeit als: „a set of attributes of the person".[625] Teilweise scheinen die Autoren jedoch keine Notwendigkeit zu sehen, das Konstrukt genau zu bestimmen. So finden sich bei Blasio/Veale (2009) und De Cremer (2010) keine expliziten Definitionen über Vertrauen. Dies könnte darin liegen, dass das Verständnis von Vertrauen, wie in Kapitel 2.1 (insbesondere S. 15) erwähnt, als oftmals eindeutig und allgemein bekannt dargestellt wird.[626] Allerdings haben die Ausführungen auch gezeigt, dass aus wissenschaftlicher Perspektive eine solche Sichtweise äußerst kritisch zu bewerten ist.[627]

(3) Operationalisierung von Vertrauen

Wie in Kapitel 2.2.2 (S. 25 ff.) beschrieben, existiert keine einheitliche, anerkannte Operationalisierung von Vertrauen. Wie Vertrauen jedoch erfasst wird, hat einen entscheidenden Einfluss auf die Validität, Reliabilität und vor allem auf die Vergleichbarkeit der Ergebnisse.

Vier Studien fassen Vertrauen als ein eindimensionales Konstrukt auf.[628] In drei dieser Studien wird Vertrauen über die spezifische Vertrauenshandlung gemessen,[629] so wie es bei klassischen ökonomischen Vertrauensexperimenten (Trust-Games) üblich ist. Empirische Bestätigung für diese Vorgehensweise wollen Schweitzer/Hershey/Bradlow (2006) gefunden haben. Die Autoren operationalisieren Vertrauen einerseits über die konkrete (Vertrauens)Handlung sowie über die Frage: „How much do you trust your partner?"[630] Hierdurch ist es ihnen möglich, die Vertrauenshandlung mit der Vertrauensmessung über eine Befragung zu vergleichen.[631]

---

[625] Sonenshein/Herzenstein/Dholakia (2011), S. 77. (Bei Sonenshein/Herzenstein/Dholakia (2011) geht es um den Einfluss von Rechenschaft auf die Vertrauenswürdigkeit).
[626] Blois (1999), S. 197.
[627] Vgl. ausführlich die Ausführungen in Kapitel 2 (S. 15 ff.).
[628] Schweitzer/Hershey/Bradlow (2006); De Cremer (2010); De Cremer/van Dijk/Pillutla (2010); Ho (2012).
[629] In der Regel ist dies die Höhe eines Geldbetrages, welchen der Vertrauensgeber dem Vertrauensnehmer übergibt. Umso höher der Geldbetrag, desto stärker das Vertrauen.
[630] Schweitzer/Hershey/Bradlow (2006), S. 7.
[631] Es ist allerdings kritisch anzumerken, dass Vertrauen in der Befragung ebenfalls nur mittels einer Ein-Item-Skala operationalisiert wurde.

Dabei kommen die Autoren zu dem Ergebnis: „passing decisions reflect underlying perception of trust".[632] Aus diesem Grund bewerten sie auch die Messung der Vertrauenshandlung (passing decision) als „behavioral representation of trust".[633]

Andere Studien operationalisieren Vertrauen oder Vertrauenswürdigkeit hingegen meist mit Hilfe von Fragen. So operationalisiert De Cremer/van Dijk/Pillutla (2010) die wahrgenommene Vertrauenswürdigkeit des Vertrauensnehmers mittels einer einzelnen Frage: „To what extend do you consider your negation partner to be a „respectable" or „trustworthy" person?".[634] Blasio/Veale (2009) hingegen verwenden zur Operationalisierung von Vertrauen eine Acht-Item-Skala in Anlehnung an Lee (2005).[635]

In der überwiegenden Anzahl der Studien (N=8) wird Vertrauen mittels mehrerer Dimensionen gemessen.[636] Hierbei wird in fünf Studien, in Anlehnung an das Modell von Mcknight/Cummings (1998),[637] Vertrauen über die Vertrauensintention und die wahrgenommene Vertrauenswürdigkeit operationalisiert.[638] Die Vertrauensintention stellt dabei die Bereitschaft dar, sich in einer spezifischen Situation von der anderen Partei abhängig oder verwundbar zu machen.[639] Die Vertrauenswürdigkeit (i. d. R. Wohlwollen, Fähigkeit, Integrität) bezieht sich auf die Zuversicht, dass die andere Partei Eigenschaften besitzt, welche den Vertrauensgeber vor Schaden bewahren können.[640] Bei der Operationalisierung dieser Dimensionen verwenden die Autoren

---

[632] Schweitzer/Hershey/Bradlow (2006), S. 10.
[633] Schweitzer/Hershey/Bradlow (2006), S. 10.
[634] De Cremer/van Dijk/Pillutla (2010), S. 118.
[635] Vgl. Blasio/Veale (2009), S. 79; Lee (2005), S. 376.
[636] Vgl. Kim et al. (2004), (2006); Ferrin et al. (2007); Blasio/Veale (2009); Utz/Matzat/Snijders (2009); Van Laer/Ruyter (2010); Dirks et al. (2011); Sonenshein/Herzenstein/Dholakia (2011).
[637] Dabei ist anzumerken, dass die Studien nur einen Teil des von Mcknight/Cummings (1998) entwickelten „integrative model" verwenden. Die eigentliche Erweiterung im Vergleich zu anderen Vertrauensmodellen ist die Einführung einer „Institutional Based Trust" Komponente (vgl. Mcknight/Choudhury/Kacmar (2002), S. 336). Diese wird in den vorliegenden Studien jedoch nicht betrachtet. Die verwendete Einteilung in „trusting beliefs" und" trusting intentions", (welche schließlich zu den eigentlichen Vertrauenshandlungen führen) sind der Konzeptualisierung von Mayer/Davis/Schoorman (1995) jedoch ähnlich.
[638] Vgl. Kim et al. (2006), (2004), (2007); Utz/Matzat/Snijders (2009); Dirks et al. (2011).
[639] Vgl. Mcknight/Choudhury/Kacmar (2002), S. 337; Kim et al. (2004), S. 105.
[640] Vgl. Mcknight/Choudhury/Kacmar (2002), S. 337. Vgl. hierzu auch ausführlich die Ausführungen in Kapitel 2.2 (S. 19 ff.).

meist die Item-Skalen von Mayer/Davis/Schoorman (1995) und passen diese dem Gegenstand der Untersuchung an.[641] Bei Sonenshein/Herzenstein/Dholakia (2011) und Van Laer/Ruyter (2010) steht allerdings nicht Vertrauen per se, sondern die Vertrauenswürdigkeit im Vordergrund. Für die Operationalisierung verwenden sie ebenfalls die Skalen von Mayer/Davis/Schoorman (1995).

Insgesamt zeigt die bisherige Forschung ein ambivalentes Bild.[642] Positiv fällt die differenziertere Betrachtung der Wirkungsweise bei der Abgabe von Rechenschaft auf. Anfang der 1990er Jahre wurde teilweise noch argumentiert, dass generell bestimmte Rechenschaftstypen effektiver sind als andere.[643] Insofern hat sich die Forschung weiterentwickelt und konnte zeigen, dass der Erfolg bei der Rechenschaftsabgabe weitaus komplexer und von verschiedenen Faktoren und Variablen abhängig ist.

Auf der anderen Seite ist jedoch eine sehr starke Konzentration auf bestimmte Rechenschaftstypen zu finden, welche Verantwortung annehmen sowie auf solche, die Verantwortung ablehnen. Ein Grund hierfür könnte in der trennscharfen Unterscheidung beider Konstrukte liegen, was eine empirische Untersuchung erleichtert. Eine derartige Konzentration wird von einigen Forschern auch schon lange gefordert,[644] weil sie sich unter anderem durch eine leichtere experimentelle Umsetzung auszeichnet und daher praktikabler als größere und komplexere Rechenschaftstypologien ist.

Bezogen auf die Effektivität des Vertrauenswiederaufbaus zeigen die Studien erste Gemeinsamkeiten, jedoch auch teilwiese unterschiedliche Ergebnisse. Im Folgenden werden im Rahmen der Hypothesenentwicklung diese Ergebnisse diskutiert.

---

[641] Für die „trusting beliefs" werden die Skalen der „perceived trustworthiness" verwendet, für die „trusting intentions" meist „willingness to risk". Für letztere werden teilweise noch zusätzlich weitere Skalen entwickelt, die stärker auf den Kontext der Studie abgestimmt sind (vgl. hierzu z. B. Kim et al. (2004), S. 108).

[642] Einzelne inhaltliche Ergebnisse der Studien werden im Rahmen der Hypothesenherleitung diskutiert (vgl. Kapitel 4.2.2 S. 152 ff.)

[643] Cody/McLaughlin (1990), welche auf dem Gebiet der Rechenschaftsabgabe bekannt sind merken hierzu z. B.: an: „As a general rule ..., apologies and excuses ... are more likely to result in honoring than are justifications and refusals" (Cody/McLaughlin (1990), S. 238).

[644] Vgl. Antaki (1994), S. 66 f.

4.2.2 Entwicklung der Hypothesen[645]

Die Rechenschaftstypen richten sich auf verschiedene Phasen der Verantwortungszuschreibung. Im Folgenden sollen, aufbauend auf dem entwickelten sozialkognitiven Wirkungsmodell zum Vertrauensaufbau und den empirischen Ergebnissen der Literatur, Hypothesen zur Wirkung verschiedener Rechenschaftsaussagen der in Kapitel 3.2 (S. 80 ff.) entwickelten Typologie zur Rechenschaftsabgabe abgeleitet werden. Dabei sei noch einmal betont, dass, wenn im Folgenden von Vertrauen und Vertrauenswiederaufbau gesprochen wird, immer die drei in Kapitel 2.2 (S. 19 ff.) aufgezeigten Dimensionen gleichermaßen angesprochen werden: wahrgenommene Fähigkeit, wahrgenommene Integrität und Vertrauensintention. Anzumerken ist außerdem, dass sich die meisten vorhandenen empirischen Ergebnisse auf individuelle Austauschbeziehungen beziehen. Daher wird im Folgenden davon ausgegangen, dass sich diese auf Vertrauen in Organisationen übertragen lassen.

(1) Hypothesen zur Kategorie: Abwarten

Wenn der Vertrauensgeber keine Rechenschaft erwartet, so kann das Nicht-Äußern oder das Abwarten dazu führen, dass er das Ereignis auch nicht als normwidrig auffasst. In diesem Fall hat ein Nicht-Äußern den Vorteil, etwas Unbedeutendes durch ein Ansprechen erst gar nicht relevant zu machen. So könnte ein Unternehmen bewusst versuchen wollen, negative und problematische Ereignisse nicht hervorzuheben.[646] Denn eine aktive Reaktion in Form einer Erklärung kann die Situation unter Umständen auch weiter verschlimmern, wenn z. B. durch das Zurückweisen von schädlichen Gerüchten diese erst hervorgehoben werden oder die Erklärung als unglaubwürdig aufgefasst wird.[647] So konnten z. B. Tybout/Calder/Sternthal (1981) in ihren Experimenten nachweisen, dass unter bestimmten Voraussetzungen eine proaktive Reaktion im Sinne von einem Ansprechen und Widerlegen eines falschen Ge-

---

[645] Kapitel 4.2.2 wurde in Brühl/Kury (2014) im Wesentlichen wörtlich vorveröffentlicht. Auf eine weitere Zitierung von Brühl/Kury (2014), insbesondere auch der wörtlich übernommenen Passagen und Abbildungen, wird aus Übersichtlichkeitsgründen im Folgenden verzichtet.
[646] Vgl. D'Aveni/MacMillan (1990), S. 651.
[647] Vgl. Bies/Shapiro (1987), S. 216.

Kapitel 4 – Vertrauenswiederaufbau durch Rechenschaftsabgabe

rüchtes unvorteilhaft sein kann.[648] Auch Benoit (1997) ist der Meinung, dass ein Unternehmen nicht automatisch auf Vorwürfe reagieren sollte. Er hebt hervor, dass bei Vorwürfen, welche für die relevanten Anspruchsgruppen des Unternehmens nicht von Bedeutung sind, eine direkte Reaktion nicht unbedingt notwendig ist.[649] Allerdings kann ein solches Vorgehen auch kein Vertrauen wiederaufbauen, da es aus Sicht des Vertrauensgebers nicht zu einem normwidrigen Ereignis gekommen ist.

Erwartet der Vertrauensgeber allerdings eine Erklärung, so wird das Abwarten als ein intentionales Unterlassen verstanden. Einige Studien heben hervor, dass es besser ist, eine Rechenschaft zu einem negativen Ereignis abzugeben, als sich nicht dazu zu äußern.[650] In der Forschung zum Vertrauen existieren dabei nur wenige Studien zur Wirkung des Nicht-Äußerns (Abwarten) auf den Vertrauenswiederaufbau. Ferrin et al. (2007) untersuchen neben einer Entschuldigung und einer Ablehnung noch das Abwarten („reticence") als eine Form der Rechenschaftsabgabe. Dabei kommen sie zu dem Ergebnis, dass in Situationen, in denen die Fähigkeit oder die Integrität des Vertrauensnehmers verletzt wird, Vertrauen nicht effektiv wiederaufbaut werden kann, wenn der Vertrauensnehmer sich nicht zu dem normwidrigen Ereignis äußert. Aus Sicht des entwickelten kognitiven Wirkungsmodells kann dies damit erklärt werden, dass, wenn der Vertrauensnehmer Verantwortung durch die Rolle, die er einnimmt, zugewiesen bekommt,[651] er bei einem negativen Ereignis ebenfalls eine Rechenschaft erwartet. Dies ist sicherlich bei Bankmanagern der Fall, das heißt, im Falle eines Gewinneinbruchs wird von Stakeholdern erwartet, dass sich das Bankmanagement zu diesem negativen Ereignis äußert. Ein solches Unterlassen kann daher als ein implizites Schuldeingeständnis aufgefasst werden, da der Beschuldigte die

---

[648] Als Ausgangspunkt ihrer Experimente nahmen die Forscher den sogenannten „Wormburger" Fall von McDonald's zum Anlass. Hier kam in den 70er Jahren das Gerücht auf, das McDonalds Wurmfleisch für seine Hamburger verwendet. McDonald's reagierte darauf und brachte detaillierte Stellungnahmen, die das Gerücht widerlegen sollten und belegte dies auch mit schlüssigen Argumenten, wie z. B. dass Wurmfleisch zu teuer und damit für McDonald's unökonomisch wäre. Allerdings konnte McDonald's mit dieser Strategie kaum Erfolge erzielen (vgl. Tybout/Calder/Sternthal (1981), S. 73 f.).
[649] Vgl. Benoit (1997), S. 187.
[650] Bies/Shapiro (1987) zeigen z. B., dass es bei der Fairness-Beurteilung einer bestimmten Handlung immer besser ist, eine Erklärung abzugeben als dies nicht zu tun (vgl. Bies/Shapiro (1987), S. 209 f.).
[651] Vgl. Hamilton (1986), S. 320 f.

Tat nicht leugnet und somit die Auffassung des Gegenübers auch nicht in Frage stellt. Aus diesem Grund wird er für das Ereignis verantwortlich gemacht. Da außerdem nichts über eine mögliche Wiedergutmachung ausgesagt wird, hat der Empfänger auch keinen Grund anzunehmen, dass das Ereignis nicht wieder vorkommen wird.[652] Letztendlich werden dem Vertrauensgeber keine neuen Informationen angeboten, sodass seine Interpretation bestehen bleibt und er daher auch keine Veranlassung hat, seine Vertrauenseinschätzung zu korrigieren. Insofern kann aus der Perspektive des sozial-kognitiven Wirkungsmodells argumentiert werden, dass die Situationsinterpretation implizit bestätigt wird und somit das Ereignis als kontrollierbar und innerhalb des eigenen Einflussbereiches dargestellt wird, welches prinzipiell auch wiedervorkommen kann (Kausal-Attribution).

Hypothese 1: Das sich Nicht-Äußern zu einem negativen Ereignis hat keine positiven Auswirkungen auf einen Vertrauenswiederaufbau[653] zwischen Bank und Aktionär.

(2) Hypothesen zur Kategorie Interpretation des Ereignisses ändern

Bei dieser Kategorie akzeptiert der Rechenschaftsgeber die Interpretation des Gegenübers nicht. Das heißt, die Zuschreibung von Verantwortung soll insofern beeinflusst werden, als dass die ursprüngliche Bewertung des Ereignisses als normwidrig in Frage gestellt wird. Insofern wird die Situationsinterpretation des negativen Ereignisses angesprochen. In der Vertrauensliteratur gibt es zu diesem Rechenschaftstyp keine explizite empirische Forschung. Das könnte daran liegen, dass es auf den ersten Blick schwer erscheint, Szenarien zu schaffen, bei denen der Rechenschaftsgeber ein vermeintlich offensichtlich normwidriges Verhalten ablehnt. Auch die abgeschwächte Form dieser Kategorie, die Relativierung, wird in der Forschung bisher nicht betrachtet.

---

[652] Vgl. Ferrin et al. (2007), S. 895 ff.; Bradford/Garrett (1995), S. 878.
[653] Vertrauen und Vertrauensbeziehung bezieht sich bei allen Hypothesen, wenn nicht anders angeben, immer auf die drei erwähnten Vertrauensdimensionen: wahrgenommene Fähigkeit, wahrgenommene Integrität und Vertrauensintention (vgl. Kapitel 2.2.2, S. 25 ff.).

Kapitel 4 – Vertrauenswiederaufbau durch Rechenschaftsabgabe

In der stärksten Form streitet die Bank ab, dass es überhaupt zu einem negativen Ereignis gekommen ist oder es überhaupt normwidrig war. Die Situationsinterpretation des Vertrauensgebers wird somit abgelehnt. Hierzu können z. B. neue Informationen gegeben werden, die darlegen, dass die Interpretation des Vertrauensgebers falsch ist.[654] Gelingt es dem Rechenschaftsgeber, diese Interpretation des Ereignisses glaubhaft zu vermitteln, so führt dies zu einem Vertrauenswiederaufbau, weil die Zuschreibung von Verantwortung nicht mehr gegeben ist. Gleichzeitig stellt diese Art der Rechenschaftsabgabe jedoch die Interpretationsfähigkeit des Gegenübers am stärksten in Frage und ist deshalb tendenziell schwerer durchzusetzen.[655]

Gerade aus Bankensicht bieten sich für diese Rechenschaftstypen viele Möglichkeiten. So kann eine Bank durch das Hervorheben und Betonen von positiven Kennzahlen – „Logical proofs"[656]– eine andere Situation aufzeigen, die vermitteln soll, dass das negative Ereignis (so) nicht aufgetreten ist. Insbesondere, wenn es um eine kollektive Zuweisung von Verantwortung geht, wie, „alle Banken haben durch schlechtes Management Verluste gemacht", spielt diese Art der Rechenschaft eine wichtige Rolle. Sie versetzt Banken, die keine Verluste gemacht haben, in die Lage, diese Situationsdefinition für ihre Bank zu widerlegen.

Hypothese 2a: Wenn Banken die Situationsinterpretation ablehnen, wird dies Vertrauen wiederaufbauen.

In einer abgemilderten Form dieser Kategorie wird hingegen versucht, die wahrgenommene Negativität des Ereignisses nur zu verringern. So kann das negative Ereignis z. B. weniger bedrohlich dargestellt werden, indem es in einen größeren Zusammenhang gesetzt wird. Hierdurch wird die Negativität und die Schwere des Ereignisses relativiert, indem ein anderer Referenzwert gebildet wird (Relativierung). So

---

[654] Vgl. Ferrin et al. (2007), S. 896 ff.
[655] Vgl. McLaughlin/Cody/O'Hair (1983), S. 212.
[656] Cody/McLaughlin (1990), S. 231.

kann z. B. durch Vergleiche mit anderen, dramatischeren Ereignissen das eigentlich negative Ereignis gemildert werden und somit dem Ereignis die Exklusivität genommen werden. Zwar wird damit die Zuschreibung von Verantwortung nicht abgelehnt, jedoch soll durch die zusätzlichen Informationen suggeriert werden, dass das Ereignis weitaus weniger negativ aufzufassen ist.

Hypothese 2b: Banken, welche die Negativität des Ereignisses mittels Relativierungen mildern, werden Vertrauen wiederaufbauen.

(3) Hypothesen zur Kategorie: Verantwortung annehmen/ablehnen

In dieser Kategorie wird das negative Ereignis anerkannt und die Verantwortung angenommen oder abgelehnt. Insofern wird die Situationsinterpretation nicht in Frage gestellt, jedoch die vorgenommene Kausal-Attribution beeinflusst.

Zur Annahme von Verantwortung existieren in der Literatur eine Reihe von Forschungsergebnissen, die insgesamt den Schwerpunkt der empirischen Forschung bilden. In den Studien von Kim et al. (2004), (2006), Ferrin et al. (2007),[657] Laer/Ruyter (2010),[658] De Cremer (2010), Utz et al. (2009) konnte ein positiver Effekt einer Entschuldigung auf den Vertrauenswiederaufbau festgestellt werden. Dieser fiel jedoch unterschiedlich aus, weil er von verschiedenen Variablen beeinflusst wurde. Insbesondere die Art des Vertrauensverlustes, z. B. Verlust des Vertrauens in die Integrität oder die Fähigkeit des Vertrauensnehmers, zeigte einen moderierenden Einfluss auf die Effektivität einer Entschuldigung. Ferrin et al. (2007) zeigen darüber hinaus, dass eine Entschuldigung dann besonders effektiv ist, wenn es deutliche Hinweise auf eine Schuld des Vertrauensnehmers gibt.

---

[657] Kim et al. (2004), (2006) und Ferrin et al. (2007) weisen in ihren Studien nach, dass Entschuldigungen Vertrauen am effektivsten wiederherstellen, wenn das vertrauenszerstörende Ereignis die Fähigkeiten der Person betrifft. Der Vertrauensaufbau ist demnach effektiver als eine verantwortungsablehnende Rechenschaftsabgabe.

[658] Van Laer/Ruyter (2010) kommen zu dem Ergebnis, dass eine Entschuldigung auch bei Verletzungen der Vertrauensdimension Integrität effektiv sein kann und besser abschneidet als eine Ablehnung.

Kritisch bei all diesen Studien ist allerdings anzumerken,[659] dass eine Entschuldigung unterschiedlich operationalisiert wird und eine Vergleichbarkeit deshalb schwierig ist. Insbesondere ist die Annahme von Verantwortung oft nur ein Element von vielen. In der Regel wird z. B. zusätzlich eine Besserung in der Zukunft versprochen. Insofern gehen diese Konstrukte deutlich weiter als die reine Annahme von Verantwortung und es ist darum schwer festzustellen, welcher Aspekt der Aussage einen vertrauenswiederaufbauenden Effekt erzielen konnte. Es ist somit denkbar, dass der Aspekt der Verantwortungsannahme keinen positiven Einfluss auf den Vertrauenswiederaufbau hat. So konnte z. B. in einer Studie von Schweitzer/Hershey/Bradlow (2006), in der eine Entschuldigung ohne den Aspekt der zukünftigen Verbesserung operationalisiert wurde, kein vertrauenswiederaufbauender Effekt nachgewiesen werden.[660]

Bezugnehmend auf das sozial-kognitive Wirkungsmodell wird im Folgenden davon ausgegangen, dass eine reine verantwortungsannehmende Rechenschaftsaussage kein Vertrauen wiederaufbauen wird. Denn wenn Verantwortung angenommen wird, dann signalisiert eine Bank, dass die Zuschreibung der Verantwortung richtig ist (Eingeständnis). Aus attributionstheoretischer Perspektive wird signalisiert, dass die Ursachen interner Natur waren und auch hätten kontrolliert werden können. Somit wird eine verantwortungsannehmende Rechenschaft kein Vertrauen wiederaufbauen können, da die Vermutung des Vertrauensgebers, der Vertrauensnehmer sei für das negative Ereignis verantwortlich, lediglich bestätigt wird.

Hypothese 3a: Banken, welche die Verantwortung annehmen, werden kein Vertrauen wiederaufbauen.

Wenn die Verantwortung hingegen abgelehnt wird, dann werden aus attributionstheoretischer Sicht Ursachen angegeben, die außerhalb des Unternehmens lagen und

---

[659] Eine Ausnahme ist die Studie von Utz et al. (2009), welche eine einfache Entschuldigung („plain apology") in der Form von „Sorry, my mistake" und eine Entschuldigung mit einer inhaltlichen Erklärung („Sorry, my mistake, I had an accident") miteinander vergleichen.
[660] Vgl. Schweitzer/Hershey/Bradlow (2006), S. 9 ff.

nicht kontrollierbar waren. Ähnlich wie bei der Ablehnung ist jedoch Bedingung, dass die Stakeholder dies nicht als eine beeinflussende Taktik auffassen.

In der Literatur wird eine Ablehnung der Verantwortung meist unter den Begriffen „denial" oder „excuse" diskutiert.[661] Bezogen auf eine Ablehnung der Verantwortung zeigen Kim et al. (2004) und Ferrin et al. (2007), dass bei einer Integritätsverletzung die Ablehnung der Verantwortung Vertrauen besser wiederherstellen kann als eine Entschuldigung. Auch Kim et al. (2006) kommen zu einem ähnlichen Ergebnis, wobei die Autoren einen Rechenschaftstypus verwenden, bei dem der Beschuldigte nur teilweise Verantwortung annimmt, jedoch die restliche Verantwortung auf eine andere Person attribuiert. Ferrin et al. (2007) zeigen darüber hinaus, dass bei einem Vertrauensaufbau mittels einer Ablehnung Vertrauen dann am effektivsten wiederhergestellt werden kann, wenn es keine genauen Anzeichen für eine bewusste Schuld des Vertrauensnehmers gibt. Van Laer/Ruyter (2010) können zeigen, dass Ablehnungen in einem analytischen Format bei Integritätsverletzungen Vertrauen am effektivsten wiederherstellen, verglichen mit Entschuldigungen oder Ablehnungen in einem narrativen Format.

In den Studien von Utz/Matzat/Snijders (2009) und De Cremer/van Dijk/Pillutla (2010) zeigt eine Ablehnung die schlechtesten Ergebnisse, bezogen auf einen Vertrauenswiederaufbau. Nach den Ergebnissen von Blasio/Veale (2009) sind sehr defensive Strategien, wie z. B. eine Ablehnung, generell ineffektiver im Vergleich zu anderen Rechenschaftstypen. Auch bei Utz/Matzat/Snijders (2009) zeigt eine Ablehnung die schlechtesten Ergebnisse. Diese erzielt deutlich schlechtere Ergebnisse als eine Entschuldigung oder eine Nichtäußerung. Auch De Cremer/van Dijk/Pillutla (2010) können keine positiven Auswirkungen auf die Vertrauensbewertung bei der Abgabe einer Ablehnung in ihrer Studie feststellen.[662]

---

[661] Dies ist insofern problematisch, da dies zu Verwechslungen mit dem Konstrukt der „Ablehnung des negativen Ereignisses" führen kann.
[662] Vgl. De Cremer/van Dijk/Pillutla (2010), S. 116 ff.

Hypothese 3b: Lehnen Banken die Verantwortung in Form einer Ausrede ab, so wirkt dies positiv auf die Vertrauensbeziehung, wenn dies von den Anspruchsgruppen als glaubhaft angenommen wird.

(4) Hypothesen zur Kategorie: Zukünftiges ansprechen

In dieser Kategorie wird ein Zeitbezug bei der Rechenschaftsabgabe eingebracht. Für die Verantwortungszuschreibung ist dies insofern von Relevanz, als der Vertrauensnehmer Informationen geliefert bekommt, ob das Ereignis von Dauer oder singulär ist. Aus attributionstheoretischer Sicht wird dabei explizit die Stabilität des Ereignisses angesprochen. Forscher vermuten, dass gerade diese Dimension wesentlich für den Vertrauenswiederaufbau ist.[663] So kann durch die Kommunikation von geplanten Maßnahmen, die die Situation verbessern sollen, aufgezeigt werden, dass das in Frage stehende Ereignis als schädlich erkannt wurde und dass es in der Zukunft nicht mehr vorkommen wird. Gerade bei singulären Ereignissen kann dies eine effektive Methode sein, da der Vertrauensnehmer das negative Ereignis als einmalige Ausnahme bewerten kann, welches in der Zukunft voraussichtlich nicht mehr vorkommen wird.

Schweitzer/Hershey/Bradlow (2006) untersuchen einen Rechenschaftstypus, den man der Kategorie „Zukünftiges ansprechen" zuordnen kann. Neben einer Entschuldigung untersuchen sie die Abgabe eines Versprechens („promise"). Ein Versprechen ist dabei eine Aussage über eine bestimmte Handlungsweise in der Zukunft. Die Autoren kommen zu dem Ergebnis, dass ein Versprechen als ein Signal verstanden wird, zukünftiges Verhalten zu verändern. Insofern ist für den anfänglichen Vertrauensaufbau diese Art der Rechenschaftsabgabe auch effektiv. Über einen längeren Zeitraum betrachtet erzeugt jedoch die konkrete Handlungsweise den gleichen Effekt und ersetzt die Ankündigung.[664] Dirks et al. (2011) untersuchen neben einer Entschuldigung und der Ankündigung einer Überwachung („regulation") eine Äußerung

---

[663] Vgl. z. B. Tomlinson/Mayer (2009).
[664] Vgl. Schweitzer/Hershey/Bradlow (2006), S. 11 f., S. 15.

von Reue („repentance"). Diese beinhaltet auch das Versprechen der Verbesserung in der Zukunft. Sie operationalisieren Reue dabei wie folgt: „I should not have taken advantages of you...my bad choice, let's cooperate again. I will give up the $ so you know that I can be trusted".[665] Dabei zeigt sich, dass ein Ausdruck von Reue gegenüber einer Entschuldigung und einer Überwachungsankündigung besser Vertrauen wiederaufbauen kann. Die Autoren kommen zu dem Fazit, dass sowohl eine Überwachungsankündigung als auch der Ausdruck von Reue effektiv sein kann, je nachdem wie dies formuliert wird. Insgesamt schlussfolgern die Autoren, dass die Effektivität einer Rechenschaft auf den Vertrauenswiederaufbau von ihrem Einfluss auf die wahrgenommene Reue abhängt.

Hypothese 4a: Rechenschaftsaussagen der Kategorie „Zukünftiges ansprechen", wie z. B. die Kommunikation von Maßnahmen, haben einen positiven Einfluss auf den Wiederaufbau von Vertrauen.

Weiterhin wird angenommen, dass bei Ereignissen, welche die Fähigkeiten des Vertrauensnehmers in Frage stellen, solche Rechenschaftstypen besser wirken als verantwortungsablehnende Rechenschaftsaussagen (Ausrede), weil Personen positive Informationen (z. B. „Es kommt nicht wieder vor") bei Fähigkeitsverletzungen stärker bewerten als negative (z. B. „Ja, es stimmt, aber ich kann nichts dafür").[666] Das heißt, dass die Frage der Stabilität des Ereignisses, (sofern dieses als nicht stabil angesehen wird), bei Fähigkeitsverletzungen wichtiger ist als die Frage der Verantwortung.[667]

Hypothese 4b: Bei Ereignissen, welche die Fähigkeit des Vertrauensnehmers in Frage stellen, wirken positive Aussagen über zukünftige Ereignisse effektiver (Maßna-

---

[665] Dirks et al. (2011), S. 91.
[666] Vgl. Ferrin et al. (2007), S. 895 f.
[667] Vgl. Ferrin et al. (2007), S. 896.

hen) auf den Vertrauenswiederaufbau als Rechenschaftsaussagen, welche die Verantwortung ablehnen (Ausrede).

Hingegen wirken bei Ereignissen, welche die Integrität des Vertrauensnehmers in Frage stellen, Rechenschaftsaussagen, welche die Verantwortung für ein negatives Ereignis ablehnen (Ausrede), effektiver auf den Vertrauensaufbau als Rechenschaftsaussagen, die auf die Stabilität des Ereignisses abzielen (Zukünftiges ansprechen).[668] Denn bei einer Ausrede wird suggeriert, dass die Ursachen des Ereignisses nicht an der Bank selbst lagen und somit die Integrität der Bank nicht beschädigt wurde. Bei Fähigkeitsverletzungen hingegen bestätigt eine Ausrede gerade die Tatsache, dass das Unternehmen eben nicht die Fähigkeiten besaß, die Situation zu beeinflussen. Dies signalisiert dem Vertrauensgeber, dass die Bank nicht „Herr der Lage" und somit mit der Situation überfordert war. Bezogen auf eine Ablehnung der Verantwortung zeigen Kim et al. (2004) und Ferrin et al. (2007) z. B., dass bei einer Integritätsverletzung die Ablehnung der Verantwortung Vertrauen besser wiederherstellen kann als eine Entschuldigung. Auch Kim et al. (2006) kommen zu einem ähnlichem Ergebnis, wobei die Autoren einen Rechenschaftstypus verwenden, bei dem der Beschuldigte nur teilweise Verantwortung annimmt, jedoch die restliche Verantwortung auf eine andere Person attribuiert. Ferrin et al. (2007) zeigen darüber hinaus, dass bei einem Vertrauensaufbau mittels einer Ablehnung Vertrauen dann am effektivsten wiederhergestellt werden kann, wenn es keine genauen Anzeichen für eine bewusste Schuld des Vertrauensnehmers gibt. Van Laer/Ruyter (2010) können zeigen, dass Ablehnungen in einem analytischen Format bei Integritätsverletzungen Vertrauen am effektivsten wiederherstellen.

Hypothese 4c: Bei Ereignissen, welche die Integrität des Vertrauensnehmers in Frage stellen, wirken positive Aussagen über zukünftige Ereignisse ineffektiver (Maßnahmen) auf den Vertrauenswiederaufbau als Rechenschaftsaussagen, welche die Verantwortung ablehnen (Ausrede).

---

[668] Vgl. Ferrin et al. (2007), S. 896.

(5) Hypothesen zur Wirkung der wahrgenommen Verantwortung für das Ereignis und der wahrgenommenen Glaubwürdigkeit der Rechenschaftsaussage.

Zusätzlich zu den Hypothesen bezüglich der verschiedenen Rechenschaftstypologien wird ein Zusammenhang zweier moderierender Variablen auf den Vertrauenswiederaufbau postuliert. Wie dargelegt, existiert ein enger Zusammenhang zwischen der wahrgenommenen Verantwortlichkeit für ein Ereignis und der Rechenschaftsabgabe. Denn mit der Rechenschaftsabgabe wird versucht, die Verantwortung für das negative Ereignis zu relativieren oder zu mildern. Gelingt es folglich dem Rechenschaftsgeber, die Situationsdefinition so zu verändern, dass er als weniger verantwortlich aufgefasst wird, so hat dies einen positiven Einfluss auf den Vertrauenswiederaufbau.

Weiterhin wird vermutet, dass es einen Zusammenhang zwischen der wahrgenommenen Glaubwürdigkeit einer Rechenschaftsaussage und dem Vertrauenswiederaufbau gibt. In der Literatur wird vermutet, dass ein Rechenschaftstyp nur effektiv ist, wenn er auch als glaubwürdig aufgefasst wird.[669] So können, wie erwähnt, Rechenschaftsaussagen auch ineffektiv sein, wenn die Aussagen als manipulierend wahrgenommen werden. Denn glaubt der Empfänger dem Rechenschaftsgeber nicht oder vermutet er gar eine Beeinflussung, so kann dies zu noch stärkeren Vertrauensverlusten führen.[670]

Es werden deshalb folgende zwei Hypothesen aufgestellt:

Hypothese 5a: Je höher die wahrgenommene Verantwortung des Rechenschaftsempfängers (bezüglich der Verantwortung des Unternehmens für das negative Ereignis) ausfällt, desto niedriger wird der Vertrauenswiederaufbau sein.

Hypothese 5b: Je glaubwürdiger eine Rechenschaftsaussage ist, desto größer wird der Vertrauenswiederaufbau sein.

---

[669] Vgl. Shields (1979), S. 257; Blumstein et.al. (1974), S. 553.
[670] Vgl. Kuwabara (2006), S. 5; Bradford/Garrett (1995), S. 879.

4.2.3 Methodisches Vorgehen

4.2.3.1 Auswahl der Forschungsmethode

Die Überprüfung der vermuteten theoretischen Zusammenhänge indiziert ein quantitatives Vorgehen. Aufgrund der notwendigen großen Fallzahl,[671] bietet sich ein Web-basiertes,[672] experimentelles Design[673] an (Quasi-Experiment). Der Vorteil dieses Vorgehens liegt in der spezifischen Analyse des Einflusses eines Rechenschaftstyps (z. B. Ausrede oder Abwarten) auf den Vertrauenswiederaufbau bei gleichzeitiger Reduzierung möglicher Störeffekte.[674] Allgemein bieten Experimente den Vorteil, den Effekt einer isolierten Variable zu beobachten. Experimentelle Designs sind insbesondere in der Sozialpsychologie eine beliebte Forschungsmethode, welche überwiegend als Laborexperimente konzipiert werden.[675] Web-Experimente, welche erstmals Mitte der 1990er Jahre entwickelt wurden,[676] können als eine Erweiterung der klassischen Laborexperimente verstanden werden. Der zentrale Unterschied zwischen beiden Vorgehen ist die nicht sichere Kontrollierbarkeit des Untersuchungsumfeldes bei Web-Experimenten, was sich in der Regel in einer niedrigeren Reliabilität niederschlägt.[677] Auf der anderen Seite bieten Web-Experimente meist eine höhere externe Validität und erlauben es, größere Stichproben zu untersuchen.[678] In der Literatur wird heute deshalb überwiegend die Ansicht von Reips (2000) geteilt: „[the] advantages outweigh the disadvantages in Web experimenting".[679]

---

[671] Ähnlich argumentiert auch Geiger (2007), S. 149.
[672] Eine detaillierte Einführung in internetbasierte Experimente bietet Birnbaum (2000).
[673] Vgl. allgemein zu Experimenten in der Sozialforschung Atteslander/Cromm (2006), S. 165 ff.
[674] Z. B. die Form der Darstellung wie Farben, Hervorhebungen etc.
[675] Grundlegend zu Experimenten vgl. z. B. Shadish/Cook/Campbell (2002), S. 1 ff.
[676] Vgl. Musch/Reips (2000), S. 65.
[677] Deshalb können Web-Experimente auch zu den sogenannten Quasi-Experimenten (vgl. ausführlich Shadish/Cook/Campbell (2002)) gezählt werden (vgl. Rack/Christophersen (2009), S. 21).
[678] Eine detaillierte Diskussion zwischen Vor- und Nachteilen von Web-Experimenten findet sich z. B. bei Reips (2000), S. 90 ff.
[679] Reips (2000), S. 90.

4.2.3.2 Datenerhebung, Datenauswahl und Beschreibung der Stichprobe

Bei der Datenerhebung wurde auf einen professionellen Access-Panel Anbieter zurückgegriffen. Um den wissenschaftlichen Standards gerecht zu werden, wurde bei der Auswahl des externen Dienstleisters auf wichtige Qualitätsstandards für Panel Anbieter, wie z. B. die aktive Rekrutierung von Teilnehmern oder die Länge der Feldzeit[680] geachtet. Insbesondere wurden nur solche Anbieter in Betracht gezogen, welche nach der „Acces Panel ISO Norm: ISO 26362" zertifiziert worden sind. Laut dem Leibnitz Institut für Sozialwissenschaften (GESIS)[681] weist eine solche Zertifizierung „auf qualitativ hochwertige Online-Access-Panel-Anbieter hin".[682] Nach einem Vergleich verschiedener Anbieter[683] wurde sich für einen Dienstleiter entschieden, welcher nach eigenen Angaben einer der ersten deutschen Anbieter mit ISO NORM 26362 Zertifizierung ist. Dieser übernahm die Auswahl und Erhebung der Teilnehmer, die Lagerung der Daten auf eigenen Servern sowie die Programmierung des Fragebogens in enger Absprache mit dem Autor.[684]

Für diese Untersuchung wurden vierzehn verschiedene Fragebogenversionen (Gruppen) in deutscher Sprache erstellt. Davon waren zwölf Experimentalgruppen und zwei Kontrollgruppen. Gruppengröße und Struktur sollten sich dabei ähneln. Um dies zu erreichen, wurden die Teilnehmer nach dem Zufallsprinzip auf eine der Gruppen verteilt.

---

[680] Vgl. hierzu z. B. die Ausführungen von Leopold (2005).
[681] Das GESIS - Leibniz-Institut für Sozialwissenschaften ist die größte deutsche Infrastruktureinrichtung für die Sozialwissenschaften" (Angaben des Institutes) (GESIS - Leibnitz-Institut für Sozialwissenschaften (2012)).
[682] GESIS - Leibnitz-Institut für Sozialwissenschaften (2012).
[683] Es wurden verschiedene Anbieter telefonisch kontaktiert und die Studie vorgestellt und besprochen. Im Anschluss daran unterbreiteten die Anbieter individuelle Angebote zur Durchführung der Studie. Die telefonische Kontaktierung diente nicht nur dem Einholen eines Kostenvoranschlages, sondern wurde insbesondere als eine zusätzliche Überprüfung der Qualität des Anbieters genutzt. Deshalb wurde schon in dieser Phase darauf geachtet, ob die Anbieter auf Schwierigkeiten bei der Stichprobenauswahl, Länge des Fragebogens etc. hinwiesen sowie Lösungsvorschläge oder Hinweise anbieten konnten.
[684] Die Fragebögen wurden vom Autor mit der online-Software SoSci Survey (vgl. Leiner (2013)) vorab eigenständig programmiert und dem Anbieter als Muster zur Verfügung gestellt. (Diese wurden insbesondere auch für Pretests verwendet). Die neue Programmierung und Lagerung der Daten wurde nur deshalb nochmals vorgenommen, um mögliche Programmierfehler zu vermeiden und die zuverlässige Lieferung der Daten zu gewährleisten (z. B. neuer Einladungsversand bei Serverausfällen).

Kapitel 4 – Vertrauenswiederaufbau durch Rechenschaftsabgabe

Die Umfrage wurde zwischen dem 11.01.2013 und dem 04.02.2013 durchgeführt (Feldzeit)[685] und hatte eine durchschnittliche Länge von ca. 10 min. Insgesamt wurden 14.586 onlinepanel-bevölkerungsrepräsentative[686] E-Mail Einladungen versandt. Der für Deutschland repräsentative Einladungsversand bezog sich auf die Kriterien Geschlecht, Alter, Einkommen und Bildungsgrad.

Von den versandten Einladungen haben 5.360 Teilnehmer begonnen, den Fragebogen zu bearbeiten (36,7%). Von diesen schlossen 53,2 % die Umfrage ab. Insgesamt haben somit 2.854 Teilnehmer die Studie erfolgreich durchgeführt.

Von diesen haben 1.789 Teilnehmer einen für diese Studie relevanten Fragebogen erhalten.[687] Diese Teilnehmerzahl bildete die Ausgangsbasis für die Untersuchung. Diese Stichprobe wurde anschließend auf Teilnehmer mit verdächtigem Antwortverhalten hin untersucht und um diese bereinigt.[688] Die endgültige Stichprobe bestand schließlich aus 1.758 Teilnehmern.

---

[685] Die Feldzeit war dabei etwas länger als erwartet (erwartet ca. 1 -1,5 Wochen). Dies ist im Wesentlichen darauf zurückzuführen, dass in mehreren Etappen zur Umfrage eingeladen wurde, um die Qualität der Daten zu überprüfen. Auf Grundlage dessen wurde außerdem eine ca. 10% Überrekrutierung in Absprache mit dem externen Dienstleister vorgenommen, um mögliche Ausfallraten zu kompensieren (geplant waren ursprünglich ca. 2420 Teilnehmer). Dabei sei außerdem nochmals angemerkt, dass nicht alle Teilnehmer in der Studie einen Fragebogen vorgelegt bekommen haben, welcher für die Untersuchung dieser Arbeit relevant war.

[686] Reine Online-Umfragen in Deutschland können noch nicht als bevölkerungsrepräsentative Erhebung aufgefasst werden, da die Internetnutzung in Teilen der Gesellschaft (z. B. sehr alte Menschen) noch nicht repräsentativ verbreitet ist. Allerdings merkt Buchanan an: „Studies ... suggest that generalizability may not be such a problem as many fear" (Buchanan (2000), S. 123). Außerdem vermutet er: „Internet samples probably are more representative of the "real world" than stereotypes would suggest" (Buchanan (2000), S. 123 f.). Online Access Panels bieten darüber hinaus bessere Möglichkeiten der zielgerichteten Befragung als es z. B. Erhebungen über soziale Netzwerke bieten. Wie repräsentativ Online Access Panels jedoch wirklich sind, darüber wird in der Literatur gestritten. Festgehalten werden kann aber, dass nicht von einer bevölkerungsrepräsentativen Umfrage im klassischen Sinne gesprochen werden kann. Durch die immer stärkere Verbreitung der Internetnutzung in der Gesellschaft wird diese Einschränkung zukünftig immer geringer ausfallen (im Detail zur Repräsentativität von online Studien vgl. z. B. Göritz/Moser (2000); Buchanan (2000), S. 125 f.; Krantz/Dalal (2000), S. 48 ff.). In der vorliegenden Arbeit soll daher von onlinepanel-bevölkerungsrepräsentativ gesprochen werden.

[687] Im Rahmen der Erhebung wurden noch insgesamt acht weitere Fragebögen erstellt, die andere Fragestellungen enthielten, welche im Rahmen dieser Untersuchung jedoch nicht analysiert wurden.

[688] Insbesondere gleiches Antwortverhalten, Tendenz zur Mitte sowie zu schnellem Abschließen der Studie. Die Identifizierung wurde durch den Panelanbieter unterstützt.

Insgesamt waren 49 % (888) männliche und 51 % (870) weibliche Teilnehmer beteiligt. 17 % (293) waren unter 30 Jahre alt, 51 % (899) zwischen 30 und 60 Jahren, 32 % (566) gaben ein Alter über 60 Jahren an. Von diesen wiederum gaben 68 % (1203) einen Realschulabschluss oder höher als ihren höchsten Bildungsabschluss an, 32 % (555) der Teilnehmer gaben einen niedrigeren Abschluss an. Bei 35 % (624) lag das monatliche Nettoeinkommen unter 1500 €, bei 53 % (937) darüber, 1 % (197) machten hierzu keine Angaben. Die Stichprobe sowie der grundsätzliche Aufbau des Experimentes wird in Abbildung 18 zusammenfassend dargestellt und im nächsten Abschnitt detailliert beschrieben.

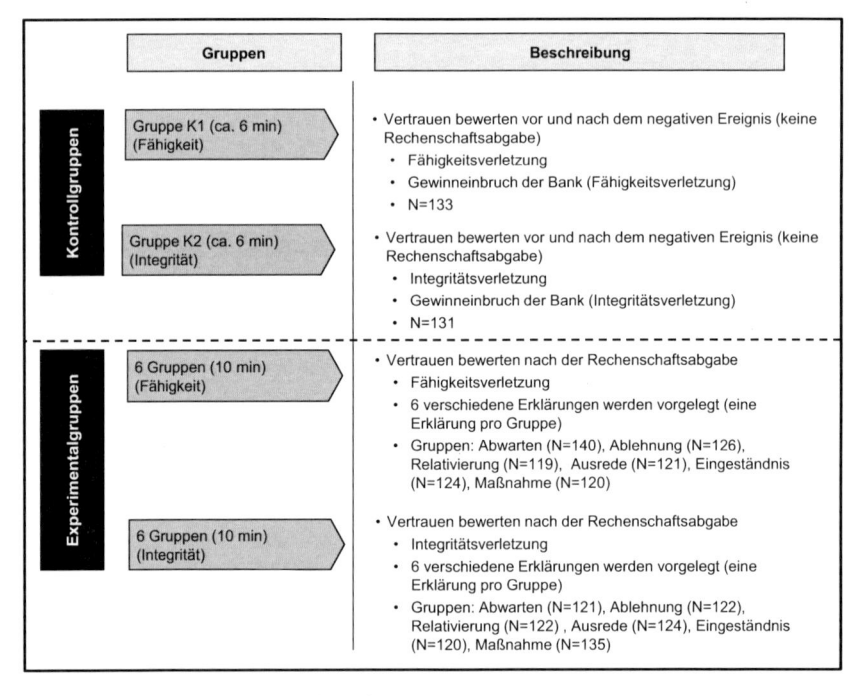

	Gruppen	Beschreibung
Kontrollgruppen	Gruppe K1 (ca. 6 min) (Fähigkeit)	• Vertrauen bewerten vor und nach dem negativen Ereignis (keine Rechenschaftsabgabe) • Fähigkeitsverletzung • Gewinneinbruch der Bank (Fähigkeitsverletzung) • N=133
	Gruppe K2 (ca. 6 min) (Integrität)	• Vertrauen bewerten vor und nach dem negativen Ereignis (keine Rechenschaftsabgabe) • Integritätsverletzung • Gewinneinbruch der Bank (Integritätsverletzung) • N=131
Experimentalgruppen	6 Gruppen (10 min) (Fähigkeit)	• Vertrauen bewerten nach der Rechenschaftsabgabe • Fähigkeitsverletzung • 6 verschiedene Erklärungen werden vorgelegt (eine Erklärung pro Gruppe) • Gruppen: Abwarten (N=140), Ablehnung (N=126), Relativierung (N=119), Ausrede (N=121), Eingeständnis (N=124), Maßnahme (N=120)
	6 Gruppen (10 min) (Integrität)	• Vertrauen bewerten nach der Rechenschaftsabgabe • Integritätsverletzung • 6 verschiedene Erklärungen werden vorgelegt (eine Erklärung pro Gruppe) • Gruppen: Abwarten (N=121), Ablehnung (N=122), Relativierung (N=122), Ausrede (N=124), Eingeständnis (N=120), Maßnahme (N=135)

Abbildung 18: Datenauswahl Experiment

4.2.3.3 Experimentelles Design und Manipulation der unabhängigen Variablen

Den Teilnehmern der Studie wurde ein Text von einer Bank vorgelegt. Sie wurden gebeten sich vorzustellen, dass sie einen Teil ihres Vermögens in Aktien dieser Bank investiert hätten:

> *„Stellen Sie sich vor, Sie sind Aktionär der Vansbank und besitzen mehrere Unternehmensanteile. Nicht zuletzt aufgrund der über Jahre hinweg guten Renditen und positiven Erfahrungen mit der Vansbank haben Sie ihre Unternehmensanteile im letzten Jahr nochmals erhöht und insgesamt vier ihrer Nettomonatsgehälter in Aktien dieses Unternehmens investiert.*
>
> *Die Vansbank ist ein namhaftes deutsches Kreditinstitut, das international tätig ist. Herbert Meyer (58) ist seit vielen Jahren Vorstandsvorsitzender (CEO) des Unternehmens. Er ist in der Branche ein anerkannter Banker und sitzt in den Aufsichtsräten mehrerer internationaler Unternehmen. Von Seiten der Wirtschaftsprüfer gab es in den letzten Jahren keine Beanstandungen und es wurden keine Mängel im Geschäftsprozess der Bank festgestellt.*
>
> *Die Eigenkapitalrendite lag in den letzten Jahren durchgängig bei branchenüblichen 15 %. Alle relevanten Unternehmensbereiche verzeichneten ein stetiges Wachstum. Der Netto-Gewinn der Vansbank lag in den letzten 3 Jahren jeweils über 3 Milliarden Euro. Im letzten Jahr betrug dieser 3,856 Milliarden Euro.*
>
> *Aufgrund dieser Erfahrungen haben Sie ein positives Vertrauensverhältnis zu der Vansbank entwickelt. Denn als Aktionär wissen Sie, dass vor allem der Gewinn der Bank einen wesentlichen Einfluss auf den Wert ihres Aktienpaketes sowie der Dividendenausschüttungen hat".*

Anschließend wurde geschrieben, dass die Bank in diesem Jahr einen großen Verlust erleiden musste.

„Dieses Jahr ist der Gewinn **entgegen Ihrer Erwartungen überraschend stark eingebrochen***. Der Netto-Gewinn beträgt nun nur noch zwanzig (20) Millionen Euro"*[689]

Zu diesem Verlust gab der CEO im Brief an die Aktionäre eine Rechenschaft ab. Ein Ausschnitt aus diesem Brief, bei dem der CEO zum diesem Gewinneinbruch Stellung nimmt, wurde den Teilnehmern vorgelegt. Am Ende sollten die Teilnehmer eine Reihe von Fragen beantworten.

(1) Ursache des negativen Ereignisse

Insgesamt wurden zwölf verschiedene Versionen dieses Fragebogens erstellt (sechs für den Fall der Fähigkeitsverletzung und sechs für den Fall der Integritätsverletzung). Hierbei wurde die Art des Normverstoßes manipuliert sowie die Art der Rechenschaftsabgabe.

(a) Art des Normverstoßes

1.) Bei der Art des Normverstoßes wurde zwischen einer Fähigkeitsverletzung und einer Integritätsverletzung unterschieden. In beiden Fällen kam es zu einem Gewinneinbruch in gleicher Höhe. Diesbezüglich gab es zwar deutliche Hinweise, aber keine absolute Sicherheit über die Schuld der Bank. Bei der Fähigkeitsverletzung war der Gewinneinbruch auf eine falsche Strategie des Managements zurückzuführen:

---

[689] Die aufgeführten Hervorhebungen (fett gedruckt) wurden auch den Probanden vorgelegt. (Dieser Hinweis wird im Folgenden nicht mehr separat erwähnt).

> „Die Vansbank, welche **hohe moralische Standards** vertritt und in der Branche bekannt dafür ist, sich immer an alle **Regeln und Normen zu halten**, hat nach Meinung externer Experten **falsche Managemententscheidungen** getroffen. Insbesondere die gewählte **Unternehmensstrategie**, welche den Kurs der Bank bestimmt (z. B. Art und Umfang der Bankgeschäfte), wird kritisiert und als **unzeitgemäß** angesehen".

2.) Im Fall der Integritätsverletzung war der Gewinneinbruch hingegen aufgrund wissentlich gebrochener Regeln und Normen zustande gekommen:

> "Die Vansbank, welche in der Branche als **fachlich sehr kompetent gilt** und deren **Managementkompetenzen geschätzt werden** (wie z. B. die Entwicklung einer guten Unternehmensstrategie), hatte nach Meinung externer Experten **wissentlich und vorsätzlich** gegen die allgemein üblichen **Normen und Regeln** der Branche **verstoßen** und eigene Kreditforderungen zu hoch bewertet. Die Bank musste nun diese Forderungen neu bewerten und hohe Verluste (Abschreibungen) verzeichnen."

(b) Art der Rechenschaftsabgabe

Nachdem das vertrauenszerstörende Ereignis beschrieben wurde, gab der CEO im Aktionärsbrief Rechenschaft zum Gewinneinbruch ab. Hierzu existierten sechs verschiedene Versionen (jeweils für die zwei unterschiedlichen negativen Ereignisse, siehe (a)):

1.) Abwarten: Das Unternehmen äußert sich nicht zu dem Gewinneinbruch und dem negativen Ereignis.

2.) Ablehnung: Das Unternehmen sieht das Jahresergebnis positiv und erkennt keine Schwächen oder Negativität im Jahresergebnis.

3.) Relativierung: Aus Unternehmenssicht ist das Jahresergebnis in Relation betrachtet gar nicht so schlecht. Das Unternehmen zieht z. B. Vergleiche mit anderen Unternehmen und/oder Ergebnissen und/oder Mitbewerbern.

4.) Ausrede: Das Unternehmen macht deutlich, dass es nichts für das schlechte Jahresergebnis kann. Das diesjährige Ergebnis lag, laut Unternehmen, außerhalb der Kontrolle und der Verantwortung des Unternehmens.

5.) Eingeständnis: Das Unternehmen macht deutlich, dass es für das Ergebnis mitverantwortlich ist. Das Jahresergebnis lag deshalb auch innerhalb der Kontrolle des Unternehmens.

6.) Maßnahmen: Das Unternehmen bezieht sich auf die Zukunft. Es hebt hervor, wie sich das Jahresergebnis in der Zukunft entwickeln wird. Hierbei werden z. B. Gründe oder Überzeugungen aufgeführt, dass sich das Jahresergebnis in der Zukunft anders oder gleich entwickeln wird.

Aufgrund der unterschiedlichen Ursachen des negativen Ereignisses unterschieden sich die Rechenschaftsaussagen dabei leicht in den zwei unterschiedlichen Ereignissen (Fähigkeitsverletzung vs. Integritätsverletzung). Exemplarisch sei der Unterschied bei der Verwendung der Kategorie Ausrede dargestellt. So wurde eine Ausrede bei dem Szenario der Fähigkeitsverletzung mittels folgender Aussage operationalisiert:

„Liebe Aktionärinnen, liebe Aktionäre,

*(...) An dieser Stelle meines Briefes an Sie möchte ich mich wie üblich zu unserem Jahresergebnis äußern. Ja, es stimmt, wir haben einen Gewinnrückgang erleiden müssen. Dieses Ergebnis lag jedoch **außerhalb unserer Kontrolle und Verantwortlichkeit**. Denn die sich vertiefende Rezession liefert den Kontext für unser Finanzergebnis. Es steht außer Frage, dass das rezessive Umfeld die Ergebnisse aller unserer Geschäfte trifft. Die Größe unserer **Verluste in 2012** sind deshalb auch das **Ergebnis schwerer Marktturbulenzen**.*

(...)

Wir bedanken uns für Ihre Unterstützung. Ihr Vertrauen ist unsere Lizenz zum Handeln.

Mit freundlichen Grüßen,

Herbert Mayer (Vorstandsvorsitzender)"

Wohingegen im Szenario der Integritätsverletzung eine dem Gegenstand angepasste Ausrede verwendet wurde:

„Liebe Aktionärinnen, liebe Aktionäre,

(...) An dieser Stelle meines Briefes an Sie möchte ich mich wie üblich zu unserem Jahresergebnis äußern. Ja, es stimmt, wir haben einen Gewinnrückgang erleiden müssen. Dieses Ergebnis lag jedoch **außerhalb unserer Kontrolle und Verantwortlichkeit**. Ein von **uns nicht verursachter Computerfehler** ist für die Fehlbewertungen der Forderungen verantwortlich. Dies war maßgeblich für den Gewinnrückgang.

(...)

Wir bedanken uns für Ihre Unterstützung. Ihr Vertrauen ist unsere Lizenz zum Handeln.

Mit freundlichen Grüßen,

Herbert Mayer (Vorstandsvorsitzender)"

In Anhang 5: Rechenschaftsaussagen (S. 248 ff.) sind die verschiedenen operationalisierten Rechenschaftsaussagen dargestellt.

4.2.3.4 Operationalisierung der abhängigen Variablen

4.2.3.4.1 Operationalisierung der wahrgenommenen Vertrauenswürdigkeit

Wie in Kapitel 2.2 (S. 19 ff.) dargestellt, wird Vertrauen in dieser Arbeit als ein mehrdimensionales Konstrukt aufgefasst und zwischen Vertrauenswürdigkeit und Vertrauensintention unterschieden. Zur Operationalisierung bieten sich besonders die Items[690] von Mayer/Davis (1999) an,[691] da diese in verschiedenen Studien erfolgreich eingesetzt werden konnten.[692] Ferrin et al. (2007) und Dirks et al. (2011) verwenden eine Auswahl der Items von Mayer/Davis (1999) und können dabei sehr gute Reliabilitäts- und Validitätswerte erzielen. In beiden Untersuchungen bestätigte eine konfirmatorische Faktoranalyse das aufgestellte Modell. Die Studien sind der vorliegenden Untersuchung in Aufbau und Struktur ähnlich und bieten sich daher im besonderen Maße an. Allerdings beziehen sich die Items von Ferrin et al. (2007) und Dirks et al. (2011) primär auf eine interpersonelle Beziehung (Vertrauen zwischen Mitarbeiter und Management), sodass diese der in dieser Arbeit verwendeten Forschungsfrage teilweise angepasst werden müssen. Die Übersetzung der Items wurde mit verschiedenen Personen[693] durchgeführt.[694] Dabei wurden die Ergebnisse auch mit anderen deutschen Übersetzungen, wie z. B. den deutschen Übersetzungen von Wiedmann/Wüstefeld/Klibert (2011), verglichen.[695] Die Autoren haben ebenfalls eine interorganisationale Perspektive zum Gegenstand ihrer Forschung (Vertrauen zwischen Unternehmen und Investoren). Auch sie passen überwiegend die Items von Ma-

---

[690] Vgl. Mayer/Davis (1999), S. 136.
[691] Bei Mayer/Davis (1999) sind die „Trusting beliefs" mit der Dimensionen der wahrgenommenen Vertrauenswürdigkeit vergleichbar sowie die Vertrauensintention mit dem eigentlichen Vertrauen.
[692] Vgl. z. B. Van Laer/Ruyter (2010), S. 166 ff.; Wiedmann/Wüstefeld/Klibert (2011), S. 78 ff.; Dirks et al. (2011), S. 94 ff., (2006), S. 56 ff.
[693] Unter anderem war auch ein Englischlehrer bei der Übersetzung und Validierung involviert.
[694] Dabei wurden, wie oft vorgeschlagen, sowohl die englischen Items ins Deutsche übersetzt, als auch die übersetzten deutschen Versionen wieder von nicht beteiligten Personen zurückübersetzt.
[695] Vgl. Wiedmann/Wüstefeld/Klibert (2011), S. 98.

Kapitel 4 – Vertrauenswiederaufbau durch Rechenschaftsabgabe 173

yer/Davis (1999) dem Gegenstand ihrer Untersuchung an[696] und erzielen hiermit ebenfalls durchgehend valide und reliable Ergebnisse bei der Konstruktmessung.[697] Bei der Operationalisierung der wahrgenommenen Vertrauenswürdigkeit wird zwischen der wahrgenommenen Fähigkeit (1) und der wahrgenommenen Integrität (2) unterschieden.[698]

(1) Operationalisierung der wahrgenommen Fähigkeit

Um die wahrgenommene Fähigkeit abzufragen, wurden vier Items verwendet. Zum einen sollte angegeben werden, wie qualifiziert das Management der Vansbank eingeschätzt wird (F1 und F2). Zum anderen sollte angegeben werden, wie die Vansbank bezogen auf ihre Geschäftstätigkeit eingeschätzt wird (F3 und F4).[699]

Nr.	Item	Quelle
F1	Die Vansbank ist sehr qualifiziert.	Ferrin et al. (2007); Dirks et al. (2011)
F2	Ich bin von den Fähigkeiten der Vansbank überzeugt.	Ferrin et al. (2007); Dirks et al. (2011)
F3	Die Vansbank ist sehr gut in dem, was sie macht.	Ferrin et al. (2007); Dirks et al. (2011)
F4	Die Vansbank hat gute Kenntnisse über die Arbeit, die getan werden muss.	Ferrin et al. (2007); Dirks et al. (2011)

Tabelle 12: Items – wahrgenommene Fähigkeit

---

[696] Vgl. Wiedmann/Wüstefeld/Klibert (2011), S. 80, insbesondere Fußnote 179.
[697] Vgl. Wiedmann/Wüstefeld/Klibert (2011), S. 96 ff. Allerdings ist anzumerken, dass das aufgestellte Modell der drei Autoren sehr kritisch zu betrachten ist. Denn bei der Operationalisierung von Vertrauen (Vertrauensintention) weichen diese von den Skalen von Mayer/Davis (1999) ab und verwenden Skalen von anderen Autoren. Es ist jedoch fraglich, ob die Autoren mit diesen Items wirklich Vertrauen (i.e.S. Bereitschaft sich verwundbar zu machen) messen. Gleichzeitig stellt sich, wie bereits erwähnt, die Frage, ob mit dem Versuch, die Vertrauenshandlung zu operationalisieren, nicht eher die Bereitschaft, sich verwundbar zu machen (i.e.S. Vertrauen), operationalisiert wurde (vgl. Wiedmann/Wüstefeld/Klibert (2011), S. 78 ff.).
[698] Vgl. hierzu auch die Ausführungen in Kapitel 2.2 (S. 19 ff.).
[699] Vgl. Wiedmann/Wüstefeld/Klibert (2011), S. 80.

(2) Operationalisierung der wahrgenommen Integrität

Mit der ersten Frage wurde direkt nach der Integrität des Unternehmens gefragt (I1). Anschließend sollte eingeschätzt werden, inwiefern man sich mit den Werten der Bank identifizieren kann (I2). Danach sollte beurteilt werden inwiefern das Unternehmen Prinzipien besitzt (I3), ehrlich ist (I4), und einen starken Gerechtigkeitssinn besitzt (I5). Zuletzt wurde noch abgefragt, wie fair das Unternehmen mit seinen Anteilseignern umgeht (I6).[700]

Nr.	Item	Quelle
I1	Die Vansbank besitzt ein hohes Maß an Integrität.	Ferrin et al. (2007); Dirks et al. (2011)
I2	Ich mag die Werte der Vansbank.	Ferrin et al. (2007); Dirks et al. (2011)
I3	Es scheint, dass das Verhalten der Vansbank durch vernünftige Prinzipien geleitet wird.	Ferrin et al. (2007); Dirks (2011)
I4	Die Vansbank wird sich an ihre Versprechen halten.	Ferrin et al. (2007); Dirks et al. (2011)
I5	Die Vansbank hat einen starken Sinn für Gerechtigkeit.	Ferrin et al. (2007); Dirks et al. (2011)
I6	Die Vansbank behandelt ihre Aktionäre mit Respekt.	Ferrin et al. (2007); Dirks et al. (2011)

Tabelle 13: Items – wahrgenommene Integrität

4.2.3.4.2 Operationalisierung der Vertrauensintention

Die Vertrauensintention – also die Bereitschaft, sich in einer spezifischen Situation verwundbar zu machen – wird, wie aufgezeigt wurde, in anderen Studien oftmals als das eigentliche Vertrauenskonstrukt aufgefasst. Insofern entspricht die Vertrauensintention dem Vertrauensverständnis anderer Konzepte.[701] Wie erwähnt, werden für die Operationalisierung ebenfalls die etablierten Items von Ferrin et al. (2007) und

---

[700] Vgl. Wiedmann/Wüstefeld/Klibert (2011), S. 81.
[701] Ähnlich auch bei Kim et al. (2006), S. 56, Fußnote 5.

Dirks et al. (2011) verwendet. Hierzu wird einerseits abgefragt, ob man der Bank die vollständige Kontrolle über das Unternehmen überlassen würde (V1) – umgekehrte Wertung –, zum anderen, ob man persönliche wichtige Angelegenheiten der Bank überlassen würde (V3-V4) – V4 umgekehrte Wertung –. Weiterhin musste beurteilt werden, inwieweit die Bank wichtige Entscheidungen für einen selbst treffen dürfte (V5).

Nr.	Item	Quelle
V1	Ich würde dem Management der Vansbank weiterhin vollständige Kontrolle über die Zukunft des Unternehmens überlassen.	Ferrin et al. (2007); Dirks et al. (2011)
V2	Ich würde gerne überwachen, was die Vansbank macht.	Ferrin et al. (2007); Dirks et al. (2011)
V3	Ich wäre damit einverstanden, dem Management weiterhin alle zentralen Angelegenheiten der Vansbank zu überlassen, ohne sie zu kontrollieren.	Ferrin et al. (2007); Dirks et al. (2011)
V4	Wenn es nach mir ginge, würde ich der Vansbank keinen Einfluss über sensible Dinge geben, die mich betreffen.	Ferrin et al. (2007); Dirks et al. (2011)
V5	Ich wäre damit einverstanden, dass die Vansbank weiterhin wichtige Entscheidungen trifft, die auch mich betreffen (z. B. Unternehmensstrategie entwickeln, Gewinne ausschütten oder einbehalten etc.).	Ferrin et al. (2007); Dirks et al. (2011)

Tabelle 14: Items – Vertrauensintention

4.2.3.4.3 Operationalisierung der wahrgenommenen Glaubwürdigkeit und Verantwortlichkeit

Um die wahrgenommene Glaubwürdigkeit einer Rechenschaftsaussage sowie die wahrgenommene Verantwortung des Unternehmens zu messen, wurde eine Ein-Item-Skala verwendet. Insgesamt gibt es eine breite forschungsübergreifende Diskussion über die generelle Verwendung von Multi-Item Skalen im Vergleich zu Ein-

Item-Skalen.[702] Allerdings wird heute die Diskussion differenzierter geführt und der Ansicht von Churchill (1979), für welchen „individual items typically have considerable measurement error; they produce unreliable responses",[703] nicht mehr in dieser Absolutheit gefolgt.[704] Vielmehr wird der in der Literatur heute noch stark vertretene „mindless use of multi-items measures"[705] immer öfter kritisiert. Denn die Forschung zeigt, dass in vielen Situationen Ein-Item-Skalen nicht nur anwendbar, sondern auch anderen Skalen überlegen sein können. Für Diamantopoulos et al. (2012) sind z. B. Ein-Item-Skalen zu bevorzugen, wenn: „the construct is very concrete and it can be reasonably assumed that there is virtually unanimous agreement among respondents as to what characteristic is being measured".[706]

In dieser Studie wird deshalb die wahrgenommene Glaubwürdigkeit, in Anlehnung an Utz/Matzat/Snijders (2009), wie folgt operationalisiert (vgl. Tabelle 15):

Nr.	Item	Quelle
G1	Wie glaubwürdig empfinden Sie die Aussagen im Aktionärsbrief	In Anlehnung an Utz et al. (2009)

Tabelle 15: Item - wahrgenommene Glaubwürdigkeit

Die wahrgenommene Verantwortung des Unternehmens wurde mittels folgender Ein-Item Frage gemessen (vgl. Tabelle 16):

---

[702] Vgl. z. B. Churchill (1979); Bergkvist/Rossiter (2007); Diamantopoulos et al. (2012); Gardner et al. (1998); Rossiter (2002).
[703] Churchill (1979), S. 66. (Churchill (1979) ist eines der Standardwerke, welches oft von Kritikern der Single-Item Messung aufgeführt wird).
[704] Vgl. z. B. die Kritik an Churchill (1979) von Rositter (2002), S. 321 f.
[705] Bergkvist/Rossiter (2007), S. 183.
[706] Diamantopoulos et al. (2012), S. 445 f.

Kapitel 4 – Vertrauenswiederaufbau durch Rechenschaftsabgabe 177

Nr.	Item	Quelle
WV1	Die Vansbank ist für den Gewinneinbruch verantwortlich	Eigene

Tabelle 16: Item - wahrgenommene Verantwortung

4.2.3.5 Pretests und Kontrollgruppen

(1) Pretests

Alle verschiedenen Aspekte der Fragebögen, wie z. B. die Operationalisierung der Fähigkeitsverletzung vs. Integritätsverletzung, wurden in verschiedenen Pretest-Varianten ausführlich auf Konsistenz und Verständlichkeit getestet und gegebenenfalls angepasst. Aufgrund des onlinepanel-bevölkerungsrepräsentativen Charakters der Stichprobe wurden die Pretests bewusst mit Personen durchgeführt, welche sich in den Kriterien Alter, Bildungsgrad, Geschlecht und Einkommen deutlich unterschieden. So wurden z. B. sowohl unter 30-jährige als auch über 60-jährige, Personen mit unterschiedlichem Bildungsgrad, Frauen und Männer etc. in die Pretests miteinbezogen.[707] Bei der Durchführung wurde sich an den Empfehlungen von Prüfer/Rexroth (2005) orientiert. So wurden klassische Beobachtungs-Pretests durchgeführt,[708] indem bestimmte Varianten der Fragebögen programmiert und Test-Personen vorgelegt wurden. Diese hatten dabei die Möglichkeit, online kritisch Anmerkungen zu machen. Darüber hinaus wurden auch kognitive Interviews geführt, bei denen die Test-Personen sowohl während („think-loud") als auch nach der Beantwortung durch gezieltes Nachfragen des Autors Anmerkungen zum Fragebogen machen konnten. Die Pretest Fragebögen wurden vom Autor dieser Untersuchung mittels „SoSci Survey" (oFb - der online Fragebogen)[709] programmiert. Insbesondere

---

[707] Vgl. hierzu die Anmerkungen bei Atteslander/Cromm (2006), S. 277.
[708] Wobei die Teilnehmer im Gegensatz zu den Ausführungen von Prüfer/Rexroth (2005) über den Testcharakter informiert waren. Dies wurde gemacht, damit die Teilnehmer bewusst Anmerkungen zu unklaren Sachverhalten äußern konnten.
[709] Vgl. Leiner (2013). SoSci Survey (Version 2.3.04) wurde am Institut für Sozialwissenschaften der Uni München speziell für wissenschaftliche Zwecke entwickelt und ermöglicht das individuelle Gestalten von Fragebögen mittels PHP und HTML. Für wissenschaftliche Projekte ist das Softwarepaket sowie die Nutzung der Server kostenlos (Angaben des Herstellers) (vgl. SoSci Survey (o.J.)).

die verschiedenen Rechenschaftsaussagen erfuhren im Rahmen der Pretests Anpassungen, da in den ersten Versionen der Fragebögen besonders die Trennschärfe und Wiedererkennung der verschiedenen Rechenschaftsaussagen bemängelt wurde.

(2) Kontrollgruppen

Um zu testen, ob die Teilnehmer überhaupt eine Vertrauensbeziehung zu dem fiktiven dargestellten Unternehmen aufbauen können und ob das dargestellte vertrauenszerstörende Ereignis dieses Vertrauen auch wirklich negativ beeinflussen kann, wurde im Rahmen der Kontrollgruppen Vertrauen zu unterschiedlichen Zeitpunkten gemessen.[710] Hierin sollten die Teilnehmer das Vertrauen zu der Bank direkt *vor* und *nach* dem negativen Ereignis bewerten. Eine Rechenschaft zu dem negativen Ereignis wurde den Teilnehmern der Kontrollgruppen hingegen nicht vorgelegt.

4.2.3.6 Manipulations-Checks

Obwohl es umstritten ist, ob bei einer „Message-Manipulation" ein Manipulations-Check überhaupt notwendig ist,[711] wurden, um die Wirksamkeit der Manipulation der Art des Normverstoßes (Fähigkeitsverletzung oder Integritätsverletzung) sowie der Art der Rechenschaftsabgabe (sechs verschiedene Typen)[712] besser beurteilen zu können, zwei Manipulations-Checks durchgeführt.

Mit den ersten beiden Fragen wurde überprüft, ob die Art des Normverstoßes richtig erkannt wurde: Diese wurden direkt nach dem Normverstoß, wie folgt, abgefragt.

---

[710] Jeweils eine Gruppe für Fähigkeitsverletzung und eine für Integritätsverletzung. (Ähnliches Vorgehen bei Kim et al. (2004), wobei diese nur eine Pilotstudie für beide negative Ereignisse durchgeführt haben) (vgl. Kim et al. (2004), S. 108).
[711] Vgl. hierzu im Detail O'Keefe (2003).
[712] Die Kombinationen wurden nicht separat getestet, da sich diese direkt aus den sechs „Ursprungsaussagen" zusammensetzten.

1.) In dem obigen Text hat das Unternehmen einen Gewinneinbruch erleiden müssen. Was war der wahrscheinlichste Grund hierfür?

a.) Die vom Management entwickelte Unternehmensstrategie, welche den Gewinneinbruch nicht verhindern konnte

b.) Das Verhalten des Unternehmens bzw. Managements, da es bewusst und willentlich gültige Regeln und Normen gebrochen hat

c.) Ich weiß es nicht

2.) Welche Frage wirft dieses Ereignis am ehesten auf?

a.) vor allem Fragen bezogen auf die Fähigkeiten des Unternehmens bzw. Managements (z. B. richtige Unternehmensstrategie wie Art und Umfang des Investmentbanking etc.)

b.) vor allem Fragen bezogen auf die Integrität des Unternehmens bzw. Managements (z. B. Bereitschaft, sich an gesetzliche Normen und Regeln zu halten etc.)

c.) Ich weiß es nicht

Antwort	Frage 1		Frage 2	
	Gruppe Fähigkeitsverletzung	Gruppe Integritätsverletzung	Gruppe Fähigkeitsverletzung	Gruppe Integritätsverletzung
a.)	**63,1**	24,4	17,9	**53,9**
b.)	18,6	**63,6**	**67,2**	36,2
c.)	18,3	12,0	14,9	9,9

Tabelle 17: Manipulations-Check – Negatives Ereignis (Angaben in % der Teilnehmer)[713]

---

[713] Fett hervorgehoben: Richtige Antworten.

Insgesamt wurden beide Manipulations-Checkfragen in den Experimentalgruppen von der Mehrzahl der Personen richtig beantwortet. Die Kontrollfrage zwei weist jedoch für den Fall der Integritätsverletzung schlechtere Ergebnisse auf, wobei 53,9 % der Teilnehmer die Frage richtig beantworteten, im Vergleich zu 36,2 %, welche die Frage falsch beantworteten.

Zusammenfassend kann jedoch die Manipulation des negativen Ereignisses als erfolgreich angesehen werden.

Mit der letzten Frage wurde getestet, ob die Art der Rechenschaftsabgabe richtig erfasst wurde. Dieser Frage wurde am Ende der Befragung nachgegangen und nicht direkt nach der Rechenschaftsabgabe. Es wurde befürchtet, dass sonst die Teilnehmer beeinflusst werden könnten und die zu testenden Hypothesen erahnen würden.[714] Aus diesem Grund wurde, wie z. B. von Mitchell/Jolley (2013) vorgeschlagen, der Manipulationstest am Ende der Befragung durchgeführt.[715] Aufgrund der bei Onlinestudien oft nachlassenden Konzentration sowie der relativ zahlreichen Aufgabenstellungen der Umfrage wurde diese Seite bewusst so programmiert, dass diese erst nach ca. 30 sec. Bildschirmdarstellung weiter geklickt werden konnte. Dies sollte die Konzentration der Teilnehmer auf den Text und die Fragestellung erhöhen.

Es wurde folgender Manipulations-Checks, bezogen auf den Aktionärsbrief, gestellt:

3.) Bitte kreuzen Sie die Definition an, die am besten den obigen Text beschreibt.

a.) Das Unternehmen sieht das Jahresergebnis positiv und erkennt keine Schwächen oder eine Negativität im Jahresergebnis.

b.) Das Unternehmen bezieht sich auf die Zukunft. Es hebt hervor, wie sich das Jahresergebnis in der Zukunft entwickeln wird. Hierbei werden z. B. Gründe oder Überzeugungen aufgeführt, dass sich das Jahresergebnis in der Zukunft positiver entwickeln wird.

---

[714] Bei den ersten zwei Manipulations-Checkfragen bestand die Gefahr nicht. Es wurde eher vermutet, dass die Manipulations-Checks den manipulierenden Effekt verstärken könnten.
[715] Vgl. Mitchell/Jolley (2013), S. 188.

Kapitel 4 – Vertrauenswiederaufbau durch Rechenschaftsabgabe

c.) *Das Unternehmen macht deutlich, dass es für das Ergebnis mitverantwortlich ist. Das Jahresergebnis lag deshalb auch innerhalb der Kontrolle des Unternehmens.*

d.) *Das Unternehmen macht deutlich, dass es nicht für das schlechte Jahresergebnis verantwortlich ist. Das diesjährige Ergebnis lag, laut Unternehmen, außerhalb der Kontrolle und der Verantwortung des Unternehmens.*

e.) *Aus Unternehmenssicht ist das Jahresergebnis in Relation betrachtet gar nicht so schlecht. Das Unternehmen zieht z. B. Vergleiche mit anderen Unternehmen und/oder Ergebnissen und/oder Mitbewerbern.*

f.) *Das Unternehmen schweigt. Es macht keine Angaben zu seinem Jahresergebnis.*

Die Ergebnisse dieser Manipulations-Checks sind in Tabelle 18 dargestellt. Insgesamt ist die richtige Erklärung zu der Rechenschaftsaussage bei allen Gruppen die am meisten ausgewählte Antwort. Allerdings sind die Ergebnisse für Ablehnung und die Relativierung nicht sehr hoch. Bei der Integritätsverletzung sind außerdem die Ergebnisse für die Kategorie „Maßnahmen" sehr niedrig. Dies ist erstaunlich, da innerhalb der Pretests alle Fragen als sehr eindeutig und unkritisch aufgefasst wurden. Die verhältnismäßig niedrigen Ergebnisse könnten an der Platzierung der Manipulations-Checkfragen am Ende des Fragebogens liegen. Es ist denkbar, dass, wie vermutet, die Konzentration am Ende des Fragebogens schlechter wurde und die Teilnehmer sich nicht noch einmal den kompletten Text durchlesen wollten (order Effekte). Die schlechteren Ergebnisse für die Kategorie Maßnahme können auch damit erklärt werden, dass aufgrund eines Programmierfehlers für diese Kategorie mehrere und keine Antwortmöglichkeiten zugelassen wurden.

Rechenschaftsaussage	Fähigkeitsverletzung	Integritätsverletzung
Abwarten	75,7	75,2
Ablehnung	58,7	37,7
Ausrede	78,6	67,7
Eingeständnis	79,0	84,2
Relativierung	52,5	55,7
Maßnahme*	66,7	23,7

*Für die Kategorie Maßnahmen waren aufgrund eines Programmierfehlers mehrere Antwortmöglichkeiten zugelassen.

Tabelle 18: Richtige Beantwortung des Manipulations-Checks – Rechenschaftsaussagen (Angaben in % der Teilnehmer)

4.2.3.7 Beurteilung der Validität der Untersuchung

Wichtig bei der Beurteilung der Validität der Untersuchung ist, dass die allgemeinen Kriterien der internen (1) und externen (2) Validität erfüllt sind. Dabei ist die notwendige Bedingung einer externen Validität das Vorliegen einer internen Validität.[716] Darüber hinaus muss die Güte der Konstruktmessung (3) ein hinreichendes valides Ergebnis liefern, um von einer angemessenen Validität der Untersuchung ausgehen zu können.

(1) Interne Validität:

Die interne Validität kann als gegeben angesehen werden, wenn Störgrößen vermieden wurden und methodisch korrekt gearbeitet wurde.[717] Bei Experimenten werden hierzu einige wichtige Störgrößen in der Literatur hervorgehoben,[718] welche in Abhängigkeit der jeweiligen Untersuchung unterschiedlich starke Relevanz haben. Zu den wichtigsten dieser Störgrößen gehören systematische Verzerrungen durch z. B. bewusste Teilnehmeraufteilung oder selektive Fallauswahl. Dieses wurde unterbunden, indem die Teilnehmer per Computer zufällig auf eine der Gruppen verteilt wurden. Auf diese Aufteilung hatte der Studienleiter keinen Einfluss. Darüber hinaus könnte eine bewusste oder unbewusste Behandlung der einzelnen Experimental-

---

[716] Vgl. Geiger (2007), S. 158.
[717] Vgl. Geiger (2007), S. 166.
[718] Vgl. z. B. die Übersicht bei Geiger (2007), S. 167.

gruppen eine ungewollte Verzerrung verursachen („experimental bias"). Dies kann jedoch durch den internetbasierten Charakter der Untersuchung weitgehend ausgeschlossen werden, da die Teilnehmer keinen Kontakt zu dem Versuchsleiter hatten.[719] Außerdem bestand die Gefahr, dass die Teilnehmer die zu untersuchenden Hypothesen erkennen und dadurch in ihrem Antwortverhalten beeinflusst werden („participant bias"). Dies sollte verhindert werden, indem keine weiteren Hinweise zum Ziel und Zweck der Untersuchung gegeben wurden. Außerdem wurden die Manipulation-Checks, welche auf die Hypothesen hätten hindeuten können, an das Ende der Untersuchung gesetzt.

Ein weiterer oft genannter Faktor ist die richtige und wirksame Manipulation der Variablen. Um dies zu erreichen, wurden den Teilnehmern gleiche Fragebögen vorgelegt, welche bis auf die zu untersuchende Variable identisch waren. Darüber hinaus wurden Manipulations-Checks durchgeführt. Kritisch anzumerken sind hierbei die in Kapitel 4.2.3.6 (S. 178 ff.) teilweise beschriebenen geringen Werte bei den Manipulations-Checks. Für die Konstrukte Ablehnung und Relativierung für den Fall der Fähigkeitsverletzung und für die Konstrukte Ablehnung, Relativierung und Maßnahme für den Fall der Integritätsverletzung konnten keine eindeutigen Ergebnisse bezogen auf die erfolgreiche Manipulation der Variablen erzielt werden. Dies ist insofern überraschend, da im Rahmen der vorgenommen Pretests die Manipulationen durchweg als sehr eindeutig wahrgenommen wurden.[720] Die Pretests hatten jedoch auch einen stärkeren Laborcharakter und die Teilnehmer konnten so bewusster darauf hingewiesen werden, gewissenhaft zu antworten. Teilweise könnten die Ergebnisse also auch aufgrund der Erhebungsmethode (Befragung über das Internet) schlechter ausgefallen sein. Aufgrund einer befürchteten Verzerrung wurden die Manipulations-Checks bewusst über den Fragebogen hinweg verteilt. Dies könnte ebenfalls eine negative Auswirkung auf die Ergebnisse gehabt haben, da sich die Wiederholung von Fragestellungen negativ auf die Aufmerksamkeit ausgewirkt haben könnte (Order-Effekte).

---

[719] Denkbar sind lediglich technisch bedingte Darstellungsunterschiede aufgrund z. B. unterschiedlicher Browserbar.

[720] Auch in den Pre-Tests wurden, wie angemerkt, Personen verschiedenen Geschlechtes, Alters und Bildungsgrades einbezogen.

Insgesamt ist jedoch hervorzuheben, dass Manipulations-Checks, im absoluten Verhältnis gesehen, richtig beantwortet wurden. Darüber hinaus ist es umstritten, ob bei solchen Untersuchungen (Message Manipulationen) überhaupt Manipulations-Checks notwendig sind. Einige Forscher bezweifeln generell, dass das Vorliegen eines Manipulation-Checks wirklich immer eine Voraussetzung für die Durchführung von Experimenten darstellt.[721] Somit sind auch weniger eindeutige Ergebnisse bei Manipulations-Checks kein zwingender Grund, die Validität der Daten anzuzweifeln. Denn von entscheidender Bedeutung ist die Tatsache, dass die Unterschiede in den unabhängigen Variablen (i.e.S. Rechenschaftsaussagen) faktisch vorhanden sind, ob die Teilnehmer diese identifizieren oder nicht.[722] O'Keefe (2003) ist deshalb auch der Meinung: „when the research question concerns the effect of a message variation on a persuasive outcome, no message manipulation check is required".[723]

Um jedoch Verzerrungen ausschließen zu können, wurden zusätlich Robustheits-Checks durchgeführt. So wurden Mittelwertvergleiche zwischen den Teilnehmern, welche die Manipulationsfragen richtig beantwortet hatten und denen, welche sie falsch beantwortet hatten, vorgenommen. Ein t-test zeigte dabei auf einem 95%-Niveau für die drei Vertrauensdimensionen (wahrgenommene Fähigkeit, wahrgenomme Integrität und Vertrauensintention) keine signifikanten Unterschiede.

Ausnahme bildete das Konstrukt der Ablehnung für den Fall der Integritätsverletzung. Hier zeigte sich für die wahrgenommene Fähigkeit ein signifikant höherer Mittelwert bei der Gruppe, welche den Manipulations-Check falsch beantwortet hatte. Darüberhinaus waren die Ergebnisse der zweiten Manipulationsfrage des negativen Ereignisses für den Fall der Integritätsverletzung nicht eindeutig. Auch hier wurden die Mittelwerte zwischen den Teilnehmern, welche die Manipulation richtig beantwortet hatten und denen, die sie falsche beantworteten, verglichen. Hier zeigte sich ebenfalls jeweils ein signifikanter Unterschied bei den drei Vertrauensdimensionen.

---

[721] Vgl. z. B. Sigall/Mills (1998).
[722] Vgl. ausführlich zu dieser Argumentation O'Keefe (2003).
[723] O'Keefe (2003), S. 257.

Kapitel 4 – Vertrauenswiederaufbau durch Rechenschaftsabgabe 185

Aufgrund der zufälligen Verteilung der Teilnehmer auf die verschiedenen Gruppen ist jedoch davon auszugehen, dass die Manipulationsfragen in einem ähnlichen Verhältnis über die Gruppen hinweg richtig und falsch beantwortet wurden.[724] Das bedeutet, dass die Teilnehmer welche die Manipulationsfragen nicht richtig beantwortet hatten, zwar tendenziell Vertrauen höher bewerten, aufgrund der zufälligen Verteilung der Teilnehmer, werden diese jedoch tendenziell über alle Gruppen hinweg gleichverteilt sein, sodass das Verhältnis der Mittelwertunterschiede zwischen den verschiedenen Gruppen unverändert bleibt. In einem weiteren Robustheits-Check wurden deshalb die im kommenden Kapitel 4.2.4.1 (S. 188 ff.) durchgeführten Hypothesentests nochmals nur mit den Probanden durchgeführt, welche die zweite Manipulation-Check Frage für den Fall der Integriätsverletzung richtig beantwortet hatten. Hier zeigte sich, dass die statistischen Aussagen sich in der Tendenz nicht unterscheiden. Allerdings waren die Ergebnisse meist nicht signifikant was unteranderem auf die geringere Fallgröße aufgrund der Eliminierung von Teilnehmern zurückzuführen sein könnte.[725]

Insgesamt kann die interne Validität der Untersuchung als gegeben angesehen werden.

(2) Externe Validität

Einer der größten Kritikpunkte bei verhaltenswissenschaftlichen Experimenten ist die Übertragbarkeit auf die Realität.[726] Insbesondere ist es schwer, in einem hypothetischen Fall die gleichen Emotionen und Verhaltensweisen zu entwickeln wie in der Realität. Um den Fall so realistisch wie möglich zu machen, wurde dieser deshalb verschiedenen Personen vorgelegt und abgefragt, wie realistisch sie ein solches Szenario einschätzen. Diese Anmerkungen flossen in die Fallerstellung mit ein. Um den Teilnehmern möglichst realistische Rechenschaftsaussagen vorlegen zu können,

---

[724] In den Kontrollgruppen wurde, wie in ähnlichen Studien oft üblich, kein Manipulation-Check durchgeführt.
[725] So waren z. B. in der Gruppe Ausrede nur noch 56 Datensätze vorhanden.
[726] Vgl. Geiger (2007), S. 168 f.

wurden einzelne Aussagen auf Basis von Rechenschaftsaussagen der Geschäftsberichte oder medialen Zeitungsberichten entwickelt.[727]

Weiterhin ist die Generalisierbarkeit der Daten ein wichtiger Punkt der externen Validität bei Experimenten. In der Regel werden hierzu Studenten eingesetzt, was allerdings einen oft genannten Kritikpunkt bei solchen Untersuchungen darstellt.[728] Um diese Problematik zu umgehen, wurde eine onlinepanel-bevölkerungsrepräsentative Befragung durchgeführt. Dies ermöglichte eine bessere Übertragung der Ergebnisse auf die Gesamtpopulation.

Mit diesen Maßnahmen sollte eine hinreichende interne und externe Validität gewährleistet sein.

(3) Güte des Messmodells

Um die Güte der Konstruktmessung zu beurteilen, wurde eine konfirmatorische Faktoranalyse[729] durchgeführt. Das Drei-Faktorenmodell, bei welchem die wahrgenommene Integrität, wahrgenommene Fähigkeit und Vertrauensintention frei miteinander korrelieren konnten, wurde mittels des Pakets „Lavaan"[730] der Software R[731] berechnet (N=1758). Aufgrund zu geringer Faktorladungen (<0,5) wurde die Items V2 und V4 aus der Modellrechnung entfernt.

---

[727] Die Endversionen der Rechenschaftsaussagen unterschieden sich jedoch teilweise stark von den Original-Versionen, da diese im Rahmen der Pretests angepasst werden mussten, um die Trennschärfe zu verbessern.
[728] Vgl. z. B. Reips (2000), S. 92 ff.
[729] Einen guten zusammenfassenden Einstieg in die konfirmatorische Faktorenanalyse bietet z. B. Weede/Jagodzinski (1977).
[730] Vgl. Rossell (2012).
[731] R ist eine freie Programmiersprache und Arbeitsumgebung zur statistischen Datenanalyse (vgl. im Detail: http://www.r-project.org).

Die Modell-Fit Werte für das endgültige Faktormodell finden sich in Tabelle 19.

$\chi^2(62, N = 1758) = 367,1; CFI=0,99; TLI = 0,99$ RMSEA=0,053 (90% Intervall: 0,048– 0,058); SRMR = 0,02				
Faktor	AVE	1	2	3
Wahrgenommene Integrität	0,82	1		
Wahrgenommene Fähigkeit	0,82	0,90	1	
Vertrauensintention	0,74	0,85	0,80	1

Tabelle 19: Modell-Fit und Inter-Korrelationen (N=1.758)

Die Modell-Fit Werte hinterlassen einen sehr guten Eindruck. Der RMSEA („root mean square error approximation") liegt nahe bei 0,05 und zeigt eine sehr gute Anpassungsgüte.[732] Beide Gesamtmaße CFI („Comparative Fit Index") und TLI („Tucker-Lewis Index") liegen mit ihren Werten über den geforderten Richtwerten von 0,90 und 0,95.[733]

Da Tabelle 19 sehr hohe Korrelationen zwischen den Konstrukten aufweist, wird die Diskrimanzvalidität anhand des Fornell-Larcker Kriteriums geprüft.[734] Es zeigt sich, dass alle quadrierten Korrelationen zwischen den Konstrukten kleiner sind als ihre durchschnittlich erfasste Varinanz (AVE). Darüber hinaus ist ein Test durchgeführt worden, der Integrität und Fähigkeit in einem Konstrukt zusammenfasst. Der Vergleich zwischen diesem Zwei-Faktoren Modell und dem ursprünglichen Drei-Faktoren Modell zeigt jedoch eine Differenz des χ^2 von 1.460 auf 1.827 (DF = 64; p < 0,001) und einen durchgängig schlechteren Modell-Fit (z. B. CFI = 94; RMSEA = 0,125). Beide Tests weisen auf diskriminante Validität zwischen den drei Faktoren hin.

Die Konstruktvalidität zeigt mit der durchschnittlich erfassten Varinanz (AVE) Werten von 0,74 bis 0,82 und Werten von Cronbach–alpha von 0,88 bis 0,96 gute bis sehr

---

[732] Vgl. Brown (2006).
[733] Vgl. Brown (2006); Kline (2005).
[734] Vgl. Fornell/Larcker (1981).

gute Werte (vgl. Tabelle 20 für Cronsbach alpha Werte).[735] Darüber hinaus weisen alle Items hohe Faktorladungen auf (alle über 0,80) sodass von einer guten Indikatorreliabilität ausgegangen werden kann[736] (vgl. Tabelle 20). Insgesamt erzielt das aufgestellte Messmodell somit gute Werte bei der Konstruktmessung.

Faktor	alpha	Item	Faktorladung
Wahrgenommene Fähigkeit	0,96	F1	0,93
		F2	0,93
		F3	0,91
		F4	0,86
Wahrgenommene Integrität	0,97	I1	0,93
		I2	0,90
		I3	0,93
		I4	0,90
		I5	0,91
		I6	0,87
Vertrauensintention	0,88	V1	0,92
		V3	0,83
		V5	0,84

Tabelle 20: Reliabilität und Faktorladungen (N=1.758)

4.2.4 Darstellung und Interpretation der Ergebnisse

4.2.4.1 Test der Hypothesen

In einem ersten Schritt wurde überprüft, ob mittels des experimentellen Designs eine Vertrauensbeziehung zwischen den Probanden und der fiktiven Bank aufgebaut werden konnte und ob das fiktive negative Ereignis geeignet war, diese Vertrauensbeziehung zu zerstören.

Für diese Analyse wurden die zwei Kontrollgruppen betrachtet. In diesen wurde das Vertrauen vor dem negativen Ereignis und nach dem negativen Ereignis abgefragt. Ein Vergleich der Mittelwerte macht deutlich, dass alle Vertrauensdimensionen (Ver-

---

[735] Vgl. z. B. Weiber/Mühlhaus (2010), S. 131 ff.
[736] Vgl. z. B. Bagozzi/Yi (1988), S. 80.

Kapitel 4 – Vertrauenswiederaufbau durch Rechenschaftsabgabe 189

trauensintention, wahrgenommene Fähigkeit und wahrgenommene Integrität) nach dem negativen Ereignis sowohl für den Fall der Fähigkeitsverletzung als auch für den Fall der Integritätsverletzung niedriger bewertet werden als vor dem negativen Ereignis (vgl. hierzu Abbildung 19 und Abbildung 20). Ein t-Test für verbundene Stichproben zeigt außerdem, dass diese Unterschiede hoch signifikant sind: (Für den Fall der Fähigkeitsverletzung (Mittelwerte): Vertrauensintention***: 4,3 vs. 3,16, Integrität***: 4,95 vs. 3,82, Fähigkeit***: 5,17 vs. 3,71; sowie für den Fall der Integritätsverletzung (Mittelwerte): Vertrauen***: 4,15 vs. 2,65, Integrität***: 4,72 vs. 2,92, Fähigkeit*: 5,05 vs. 3,18). Deshalb kann festgehalten werden, dass das experimentelle Design zur Untersuchung der in dieser Arbeit aufgestellten Hypothesen geeignet ist. Ein Vergleich der Mittelwerte der Vertrauensbewertung vor dem negativen Ereignis zwischen den Gruppen ergab außerdem keinen signifikanten Unterschied, was die Strukturgleichheit der beiden Gruppen unterstreicht. (Mittelwerte: Vertrauen: 3,8 (FV) vs. 3,8 (IV); Integrität: 5,2 (FV) vs. 5,1 (IV); Integrität: 4,9 (FV). vs. 4,7 (IV)).

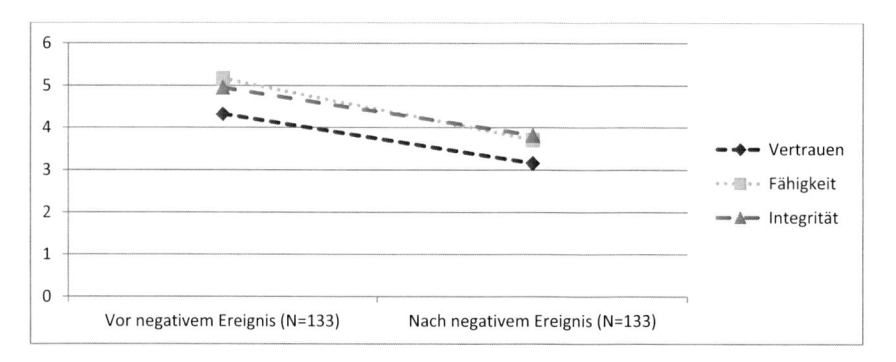

Abbildung 19: Vertrauensbewertung vor und nach Fähigkeitsverletzung

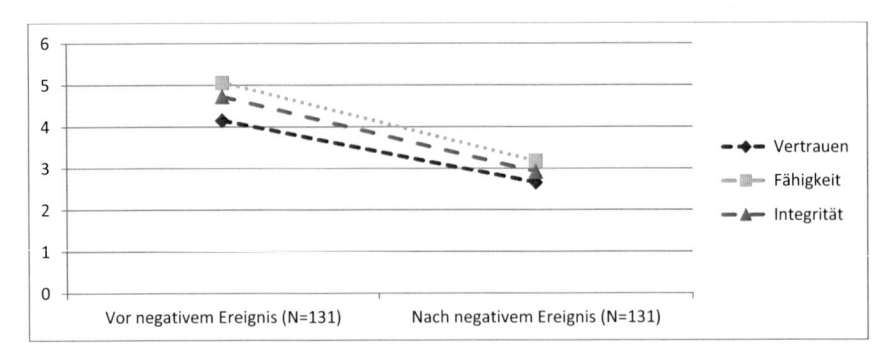

[Diagramm: Vertrauensbewertung vor und nach negativem Ereignis, mit Kurven für Vertrauen, Fähigkeit und Integrität; Werte fallen von ca. 4–5 auf ca. 3]

Abbildung 20: Vertrauensbewertung vor und nach Integritätsverletzung

Hypothese 1: Abwarten wird kein Vertrauen wiederherstellen

Zur Analyse der Hypothese 1 wurden die Mittelwerte zwischen den Kontrollgruppen und den Gruppen, welche Abwarten als Rechenschaftsaussage hatten, miteinander verglichen. Es zeigt sich, dass die Vertrauenswürdigkeit und die Vertrauensintention immer schlechter bewertet werden, wenn geschwiegen wird. Dieser Unterschied ist signifikant. Darüber hinaus zeigen die Werte für Cohens d für den Fall der Fähigkeitsverletzung tendenziell mittlere und für den Fall der Integritätsverletzung kleine Effektstärken[737] (vgl. hierzu Abbildung 21).

---

[737] Alle Effektgrößen (Cohens d) dieser Arbeit wurden mittels der Mittelwerte, Gruppengrößen und der Standardabweichungen berechnet. Nach Cohen (1992) werden Werte von d>0,20 als kleine Effekte, d>0,50 als mittlerer Effekte und d>0,80 als große Effekte bezeichnet (vgl. Cohen (1992), S. 156 f.).

Kapitel 4 – Vertrauenswiederaufbau durch Rechenschaftsabgabe

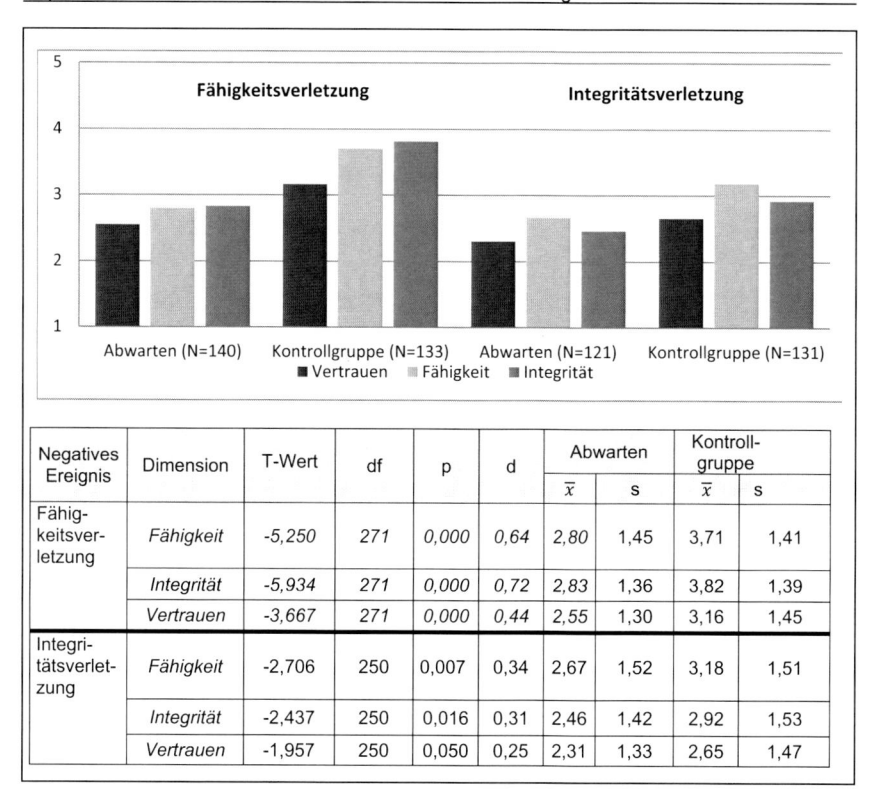

Negatives Ereignis	Dimension	T-Wert	df	p	d	Abwarten		Kontrollgruppe	
						$\bar{x}$	s	$\bar{x}$	s
Fähigkeitsverletzung	Fähigkeit	-5,250	271	0,000	0,64	2,80	1,45	3,71	1,41
	Integrität	-5,934	271	0,000	0,72	2,83	1,36	3,82	1,39
	Vertrauen	-3,667	271	0,000	0,44	2,55	1,30	3,16	1,45
Integritätsverletzung	Fähigkeit	-2,706	250	0,007	0,34	2,67	1,52	3,18	1,51
	Integrität	-2,437	250	0,016	0,31	2,46	1,42	2,92	1,53
	Vertrauen	-1,957	250	0,050	0,25	2,31	1,33	2,65	1,47

Abbildung 21: Vergleich – Abwarten und Kontrollgruppe

Hypothese 2a: *Ablehnungen werden Vertrauen wiederaufbauen*

Zur Überprüfung der Hypothese 2a wurden die Mittelwerte zwischen den Kontrollgruppen und den Gruppen, welche eine Ablehnung als Rechenschaftsaussage vorgelegt bekamen, miteinander verglichen (jeweils für den Fall der Fähigkeitsverletzung und Integritätsverletzung). Hierbei zeigte sich für den Fall der Integritätsverletzung, dass die wahrgenommene Vertrauenswürdigkeit (Fähigkeit und Integrität) als auch die Vertrauensintention immer besser bewertet werden, wenn eine Ablehnung abgegeben wurde. Ein t-Test zeigte auch, dass diese Unterschiede statistisch signifikant sind. Für den Fall der Fähigkeitsverletzung konnten hingegen keine signifikaten

Ergebnisse nachgewiesen werden. Insgesamt können die Daten den postulierten Zusammenhang der Hypothese 2a nur teilweise bestätigen.

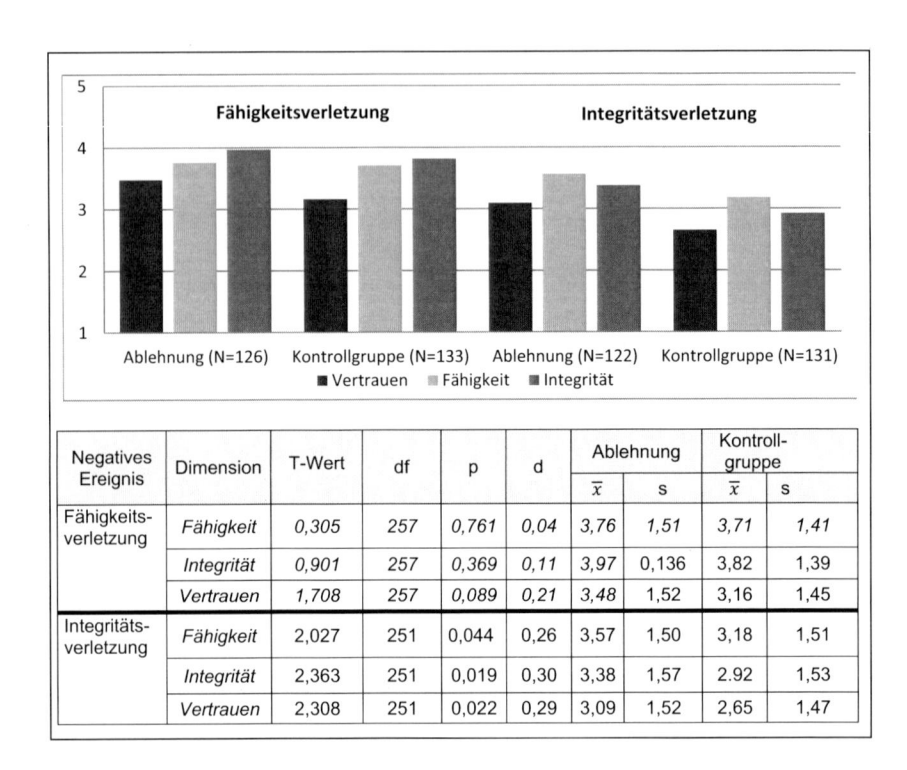

Negatives Ereignis	Dimension	T-Wert	df	p	d	Ablehnung		Kontrollgruppe	
						$\bar{x}$	s	$\bar{x}$	s
Fähigkeits-verletzung	Fähigkeit	0,305	257	0,761	0,04	3,76	1,51	3,71	1,41
	Integrität	0,901	257	0,369	0,11	3,97	0,136	3,82	1,39
	Vertrauen	1,708	257	0,089	0,21	3,48	1,52	3,16	1,45
Integritäts-verletzung	Fähigkeit	2,027	251	0,044	0,26	3,57	1,50	3,18	1,51
	Integrität	2,363	251	0,019	0,30	3,38	1,57	2.92	1,53
	Vertrauen	2,308	251	0,022	0,29	3,09	1,52	2,65	1,47

Abbildung 22: Vergleich – Ablehnung und Kontrollgruppe

Hypothese 2b: *Relativierungen werden Vertrauen wiederaufbauen*

Zur Überprüfung der Hypothese 2b wurden die Mittelwerte zwischen der Kontrollgruppe und der Gruppe, welche eine Relativierung als Rechenschaftsaussage vorgelegt bekommen hatte, verglichen (jeweils für den Fall der Fähigkeitsverletzung und Integritätsverletzung). Hierbei zeigte sich, dass wahrgenommene Vertrauenswürdigkeit (Fähigkeit und Integrität) als auch die Vertrauensintention immer besser bewertet werden, wenn eine Relativierung abgeben wurde. Ein t-Test zeigte auch, dass diese

Kapitel 4 – Vertrauenswiederaufbau durch Rechenschaftsabgabe 193

Unterschiede statistisch signifikant sind und kleine Effektstärken aufweisen (vgl. hierzu Abbildung 23). Insgesamt können die Daten die Hypothese 2b bestätigen.

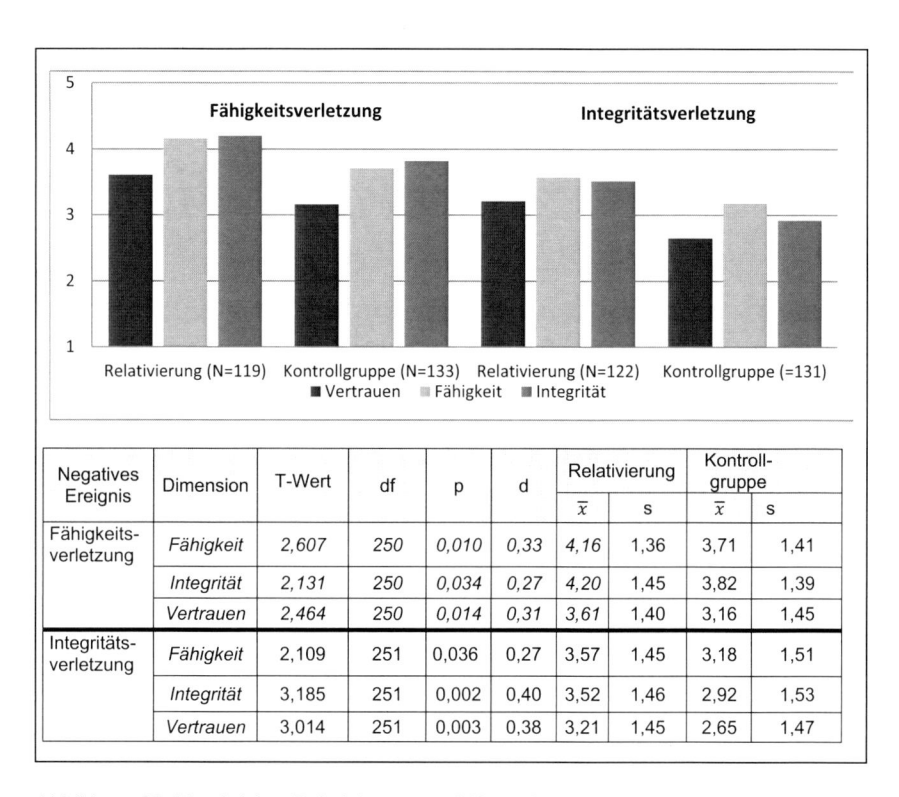

Negatives Ereignis	Dimension	T-Wert	df	p	d	Relativierung		Kontrollgruppe	
						$\bar{x}$	s	$\bar{x}$	s
Fähigkeits-verletzung	Fähigkeit	2,607	250	0,010	0,33	4,16	1,36	3,71	1,41
	Integrität	2,131	250	0,034	0,27	4,20	1,45	3,82	1,39
	Vertrauen	2,464	250	0,014	0,31	3,61	1,40	3,16	1,45
Integritäts-verletzung	Fähigkeit	2,109	251	0,036	0,27	3,57	1,45	3,18	1,51
	Integrität	3,185	251	0,002	0,40	3,52	1,46	2,92	1,53
	Vertrauen	3,014	251	0,003	0,38	3,21	1,45	2,65	1,47

Abbildung 23: Vergleich – Relativierung und Kontrollgruppe

Hypothese 3a: Ausreden werden Vertrauen wiederaufbauen

Zur Überprüfung der Hypothese 3a wurden die Mittelwerte zwischen der Kontrollgruppe und der Gruppe, welche eine Ausrede als Rechenschaftsaussage vorgelegt bekommen hatte, verglichen (jeweils für den Fall der Fähigkeitsverletzung und Integritätsverletzung). Die Ergebnisse sind dabei nicht eindeutig. Zwar verbesserte sich die wahrgenommene Integrität und die Vertrauensintention bei beiden Gruppen im Vergleich zur Kontrollgruppe, allerdings ist dieser Unterschied für die wahrgenommene Integrität (p<0,052, d=0,22) sowie die Vertrauensintention (p<0,084, d=0,22) im Szenario der Integritätsverletzung knapp nicht signifikant. Die wahrgenommene Fähigkeit konnte jedoch in keinem der beiden Verlustszenarien signifikant verbessert werden (vgl. hierzu Abbildung 24). Insgesamt können die Ergebnisse die Hypothese 3a nur teilweise bestätigen.

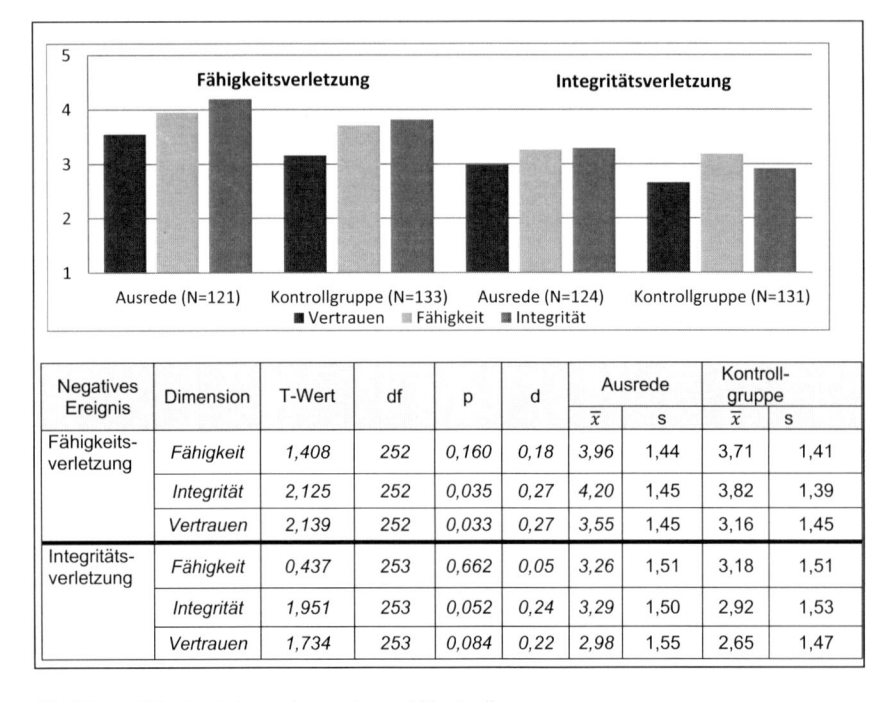

Negatives Ereignis	Dimension	T-Wert	df	p	d	Ausrede		Kontrollgruppe	
						$\bar{x}$	s	$\bar{x}$	s
Fähigkeitsverletzung	Fähigkeit	1,408	252	0,160	0,18	3,96	1,44	3,71	1,41
	Integrität	2,125	252	0,035	0,27	4,20	1,45	3,82	1,39
	Vertrauen	2,139	252	0,033	0,27	3,55	1,45	3,16	1,45
Integritätsverletzung	Fähigkeit	0,437	253	0,662	0,05	3,26	1,51	3,18	1,51
	Integrität	1,951	253	0,052	0,24	3,29	1,50	2,92	1,53
	Vertrauen	1,734	253	0,084	0,22	2,98	1,55	2,65	1,47

Abbildung 24: Vergleich – Ausrede und Kontrollgruppe

Hypothese 3b: *Eingeständnisse werden Vertrauen nicht wiederaufbauen*

Zur Überprüfung der Hypothese 3b wurden die Mittelwerte zwischen der Kontrollgruppe und der Gruppe, welche ein Eingeständnis als Rechenschaftsaussage vorgelegt bekommen hatte, verglichen (jeweils für den Fall der Fähigkeitsverletzung und Integritätsverletzung). Hierbei zeigte sich, dass wahrgenommene Vertrauenswürdig-

Kapitel 4 – Vertrauenswiederaufbau durch Rechenschaftsabgabe 195

keit (Fähigkeit und Integrität) als auch die Vertrauensintention immer besser bewertet werden, wenn ein Eingeständnis abgeben wurde. Ein t-Test zeigte sogar, dass diese Unterschiede für alle Dimensionen, bis auf die wahrgenommene Fähigkeit, statistisch signifikant sind (vgl. hierzu Abbildung 25). Hypothese 4a muss darum als falsifiziert angesehen werden.

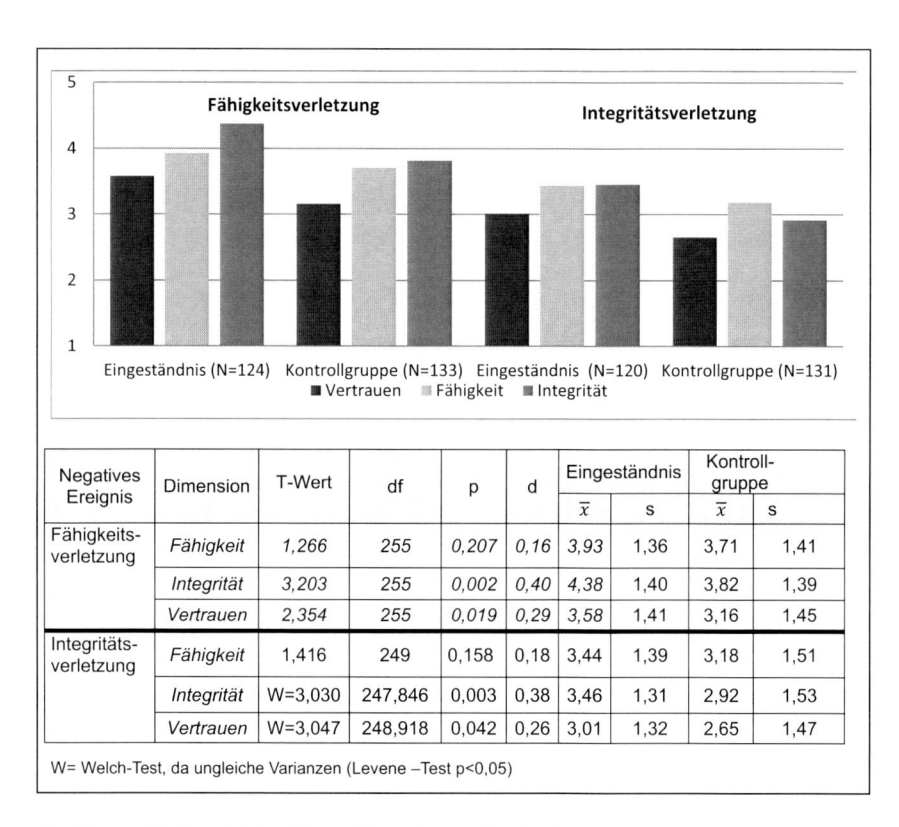

Negatives Ereignis	Dimension	T-Wert	df	p	d	Eingeständnis		Kontroll-gruppe	
						$\bar{x}$	s	$\bar{x}$	s
Fähigkeits-verletzung	Fähigkeit	1,266	255	0,207	0,16	3,93	1,36	3,71	1,41
	Integrität	3,203	255	0,002	0,40	4,38	1,40	3,82	1,39
	Vertrauen	2,354	255	0,019	0,29	3,58	1,41	3,16	1,45
Integritäts-verletzung	Fähigkeit	1,416	249	0,158	0,18	3,44	1,39	3,18	1,51
	Integrität	W=3,030	247,846	0,003	0,38	3,46	1,31	2,92	1,53
	Vertrauen	W=3,047	248,918	0,042	0,26	3,01	1,32	2,65	1,47

W= Welch-Test, da ungleiche Varianzen (Levene –Test p<0,05)

Abbildung 25: Vergleich – Eingeständnis und Kontrollgruppe

Hypothese 4a: Maßnahmen werden Vertrauen wiederaufbauen

Zur Überprüfung der Hypothese 4a wurden die Mittelwerte zwischen der Kontrollgruppe und der Gruppe, welche eine Maßnahme als Rechenschaftsaussage vorgelegt bekommen hatte, verglichen (jeweils für den Fall der Fähigkeitsverletzung und Integritätsverletzung). Hierbei zeigte sich, dass sowohl die wahrgenommene Vertrauenswürdigkeit (Fähigkeit und Integrität) als auch die Vertrauensintention immer besser bewertet werden, wenn eine Maßnahme abgeben wurde. Ein t-Test zeigte auch, dass diese Unterschiede statistisch signifikant sind und überwiegend mittlere Effektstärken aufweisen (vgl. hierzu Abbildung 26). Insgesamt können die Daten die Hypothese 4a bestätigen.

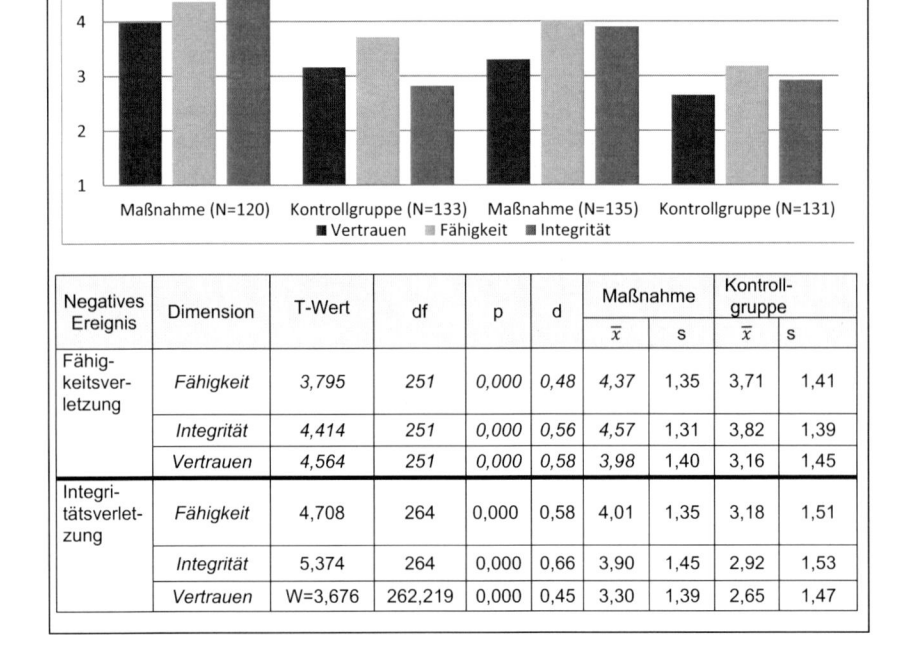

Negatives Ereignis	Dimension	T-Wert	df	p	d	Maßnahme		Kontrollgruppe	
						$\bar{x}$	s	$\bar{x}$	s
Fähigkeitsverletzung	Fähigkeit	3,795	251	0,000	0,48	4,37	1,35	3,71	1,41
	Integrität	4,414	251	0,000	0,56	4,57	1,31	3,82	1,39
	Vertrauen	4,564	251	0,000	0,58	3,98	1,40	3,16	1,45
Integritätsverletzung	Fähigkeit	4,708	264	0,000	0,58	4,01	1,35	3,18	1,51
	Integrität	5,374	264	0,000	0,66	3,90	1,45	2,92	1,53
	Vertrauen	W=3,676	262,219	0,000	0,45	3,30	1,39	2,65	1,47

Abbildung 26: Vergleich – Maßnahme und Kontrollgruppe

Hypothese 4b: *Bei Fähigkeitsverletzungen wirken Maßnahmen effektiver als Ausreden*

Hypothese 4b wurde ebenfalls mit einem Mittelwertvergleich auf Basis eines t-Tests überprüft. Die Ergebnisse zeigen, dass alle Vertrauensdimensionen signifikant besser bewertet werden, wenn eine Maßnahme im Vergleich zu einer Ausrede als Rechenschaftsaussage gewählt wird. Insgesamt zeigen die Ergebnisse auch kleine Effektstärken. Dieser Unterschied stellte sich dabei als statistisch signifikant heraus (vgl. hierzu Tabelle 21).

Die Hypothese 4b kann deshalb als bestätigt angesehen werden.

Dimension	T-Wert	df	p	d	Maßnahme		Ausrede	
					$\bar{x}$	s	$\bar{x}$	s
Fähigkeit	2,266	239	0,024	0,29	4,37	1,35	3,96	1,44
Integrität	2,096	239	0,037	0,27	4,57	1,31	4,20	1,45
Vertrauen	2,2337	239	0,020	0,30	3,98	1,30	3,55	1,45

Tabelle 21: Vergleich Ausrede und Maßnahme bei Fähigkeitsverletzung

Hypothese 4c: *Bei Integritätsverletzungen wirken Ausreden effektiver als Maßnahmen*

Hypothese 4c wurde mit einem Mittelwertvergleich auf Basis eines t-Tests überprüft. Die Ergebnisse zeigen, dass alle Vertrauensdimensionen besser bewertet werden, wenn eine Maßnahme als Rechenschaftsaussage gewählt wird (vgl. hierzu Tabelle 22). Für die wahrgenommene Integrität (p=0,01; d=0,42) und wahrgenommene Fähigkeit (p=0,000; d=0,52) ist dieser Unterschied hochsignifikant. Für die Vertrauensintention ergibt sich auf dem 10% Signifikanzniveau ein signifikanter Unterschied.

Auch wenn der Unterschied für die Dimension der Vertrauensintention nur auf dem 10% Signifikanzniveau signifikant ist, zeigen dennoch alle Werte, insbesondere auch die vorhandenen Effektstärken, entgegen der vermuteten Richtung.

Insofern muss die Hypothese 4c als falsifiziert angesehen werden.

Dimension	T-Wert	df	p	d	Maßnahme		Ausrede	
					$\bar{x}$	s	$\bar{x}$	s
Fähigkeit	4,179	257	0,000	0,52	4,01	1,35	3,26	1,51
Integrität	3,342	257	0,01	0,42	3,90	1,45	3,29	1,50
Vertrauen	1,739	257	0,083	0,22	3,30	1,39	2,98	1,55

Tabelle 22: Vergleich Ausrede und Maßnahme bei Integritätsverletzung

Hypothese 5a: *Je höher die wahrgenommene Verantwortlichkeit des Unternehmens für das negative Ereignis ausfällt, umso niedriger wird der Vertrauenswiederaufbau sein.*

Hypothese 5b: *Je glaubwürdiger eine Rechenschaftsaussage ist, umso größer wird der Vertrauenswiederaufbau sein.*

Zum Testen dieser Beziehung wurde ein lineares Regressionsmodell aufgestellt (N=1.494). Voraussetzung von Regressionsmodellen ist die positive Bewertung der Modellprämissen.[738] Zum einen muss das Regressionsmodell richtig spezifiziert sein. Es sei dazu angemerkt, dass mit vorliegendem linearen Regressionsmodell nicht der Anspruch erhoben werden kann, ein vollständiges Modell aufzustellen. Mit den beiden unabhängigen Variablen sind jedoch die zwei zentralen Parameter zur Überprüfung des zu vermutenden Zusammenhanges aufgenommen worden. Darüber hinaus gibt es keine Anzeichen dafür, dass von einer Nicht-Linearität der Parameter ausgegangen werden muss. Die Überprüfung der Linearität des Zusammenhanges zwischen der jeweiligen Vertrauensdimension und der wahrgenommenen Glaubwürdigkeit wurde anhand einer visuellen Darstellung vorgenommen. Hierbei konnte keine Verletzung der Modellprämissen festgestellt werden. Die Überprüfung auf Autokorrelation ist in der Regel nur bei Zeitreihenanalysen notwendig. Trotz alledem zeigte ein Durbin-Watson Test für alle Modelle die in der Literatur meist geforderten Werte zwischen 1,5 und 2,5. Die Überprüfung der Normalverteilung der Residuen kann auf-

---

[738] Für die statistischen Zusammenhänge vgl. ausführlich z. B. Bühl (2006), S. 354 ff. oder Backhaus et al. (2006), S. 78 ff.

grund des großen Stichprobenumfanges näherungsweise angenommen werden.[739] Die Überprüfung von Heteroskedastizität wurde, wie in der Regel in der Literatur vorschlagen, auf Grundlage einer visuellen Überprüfung des Streudiagrammes zwischen beobachteten und geschätzten Werten der Varianz der Residuen vorgenommen. Auch hier konnte keine Verletzung der Modellprämisse festgestellt werden. Zum Test auf lineare Abhängigkeit der Regressoren wurde die Toleranz der Variablen und der „Variance Inflation Factor" berechnet. Die Werte sind mit 0,938 und 1,067 dabei deutlich über und innerhalb der geforderten jeweiligen Grenzwerte, sodass keine Anzeichen von Multikollinearität vorliegen.

Als Ergebnis kann festgehalten werden, dass alle Voraussetzungen zur Anwendung einer linearen Regressionsanalyse erfüllt sind (vgl. Tabelle 23).

Modellprämisse verletzt bei ...	Test	Ergebnis
falscher Spezifikation des Modells	Anzeichen von Nicht-Linearität der Parameter und Berücksichtigung aller relevanten Variablen	Nicht verletzt
Nichtlinearität	Linearer Zusammenhang zwischen abhängiger und unabhängiger Variable im Streudiagramm	Nicht verletzt
Heteroskedastizität	Streudiagramm	Nicht verletzt
Autokorrelation	Keine Querschnittstudie; Durbin-Watson Test	Nicht verletzt
Vorliegen von Multikollinearität	Toleranz der Variablen und Variance Inflation Factor	Nicht verletzt
einer nicht Normalverteilung der Residuen	Aufgrund der Größe der Stichprobe kann von annähernder Normalverteilung ausgegangen werden	Nicht verletzt

Tabelle 23: Überprüfung der Modellprämissen

Zum Test der Hypothesen 5a und 5b wurden drei Regressionsmodelle aufgestellt; jeweils ein Regressionsmodell für die drei verschiedenen abhängigen Variablen (Vertrauensintention, wahrgenommene Fähigkeit und wahrgenommene Integrität). Als unabhängige Variable wurden die wahrgenommene Glaubwürdigkeit sowie die wahr-

---

[739] Vgl. Greene (2003), S. 66 ff.; Kmenta (1986), S. 261 f.

genommene Verantwortung verwendet. In Tabelle 24 sind die ergebnisse der drei unabhänigen Regressionsmodelle dargestellt. Im Folgenden werden die drei Regressionsmodelle kurz erläutert und beschrieben.

	Modell 1: Vertrauensintention			Modell 2: Wahrgenommene Fähigkeit			Modell 3: Wahrgenommene Integrität		
Variable	B	SE	β	B	SE	β	B	SE	β
G	0,575	0,016	0,660[a]	0,583	0,017	0,653[a]	0,667	0,016	0,733[a]
V	-0,168	0,019	-0,167[a]	-0,104	0,020	-0,101[a]	-0,098	0,018	-0,094[a]
R^2		0,512			0,469			0,581	
F		783,356[a]			658,904[a]			1034,717[a]	

a=p<0,001; G=Wahrgenommene Glaubwürdigkeit einer Rechenschaftsaussage; V=Wahrgenommene Verantwortung; B=Regressionskoeffizient (nicht standardisierter Koeffizient) ; SE=Standardfehler (nicht standardisierter Koeffizient); β=Beta (standardisierter Koeffizient)

Tabelle 24: Einfluss der wahrgenommenen Glaubwürdigkeit (G) und der wahrgenommenen Verantwortung (V) auf verschiedene Vertrauensdimensionen (N=1.494)

(1) Regressionsmodell des Einflusses der wahrgenommenen Glaubwürdigkeit und wahrgenommenen Verantwortung auf die Vertrauensintention (Modell 1)

Das aufgestellte Modell kann 51,2 % der Varianz der Vertrauensintention erklären (Modell 1). Der Einfluss der beiden unabhängigen Variablen auf die Vertrauensintention fällt hoch signifikant aus (p<0,000). Dabei ist der Erklärungsbeitrag der wahrgenommenen Glaubwürdigkeit der Rechenschaftsaussage mit einem Regressionskoeffizienten von 0,575 deutlich höher als der der wahrgenommenen Verantwortung. Dieser fällt mit -0,168 verhältnismäßig gering aus.

(2) Regressionsmodell des Einflusses der wahrgenommenen Glaubwürdigkeit und wahrgenommenen Verantwortung auf die wahrgenommene Fähigkeit (Modell 2)

Das aufgestellte Modell kann 46,9 % der Varianz der Vertrauensintention erklären (Modell 2). Der Einfluss der beiden unabhängigen Variablen auf die Vertrauensintention ist hoch signifikant ($p<0,001$). Dabei ist der Erklärungsbeitrag der wahrgenommenen Glaubwürdigkeit der Rechenschaftsaussage mit einem Regressionskoeffizienten von 0,585 deutlich höher als der der wahrgenommenen Verantwortung des Unternehmens. Dieser fällt mit -0,104 verhältnismäßig gering aus.

(3) Regressionsmodell des Einflusses der wahrgenommenen Glaubwürdigkeit und der wahrgenommenen Verantwortung auf die wahrgenommene Integrität (Modell 3)

Das aufgestellte Modell kann 58,1 % der Varianz der wahrgenommenen Integrität erklären (Modell 3). Der Einfluss der beiden unabhängigen Variablen auf die wahrgenommene Integrität ist hoch signifikant ($p<0,000$). Dabei ist der Erklärungsbeitrag der wahrgenommenen Glaubwürdigkeit der Rechenschaftsaussage mit einem Regressionskoeffizienten von 0,667 deutlich höher als der der wahrgenommenen Verantwortung. Dieser fällt mit -0,098 verhältnismäßig gering aus.

Insgesamt zeigen die Ergebnisse der drei Regressionsmodelle (vgl. Tabelle 24), dass sowohl die wahrgenommene Glaubwürdigkeit als auch die wahrgenommene Verantwortlichkeit einen positiven bzw. negativen Zusammenhang mit der Vertrauensbewertung aufweisen. Somit kann der in Hypothese 5a und 5b postulierte Zusammenhang bestätigt werden.

Die Analyse der Zusammenhangshypothesen zeigt, dass acht von zehn Hypothesen ganz oder teilweise bestätigt werden konnten Tabelle 25 gibt die Ergebnisse der Hypothesentests zusammenfassend wieder.

Hypothese	Gegenstand	Bestätigt
H1	Abwarten baut kein Vertrauen wieder auf	Ja
H2a	Ablehnungen bauen Vertrauen wieder auf	Teilweise
H2b	Relativierungen bauen Vertrauen wieder auf	Ja
H3a	Ausreden bauen Vertrauen wieder auf	Teilweise
H3b	Eingeständnisse bauen kein Vertrauen wieder auf	Nein
H4a	Maßnahmen bauen Vertrauen wieder auf	Ja
H4b	Maßnahmen wirken bei einer Fähigkeitsverletzung besser als Ausreden	Ja
H4c	Ausreden wirken bei einer Integritätsverletzung besser als Maßnahmen	Nein
H5a	Die wahrgenommene Glaubwürdigkeit der Rechenschaftsaussage beeinflusst die Vertrauensbewertung	Ja
H5b	Die wahrgenommene Verantwortlichkeit des Unternehmens beeinflusst die Vertrauensbewertung	Ja

Tabelle 25: Zusammenfassung Hypothesentest – Experiment

4.2.4.2 Diskussion der Ergebnisse

Wie angenommen, konnten die meisten Rechenschaftsaussagen Vertrauen wiederaufbauen. Einschränkend ist zu bemerken, dass die Hypothesen 2a und 3a nur teilweise bestätigt werden konnten, da nicht für alle Dimensionen signifikante Unterschiede nachweisbar waren. Dies ist aufgrund des abstrakten Gegenstandes der Forschung jedoch nicht ungewöhnlich. Ähnliche Studien in diesem Bereich sehen ihre Hypothesen trotz teilweise nicht signifikanter Unterschiede dennoch als grundsätzlich bestätigt an.[740] Insgesamt weisen die absoluten Werte und auch die entsprechenden Effektstärken in die postulierten Richtungen. Zum einen bestätigt die Arbeit somit Ergebnisse anderer Untersuchungen, die ebenfalls einen vertrauenswieder-

---

[740] So sehen z. B. Ferrin et al. (2007) ihre Hypothesen aufgrund der absoluten Werte als grundsätzlich bestätigt an, obwohl für die Hälfte der untersuchten Fälle die nachgewiesenen Unterschiede zwischen den Gruppen nicht signifikant waren (vgl. Ferrin et al. (2007), S. 900).

aufbauenden Effekt bestimmter Rechenschaftsaussagen nachweisen konnten.[741] Andererseits erweitert die Studie diese jedoch auch um mehrere Aspekte:

Zum einen ist das in Kapitel 4.1.2 (S. 141 ff.) entwickelte sozial-kognitive Wirkungsmodell zur Rechenschaftsabgabe zu nennen, welches auch die Grundlage der Hypothesenentwicklung bildete. Dieses stellt in seiner Form einen der wenigen Ansätze in der Literatur dar, welche einen Vertrauenswiederaufbau durch die Abgabe von Rechenschaft beschreiben und erklären kann. Die Ergebnisse der Hypothesentests bestätigen dabei die konzeptionelle Stärke des Modells.

Weiterhin wurde, im Gegensatz zu ähnlichen Studien, bei der Untersuchung der Rechenschaftsabgabe dieser Arbeit nicht ausschließlich auf zwei Rechenschaftsaussagen abgestellt. In bisherigen Forschungen wurde, wie dargestellt, meist der Unterschied zwischen einer Ausrede und einer Entschuldigung betrachtet. Obgleich eine solche Vereinfachung aus forschungspragmatischen Gründen nachvollziehbar und aufgrund der noch jungen Historie der Forschung teilweise auch als legitim anzusehen ist, wird heute immer öfter ein „richer set of communication settings"[742] gefordert.[743] Allerdings bleibt offen, welche weiteren Rechenschaftsaussagen genau untersucht werden sollen und warum gerade bestimmte Typen und Definitionen verwendet werden sollen. In dieser Arbeit wurde hingegen, aufgrund des verwendeten Mixed-Method Ansatzes der Arbeit, das entwickelte Modell zur Abgabe von Rechenschaft von Banken[744] verwendet und mehrere Formen der Rechenschaftsabgabe untersucht. Darüber hinaus kann die Betrachtung der Vertrauensbeziehung zwischen Organisation und Individuen in dieser Arbeit als eine Erweiterung der bisherigen Forschung angesehen werden, da diese bisher primär auf zwischenmenschliche Vertrauensbeziehungen fokussiert war.[745]

---

[741] Vgl. Dirks et al. (2011); Kim et al. (2006), (2004); Ferrin et al. (2007).
[742] Schweitzer/Hershey/Bradlow (2006), S. 16.
[743] Ähnlich auch bei Sonenshein/Herzenstein/Dholakia (2011), S. 83 und De Cremer/van Dijk/Pillutla (2010), S. 123.
[744] Vgl. Kapitel 3.2.3 (S. 87 ff.).
[745] Vgl. z. B. Bachmann/Gillespie/Kramer (2012), S. 285.

Wie weiterhin vermutet, zeigt sich, dass Abwarten keine effektive Form des Vertrauenswiederaufbaus ist. Insofern unterstreicht dies die Ergebnisse von Ferrin et al. (2007), welche feststellen: „reticence is usually, if not always suboptimal".[746] Im Gegensatz zu Ferrin et al. (2007) zeigt diese Untersuchung jedoch auch, dass Abwarten nicht nur anderen Rechenschaftsformen unterlegen ist, sondern sogar Vertrauen weiter zerstören kann. Das heißt, dass das bewusste sich Nicht-Äußern nicht nur uneffektiv ist, sondern es zeigen sich vielmehr Tendenzen, dass noch vorhandenes Vertrauen weiter zerstört werden kann. Dies könnte darin begründet sein, dass das Nicht-Äußern als ein implizites Schuldeingeständnis von Seiten des Vertrauensgebers aufgefasst wird, er jedoch mangels weiterer Informationen von keiner Verbesserung der aktuellen Situation ausgehen kann. Insgesamt verfestigt die Untersuchung die Vermutung, dass zumindest für den Wiederaufbau von Vertrauen das Sprichwort „Reden ist Silber, Schweigen ist Gold" wohl nicht zutreffend ist.

Erstaunlich ist allerdings, dass ein aktives Schuldeingeständnis effektiver wirkt als Abwarten. Im Gegensatz zu dem in H3b vermuteten Effekt konnte ein Schuldeingeständnis sehr wohl Vertrauen wiederaufbauen. In der Hypothesenbildung wurde spekuliert, dass der Aspekt der Annahme von Verantwortung bei einer Entschuldigung keinen positiven Effekt auf den Vertrauenswiederaufbau haben wird. Ein Grund für die widererwartet positive Wirkung könnte darin begründet sein, dass ein Schuldeingeständnis allgemein als eine Form der Entschuldigung wahrgenommen wird und damit implizit auch andere nicht ausgesprochene Aspekte, wie das Versprechen der zukünftigen Besserung, unbewusst mitkommuniziert werden. Eine andere Erklärung könnte an der emotionalen Wirkung eines Schuldeingeständnisses auf den Vertrauensgeber liegen. So wird in der Literatur vermutet, dass Emotionen eine entscheidende Rolle beim Vertrauenswiederaufbau einnehmen können. Solche affektiven Aspekte des Vertrauens wurden in dieser Arbeit allerdings nicht berücksichtigt, da die kognitiven Aspekte des Vertrauens und des Vertrauenswiederaufbaus im Fokus standen.[747] Ein Modell, das auf diese affektiven Aspekte eingeht, ist der Ansatz von Tomlinson/Mayer (2009). Hierin wird der Vertrauenswiederaufbau von den emotiona-

---

[746] Ferrin et al. (2007), S. 904.
[747] Vgl. hierzu ausführlich Kapitel 2.2 (S. 19 ff.).

len Reaktionen des Vertrauensgebers mit beeinflusst.[748] Eine Integration von solchen affektiven Elementen des Vertrauenswiederaufbaus könnte helfen zu erklären, warum z. B. ein Schuldeingeständnis effektiver auf den Vertrauenswiederaufbau wirkt als das Abwarten. Denn ein Schuldgeständnis könnte, im Gegensatz zum Abwarten, ein Gefühl des Verzeihens hervorrufen, welchem ein starker Einfluss auf den Wiederaufbau von zerstörten sozialen Beziehungen zugesprochen wird,[749] während ein Abwarten emotional als „Übergehen" und somit verletzend empfunden werden kann.

Unklare Ergebnisse wurden bei der Effektivität einer Ablehnung und einer Ausrede erzielt. Bei einer Ausrede zeigten sich insbesondere keine positiven Effekte auf die wahrgenommene Fähigkeit. Bei einer Ablehnung konnten für den Fall der Fähigkeitsverletzung für alle Dimensionen (wahrgenommene Vertrauenswürdigkeit und Vertrauensintention) keine signifikanten Unterschiede entdeckt werden. Die Ergebnisse der Arbeit lassen hierzu keine unmittelbaren Erklärungen zu. Auffällig ist jedoch, dass beiden Aussagen (Ausrede und Ablehnung) gemeinsam ist, dass sie die Verantwortung am stärksten abstreiten. Es wäre möglich, dass die Teilnehmer Schwierigkeiten hatten, diese Form der Erklärung richtig einzuordnen. Denn das Abstreiten eines negativen Ereignisses bei einem verhältnismäßig unstrittigen Szenario könnte zu Verwirrungen bei den Teilnehmern geführt und so das Antwortverhalten verzerrt haben. Für diese These sprechen auch die teilweise unklaren Ergebnisse der Manipulations- Checks, insbesondere bei einer Ablehnung.[750]

Nicht bestätigt werden konnte außerdem die Vermutung, dass Ausreden bei Integritätsverletzung besser wirken als Maßnahmen. Tatsächlich zeigte sich, dass Maßnahmen in allen Situationen die besten Ergebnisse auf den Vertrauenswiederaufbau lieferten. Dies könnte darin begründet sein, dass der Vertrauensgeber zuallererst daran interessiert ist, wie sich das negative Ereignis und seine Auswirkungen in Zukunft für ihn entwickeln werden, anstatt nähere Informationen über Schuld und Verantwortung zu erfahren.

---

[748] Tomlinson/Mayer (2009), S. 89.
[749] Umfassend zum Phänomen des Verzeihens vgl. z. B. McCullough/Pargament/Thoresen (2000).
[750] Vgl. hierzu auch die Ausführungen in Kapitel 4.2.3.7 (S. 182 ff.).

Ein weiteres inhaltliches Ergebnis, welches hervorgehoben werden soll, ist der bestätigte positive Zusammenhang zwischen der Glaubwürdigkeit einer Rechenschaftsaussage und dem Vertrauenswiederaufbau. Es zeigte sich nicht nur ein signifikanter hoher Zusammenhang zwischen wahrgenommener Glaubwürdigkeit und der Vertrauensbewertung, das aufgestellte Modell bietet darüber hinaus auch einen hohen Erklärungsgrad (R^2). Dabei ist es erstaunlich, dass die wahrgenommene Glaubwürdigkeit einer Rechenschaftsaussage einen stärkeren Einfluss auf den Vertrauenswiederaufbau hat als die wahrgenommene Verantwortung des Unternehmens aus Sicht des Rechenschaftsempfängers. Dieser Effekt könnte auch erklären, warum eine Ablehnung den schlechtesten Einfluss auf den Vertrauenswiederaufbau hatte.[751] Denn wie bereits erwähnt, besteht bei allen Rechenschaftsaussagen die Gefahr, dass Erklärungen als unwahr oder beeinflussend wahrgenommen werden (im Sinne eines aktiven Impression Management). In solchen Fällen, so wird vermutet, können Erklärungen auch negative Effekte haben („[accounts] might backfire").[752] Da eine Ablehnung, wie dargestellt, die Interpretationskompetenz des Gegenübers am stärksten in Frage stellt, ist die Gefahr hier auch am größten, dass die Rechenschaftsempfänger eine solche Erklärung nicht akzeptieren und diese als unglaubwürdig abstufen.

Methodisch unterscheidet sich die vorliegende Untersuchung von anderen Arbeiten dieses Forschungsfeldes, welche sich, wie in verhaltensexperimentellen Laborstudien üblich,[753] meist auf Studenten beschränken. Brennan/Davis (2013) kritisieren deshalb auch: „Prior research is generally based on ... experiments, often conducted on students. There is relatively little direct research on shareholders and stakeholders".[754] Die künstliche Laborbedingung und die homogene Gruppe von Teilnehmern (Studenten) verbessern zwar die interne Validität der Ergebnisse, beeinträchtigen

---

[751] Tatsächlich zeigt sich – auch wenn nicht alle dieser Unterschiede signifikant ausfallen – in absoluten Werten betrachtet, dass eine Ablehnung, mit Ausnahme von Abwarten, im Vergleich zu den anderen Rechenschaftsaussagen am schlechtesten abschneidet.
[752] Kuwabara (2006), S. 5; ähnlich auch bei Bradford/Garrett (1995), S. 879.
[753] Vgl. Reips (2000), S. 92
[754] Brennan/Davis (2013); S. 18.

jedoch deren externe Validität und Generalisierbarkeit.[755] Konsequenterweise wird in der Forschung auch die Erweiterung auf andere Stichproben und Variablen gefordert.[756] Die Studie des Kapitels 4 (S. 139 ff.) ist somit die erste Untersuchung, welche den Vertrauenswiederaufbau in einer großen repräsentativen Stichprobe unter annähernd realistischen Bedingungen[757] untersucht. Der internetbasierte Charakter der Studie und die Ausweitung auf unterschiedliche Bevölkerungsschichten kann als durchaus realistisch betrachtet werden, da heutzutage davon ausgegangen werden kann, dass solche Informationen zunehmend direkt über digitale Lesegeräte abgerufen werden. Insofern kann die Studie durch ihren generalisierenden Charakter auch methodisch einen Forschungsbeitrag zur Literatur liefern. Feldstudien, hier in Form eines Web-Experimentes, werden in der Literatur nicht nur gefordert, sondern tragen auch zur Theoriebildung in diesem Bereich bei.

Limitationen und zukünftige Forschung

Die Ergebnisse der Untersuchung sind vor dem Hintergrund der Limitationen zu interpretieren. Diese bieten jedoch auch aussichtsreiche Möglichkeiten für weitere Forschungsprojekte, welche im Folgenden skizziert werden sollen.

Eine Einschränkung betrifft den für viele experimentelle Designs üblichen fiktiven Charakter der Studie. In vorliegender Untersuchung war das vertrauenszerstörende Ereignis nicht real. Tatsächlich mussten die Teilnehmer keine Konsequenzen eines solchen Ereignisses fürchten (z. B. Angst vor dem Verlust ihres Geldes). Es ist möglich, dass in einer realen Situation andere Verhaltensweisen auftreten könnten.[758] Zukünftige Forschung sollte versuchen, die Ergebnisse mit anderen Forschungsdesigns zu wiederholen. So könnten z. B. Varianten des Vertrauensspiels verwendet werden, um zu überprüfen, ob sich das Verhalten bei den Teilnehmern zwischen einer realen Konsequenz und einer fiktiven Konsequenz unterscheidet.

---

[755] Vgl. z. B. die Kritik von Reips (2000), S. 92 ff.
[756] Vgl. z. B. Ferrin et al. (2007), S. 905.
[757] Es ist anzunehmen, dass viele Leser eines Aktionärsbriefes diesen auch an einem Computer lesen und sich intuitiv eine Meinung darüber bilden.
[758] Siehe z. B. die unterschiedlichen Ergebnisse von Schweitzer/Hershey/Bradlow (2006) für eine Entschuldigung und deren vermuteten Ursachen hierfür (vgl. Schweitzer/Hershey/Bradlow (2006), S. 15).

Wie aufgezeigt, muss der genaue Zusammenhang zwischen Rechenschaftsabgabe, Emotionen und Vertrauen in zukünftiger Forschung genauer erforscht werden.[759] In diesem Zusammenhang könnte z. B. untersucht werden, ob die Form der linguistischen Darstellung (bestimmte Wörter, Satzstellung etc.) spezifische emotionale Gefühlslagen verstärken kann. So vermuten Ferrin et al. (2007), dass eine mit Bedauern ausgedrückte Entschuldigung stärker auf den Vertrauenswiederaufbau wirken könnte als eine leidenschaftslos vorgebrachte Entschuldigung.[760]

In der Untersuchung zeigte sich, dass die Frage der Glaubwürdigkeit der Rechenschaftsaussagen von zentraler Bedeutung ist. Die Ergebnisse lassen vermuten, dass für einen erfolgreichen Vertrauenswiederaufbau die glaubwürdige Übermittlung einer Erklärung entscheidend ist. Dieser Aspekt wurde bisher in der Forschung allerdings nur unzureichend untersucht. Zukünftige Forschung muss daher weiter untersuchen, welche Faktoren die Glaubwürdigkeit von solchen Rechenschaftsaussagen beeinflussen. In vorliegender Arbeit wurde diese nur mit einer Ein-Item-Frage abgefragt. Eine differenziertere Betrachtung des Konstrukts und dessen bestimmenden Variablen könnte weitere Hinweise auf deren Wirkungsweise auf den Vertrauenswiederaufbau liefern.[761] Insbesondere bei Aussagen, welche die Interpretationswahrnehmung ändern, läuft der Rechenschaftsgeber Gefahr, als unglaubwürdig angesehen zu werden. Es ist diesbezüglich denkbar, dass die generelle Auffassung über den Charakter oder Status des Rechenschaftsgebers einen wesentlichen Einfluss auf die Glaubwürdigkeit der Rechenschaftsaussage haben kann.[762] Van Laer/Ruyter (2010) vermuten z. B.: „When a company ensures that consumers like its narrator, it ensures that in its stories they will trust".[763] Für diese Hypothese sprechen auch die Ergebnisse von Fanelli (2006), der einen positiven Einfluss des wahrgenommen Charismas eines CEOs auf den Erfolg eines Unternehmens nachweisen konnte. Ebenfalls konnten Kury/Brühl/Basel (2011) in einer Studie mit amerikanischen und indischen Teilnehmern die erstaunliche Effektivität von verantwortungsablehnenden Rechen-

---

[759] Einen ähnlichen Forschungsbedarf sehen auch Schweitzer/Hershey/Bradlow (2006), S. 16.
[760] Vgl. Ferrin et al. (2007), S. 906.
[761] Vgl. hierzu z B. Shields (1979), S. 261.
[762] Vgl. z. B. die Ergebnisse bei Shields (1979), S. 264.
[763] Van Laer/Ruyter (2010), S. 172.

schaftsaussagen beobachten. Es zeigte sich, dass solche Erklärungen ähnlich effektiv waren wie andere Rechenschaftsaussagen (u.a. Entschuldigungen und Rechtfertigungen). Dieser Effekt könnte vor dem Hintergrund der Ergebnisse dieser Arbeit damit erklärt werden, dass bei der Untersuchung von Kury/Brühl/Basel (2011) eine Vertrauensbeziehung zwischen zwei Freunden im Vordergrund stand und somit zu vermuten ist, dass die Glaubwürdigkeit von Aussagen eines Freundes grundsätzlich höher bewertet werden.[764] Wenn diese Vermutungen stimmen, müssen Unternehmen in stärkerem Maße darauf achten, wer der kommunizierte Verfasser eines Aktionärsbriefs ist. Methodisch könnte eine solche Vermutung z. B. wie folgt getestet werden: Im Rahmen eines Experimentes werden verschiedenen Teilnehmern (Gruppe A vs. B) die gleichen Rechenschaftsaussagen zu einem negativen Ereignis vorgelegt. Als unabhängige Variable könnte die wahrgenommene Glaubwürdigkeit oder Reputation des Verfassers fungieren (Kontrolle mittels Manipulations-Check). Zu vermuten wäre, dass bei einem Verfasser mit niedriger Glaubwürdigkeit auch seine Rechenschaftsaussagen eine niedrigere Glaubwürdigkeit besitzen.

Aufgrund der Größe des Experimentes wurden außerdem nur deutsche Teilnehmer befragt. In der Literatur gibt es schon länger den Bedarf an Forschung, welche die Auswirkung von Rechenschaftsabgabe in unterschiedlichen kulturellen Kontexten testet.[765] Insbesondere für Unternehmen, welche sehr international aufgestellt sind, ist dies von hoher Relevanz.

Darüber hinaus muss weiterhin im Detail untersucht werden, warum das Nicht-Äußern zu einem Ereignis einen solch negativen Einfluss auf den Vertrauenswiederaufbau hat. Im Rahmen von qualitativen Befragungen könnte analysiert werden, welche genauen kognitiven Prozesse beim Rechenschaftsempfänger ablaufen, die dazu führen, das Vertrauen in den Rechenschaftsgeber noch schlechter zu bewerten. Insbesondere ist es von Interesse, ob es nicht doch Situationen gibt, bei denen das Nicht-Äußern eine effektive Alternative darstellt. So konnten, z. B. Tybout/Calder/Sternthal (1981) zeigen, dass das Nicht-Äußern einen besseren Effekt

---

[764] Vgl. Kury/Brühl/Basel (2011).
[765] Vgl. z. B. Ferrin et al. (2007), S. 905, (2004), S. 117, (2011), S. 102.

erzielen kann als das Ansprechen eines negativen Ereignisses.[766] Nicht zuletzt ist es von zentraler Bedeutung, die genauen Mechanismen dieses Rechenschaftstyps weiter zu untersuchen, weil Abwarten eine oft verwendete Taktik von Unternehmen darstellt.[767]

Eine weitere Einschränkung der vorliegenden Untersuchung betrifft die fehlende Beachtung von unterschiedlichen Darstellungsformen der Rechenschaftsabgabe. So wurde bewusst ausschließlich auf den Inhalt der Erklärungen fokussiert. Allerdings werden die Geschäftsberichte, insbesondere der Aktionärsbrief, unterschiedlich gestaltet. Bestimmte Aussagen werden teilweise farblich hervorgehoben oder wiederholt.[768] Forschungsergebnisse weisen darauf hin, dass die Darstellung oder der semantische Aufbau der Sätze einen Einfluss auf die Wahrnehmung von Lesern haben kann. So konnten Baird/Zelin (2000) zeigen, dass die Reihenfolge von Informationen in Aktionärsbriefen einen Einfluss auf Investorenentscheidungen haben kann. Die Autoren schlussfolgern: „the order of presentation might be equally as important as the content presented".[769] Insbesondere der Einsatz neuer Medien verändert und erweitert die Möglichkeiten der Darstellungsarten von narrativen Berichten. So veröffentlicht beispielsweise Goldman Sachs (2011) eine interaktive Online-Version seines Geschäftsberichtes. Animationen, Audio- und Videobeiträge sind dabei nur einige Funktionen, welche in solche interaktiven Berichten integriert werden können. Diese Funktionen unterscheiden sich dabei elementar von klassischen Formen der Berichterstattung.[770] Gleichzeitig wird der immer größer werdende Einsatz von mobilen Lesegeräten, Mobiltelefonen oder Tablet-Computern die Verwendung solcher Kommunikationsformen gerade auch im Bankenbereich in Zukunft erhöhen und verändern.[771] Zukünftige Forschung muss deshalb sowohl untersuchen, wie der Einsatz von solchen Medien in den Unternehmen heutzutage praktiziert wird, als auch wel-

---

[766] Vgl. Tybout/Calder/Sternthal (1981), S. 73 f.
[767] Ähnlich argumentiert auch Ferrin et al. (2007), S. 906.
[768] Vgl. z. B. die Untersuchung von Courtis (2004).
[769] Baird/Zelin (2000), S. 76.
[770] Eine ähnliche Argumentation findet sich bei Van Laer/Ruyter (2010), S. 171.
[771] Vgl. hierzu z. B. ausführlich die Studie von Skinner (2011), insbesondere S. 16 ff. Hierin wird unter anderem die Verwendung und der Einsatz von neuen digitalen Kommunikationskanälen für Banken untersucht.

che Auswirkungen diese Art von Darstellung auf den Vertrauenswiederaufbau haben kann.

Die letzte Einschränkung betrifft den Kontext der Studie. Es ist denkbar, dass durch die derzeitig negativ wahrgenommene Vertrauenswürdigkeit der Finanz- und Bankenbranchen generell[772] das Antwortverhalten verzerrt wurde.[773] Insbesondere die wahrgenommene Glaubwürdigkeit von Aussagen könnte hierdurch beinflusst worden sein. Zukünftige Forschung muss weiter untersuchen, ob ähnliche Ergebnisse auch für solche Branchen erzielt werden können, für welche keine negative Voreinstellung existiert. Denkbar wäre es auch zu untersuchen, ob in Branchen, welche einen guten Ruf genießen, bestimmte Rechenschaftsformen besser geeignet sind als in jenen, die einen schlechten Ruf bei den entsprechenden Anspruchsgruppen aufweisen. Es wäre vorstellbar, dass für Banken das Abstreiten eines negativen Ereignisses nicht empfehlenswert ist, wohingegen es für Unternehmen aus vertrauenswürdigeren Branchen effektiv sein kann. Experimentell könnte dies überprüft werden, indem zwei Branchen mit unterschiedlich wahrgenommener Vertrauenswürdigkeit analysiert werden. So könnte z. B. neben einer Bank ein Unternehmen aus einer Nicht Regierungsorganisation (NGO) oder aus der Technologiebranche – deren Branchen beide sehr hohe Vertrauenswerte aufweisen –[774] in einem 2x2 experimentellen Design untersucht werden. Dabei wäre zu prüfen, ob sich bei einem ähnlichen negativen Ereignis und einer identischen Rechenschaftsaussage der Vertrauenswiederaufbau zwischen den Gruppen unterscheidet.[775]

Praktische Implikationen

Aus den Ergebnissen der Untersuchung lassen sich konkrete praktische Empfehlungen ableiten. Zum einen kann festgehalten werden, dass sich Banken wie auch Anteilseigner darüber bewusst werden müssen, dass durch die Abgabe von Rechenschaft zu einem negativen Ereignis Realität nicht nur wiedergegeben wird, sondern

---

[772] Vgl. dazu die dargestellten empirischen Studien in Kapitel 1.1 (S. 1 ff.).
[773] Eine ähnliche Einschränkung findet sich bei Ferrin et al. (2007), S. 905.
[774] Vgl. Edelman (2013), S. 9, S. 13.
[775] Von entscheidender Bedeutung ist es dabei, die Vergleichbarkeit der negativen Ereignisse und der Rechenschaftsaussagen in Pretests sicherzustellen.

durch die Abgabe von Rechenschaft die Wahrnehmung dieser Realität auch direkt beeinflusst – sogar konstruiert – werden kann. Hines (1988) bemerkt hierzu treffend: „In communicating reality, we construct reality".[776] Banken können sich diese Tatsache zu eigen machen, indem sie sich stärker darauf konzentrieren, wie und in welcher Art und Weise sie zu Ereignissen Stellung nehmen. Dabei müssen sich die Verantwortlichen bewusst werden, dass die Kommunikation von Ereignissen durch psychologische Verzerrungen beeinflusst wird. Investoren, die Aktionärsbriefe von verschiedenen Unternehmen vergleichen, müssen berücksichtigen, dass die Art der Rechenschaftsabgabe von Unternehmen aus unterschiedlichen Ländern verschieden ist und dass diese Abgabe eine Auswirkung auf die eigene Wahrnehmung des Unternehmens haben kann.

Insgesamt können Banken die Abgabe von Rechenschaft aktiv dafür nutzen, Vertrauen wiederherzustellen. Dabei müssen Banken beachten, dass sie sich der Rechenschaftsabgabe nicht entziehen können. Denn auch das Nicht-Abgeben einer Erklärung (Abwarten) wird von den Anspruchsgruppen als eine Form der Rechenschaftsabgabe wahrgenommen. Ein solches Nicht-Äußern zu einem negativen Ereignis ist jedoch auf Basis der Erkenntnisse nicht zu empfehlen. Die aus juristischer Sicht[777] oftmals angemessene Haltung des sich Nicht-Äußerns ist vor dem Hintergrund der zentralen Bedeutung des Vertrauens für Banken also kritisch zu betrachten.[778] Banken sollten vielmehr versuchen, eine Erklärung zu einem Ergebnis abzugeben. Hierbei muss eine Bank in erster Linie darauf achten, dass die Erklärung als glaubwürdig aufgefasst wird. Es sind daher genaue Kenntnisse über die Empfänger solcher Erklärungen notwendig, um glaubwürdige Aussagen formulieren zu können. Die Wahl der zu verwendenden Rechenschaftsaussage ist somit vor dem Hintergrund der zu erwartenden Glaubwürdigkeit der Aussagen zu wählen. Gleichzeitig sollten Banken, welche unsicher sind, wie sie sich zu äußern haben, sich zumindest

---

[776] Hines (1988), S. 257.
[777] So betont Schack (2011), dass Schweigen „grundsätlich keine Rechtsfolge [auslöst]" (Schack (2011), S. 117).
[778] Ähnlich auch bei Ferrin et al. (2007), S. 906.

Kapitel 4 – Vertrauenswiederaufbau durch Rechenschaftsabgabe

positiv über die Zukunft äußern, da solche Erklärungen auf Basis der empirischen Erkenntnisse generell als sehr vertrauensbildend aufgefasst werden können.

Zusammenfassend kann Banken, die Vertrauen wiederaufbauen möchten, empfohlen werden, bei der Abgabe von Rechenschaft folgende Punkte zu beachten:[779]

1. Nach einem negativen Ereignis muss dazu eine Äußerung erfolgen. Das sich Nicht-Äußern ist in der Regel die schlechtere Alternative.

2. Die Wahl der Rechenschaftsaussage muss vor dem Hintergrund der zu erwartenden Glaubwürdigkeit der Erklärung bewertet werden. Dies bedingt eine genaue Kenntnis der Wahrnehmung und Erwartungen der aktuellen Zielgruppe.

3. In strittigen Fällen ist es am besten, sich in Form einer Zukunftsaussage zu äußern. Diese erzielt die stärksten vertrauensbildenden Effekte und ist aus juristischer Sicht in der Regel unproblematisch.

---

[779] An dieser Stelle sei nochmals betont, dass diese Implikationen nicht nur für Unternehmen von Bedeutung sind, welche Vertrauen wiederaufbauen wollen. Die Auswirkung der Rechenschaftsabgabe auf die eigene Wahrnehmung ist auch für die jeweiligen Rechenschaftsempfänger von Bedeutung.

5 Fazit

„Lieber Geld verlieren als Vertrauen",[780] diesen Grundsatz prägte der Unternehmer Robert Bosch und macht sogleich die Bedeutung von Vertrauen als zentrale unternehmerische Ressource deutlich. Demnach muss es das vorrangige Ziel eines Unternehmens sein, diese Ressource wiederzugewinnen, wenn sie zerstört wurde. Dies gilt insbesondere für den Finanzsektor. Der heutige EZB-Präsident Mario Draghi verdeutlichte dies in einem früheren Interview wie folgt: „Japan hat ein Verhältnis von Schulden und Bruttoinlandsprodukt von rund 200 Prozent, doch keiner hat je an der Zahlungsfähigkeit von Japan gezweifelt. Argentinien dagegen war zahlungsunfähig mit einem Verhältnis von Schulden und BIP von 50 Prozent. *Das ist eine Frage des Vertrauens* [Hervorh. d. Verf.]: Die Märkte, die Anleger haben Vertrauen in die Institutionen Japans, hatten es aber nicht in Argentinien".[781] Die zu Anfang dieser Arbeit zitierte Aussage des römischen Schriftstellers Publilius Syrus – „Fides in animum, unde abiit, vix umquam redit"–[782] macht jedoch deutlich, wie schwer es generell ist, verlorenes Vertrauen wiederherzustellen.

Ziel dieser Arbeit war es deshalb zu untersuchen, ob und wie die Abgabe von Rechenschaft als Instrument des Vertrauenswiederaufbaus im Bankensektor eingesetzt wird. Denn insbesondere in der heutigen Zeit werden aufgrund der globalen Finanzkrise neue Konzepte gefordert, welche den Vertrauenswiederaufbau zwischen Individuen und Institutionen (insbesondere Banken) erklären sowie Lösungsmöglichkeiten aufzeigen können.[783]

Im Rahmen der Arbeit konnte gezeigt werden, dass zerstörte Vertrauensbeziehungen zwischen Unternehmen (im Speziellen Banken) und Individuen durch die Abgabe von Rechenschaft zumindest in Teilen wiederhergestellt werden können. Dabei wurde deutlich, dass das Nicht-Abgeben aus der Perspektive des Vertrauenswiederaufbaus keine geeignete Reaktion darstellt. Es konnte gezeigt werden, dass es bes-

---

[780] Bosch (1919), S. 1.
[781] Draghi (2011), S. 10.
[782] Eigene freie Übersetzung: „Vertrauen kehrt kaum jemals in die Seele zurück, aus der es fortging" (vgl. hierzu S. 1).
[783] Vgl. z. B. Bachmann/Gillespie/Kramer (2012).

ser ist sich zu einem negativen Ereignis zu äußern um Vertrauen wiederaufzubauen. Insofern handelten die Banken in den untersuchten Berichten grundsätzlich richtig, indem sie eine Erklärung abgaben. Denn die Rechenschaftsabgabe, als ein zentraler Faktor der sozialen Interaktion, konstruiert eine Wirklichkeit, nach der sich alle sozialen Akteure richten. Es sind also nicht nur die Taten, die von Bedeutung sind, sondern gerade auch deren Kommunikation und Darstellung. So kann „die positive oder negative Rezeption von Kommunikation in den Stakeholdergruppen eines Unternehmens ... über dessen Fortbestand ... entscheiden."[784]

Die Forschung zur Rechenschaftsabgabe von Unternehmen und die Wirkung solcher Erklärungen auf verschiedene Anspruchsgruppen ist noch immer ein verhältnismäßig kleiner und junger Bereich der Forschung. Dies ist umso erstaunlicher, betrachtet man dies vor der zentralen Relevanz dieser Thematik. Denn nur wenn sich Leser von Geschäftsberichten der Wirkung von Kommunikation auf ihre kognitiven Entscheidungsprozesse bewusst sind, können sie auch Erklärungen und Stellungnahmen in den Geschäftsberichten von Unternehmen kritisch hinterfragen. Es ist die Aufgabe von Forschung und Lehre, auf diesen Aspekt hin zu sensibilisieren. Joel Amernic und Russell Craig fordern deshalb auch: „University business schools should introduce courses that focus on critical textual analysis (especially of metaphor, rhetoric, and ideology) to equip graduates to understand the language of accountability — a language that now pervades our society. ... Courses of financial reporting should include analysis of words ... and rhetoric devices".[785] Die dargestellten Erkenntnisse dieser Arbeit können hierzu einen Beitrag leisten.

Es sei jedoch noch einmal auf einen zentralen Aspekt hingewiesen. Für einen umfassenden und vor allem nachhaltigen Vertrauenswiederaufbau sind sicherlich auch weitere Faktoren und Instrumente von Bedeutung. So sind gerade in der Bankenbranche Systemveränderungen und Strukturreformen, aber vor allem auch konkrete Handlungen von Seiten der Banken (z. B. Restrukturierungen) sowie von externen Akteuren, insbesondere der Politik, von großer Bedeutung. Denn durch Kommunika-

---

[784] Forwe/Frank/Jansen (2013), S. 67.
[785] Americ/Craig (2006), S. 143.

Kapitel 5 – Fazit

tion wiedergewonnenes Vertrauen muss sich langfristig in den konkreten Handlungen widerspiegeln. Stimmen Taten und Kommunikation nicht überein, so wird es langfristig immer schwieriger werden, durch Kommunikation Vertrauen wiederherzustellen. Zumal es die Glaubwürdigkeit einer Rechenschaftsaussage ist, welche einen entscheidenden Einfluss darauf hat, ob Vertrauen wiederaufgebaut wird oder nicht. Diese Glaubwürdigkeit leidet jedoch, wenn den Worten keine Taten folgen. Rudolf Haupt und Tim Eberhardt formulieren diesen Zusammenhang wie folgt: „Die Konsistenz von Botschaften, also der Bestand der übermittelten Informationen über den Zeitverlauf und die Übereinstimmung von Reden und Handeln sind Grundsätze, von denen eine an Glaubwürdigkeit interessierte Bank nicht abweichen sollte. Die Irritationen, die dadurch entstehen könnten, führen unweigerlich zu weiteren Vertrauensverlusten".[786]

Abschließend bleibt festzuhalten, dass die Abgabe von Rechenschaft durch die Banken ein wichtiges und wirkungsvolles Instrument zum Vertrauenswiederaufbau darstellen kann. Vor allem kurzfristig kann eine effektive Rechenschaftsabgabe zerstörtes Vertrauen wiederaufbauen. Für den langfristigen Vertrauenswiederaufbau werden jedoch auch strukturelle Veränderungen nötig sein. So bedarf es in den kommenden Jahren umfassender Reformen, um die entwickelten Schieflagen im Finanzsektor abzubauen.[787] Nachhaltige Ergebnisse können also nur erzielt werden, wenn auch die Handlungen des Vertrauensnehmers die Rechenschaftsabgabe in konsistenter Weise unterstützen.

---

[786] Haupt/Eberhardt (2010), S. 39.
[787] Vgl. Kater (2011), S. 102 ff.

Anhang

Anhang 1: Typologien zur Abgabe von Rechenschaft 220
Anhang 2: Bankenliste 229
Anhang 3: Codierhandbuch 233
Anhang 4: Vorgehen Literaturanalyse 245
Anhang 5: Rechenschaftsaussagen 248

Anhang 1: Typologien zur Abgabe von Rechenschaft

Die heterogene Definitionslandschaft spiegelt sich konsequenterweise in einer Vielzahl unterschiedlicher Rahmenkonzepte zur Rechenschaftslegung wider. Insbesondere seit den 1980er Jahren entstanden verschiedene neue und erweiterte Typologien zur Rechenschaftsabgabe.[788] Die meisten vermeintlich neuen Typologien sind jedoch hauptsächlich leicht veränderte Abwandlungen älterer Konzeptualisierungen. Eine umfassende und abschließende Darstellung ist aufgrund der großen Anzahl unterschiedlicher Konzepte in den verschiedenen Forschungsdisziplinen kaum realisierbar und nicht zielführend für diese Arbeit. Im Folgenden werden deshalb die wichtigsten Typologien beschrieben.[789]

(1) Typologie von Sykes/Matza (1957)

Den Beginn der Forschung zur Rechenschaftsabgabe genau zu bestimmen, ist schwierig. In der Literatur wird teilweise Goffman (1952) als einer der Begründer genannt.[790] Allerdings veröffentlichte Goffman sein eigentliches Rahmenkonzept erst Anfang der 70er Jahre. Deshalb gilt das Konzept von Sykes/Matza (1957) als eine der ersten detailliert beschriebenen Typologien zur Rechenschaftsabgabe, was eine hohe Aufmerksamkeit erfahren hat.[791] In ihrer Arbeit zur Erklärung jugendlicher Delinquenz entwickelten sie die Theorie der Neutralisation.[792] Sie unterscheiden dabei zwischen zwei Arten der Rechenschaftsabgabe: Realisierungen und Neutralisationen. Realisierungen treten nach einem normwidrigen Verhalten auf, Neutralisierungen hingegen werden vom Delinquenten im Vorfeld durchgeführt und ermöglichen

---

[788] Oft bauen diese auf dem Modell von Scott/Lyman (1968) auf (vgl. Cody/McLaughlin (1990), S. 230).

[789] Um die relevantesten Typologien zu identifizieren, wurde sich an den Arbeiten von McLaughlin/French (1990), S. 249 und Benoit (1995), S. 32 ff. orientiert. Hierbei wurde die Schnittmenge der beschrieben Typologien betrachtet, sowie solche, die sich besonders von anderen Modellen unterscheiden. Darüber hinaus wurden Typologien, die nicht in den Studien erwähnt wurden, jedoch von besonderem Interesse sind, ebenfalls mit aufgenommen.

[790] Vgl. Cobb/Stephens/Watson (2001), S. 1128. Auch Scott/Lyman (1968) verweisen in ihrer Arbeit öfters auf verschiedene Werke von Goffman.

[791] So bezeichnen z. B. Benoit (1995) die Arbeit auch als „the first typology of accounts" (Benoit (1995), S. 33). Es ist allerdings anzumerken, dass die Arbeit auch auf Mills (1940) aufbaut (vgl. Murphy (2004), S. 130).

[792] Weshalb sie Rechenschaftslegung auch als „techniques of neutralisation" bezeichnen (vgl. Sykes/Matza (1957), S. 667).

somit erst den normwidrigen Akt. Beide Varianten können dabei von fünf Techniken (Typen) beschrieben werden: „Denial of Responsibility" (Ablehnung der Verantwortung), „Denial of Injury" (Ablehnung des Schadens), „Denial of the Victim" (Ablehnung des Opfers), „Condemnation of the Condemners" (Verdammung der Verdammenden) sowie „Appeal of Higher Loyalties" (Verweis auf höherrangige Pflichten).[793]

(2) Typologie von Scott/Lyman (1968)

Der Aufsatz von Scott/Lyman (1968) gilt ebenfalls als eine der ersten[794] und gleichzeitig bedeutendsten[795] Arbeiten zur Rechenschaftslegung. Die Arbeit baut auf der Forschung von Mills (1940),[796] Sykes/Matza (1957),[797] Goffman (1952) und vor allem Austin (1956-1957)[798] auf.[799] In Ihrer Konzeptualisierung greifen die Autoren auf die Einteilung von Austin (1956-1957) zurück[800] und unterscheiden zwischen zwei Rechenschaftsformen: Ausreden (excuses) und Rechtfertigungen (justifications). Bei Ausreden lehnt der Beteiligte die Verantwortung für das Geschehen ab, bei einer Rechtfertigung wird eine Beteiligung zwar zugegeben, jedoch werden Gründe angeführt, die das Verhalten als legitim darstellen sollen.[801]

(3) Typologie von Schönbach (1980), (1990)

Auf Grundlage des Konzeptes von Scott/Lyman (1968) entwickelte Schönbach (1980) eine umfangreiche Erweiterung und Modifikation. In seiner Typologie werden die beiden Kategorien Ausrede (excuse) und Rechtfertigung (justification) durch die

---

[793] Übersetzung angelehnt an Bertsch (2008), S. 18.
[794] Vgl. Antaki (1994), S. 46.
[795] Vgl. Benoit (1995), S. 33; Cobb/Stephens/Watson (2001), S. 1128.
[796] Vgl. Murphy (2004), S. 130.
[797] Vgl. Schönbach (1980), S. 195; Antaki (1994), S. 46 f. Verschiedene Verweise auf die Arbeit von Sykes/Matza (1957) unterstreichen diese Vermutung (vgl. z. B. Scott/Lyman (1968), S. 51).
[798] Vgl. Antaki (1994), S. 47. Austin (1956-1957) wird in dieser Arbeit nicht separat behandelt, da die wesentlichen Aspekte in der Arbeit von Scott/Lyman (1968) aufgegriffen wurden. Dennoch soll hervorgehoben werden, dass die Grundeinteilung zwischen Ausrede und Rechtfertigung im Kern auf der Arbeit von Austin und nicht, wie oft dargestellt, auf Scott/Lyman (1968) zurückzuführen ist.
[799] Vgl. Antaki (1994), S. 46 ff. Der Autor kritisiert jedoch, dass Scott/Lyman (1968) zu wenig herausstellen, auf welchen Forschungsarbeiten ihre Arbeit aufbaut.
[800] Vgl. Antaki (1994), S. 47.
[801] Eine bekannte Erweiterung dieses Ansatzes ist die Arbeit von Tedeschi/Reiss (1981), welche das Modell spezifizieren und um verschiedene Unterkategorien erweitern.

Kategorien Eingeständnis (concession) und Zurückweisung (refusal) erweitert.[802] Was das Konzept weiterhin aus wissenschaftlicher Sicht interessant und außergewöhnlich macht, ist die Quantität der beschriebenen Kategorien. Mit dieser ausführlichen und umfangreichen Untergliederung von Rechenschaftstypen unterscheidet sich die Arbeit von anderen Studien in der Literatur.[803] Denn in der überwiegenden Anzahl der Literaturkonzepte wird versucht, auf zwei bis sechs Kategorien zu kumulieren. In Schönbachs Konzept hingegen finden sich zu den vier entwickelten Hauptkategorien über 30 Unterkategorien;[804] in seiner 1990 veröffentlichten Erweiterung sogar weit über 200.[805] Aufgrund der damit verbundenen hohen Komplexität merkt jedoch Benoit (1995) kritisch an: „A limitation of these lists is that their complexity renders them unwieldy".[806] Benoit (1995) bezweifelt außerdem den Sinn und Zweck einer solchen umfangreichen Kategorisierung.[807]

(4) Typologie von McLaughlin/Cody/O'Hair (1983)

Die Arbeit von McLaughlin/Cody/O'Hair (1983) baut im Wesentlichen auf den vier Hauptkategorien von Schönbach (1980) auf. Interessant ist diese Typologie aufgrund zweier Modifikationen. Zum einen werden die Kategorien von Schönbach (1980) durch eine fünfte Kategorie erweitert: Abwarten.[808] Zum anderen unterscheiden sie ihre Kategorien entlang zweier Dimensionen: entschärfende („mitigating") und verschärfende („aggravating") Aussagen. Die Autoren gehen davon aus, dass der Empfänger einer Rechenschaft weiß, ob es sich um eine verschärfende oder entschärfende Aussage handelt. Zu entschärfenden Rechenschaftsaussagen zählen solche, die die Situationswahrnehmung des Gegenübers akzeptieren und Reue für das eigene Verhalten zeigen. Danach sind Entschuldigungen und Ausreden die am stärksten entschärfenden Rechenschaftsaussagen. Verschärfende Rechenschaftsaussagen hingegen sind solche, die die Interpretation des Ereignisses nicht akzeptieren und

---

[802] Vgl. Schönbach (1980), S. 195 f.
[803] Vgl. McLaughlin/Cody/O'Hair (1983), S. 209.
[804] Vgl. Schönbach (1980), S. 196 ff.
[805] Vgl. Schönbach (1990), S. 188 ff.
[806] Benoit (1995), S. 93.
[807] Im Detail hierzu Benoit (1995), S. 92 f.
[808] Vgl. McLaughlin/Cody/O'Hair (1983), S. 210.

somit die Interpretationswahrnehmungs- und Bewertungskompetenz des Gegenübers infrage stellen. Auf der anderen Seite sind Rechtfertigungen und Ablehnungen die am ehesten verschärfenden Rechenschaftsaussagen.[809] Diese Unterteilung gilt insbesondere in der Fairnessforschung als bedeutende Weiterentwicklung.[810]

(5) Typologie von Goffman (1972)

Ervin Goffman gilt als einer der Begründer der heutigen Theorie der Selbstdarstellung (Impression Management).[811] Seine Arbeiten haben einen großen Einfluss auf die Entwicklung von Rechenschaftskonzepten vieler anderer Autoren.[812] Obwohl einige seiner Ideen zur Rechenschaftsabgabe schon in früheren Werken auftauchen, ist die umfassendste Ausführung in seiner 1972 veröffentlichten Arbeit „Relations in Public: Microstudies of the Public Order" zu finden.[813] Für Goffman (1972) sind Strategien, bei welchen versucht wird, die negativen Konsequenzen einer normverletzenden Handlung zu beseitigen oder zu minimieren, kommunikative Taktiken. Diese bezeichnet er als wiederherstellende Maßnahmen („remedial work").[814] Hierbei unterscheidet er drei verschiedene Arten: „accounts", „apologies" und „requests".[815] „Accounts", welche er in fünf Unterkategorien unterteilt[816], sind Taktiken, deren Ziel es ist, den moralischen Charakter des Beschuldigten zu schützen.[817] Als zweite Möglichkeit nennt Goffman (1972) Entschuldigungen („apologies"). Eine

---

[809] Vgl. McLaughlin/Cody/O'Hair (1983), S. 211 ff.; Bobocel/Zdaniuk (2005), S. 475. (Abwarten kann danach in Abhängigkeit der konkreten Situation als entschärfend oder verschärfend wahrgenommen werden).
[810] Vgl. Bobocel/Zdaniuk (2005), S. 275.
[811] Vgl. Ebert/Piwinger (2007), S. 209.
[812] Bezüge auf verschiedene Arbeiten von Goffman findet man z. B. bei Scott/Lyman (1968) oder Benoit (1995).
[813] Goffman (1972), insbesondere Kapitel 4.
[814] „the function of remedial work is to change the meaning that otherwise might be given to an act, transforming what could be seen as offensive into what can be seen as acceptable" (Goffman (1972), S. 109).
[815] Vgl. Goffman (1972), S. 108 ff.
[816] Der Beschuldigte versucht klar zu stellen, dass (1.) ... das negative Ergebnis nicht stattgefunden, oder dass er nichts damit zu tun hat. (2.) ... gute Gründe für die Handlung vorlagen. (3.) ... die Konsequenzen der Handlung nicht absichtlich oder vorhersehbar waren. (4.) ... das negative Ereignis keine böse Absicht darstellt, sondern lediglich eine Konsequenz der eigenen mangelnden Kompetenz. (5.) ... das Ereignis die Konsequenz einer leichtfertigen und fahrlässigen Handlung war (vgl. Goffman (1972), S. 109 ff.).
[817] Vgl. Goffman (1972), S. 109 ff.

Entschuldigung wird dabei definiert als: „A gesture through which an individual splits himself into two parts, the part that is guilty of an offense and the part that dissociates itself from the delict and affirms a belief in the offended rule".[818] Bei der letzten Kategorie, die Goffman (1972) als Anfrage („request") bezeichnet, kann eine Person vor einer potentiell normverletzenden Handlung Gründe vorbringen, die das Handeln dennoch rechtfertigen.[819]

(6) Typologie Schlenker (1980)

Schlenker (1980) hat ebenfalls eine anerkannte Arbeit zur Rechenschaftsabgabe geschrieben.[820] In seiner Arbeit unterscheidet er in Anlehnung an Goffman (1972) zwei Formen von wiederherstellenden Maßnahmen („remedial work"): „accounts" und „apologies".[821] „Accounts" differenziert er nochmal in drei generelle Formen, welche wiederum verschiedene Ausprägungen haben können:[822] Zum einen „defence of inncocence", bei welchen der Beschuldigte bestreitet, dass er etwas mit dem infrage stehenden Ereignis zu tun hat und somit jegliche Verantwortung von sich weist. Bei „excuses" wird hingegen eine Beteiligung zugegeben, jedoch die Verantwortung dafür abgestritten. „Justifications" sind für Schlenker (1980) Aussagen, die die Negativität des Ereignisses infrage stellen. Hiermit soll weder das Ereignis noch seine Verantwortung abgelehnt werden, jedoch wird die Interpretation des Ereignisses nicht akzeptiert.[823] Bei „apologies" wird das negative Ereignis und die Verantwortung hierfür anerkannt und um Verzeihung gebeten. Ziel ist es, dass die Umgebung das Verhalten der beschuldigten Person als nicht repräsentativ für diese wahrnimmt.[824]

---

[818] Vgl. Goffman (1972), S. 113.
[819] Vgl. Goffman (1972), S. 144 ff. (Allerdings hebt Goffman hervor, dass auch „accounts" und „apologies" theoretisch vor einer normenverletzenden Handlung abgegeben werden können. (vgl. Goffman (1972), S. 114).
[820] Vgl. Benoit (1995), S. 36.
[821] Vgl. Schlenker (1980), S. 135 f.
[822] Im Detail hierzu vgl. Schlenker (1980), S. 138 ff.
[823] Vgl. Schlenker (1980), S. 37 f.
[824] Vgl. Schlenker (1980), S. 154.

Anhang 225

(7) Typologie Semin/Manstead (1983)

Die Arbeit von Semin/Manstead (1983) gilt bei einigen Autoren ebenfalls als eine der ausführlichsten Arbeiten zur Rechenschaftsabgabe seiner Zeit.[825] Aufbauend auf einer umfassenden Analyse von zentralen Arbeiten zur Rechenschaftsabgabe[826] wird ein konzeptioneller Rahmen abgeleitet.[827] Die Autoren entwickeln ihr Modell – das diese in Anlehnung an Mills (1940) als „motive talk" bezeichnen –[828] auf Basis von etablierten Konzepten wie z. B. den Arbeiten von Ervin Goffmann weiter. Dabei unterscheiden sie zwischen Aussagen, die im Vorhinein abgegeben werden („prospective")[829] und Aussagen, die im Nachhinein abgegeben werden („retrospective"). Zu den prospektiven Aussagen werden „request" und „desclaimers", zu den retrospektiven Aussagen „accounts" und „apologies" gezählt.

„Apologies" sind in dieser Typologie Aussagen, die Schuld und Verantwortung eingestehen.[830] „Accounts" hingegen sind allgemeine Erklärungen, die etwas über die Verantwortung aussagen.[831] Im Wesentlichen bauen die Autoren dabei auf dem Konzept von Tedeschi/Reiss (1981) auf und verwenden als Grundlage deren Unterteilung zwischen Ausrede und Rechtfertigung.[832] Insgesamt stellen die Autoren zwölf Unterkategorien auf (vier Unterkategorien zu Ausrede, acht Unterkategorien zu Rechtfertigung), welche wiederum in mehrere Unterkategorien münden. Der Zweck dieser Arbeit ist somit wohl dem von Schönbach (1980), (1990) ähnlich, nämlich die Entwicklung einer möglichst umfassenden und detaillierten Liste von Rechenschaftsaussagen.[833]

---

[825] Vgl. Benoit (1995), S. 38.
[826] Im Wesentlichen werden die Autoren inspiriert von Schönbach (1980), Sykes/Matza (1957), Scott/Lyman (1968) sowie verschiedenen Arbeiten von Goffmann, insbesondere Goffman (1973).
[827] Vgl. hier insbesondere Tedeschi/Reiss (1981), S. 91 ff.
[828] Vgl. Semin/Manstead (1983), S. 71.
[829] Proactive acoounts sind nicht Gegenstand dieser Arbeit und sollen deshalb an dieser Stelle nicht weiter erläutert werden.
[830] Semin/Manstead (1983), S. 72 ff.
[831] Vgl. Semin/Manstead (1983), S. 80 ff.
[832] Vgl. Tedeschi/Reiss (1981), S. 91. Dass diese Einteilung jedoch im Wesentlichen auf Scott/Lyman (1968) fußt, wird lediglich im Kontext der gesamten Arbeit deutlich.
[833] Zu einer ähnlichen Schlussfolgerung kommt auch Benoit (1995), S. 39.

(8) Typologie von Bies (1987)

Im Bereich der Fairnessforschung entwickelte Bies (1987) ein weit beachtetes Konzept. Im Gegensatz zu der vorherrschenden Sichtweise betrachtete Bies (1987) die Abgabe von Rechenschaft weniger aus dem Blickwinkel des Impression Managements, sondern hob die Bedeutung der Rechenschaftsabgabe in Bezug auf eine moralische Entrüstung („moral outrage") hervor.[834] Sein Framework, welches nach eigener Aussage von der Arbeit von Snyder/Higgins/Stucky (1983) inspiriert wurde,[835] unterscheidet drei Kategorien: „causal accounts"," ideological" und „referential accounts"[836] sowie „penitential accounts".

Ziel von „causal accounts" ist es, die eigene Verantwortung aus Sicht des Rechenschaftsempfängers zu mildern. Dabei wird versucht, das eigene Handeln als eine alternativlose Konsequenz der bestehenden Umstände darzustellen.[837] Zweck der „ideological accounts" ist es, ein Handeln oder ein Ergebnis so darzustellen, dass die normverletzende Verhaltensweise nicht mehr als solche aufgefasst wird. Dabei soll versucht werden, ein höherrangiges Ziel in den Vordergrund zu stellen oder jedoch die infrage stehende Handlung als ein positives Ergebnis zu präsentieren.[838] „Referential accounts" zielen hingegen darauf ab, das negative Ereignis positiver darzustellen, indem dieses in einen größeren Zusammenhang gesetzt wird.[839] Dies kann vorgenommen werden, indem z. B. auf andere Akteure verwiesen wird, die schlechtere Ergebnisse erzielt haben („social comparison information"). Eine weitere Möglichkeit ist z. B. ein Hinweis auf zukünftige verbesserte Ergebnisse („temporal comparison information"), die Skizzierung von noch schlimmeren, nicht eingetretenen Er-

---

[834] Vgl. Cobb/Stephens/Watson (2001), S. 1128; Bies (1987), S. 296.
[835] Vgl. Bies (1987), S. 298.
[836] Bies definiert diese zwei Strategien zwar unterschiedlich, fasst sie jedoch unter einer Kategorie zusammen.
[837] Vgl. Bies (1987), S. 298. Beispiele hierfür sind nach Bies z. B. Aussagen wie „it was a decline in the economy that forced budget cutbacks or salary freezes", „my boss wouldn't let me" oder „the rules just don't allow it" (Bies (1987), S. 298).
[838] Vgl. Bies (1987), S. 300 f.
[839] „To minimize the undesirability of the harm or negative consequences by providing a more favorable referent standard to evaluate an outcome" (Bies (1987), S. 300).

eignissen („hypothetical what-if simulations") oder die Betonung von unrealistischen Erwartungen der anderen Partei.[840]

Mittels „penitential accounts", welche Bies auch als „apology" bezeichnet, wird versucht, eine vermeintliche Normenverletzung als Ausnahmeerscheinung des handelnden Akteurs darzustellen. Auch hier soll die Wahrnehmung der anderen Partei gegenüber dem Vertrauensnehmer beeinflusst werden.[841]

(9) Typologie von Elsbach (1994)

Elsbach (1994) entwickelte auf Basis von Interviews in der kalifornischen Rinderindustrie eine Typologie zu Rechenschaftslegung. Bedeutend ist ihre Arbeit vor allem deshalb, da sie die institutionelle und Impression Management-Perspektive miteinander verbindet.[842] So unterscheidet sie eine Rechenschaft zum einen nach ihrer generellen Form („how they are framed") und zum anderen nach ihrem generellen Inhalt („how they are built"). Hierbei identifizierte sie zwei Rechenschaftsformen: „denials" und „acknowledgemets" sowie zwei inhaltliche Begründungen: „institutional-" und „technical characteristics".[843] Durch die Kombination von Rechenschaftsform und Rechenschaftsinhalt entwickelte sie vier Grundformen zur Rechenschaftsabgabe:[844] (a.) „denial/institutional characteristics", (b.) „denial/technical characteristics", (c.) „acknowledgement/institutional characteristics", (d.) „acknowledgement/technical characteristics".

(10) Typologie von Benoit (1995)

Das Framework von Benoit (1995), welches der Autor selbst als „image restoring theory" bezeichnet, ist besonders im Bereich der Krisenkommunikation bekannt ge-

---

[840] Vgl. Bies (1987), S. 301 ff.
[841] Vgl. Bies (1987), S. 302 f., Bies schreibt hierzu, dass das Ziel sein muss „to reframe other people's perceptions of him or her" (Bies (1987), S. 303).
[842] Vgl. Elsbach (1994), S. 58.
[843] Vgl. Elsbach (1994), S. 64.
[844] Vgl. Elsbach (1994), S. 67 ff.

worden und beschreibt fünf Kernstrategien, wie Unternehmen sich äußern können, wenn sie mit einer Krise konfrontiert werden.[845]

Als Erstes nennt der Autor „denial of responsibilty", bei welchem es darum geht, die Existenz des Vorgeworfenen abzulehnen („simple denial") oder die Verantwortung für das negative Ereignis auf jemand anderen zu schieben („shift blame").[846] Als Zweites kann mit „evasion of responibility" mittels vier verschiedener Taktiken versucht werden, die eigene Verantwortung zu verringern.[847] In der dritten Kategorie „reduce offensiveness" kann das Unternehmen die wahrgenommene Schwere des negativen Ereignisses beeinflussen. Benoit beschreibt hierbei sechs verschiedene Kategorien, deren Ziel es ist, die negativen Gefühle, die aus dem Ereignis resultieren, zu mildern.[848] Als vierte strategische Möglichkeit kann das Unternehmen versprechen, mittels „corrective actions" die entstanden Probleme zu beseitigen. Solche Handlungen können entweder darauf abzielen, die entstandenen Schäden zu beseitigen oder jedoch dafür zu sorgen, dass Ähnliches nicht wieder vorkommt.[849] Als letzte Möglichkeit nennt Benoit „mortification". Bei dieser Strategie soll das Unternehmen seine Taten bereuen und um Vergebung für seine Taten bitten.[850]

---

[845] Vgl. Benoit (1997), S. 178, (1995), S. insbesondere S. 63 ff.
[846] Vgl. Benoit (1997), S. 179 f., (1995), S. 75 f.
[847] Dabei hat das Unternehmen vier Möglichkeiten: Das Unternehmen kann seine Handlung als Reaktion auf die Handlung eines anderen darstellen („provocation"), es kann ein Informationsdefizit bei der Beurteilung der Lage als Grund seiner Handlung vorbringen („defeasibility"), es kann die Handlung als einen ungewollten Unfall darstellen („accident") oder jedoch die positiven Absichten bei der Durchführung der Handlung hervorheben („good intentions") (vgl. Benoit (1997), S. 180, (1995), S. 76 f.).
[848] Zum einen kann versucht werden, die positiven Emotionen zum eigenen Unternehmen zu bestärken, indem auf positive Ereignisse im Unternehmen hingewiesen wird („bolstering"). Weiterhin kann versucht werden, die negativen Gefühle, welche aufgrund des negativen Ereignisses aufgetreten sind, zu minimieren, indem das Ausmaß des negativen Ereignisses heruntergespielt wird („minimizing"). Als dritte Möglichkeit kann das Unternehmen versuchen, ähnliche aber noch schlimmere andere Ereignisse dem eigenen gegenüberzustellen („differentiation"). Weiterhin kann das Unternehmen das Ereignis in einen größeren und positiveren Zusammenhang setzen („transcendence"). Außerdem hat das Unternehmen die Möglichkeit, den Ankläger selbst zu attackieren und damit die Glaubwürdigkeit des Angreifers infrage zu stellen („attack accuser"). Als letzte Variante dieser Kategorie wird die Entschädigung für die Auswirkungen des negativen Ereignisses genannt („compensation") (vgl. Benoit (1997), S. 180 f., (1995), S. 77 f.).
[849] Vgl. Benoit (1997), S. 181, (1995), S. 79. (Der Unterschied zu „compensation" besteht darin, dass sich „corrective actions" auf die Ursache des negativen Ereignisses beziehen, wohingegen „compensation" einer Art Wiedergutmachungsgeschenk darstellt).
[850] Vgl. Benoit (1997), S. 181, (1995), S. 79.

Anhang

Anhang 2: Bankenliste

Name	Region	Land	Entwicklung[1]	Ergebnis[2]
ABN AMRO Group	EU	Niederlande	Negativ	Verlust
Allied Irish Bank	EU	Irland	Negativ	Gewinn
Banco Bilbao Vizcaya Argentaria (BBVA)	EU	Spanien	Negativ	Gewinn
Banco Santander	EU	Spanien	Negativ	Gewinn
Bank Austria	EU	Österreich	Negativ	Gewinn
Bank of Ireland	EU	Irland	Negativ	Verlust
Barclays	EU	Großbritannien	Negativ	Gewinn
Bayerische Landesbank	EU	Deutschland	Negativ	Verlust
BNP Paribas	EU	Frankreich	Negativ	Gewinn
Commerzbank	EU	Deutschland	Negativ	Verlust
Credit Agricole	EU	Frankreich	Negativ	Gewinn
Crédit Industriel et Commercial (CIC)	EU	Frankreich	Negativ	Gewinn
Credit Suisse	EU	Schweiz	Negativ	Verlust
Danske Bank	EU	Dänemark	Negativ	Gewinn
Deka Bank	EU	Deutschland	Negativ	Verlust
Deutsche Bank	EU	Deutschland	Negativ	Verlust
Deutsche Zentralgenossenschaftbank (DZ)	EU	Deutschland	Negativ	Verlust
Dexia	EU	Belgien	Negativ	Verlust
DnB NORD	EU	Norwegen	Negativ	Gewinn
Dresdner Bank	EU	Deutschland	Negativ	Verlust
Erste Group	EU	Österreich	Negativ	Gewinn
Eurohypo	EU	Deutschland	Negativ	Verlust
Groupe Banque Populaire	EU	Frankreich	Negativ	Gewinn
Helaba Landesbank Hessen-Thüringen Girozentrale	EU	Deutschland	Negativ	Verlust
HSBC Holding	EU	Großbritanien	Negativ	Gewinn
HSH Nordbank	EU	Deutschland	Negativ	Verlust
Hypo Real Estate	EU	Deutschland	Negativ	Verlust
Hypovereinsbank	EU	Deutschland	Negativ	Verlust
ING Bank	EU	Niederlande	Negativ	Verlust
KBC Group	EU	Belgien	Negativ	Verlust
La Caixa	EU	Spanien	Negativ	Gewinn
Landesbank Baden-Württemberg (LBBW)	EU	Deutschland	Negativ	Verlust
Landesbank Berlin	EU	Deutschland	Negativ	Gewinn

Name	Region	Land	Entwicklung[1]	Ergebnis[2]
Lloyds Banking Group	EU	Großbritanien	Negativ	Gewinn
Nationwide Building Society	EU	Großbritanien	Negativ	Gewinn
Norddeutsche Landesbank (Nord/LB)	EU	Deutschland	Negativ	Gewinn
Nordea Group	EU	Sweden	Negativ	Gewinn
Postbank	EU	Deutschland	Negativ	Verlust
Rabobank	EU	Niederlande	Negativ	Gewinn
Raiffeisen International Bank Holding	EU	Österreich	Negativ	Gewinn
Royal Bank of Scotland (RBS)	EU	Großbritanien	Negativ	Verlust
Skandinaviska Enskilada Banken Group (SEB)	EU	Sweden	Negativ	Gewinn
Societe Générale	EU	Frankreich	Positiv	Gewinn
Standard Charted	EU	Großbritanien	Positiv	Gewinn
Svenska Handelsbanken	EU	Schweden	Negativ	Gewinn
Swedbank	EU	Sweden	Positiv	Gewinn
UBI Banca	EU	Italien	Negativ	Gewinn
UBS	EU	Switzerland	Negativ	Verlust
UniCredit	EU	Italien	Negativ	Gewinn
WestLB	EU	Deutschland	Positiv	Gewinn
American Express	USA	USA	Negativ	Gewinn
Associated Banc Corperation	USA	USA	Negativ	Gewinn
Astoria Financial Corporation	USA	USA	Negativ	Gewinn
Bank of America	USA	USA	Negativ	Gewinn
Bank of New York Mellon (BNY)	USA	USA	Negativ	Gewinn
BB&T Corp.	USA	USA	Negativ	Gewinn
BOK Financial Coorporation	USA	USA	Negativ	Gewinn
Capital One Financial Cooperation	USA	USA	Negativ	Gewinn
Cathay General Bancorp	USA	USA	Negativ	Gewinn
Citizen's Financial Group	USA	USA	Negativ	Verlust
Citizen's Republic Bancorp	USA	USA	Negativ	Verlust
City Group	USA	USA	Negativ	Verlust
City National	USA	USA	Negativ	Gewinn
Colonial Bank	USA	USA	Negativ	Verlust
Comerce Bancshares	USA	USA	Negativ	Gewinn

Name	Region	Land	Entwicklung[1]	Ergebnis[2]
Comerica Incorporated	USA	USA	Negativ	Gewinn
Cullen Frost Bankers	USA	USA	Negativ	Gewinn
East West Bancorp	USA	USA	Negativ	Verlust
First Citizen`s BancShares	USA	USA	Negativ	Gewinn
First Horizon National Corporation (FHN)	USA	USA	Negativ	Verlust
Fifth Third Bancorp	USA	USA	Negativ	Verlust
Fulton Financial Corporation	USA	USA	Negativ	Gewinn
Goldman Sachs	USA	USA	Negativ	Gewinn
Hudson City Bancorp	USA	USA	Positiv	Gewinn
Huntington	USA	USA	Negativ	Verlust
JP Morgan	USA	USA	Negativ	Gewinn
KeyCorp	USA	USA	Negativ	Gewinn
M&T Bank Cooperation	USA	USA	Negativ	Gewinn
Marshal & Ilsley	USA	USA	Negativ	Verlust
Morgan Stanley	USA	USA	Negativ	Gewinn
New York Community Bancorp	USA	USA	Negativ	Gewinn
Northern Trust Cooperation	USA	USA	Positiv	Gewinn
Peoples United Financial	USA	USA	Negativ	Gewinn
PNC Financial Service Corporation	USA	USA	Positiv	Gewinn
Regional Financial Corporation	USA	USA	Negativ	Verlust
South Financial Group	USA	USA	Negativ	Verlust
State Street Corporation	USA	USA	Positiv	Gewinn
Sterling Financial Corporation	USA	USA	Negativ	Verlust
Sun Trust Bank	USA	USA	Negativ	Gewinn
Susquehanna Bancshares	USA	USA	Positiv	Gewinn
Synovus Financial Corporation	USA	USA	Negativ	Verlust
TCF Financial Corporation	USA	USA	Negativ	Gewinn
Union BancCal Corporation	USA	USA	Negativ	Gewinn
US Bancop	USA	USA	Negativ	Gewinn
Valley National Bank	USA	USA	Negativ	Gewinn
Washingtom Federal	USA	USA	Negativ	Gewinn
Webster Financial Corporation	USA	USA	Negativ	Verlust
Wells Fargo & Co.	USA	USA	Negativ	Verlust

Name	Region	Land	Entwicklung[1]	Ergebnis[2]
Wilmington Trust Corporation	USA	USA	Negativ	Verlust
Zions Banccorporation	USA	USA	Negativ	Verlust

Anmerkungen:

1 = Ergebnisentwicklung Geschäftsjahr 2008 (im Vergleich zu 2007)

2 = Gewinn/Verlust Geschäftsjahr 2008

Anhang 3: Codierhandbuch

Allgemeine Hinweise zum Codieren

- Wichtig: Bitte lesen Sie zuerst aufmerksam die allgemeinen Hinweise durch!
- Es wird nach Units codiert. Eine Unit ist ein Satz oder eine Abfolge von Sätzen. Ausnahme ist der Code: Stakeholder. Hier ist eine Unit ein ganzer Absatz.
- Eine Unit ist eine zusammenhängende Sinneinheit. Wird ein Satz als Unit bestimmt und der vorherige Satz bestimmt diesen näher, so wird er mitcodiert
- Ob es sich um eine Unit handelt, muss im Kontext betrachtet werden. Eine Kontexteinheit ist deshalb prinzipiell der ganze Absatz. Eine potenzielle Unit muss deshalb im Kontext des Absatzes definiert werden. Weitere Interpretationen sollten vermieden werden.
- Im Zweifelsfall (nicht genau bestimmbar) wird mit „Unsicher" codiert.
- Die Codes „Allgemein" werden zuerst codiert. Dabei wird chronologisch im Sinne einer Checkliste jeder einzelne Code zugeordnet.
- Codes sind nicht exklusiv, d. h., Überschneidungen sind grundsätzlich möglich in einem Absatz oder Satz. Beispiel: „we're deeply sorry for the losses our shareholders had to face" Coding: "Shareholders" & "Eingeständnis".
- Es ist gerade bei Überschneidungen auf logische Widersprüche zu achten.
- Überschriften vor Absätzen werden nicht codiert, können aber als Interpretationshilfe hinzugezogen werden.
- Units bestehen grundsätzlich aus Sätzen, sodass in einem Absatz auch mehrere Units mit den gleichen Codes versehen werden können. Auch kann eine Unit prinzipiell mehrere Codes enthalten. Bei den Kategorien, die nach Absätzen codiert werden, kann ein Code nur einmal pro Absatz vergeben werden.

A. Codes: Allgemein

1. Titel des Berichtes: Der Titel des Berichtes wird codiert, z. B. „Letter to shareholders"

2. Anrede: Die Anrede der Berichtsempfängers wird codiert, z. B. „Dear Shareholders"

3. Datum: Das Verfasserdatum wird codiert

4. Verfasser (Name): Der Name der oder des Verfasser(s) wird codiert

5. Verfasser Position: Die Position Name der oder des Verfasser(s) wird codiert

B. Codes: Aussagen zu zukünftigen Entwicklungen

1. Maßnahmen

Maßnahmen wie Personalveränderungen, die sich aus der Konsequenz des Gewinneinbruchs ergeben haben, fallen unter diese Kategorie. Hierzu zählen auch (stark) abstrakte, wenig konkrete Maßnahmen. Beispiel: „We will continue doing everything possible to further improve our relationship with our customers (…)." (Postbank). Auch sogenannte Signalwörter wie „es ist von großer Priorität" oder „zentraler Bedeutung" können als Maßnahmen interpretiert werden. Keine Maßnahme sind aber sehr vage Formulierungen wie z. B. „We plan to do something"

Es werden alle Maßnahmen codiert, wenn sie eine direkte Reaktion auf die Krise darstellen und darauf abzielen, den Status quo zu verbessern. Es werden sowohl abstrakte als auch konkrete Maßnahmen codiert. Erzwungene Maßnahmen, die nicht freiwillig geschehen, werden nicht codiert. Es wird nicht die Konsequenz der Maßnahme mitcodiert! Grundsätzlich wird jede Maßnahme einzeln codiert. Wird eine Maßnahme über mehrere Absätze codiert, so ist diese als Ganzes zu codieren. Einleitende Aussagen zu Maßnahmen werden als eigene Maßnahme codiert (Beispiel: "Wir werden folgende Schritte einleiten").

Negativ Beispiel: „The precarious overall economic situation made it necessary for us to significantly increase risk provisioning in the lending business".-> Keine Maßnahme

Negativ Beispiel: „ For ING, the immediate consequence was a need to increase our capital position and ratios"-> Keine Maßnahme.

Es wird unterschieden zwischen geplanten und vergangenen (einschließlich aktiven) Maßnahmen. Hierauf weist insbesondere die Grammatik hin. Grundsätzlich gilt, dass für eine zukünftige Maßnahme ein deutlicher grammatikalischer Zukunftsbezug vorliegen muss, sonst wird mit vergangener Maßnahme codiert. Es ist zu beachten, dass eine Aussage zu Maßnahmen aus drei Teilen bestehen kann: Grund + eigentliche Maßnahme + (erhofftes) Resultat. Als Maßnahme ist als solche somit auch nur die eigentliche Maßnahme interessant. Für das beschriebene Resultat ist wiederum eine mögliche Aussicht zu prüfen und, sofern die Maßnahme bereits Auswirkungen hat, eine Relativierung.

1.1 Maßnahmen geplant (Zukunft)

Beziehen sich auf alle Maßnahmen, die noch nicht umgesetzt worden sind. Dabei müssen diese eine konkrete Absicht zur Umsetzung enthalten.

Negativ Beispiel: "We want to place the Bank in a strong position for the future rather than just successfully navigate our way through the crisis. For this reason, HSH Nordbank has carried out a fundamental strategic realignment. In order for us to continue to be a reliable partner and innovative service provider for our clients in the future, we have initiated the following crucial steps" (HSH 2008) -> Keine Maßnahme.

1.2 Maßnahmen umgesetzt (Vergangenheit)

Beziehen sich auf alle Maßnahmen die bereits umgesetzt worden sind und bis zur Gegenwart Bestand haben. Somit werden Maßnahmen, die gerade durchgeführt werden (z. B. „focusing on cost reductions"), ebenfalls hier mitcodiert.

Umgesetzte Maßnahmen, die bereits Wirkung entfalten, können u. U. eine Relativierung enthalten und/oder eine positive Entwicklung für die Zukunft des Unternehmens darstellen. (Beispiel: „Trotz dieser Turbulenzen können wir dank eines Sparpakets, das wir eingeführt haben, unsere Stellung im Bereich XY nachhaltig stärken". Weiterhin gilt, dass Accounts wie Relativierung nicht für die Zukunft codiert werden können. In dem Fall ist eine positive Aussicht zu prüfen.

Im oben genannten Beispiel wird aufgrund der umgesetzten Maßnahme eine Relativierung begründet und eine weiterhin positive Entwicklung beschrieben.

Beispiel 1: "We want to place the Bank in a strong position for the future rather than just successfully navigate our way through the crisis. For this reason, HSH Nordbank has carried out a fundamental strategic realignment. In order for us to continue to be a reliable partner and innovative service provider for our clients in the future, we have initiated the following crucial steps" (HSH 2008).

Beispiel 2: "As a result of the extraordinary effects, which became especially noticeable in the second half of the year, we are posting a loss after tax of €821 million for the past fiscal year. This result is very painful, but positive developments in the Bank's operative core business segments have made me confident about the future. We will continue to pursue our business model resolutely and maintain our focus in order to make the Bank even less vulnerable to developments on the capital markets in the future. In addition, we have put together a package of measures to further enhance our efficiency. After the international financial markets have calmed, I am convinced that this approach will help restore our previous earnings power" (Postbank 2008).

2. Aussicht

Bezieht sich auf Aussagen, bei denen eine Prognose abgeben wird. Die Prognosen müssen nicht objektiv formuliert sein. Ein Konjunktiv reicht nicht aus, weswegen auf entsprechende Signalwörter zu achten ist, die eine definitive Aussicht ausschließen (Negativ Beispiele: Sollten die Märkte sich erholen/so bleiben/verschlechtern", „Dadurch könnten wir besser/schlechter aufgestellt sein" etc.).

2.1 Positive Aussicht

Es muss klar sein, dass mit einer Verbesserung gerechnet wird. Entscheidend ist, dass ein im Vergleich verbesserter Zustand vorausgesagt wird. Dies geschieht oft in Kombination mit Maßnahmen. Zuversicht ist ein Signalwort für eine positive Aussicht.

Grundsätzlich sind all jene Erwartungen als positiv zu werten, die einen Vorteil für das Unternehmen beschreiben, etwa zu erwartende Kostenreduktionen aufgrund von Entlassungen. Das reine Erwähnen von Entlassungen oder die Notwendigkeit von Entlassungen zu beschreiben ist keine positive Aussicht.

Signalwörter (confident, positive that)

2.1.1 Umfeld (extern)

Bezieht sich auf Aussagen, bei denen eine positive Prognose bezogen auf exogene Variablen (im Unternehmensumfeld) gegeben wird. Hierzu zählen z. B. Marktentwicklung oder Entwicklung der Finanzkrise.

Beispiel: „We believe the economy will respond to the legislative measures taken to stimulate confidence and growth" (Synovus 2008).

2.1.2 Unternehmen (intern)

Bezieht sich auf Aussagen, bei denen eine positive Prognose bezogen auf endogene Variablen (im Unternehmen selbst) gegeben wird. Hierzu zählen z. B. Gewinn oder Kostenentwicklungen. Mildernde Aussagen, welche dennoch auf negative Umstände hinweisen, gehören trotzdem zu dieser Kategorie.

Beispiel: "We will look at our business with fresh eyes to apply further focus and build a coherent set of strong businesses, and seek new ways of doing business so we can come through this crisis stronger and smarter". (ING DiBa 2008) (Hoffnung - Grenzfall)

Beispiel: "However, we anticipate that the continuing tense situation on the markets will have a negative impact on our financial position in the current fiscal year as well. Assuming that macroeconomic deterioration is no worse than currently forecast, however, we do expect the overall negative impact to be considerably smaller than in 2008" (Postbank 2008).

Beispiel: "We expect underlying conditions on the market to remain extremely difficult for the current fiscal year. The financial market crisis and its impact on global economic development will continue to pose great challenges for our sector. Viewed relatively, Postbank should benefit from its comparatively traditional business model here and the primary focus of its loan portfolio on Germany."

2.2 Negative Aussicht

Bezieht sich auf Aussagen, bei denen negative Prognosen abgeben werden.

Die Prognosen müssen nicht objektiv formuliert sein, auch vage Vermutungen oder Befürchtungen werden hierunter codiert. Auch implizite Formulierungen wie „further challenges" fallen hierunter.

2.2.1 Umfeld (extern)

Bezieht sich auf Aussagen, bei denen eine negative Prognose bezogen auf exogene Variablen (im Unternehmensumfeld) gegeben werden. Hierzu zählen z. B. Marktentwicklung oder Entwicklung der Finanzkrise.

Beispiel: "We expect underlying conditions on the market to remain extremely difficult for the current fiscal year. The financial market crisis and its impact on global economic development will continue to pose great challenges for our sector. Viewed relatively, Postbank should benefit from its comparatively traditional business model here and the primary focus of its loan portfolio in Germany" (Postbank 2008).

Beispiel: "With regard to the future of the financial industry, we expect more modesty in scope and risk profile, greater impact of supervision and regulation, as well as higher capital requirements" (ING DiBa 2008).

2.2.2 Unternehmen (intern)

Bezieht sich auf Aussagen, bei denen eine negative Prognose bezogen auf endogene Variablen (im Unternehmen selbst) gegeben werden. Hierzu zählen z. B. Gewinn- oder Kostenentwicklungen, aber auch allgemeine Formulierungen wie z. B. „the financial crisis will put further pressure on us".

Beispiel: „2008 was one of the most challenging years in our company's history. 2009 will be a great challenge as well". (Bank of America, 2008)

Anhang 239

C. Codes: Aussagen über vergangene Ereignisse

1. Abwarten

Es wird nicht über das vertrauenzerstörende Ereignis gesprochen. Es wird der gesamte Bericht codiert, wenn über den Gewinneinbruch nicht gesprochen wird.

2. Ablehnung

Eine Ablehnung ist eine Aussage, bei der die negative Auswirkung des kritischen Ereignisses auf das gesamte Unternehmen verneint wird, der grundsätzliche Erfolg des Geschäftsbetriebs nicht in Frage gestellt wird und/oder Schadensbehebungsmaßnahmen nicht für nötig erachtet werden, da die Auswirkungen nur marginal sind. Indikatoren sind z. B. das Hervorheben des intakten Business Modells oder die Stärke des Unternehmens in der Krise. Ereignis und Auswirkungen werden somit zwar anerkannt, nicht aber ein (erwähnenswerter) Schaden für das Unternehmen. Achtung: Zu einer Ablehnung zählt nicht das Relativieren des Schadens -> Die Übergänge sind hier fließend und es muss insbesondere darauf geachtet werden, ob die Aussage nicht eine Relativierung darstellt (Abgrenzung zur Relativierung): So sind Hinweise auf Teilerfolge oder sonstige positive Entwicklungen in Geschäftssegmenten und Teilbereichen nicht als Ablehnung zu werten, wenn aus der Kontexteinheit (i.d.R. Absatz) dennoch der Kontrast zum Gesamtschaden ersichtlich wird. Sie stellen folglich nur dann Ablehnungen dar, wenn in der Kontexteinheit kein Bezug zu einem Schaden im Gesamtunternehmen oder Teilbereich angezeigt ist. Innerhalb einer Kontexteinheit ist es jedoch möglich, dass es außer einer Ablehnung noch andere Accounts gibt. Es wird jede einzelne Aussage als Ablehnung gewertet, nicht der ganze Absatz (sofern ein neuer Gedanke angesprochen wird).

Beispiel: "Ladies and gentlemen, Postbank is celebrating its 100th anniversary in 2009. We are a young bank with a long tradition. Little has changed in Postbank's fundamental philosophy over the course of the past century. We are passionately devoted to retail banking customers in Germany, but feel just as traditionally bound to our corporate and business customers. In the interest of our customers, shareholders and employees, we will maintain our successful business model in the future as well. Deutsche Bank's entry as a shareholder in Postbank will not change our fundamental focus. However, the cooperation agreement between Postbank and Deutsche Bank, involving measures such as the sale of each other's products, offers many starting points for further strengthening the position of both companies" (Postbank 2008).

Beispiel: "This demonstrates the efficiency and robustness of our business model as a financial services group with access to 30 million customers. This model is intact and sustainable" (DZ Bank 2008).

Beispiel: "The developments relating to the financial market crisis have made it clear once again that a bank has no need to fundamentally change its business model that is long-term viable. Although the LBBW Group was unable to escape the worldwide turbulence, operating segment income shows that our business policy is attractive and above all forward-looking. This was confirmed by an independent expert report" (LBBW 2008).

Beispiel: "Despite such difficult market conditions, we were able to increase new business in commercial real estate finance at home and abroad during the past financial year and achieved our operational goals. The fact that we are strongly anchored in the German Cooperative Financial Services Network, and thanks to our being integrated into DZ BANK's group liquidity management, we remained able to fulfill our customers' finance wishes during the second half of the year" (Deutsche Genossenschafts-/Hypothekenbank 2008).

3. Relativierung

Der Schaden für das Unternehmen wird relativiert. Dies gilt insbesondere für das Herunterspielen des Schadens, Verweise auf andere Unternehmen mit schlechteren oder ähnlichen Ergebnissen, eine baldige Besserung, Aussagen, bei denen betont wird, dass alles noch schlimmer hätte kommen können, oder wenn dafür auf andere Erfolge verwiesen wird. Zu einer Relativierung gehört nicht das Ablehnen eines Schadens (Abgrenzung zur Ablehnung). Wichtig: Die schwächste Form der Relativierung ist der bloße Verweis auf andere Unternehmen mit ähnlichen

Ergebnissen. Hierbei muss explizit auf andere Unternehmen eingegangen werden wie z. B.: „like everyone else". Eine lediglich implizite Erwähnung wie: „we also have been hit hard" reicht nicht aus.

Beispiel: "The year 2008 will be remembered as the year of the worldwide financial market crisis, a crisis that has rapidly spread to the real economy and a crisis that we, like every other bank, have been unable to avoid entirely unscathed. However, from DG HYP's perspective, 2008 was also a year marked by the Bank's successful strategic realignment as a commercial real estate bank within the German Cooperative Financial Services Network". (Deutsche Genossenschafts-/Hypothekenbank)-> hier zwei Relativierungen

Spezialfall: Es wird auf eigenes aktives Handeln bzw. Unterlassen hingewiesen. Die Verantwortung wird somit ganz oder teilweise eingeräumt. Allerdings wird auf die Vorteilhaftigkeit des Handelns (oder Unterlassens) hingewiesen. Diese können nicht aufgrund externer Zwänge (z. B. gesetzliche Regelungen, Abschreibungen aufgrund von Marktveränderungen etc. geschehen , sondern nur aufgrund interner Normen und Ziele (z. B. Verhaltenskodex etc.) Hierzu zählen sowohl Aktionen, die überlebensnotwendig sind oder als solche dargestellt werden, als auch Aktionen, die auf ein größeres Wohl hinauslaufen.

"As always, we were conservative in our election of the 'fair value' option on our own debt. If we had elected to use this option on all own debt, we would have booked an additional € 5.8 billion of profit before taxes in the year 2008" (Deutsche Bank, 2008).

4. Eingeständnis

Verantwortung wird ganz oder teilweise eingeräumt. Hierunter zählt auch das bloße Wiederholen des Schadens, ohne dabei auf die genaueren Umstände einzugehen. Beispiele für ein Eingeständnis sind z. B. der Verweis auf Schwächen in bestimmten Segmenten. Eingeständnisse, die auf eine Rechtfertigung des Handelns hinauslaufen, werden nicht als Concession codiert (Abgrenzung zur Rechtfertigung). Bei Eingeständnissen ist auf die Sinneinheit zu achten. Eine Sinneinheit kann auch aus 2 Sätzen bestehen. Wird z. B. von „these circumstances" gesprochen, so sollte der Satz zuvor mitcodiert werden, der genauer beschreibt, was damit gemeint ist.

Beispiel : „As we work our way through the current cycle, we're applying the lessons we've learned the hard way. One lesson is that we must not rely too heavily on mathematical risk modeling in assessing risks" (Bank of America, 2008).

Beispiel: „Our commitment to our shareholders remains strong and therefore we have held ourselves accountable for our disappointing 2008 performance" (Valley National Bank, 2008).

5. Ausrede

Sollte ein Schaden festgestellt und die eigene Verantwortung und/oder Beteilung abgestritten werden, wird dies als Ausrede codiert. Hierbei ist es wichtig, dass der Akteur keine Wahl hatte. Die Wahl des geringeren Übels wird hingegen bereits als interner Grund verstanden und ist keine Ausrede (Abgrenzung zur Rechtfertigung). Gesetzliche Verpflichtungen zum Handeln etwa werden als Zwang und externer Grund angesehen, weshalb auch hier mit Ausrede codiert wird. Bei Excuse ist auf die Sinneinheit zu achten (Unit). Es muss deutlich werden, was der externe Einfluss ist. Wird z. B.. von „these circumstances" gesprochen, so sollte der Satz zuvor mitcodiert werden, der genauer beschreibt, was damit gemeint ist. Mehr als zwei Sätze sollten vermieden werden. Passiver Sprachgebrauch liefert in der Regel immer eine starke Indikation für den Gebrauch einer Ausrede, wobei das nicht zwingend ist.

Beispiel: "As a result of the extraordinary effects, which became especially noticeable in the second half of the year, we are posting a loss after tax of €821 million for the past fiscal year. This result is very painful, but positive developments in the Bank's operative core business segments have made me confident about the future. We will continue to pursue our business model resolutely and maintain our focus in order to make the Bank even less vulnerable to developments on the capital markets in the future. In addition, we have put together a package of measures to further enhance our efficiency. After the international financial markets have calmed, I am convinced that this approach will help restore our previous earnings power."

Code D: Stakeholdergruppe (Nebenkriterien)

Es werden ganze Absätze codiert. Hierunter fallen Aussagen, bei denen direkt einzelne Anspruchsgruppen angesprochen werden. Dies muss sich zeigen durch Dank, Anerkennung (hierzu zählt es auch, wenn die Interessen berücksichtigt werden) –, Wertschätzung, direkte Ansprache oder wenn sich das Unternehmen vor einzelnen

Gruppen profiliert. Sie können auch bei Aussagen zu Unternehmensbereichen/-segmenten codiert werden. Eine reine Erwähnung der Gruppe reicht nicht aus. Abweichend von den allgemeinen Vorgaben, können diese Codes auch in Sinneinheiten erfasst werden, die keinen Krisenbezug liefern.

1. Sonstige

Sollte eine Anspruchsgruppe angesprochen werden, die nicht unter eine der nachfolgenden Kategorien fällt, wird sie als sonstige codiert. Hierunter fallen insbesondere der Staat, die allgemeine Öffentlichkeit und Investoren, aber auch interne Anspruchsgruppen wie der Aufsichtsrat.

Beispiel: „Healthy nutrition, sustainable management, environmental responsibility, new energies – our range of promotional business is designed to meet the specific challenges in the life of every citizen. Our steady growing volume of promotional loans is the best indication for us that our offer is in demand and needed - especially in difficult times." (Landwirtschaftliche Rentenbank 2008)

2. Kunden

Es wird codiert, wenn sich eine Aussage auf Kunden der Bank bezieht. Hierzu zählen insbesondere Corporate/Business customers, clients, etc.

Beispiel: "We are fortunate and thankful for the continued loyalty of our customers, but the crisis has understandably damaged trust in our industry. For the entire sector, including ING, our clients' confidence is our license to operate. Our customers entrust us with their deposits and savings, expecting ING to carefully manage their money and invest it in a sensible way. Our business principles, the backbone of our approach to corporate responsibility, give us guidance on our responsibilities towards our customers as well as on such matters as the environment and human rights. These principles are the basis upon which customer confidence, and consequently, investor confidence in ING is built" (ING DiBa 2008).

3. Mitarbeiter

Es wird codiert, wenn sich eine Aussage auf Mittarbeiter der Bank bezieht.

Beispiel: "The overall economic situation demands the utmost commitment from everyone. The Management Board would therefore like to expressly thank all the Banks employees, who have demonstrated a highly commendable level of commitment that has gone well above and beyond the norm" (HSH 2008).

4. Shareholder

Es wird codiert, wenn sich eine Aussage auf Anteilseigner (Shareholder) der Bank bezieht.

Beispiel: "As a sign of our confidence in Deutsche Bank's future, and of our commitment to our shareholders, the Management Board and Supervisory Board recommend a dividend of 50 cents per share to this year's AGM" (HSH 2008).

Anhang 4: Vorgehen Literaturanalyse

Für die Identifikation der relevanten Studien in diesem Bereich wurde eine datenbankbasierte Literaturrecherche vorgenommen.[851] Zu diesem Zweck wurden die Datenbanken ScienceDirect,[852] Jstor,[853] SAGE Journals[854] sowie die EbscoHost-Datenbanken Business Source Complete,[855] Psychology and Behavioral Sciences Collection,[856] PsycARTICLE[857] und PsycINFO[858] nach englischsprachigen Peer-Review-Artikeln durchsucht. Da die Erhebung bewusst breit angelegt war, wurde keine Jahresbeschränkung für den Veröffentlichungszeitpunkt vorgenommen. Um darüber hinaus einen möglichst detaillierten Einblick in die relevante Literatur zu erlangen, wurde auf Beschränkungen einzelner Zeitschriften verzichtet und stattdessen eine Filterung auf relevante Themenbereiche vorgenommen.[859] Hierdurch war es möglich, eine große Anzahl nichtrelevanter Artikel aus der Analyse auszuschließen,

---

[851] Die Suche wurde am 08.5.2012 (Sciencedirect und JStore) sowie am 09.05.2012 (alle EbscoHost Datenbanken) durchgeführt.
[852] ScienceDirect ist eine der führenden wissenschaftlichen Volltextdatenbanken mit über 2500 gelisteten referenzierten Zeitschriften (Angaben des Dienstleisters).
[853] JSTOR ist eine Volltextdatenbank, welche den Zugriff auf über 1500 disziplinübergreifende wissenschaftliche Zeitschriften bietet (Angaben des Dienstleisters).
[854] Sage ist der fünft größte Zeitschriftenherausgeber weltweit mit über 645 verschiedenen Zeitschriften. Sage Journals ermöglicht hierbei den elektronischen Volltextzugriff auf diese Zeitschriften (Angaben des Diensteiters).
[855] Business Source Complete ist eine der größten Zeitschriftendatenbanken mit wirtschaftswissenschaftlichem Hintergrund weltweit (Angaben des Dienstleisters).
[856] Psychology & Behavioral Sciences Collection ist die weltweit größte Volltextdatenbank mit psychologischem Hintergrund weltweit (Angaben des Dienstleisters).
[857] PsycARTICLES ist eine Datenbank der American Psychological Association (APA). Sie beinhaltet über 153.000 psychologische Artikel aus verschiedenen Bereichen (Angaben des Herstellers).
[858] PsycINFO ist eine Datenbank der American Psychological Association's (APA). Sie ist unter anderem die größte Zeitschriftendatenbank mit Peer-Reviewed-Artikeln im Bereich der Verhaltenswissenschaft (Angaben des Dienstleisters).
[859] Die Stichwortsuche im Abstract ergab z. B. in den Datenbanken von EbscoHost eine Anzahl von 1453 Treffern. Eine Analyse der ersten 100 Treffer zeigte jedoch, dass lediglich 13 Artikel für die Untersuchung relevant waren.

ohne eine Fokussierung auf wenige Zeitschriften vornehmen zu müssen.[860] Wie in vielen Literaturreviews üblich, wurden Stichwort-Kombinationen gebildet und nach diesen innerhalb des Abstracts, des Titels sowie der Schlagwörter gesucht. Theoretische Überlegungen und mehrere Probeverläufe mittels unterschiedlicher Suchwortkombinationen ergaben schließlich folgenden Such-Algorithmus, welcher eine zufriedenstellende Anzahl von Ergebnissen lieferte:

- Suchwort: Trust; in Verbindung mit Suchwort: account und/oder denial und/oder justification und/oder apology und/oder excuse

Mit Hilfe des Such- Algorithmus konnten 686 Artikel identifiziert werden. In einem weiteren Schritt wurden anschließend anhand der Überschriften, der Schlagwörter und der Zeitschriftenbezeichnung die Artikel entfernt, die nicht das zu untersuchende Forschungsgebiet zum Gegenstand hatten. Bei den übrigen 101 Artikeln konnte anhand einer detaillierten Analyse der Abstracts überprüft werden, welche Artikel für die Untersuchung potentiell in Frage kommen würden. Anschließend sind doppelte Arbeiten entfernt worden.[861] Darüber hinaus wurden, um eine Konzentration auf betriebswirtschaftlich relevante und bedeutende Artikel vorzunehmen, Studien aus Zeitschriften, die nicht in der VHB-JOURQUAL-Liste (2008)[862] enthalten waren, ausgeschlossen. Insgesamt konnten 18 Artikel alle genannten Kriterien erfüllen. In einem

---

[860] Die Einstellmöglichkeiten variieren dabei zwischen den Datenbanken. Für ScienceDirect wurde eine Einschränkung auf englischsprachige Journal-Artikel in den Bereichen Business, Management and Accounting, Economics, Econometrics and Finance, Psychology sowie Social Science vorgenommen. Für Jstore wurde eine Einschränkung auf englischsprachige Journal-Artikel in den Bereichen Business, Economics, Finance, General Science, Linguistics, Management & Organizational Behaviour, Marketing & Advertising, Philosophy, Psychology, Sociology. Für SAGE Journals wurde eine Einschränkung auf die Gebiete Communication & Media Studies, Cultural Studies, Economics & Development, Information Science, Language & Linguistics, Management & Organization Studies, Marketing & Hospitality, Philosophy, Research Methods & Evaluation, Science & Society Studies sowie Sociology vorgenommen. Für alle EbscoHost-Datenbanken wurde lediglich eine Einschränkung auf englischsprachige Artikel vorgenommen. Aufgrund der jedoch hohen Trefferzahl im Abstrakt-Bereich (N=1453) wurde hier zusätzlich eine Einschränkung mittels vorgeschlagener datenbankbezogener Schlagwörter vorgenommen (Subjects): Trust, Psychology, Human behaviour, Trust- Social aspects, apologies, Comparative Studies, attitude (psychology), Motivation (psychology).

[861] Einige Artikel wurden in mehreren Datenbanken gelistet.

[862] Es wurde das VHB-Ranking aus dem Jahr 2008 genommen. Auf die Höhe der Bewertung kam es nicht an. Die Zeitschrift musste lediglich gelistet worden sein. (Das VHB –Jourqual Ranking ist eine in Deutschland wissenschaftlich anerkannte Liste aller relevanten betriebswirtschaftlichen eitschriften aus Sicht der VHB-Mitglieder).

letzten Schritt wurden diese Artikel im Detail analysiert und nochmals solche Artikel ausgeschlossen, welche nach Analyse des Gesamttextes nicht relevant für die zu untersuchende Forschungsfrage waren.

Die endgültige Datenauswahl bestand schließlich aus einer Gesamtzahl von 13 Forschungsarbeiten:

Kim et al. (2004), (2006), Ferrin et al. (2007); Utz/Matzat/Snijders (2009); Sonenshein/Herzenstein/Dholakia (2011); Blasio/Veale (2009); De Cremer (2010); De Cremer/van Dijk/Pillutla (2010); Leunissen/De Cremer/Folmer (2012); Schweitzer/Hershey/Bradlow (2006); Ho (2012); Dirks et al. (2011); Van Laer/Ruyter (2010).

Anhang 5: Rechenschaftsaussagen

Ereignis Rechenschaft	Fähigkeitsverletzung	Integritätsverletzung
Abwarten	Liebe Aktionärinnen, liebe Aktionäre, (...) In diesem Jahr will ich mich nicht zu unserem Jahresergebnis äußern. Wir bedanken uns für Ihre Unterstützung. Ihr Vertrauen ist unsere Lizenz zum Agieren. Mit freundlichen Grüßen, Herbert Mayer (Vorstandsvorsitzender)	Liebe Aktionärinnen, liebe Aktionäre, (...) In diesem Jahr will ich mich nicht zu unserem Jahresergebnis äußern. Wir bedanken uns für Ihre Unterstützung. Ihr Vertrauen ist unsere Lizenz zum Agieren. Mit freundlichen Grüßen, Herbert Mayer (Vorstandsvorsitzender)

Ereignis / Rechenschaft	Fähigkeitsverletzung	Integritätsverletzung
Ablehnung	Liebe Aktionärinnen, liebe Aktionäre, (...) An dieser Stelle meines Briefes an Sie möchte ich mich, wie üblich, zu unserem guten Jahresergebnis äußern. In diesem Zusammenhang bin ich erfreut sagen zu können, dass die Vansbank eine gute Entwicklung genommen hat. Die Vansbank konnte 2012 einen Gewinn von 20 Millionen Euro verbuchen. Dies unterstreicht eindrucksvoll unsere Performance! Ich glaube, dass unser Erfolg im Jahr 2012 von verschiedenen Faktoren getrieben wurde, die uns auf dem Markt unterscheiden. Hierzu gehören neben dem Fokus auf starkes Kapital- und Risikomanagement, die hervorragenden Fähigkeiten und Expertise unseres Unternehmens. Wir bedanken uns für Ihre Unterstützung. Ihr Vertrauen ist unsere Lizenz zum Agieren. Mit freundlichen Grüßen, Herbert Mayer (Vorstandsvorsitzender	Liebe Aktionärinnen, liebe Aktionäre, (...) An dieser Stelle meines Briefes an Sie möchte ich mich, wie üblich, zu unserem guten Jahresergebnis äußern. In diesem Zusammenhang bin ich erfreut sagen zu können, dass die Vansbank eine gute Entwicklung genommen hat. Wir konnten 2012, trotz ungerechtfertigter Abschreibungen, einen Gewinn von 20 Millionen Euro verbuchen. Das Ergebnis unterstreicht eindrucksvoll unsere Performance. Ich glaube, dass unser Erfolg im Jahr 2012 von verschiedenen Faktoren getrieben wurde, insbesondere durch unser modernes Risikomanagement sowie unseren hohen moralischen Standards. Wir bedanken uns für Ihre Unterstützung. Ihr Vertrauen ist unsere Lizenz zum Agieren. Mit freundlichen Grüßen, Herbert Mayer (Vorstandsvorsitzender

Ereignis / Rechenschaft	Fähigkeitsverletzung	Integritätsverletzung
Ausrede	Liebe Aktionärinnen, liebe Aktionäre, (...) An dieser Stelle meines Briefes an Sie möchte ich mich, wie üblich, zu unserem Jahresergebnis äußern. Ja, es stimmt, wir haben einen Gewinnrückgang erleiden müssen. Dieses Ergebnis lag jedoch außerhalb unserer Kontrolle und Verantwortlichkeit. Denn die sich vertiefende Rezession liefert den Kontext für unser Finanzergebnis. Es steht außer Frage, dass das rezessive Umfeld die Ergebnisse aller unserer Geschäfte trifft. Die Größe unserer Verluste in 2012 sind deshalb auch das Ergebnis schwerer Marktturbulenzen. Wir bedanken uns für Ihre Unterstützung. Ihr Vertrauen ist unsere Lizenz zum Agieren. Mit freundlichen Grüßen, Herbert Mayer (Vorstandsvorsitzender)	Liebe Aktionärinnen, liebe Aktionäre, (...) An dieser Stelle meines Briefes an Sie möchte ich mich, wie üblich, zu unserem Jahresergebnis äußern. Ja, es stimmt, wir haben einen Gewinnrückgang erleiden müssen. Dieses Ergebnis lag jedoch außerhalb unserer Kontrolle und Verantwortlichkeit. Ein von uns nicht verursachter Computerfehler ist für die Fehlbewertungen der Forderungen verantwortlich. Dies war maßgeblich für den Gewinnrückgang: Wir bedanken uns für Ihre Unterstützung. Ihr Vertrauen ist unsere Lizenz zum Agieren. Mit freundlichen Grüßen, Herbert Mayer (Vorstandsvorsitzender)

Anhang

Ereignis / Rechenschaft	Fähigkeitsverletzung	Integritätsverletzung
Eingeständnis	Liebe Aktionärinnen, liebe Aktionäre, (…) An dieser Stelle meines Briefes an Sie möchte ich mich, wie üblich, zu unserem Jahresergebnis äußern. Ja, es stimmt, wir haben einen Gewinnrückgang erleiden müssen. Nichts kann den diesjährigen Ertragsrückgang verschleiern. Der diesjährige Gewinnrückgang ist auch das Ergebnis falscher Managemententscheidungen gewesen, wie der rechtzeitigen Einführung von Korrekturmaßnahmen. Dies war einer unserer größten Fehler der vergangenen Jahre, für den wir die volle Verantwortung übernehmen. Wir bedanken uns für Ihre Unterstützung. Ihr Vertrauen ist unsere Lizenz zum Agieren. Mit freundlichen Grüßen, Herbert Mayer (Vorstandsvorsitzender)	Liebe Aktionärinnen, liebe Aktionäre, (…) An dieser Stelle meines Briefes an Sie möchte ich mich, wie üblich, zu unserem Jahresergebnis äußern. Ja, es stimmt, wir haben einen Gewinnrückgang erleiden müssen. Nichts kann den diesjährigen Ertragsrückgang verschleiern. Der diesjährige Gewinnrückgang ist auch das Ergebnis der Nichteinhaltung von Normen und Regeln in unserer Firma, was sich in unserem unzureichend funktionierenden Verhaltenskodex widerspiegelt. Dies zu vernachlässigen, war einer unserer größten Fehler der vergangenen Jahre, für den wir die volle Verantwortung übernehmen. Wir bedanken uns für Ihre Unterstützung. Ihr Vertrauen ist unsere Lizenz zum Agieren. Mit freundlichen Grüßen, Herbert Mayer (Vorstandsvorsitzender)

Ereignis / Rechenschaft	Fähigkeitsverletzung	Integritätsverletzung
Relativierung	Liebe Aktionärinnen, liebe Aktionäre, (...) An dieser Stelle meines Briefes an Sie möchte ich mich, wie üblich, zu unserem Jahresergebnis äußern. Ja, es stimmt, wir haben einen Gewinnrückgang erleiden müssen. Doch obwohl unsere Erträge zurückgegangen sind, haben wir uns 2012 auf einer relativen Basis gut behauptet. In vielen Bereichen haben wir hervorragende Ergebnisse erzielt. So gehört unser Total Shareholder Return zu den Top 20% der Finanzdaten von Standard and Poor's. Insgesamt schnitten wir besser ab als die meisten Banken unserer Vergleichsgruppe (Peer-Group), die weitaus größere Verluste verzeichnen mussten. Wir bedanken uns für Ihre Unterstützung. Ihr Vertrauen ist unsere Lizenz zum Agieren. Mit freundlichen Grüßen, Herbert Mayer (Vorstandsvorsitzender)	Liebe Aktionärinnen, liebe Aktionäre, (...) An dieser Stelle meines Briefes an Sie möchte ich mich, wie üblich, zu unserem Jahresergebnis äußern. Ja, es stimmt, wir haben einen Gewinnrückgang erleiden müssen. Doch obwohl unsere Erträge zurückgegangen sind, haben wir uns 2012 auf einer relativen Basis gut behauptet. In vielen Bereichen haben wir hervorragende Ergebnisse erzielt. Die außerordentlichen Abschreibungen sind dabei bedauerlich, allerdings muss hervorgehoben werden, dass wir insgesamt deutlich weniger solcher Fälle zu verzeichnen haben als andere Banken und somit der Schaden glücklicherweise noch begrenzt werden konnte. Die derzeitige Realität in der Bankenlandschaft zeigt uns, dass viele andere Banken weitaus öfter und schlimmere solcher Fälle zu verzeichnen haben! Wir bedanken uns für Ihre Unterstützung. Ihr Vertrauen ist unsere Lizenz zum Agieren. Mit freundlichen Grüßen, Herbert Mayer (Vorstandsvorsitzender)

Anhang 253

Ereignis / Rechenschaft	Fähigkeitsverletzung	Integritätsverletzung
Maßnahme	Liebe Aktionärinnen, liebe Aktionäre, (...) An dieser Stelle meines Briefes an Sie möchte ich mich, wie üblich, zu unserem Jahresergebnis äußern. Wir werden dafür sorgen, dass wir in Zukunft wieder bessere Ergebnisse präsentieren werden. Hierfür haben wir ein weitreichendes Maßnahmenpaket ergriffen, welches unser operatives Ergebnis langfristig verbessern wird. Insbesondere die Verbesserung des Risikomanagementsystems sowie eine Konzentration auf unsere Kernkompetenzen, die Kreditvergabe, sind hier zu nennen. Wir bedanken uns für Ihre Unterstützung. Ihr Vertrauen ist unsere Lizenz zum Agieren. Mit freundlichen Grüßen, Herbert Mayer (Vorstandsvorsitzender)	Liebe Aktionärinnen, liebe Aktionäre, (...) An dieser Stelle meines Briefes an Sie möchte ich mich, wie üblich, zu unserem Jahresergebnis äußern. Wir werden dafür sorgen, dass wir in Zukunft wieder bessere Ergebnisse präsentieren werden. Hierfür haben wir ein weitreichendes Maßnahmenpaket ergriffen, welches unser operatives Ergebnis langfristig verbessern wird. Insbesondere die Verbesserung des Risikomanagementsystems sowie die Etablierung eines Früherkennungssystems bei Betrugsfällen sind zu nennen. Darüber hinaus haben wir Umstrukturierungen im Management vorgenommen. Wir bedanken uns für Ihre Unterstützung. Ihr Vertrauen ist unsere Lizenz zum Agieren. Mit freundlichen Grüßen, Herbert Mayer (Vorstandsvorsitzender)

Literaturverzeichnis

Abrahamson, E./Amir, E. (1996): The information content of the president's letter to shareholders, in: Journal of Business Finance & Accounting, 23. Jg., Heft 8, S. 1157–1182.

Ackermann, J. (2012): Dr. Josef Ackermann - Jahres-Pressekonferenz 2012, Rede anlässlich der Jahres-Pressekonferenz der Deutschen Bank am 02.02.2012 in Frankfurt am Main, online veröffentlicht von: Deutsche Bank (Hrsg.), abrufbar unter: https://www.deutschebank.de/medien/de/downloads/Rede_dt._ohneSp. pdf, zuletzt geprüft am 03.01.2012.

Adams, C. A. (2002): Internal organisational factors influencing corporate social and ethical reporting. Beyond current theorising, in: Accounting, Auditing & Accountability Journal, 15. Jg., Heft 2, S. 223–250.

Aerts, W. (1994): On the use of accounting logic as an explanatory category in narrative accounting disclosure, in: Accounting Organization and Society, 19. Jg., Heft 4-5, S. 337–353.

Aerts, W. (2001): Inertia in the attributional content of annual accounting narratives, in: The European Accounting Review, 10. Jg., Heft 1, S. 3-32.

Aerts, W. (2005): Picking up the pieces: Impression management in the retrospective attributional framing of accounting outcomes, in: Accounting, Organizations and Society, 30. Jg., Heft 6, S. 493–517.

Aerts, W./Tarca, A. (2010): Financial performance explanations and institutional setting, in: Accounting and Business Research, 40. Jg., Heft 5, S. 421–450.

Agle, B. R./Mitchell, R. K./Sonnenfeld, J. A. (1999): Who matters to CEOs? An investigation of stakeholder attributes and salience, corporate performance, and CEO values, in: Academy of Management Journal, 42. Jg., Heft 5, S. 507–525.

Albach, H. (1998): Vertrauen in der ökonomischen Theorie, in: Zeitschrift für die gesamte Staatswissenschaft, 136. Jg., Heft 1, S. 2–11.

Americ, J./Craig, R. (2006): CEO speak. The language of corporate Leadership, Montreal [u.a]: McGill-Queen's University Press.

Amernic, J. (1992): A case study in corporate financial reporting: Massey-Ferguson's visible accounting decisions 1970–1987, in: Critical Perspectives on Accounting, 3. Jg., Heft 1, S. 1–43.

Amernic, J./Craig, R. (2007): Guidelines for ceo-speak: Editing the language of corporate leadership, in: Strategy & Leadership, 35. Jg., Heft 3, S. 25–31.

Amernic, J./Craig, R. (2007): Improving ceo-speak, in: Journal of Accountancy, 203. Jg., Heft 1, S. 65–66.

Angelmar, R./Stern, L. W. (1978): Development of a content analytic system for analysis of bargaining communication in marketing, in: Journal of Marketing Research, 15. Jg., Heft 1, S. 93–102.

Antaki, C. (1994): Explaining and arguing. The social organization of accounts, London u.a: Sage.

Aronson, E./Wilson, T. D./Akert, R. M. (2008): Sozialpsychologie, 6. Aufl., München: Pearson.

Atteslander, P./Cromm, J. (2006): Methoden der empirischen Sozialforschung, 11. Aufl., Berlin [u.a.]: Schmidt.

Austin, J. L. (2002): Zur Theorie der Sprechakte (How to do things with words), Stuttgart: Reclam.

Austin, J. L. (1956-1957): A plea for excuses: The presidential address, in: Proceedings of the Aristotelian Society, 57. Jg., S. 1–30.

Bachmann, R./Gillespie, N./Kramer, R. (2012): Trust In crisis: Organizational and institutional trust, failures and repair, in: Organization Studies, 33. Jg., Heft 2, S. 285–287.

Backhaus, K./Erichson, B./Plinke, W./Weiber, R. (2006): Multivariate Analysemethoden. Eine anwendungsorientierte Einführung, 11. Aufl., Berlin [u.a.]: Springer.

Bagehot, W. (1873): Lombard street: A description of the money market, Elektronisch frei zugängliche Version der Library of Economics and Liberty, abrufbar unter: http://www.econlib.org/library/Bagehot/bagLom2.html, zuletzt geprüft am 07.05.2013.

Bagozzi, R. P./Yi, Y. (1988): On the evaluation of structural evaluation models, in: Academy of Marketing Science, 16. Jg., Heft 1, S. 74–94.

Baird, H. E./Zelin, R. C. (2000): The effects of information ordering on investor perceptions: An experiment utilizing presidents' letters, in: Journal of Financial Strategic Decisions, 13. Jg., Heft 3, S. 71–80.

Bankenverband (2009): Kraftakt Krisenbewältigung, Repräsentative Umfragen des Bundesverband Deutscher Banken von Anfang April 2009 (1.003 Befragte) sowie Mitte März 2009 (1.056 Befragte) unter wahlberechtigten Deutschen durch das ipos-Institut Mannheim, abrufbar unter: http://bankenverband.de/themen/politik-gesellschaft/symposium-deutsche-fragen/archiv/2009/teaser2009/images-2009/2009-05-13-ergebnisse-umfrage-krisenbewaeltigung.pdf, zuletzt geprüft am 08.02.2013.

Banzhaf, J./Kuhnle, H. (2006): Bedeutung von Vertrauen am Kapitalmarkt, in: Götz, K. (Hrsg.), Vertrauen in Organisationen, Mering: Rainer Hampp Verlag, S. 85–98.

Barber, B. (1983): The logic and limits of trust, New Brunswick, N.J: Rutgers University Press.

Barley, R. (2013): Die mysteriöse Kraft der EZB, online veröffentlicht von: The Wall Street Journal (Hrsg.), am 11.03.2013, abrufbar unter: http://www.wallstreetjournal.de/article/SB10001424127887323826704578353632739694450.html, zuletzt geprüft am 16.04.2013.

Barro, R. Joseph/Grilli, V./Ahrns, H.-J. (1996): Makroökonomie. Europäische Perspektive, München [u.a.]: Oldenbourg.

Bayertz, K. (1995): Eine kurze Geschichte der Herkunft der Verantwortung, in: Bayertz, Kurt (Hrsg.), Verantwortung. Prinzip oder Problem?, Darmstadt: Wissenschaftliche Buchgesellschaft, S. 3–71.

Beattie, V./Dhanani, A./Jones, M. J. (2008): Investigating presentational change in U.K. annual reports. A longitudinal perspective, in: Journal of Business Communication, 45. Jg., Heft 2, S. 181–222.

Bedford, N. M./Vahe, B. (1962): A communication theory approach to accountancy, in: The Accounting Review, 37. Jg., Heft 4, S. 650–659.

Bennett, L. W. (1980): The paradox of public discourse: A framework for the analysis of political accounts, in: The Journal of Politics, 42. Jg., Heft 3, S. 792–817.

Benoit, W. L. (1995): Accounts, excuses, and apologies. A theory of image restoration discourse, Albany: State University of New York Press.

Benoit, W. L. (1997): Image repair. Discourse and crisis communication, in: Public Relations Review, 23. Jg., Heft 2, S. 177–186.

Bentler, P. M. (1992): On the fit of models to covariances and methodology to the bulletin, in: Pychological Bulletin, 112. Jg., Heft 3, S. 400–404.

Berg, J./Dickhaut, J./McCabe, K. (1995): Trust, reciprocity and social history, in: Games and Economic Behaviour, 10. Jg., Heft 1, S. 122–142.

Bergkvist, L./Rossiter, J. R. (2007): The predictive validity of multiple-item versus single-item measures of the same constructs, in: Journal of Marketing Research, 44. Jg., Heft 2, S. 175–184.

Bertelsmann Stiftung (2009): Vertrauen in der Krise. Diskussionspapier: Task Force "Perspektive 2020- Deutschland nach der Krise", abrufbar unter: http://www.bertelsmann-stiftung.de/bst/de/media/xcms_bst_dms_ 30532_30533_2.pdf, zuletzt geprüft am 25.07.2012.

Bertsch, H.-J. (2008): Neutralisationen und Normaktivation. Empirische Modellintegration der Neutralisationstheorie von Sykes und Matza (1957) und des Normaktivationsmodells von Schwartz (1977) im Umweltbereich,

Dissertation, Universität Heidelberg, abrufbar unter: http://archiv.ub.uni-heidelberg.de/volltextserver/9460/, zuletzt geprüft am 07.05.2013.

Bettmann, J. R./Weitz, B. A. (1983): Attributions in the board room: Causal reasoning in corporate annual reports, in: Administrative Science Quarterly, 28. Jg., Heft 2, S. 165–183.

Bies, R. (1987): The predicament of injustice: the management of moral outrage, in: Cummings, L. L./Staw, B. M. (Hrsg.), Research in Organizational Behavior: Elsevier, S. 289–319.

Bies, R. J./Shapiro, D. L. (1987): Interactional fairness judgments: The influence of causal accounts, in: Social Justice Research, 1. Jg., Heft 2, S. 199–218.

Birnbacher, D. (1995): Tun und Unterlassen, Stuttgart: Reclam.

Birnbaum, M. H. (2000): Psychological experiments on the internet, San Diego, California: Academic Press.

Blasio, A. de/Veale, R. (2009): Why say sorry? Influencing consumer perceptions post organizational crises, in: Australasian Marketing Journal (AMJ), 17. Jg., Heft 2, S. 75–83.

Blasius, T. (2006): IFRS, HGB und F&E: Besteuerung und Bilanzierung, Berlin: Erich Schmidt.

Blois, K. J. (1999): Trust in business to business relationships: An evaluation of its status, in: Journal of Management Studies, 36. Jg., Heft 2, S. 197–215.

Blumer, H. (1969): Symbolic interactionism. Perspective and method, Englewood Cliffs, New Jersey: Prentice Hall.

Blumstein, P. W./Carssow, K. G./Hall, J./Hawkins, B./Hoffman, R./Ishem, E./Maurer, C. P./Spens, D./Taylor, J./Zimmermann, D. L. (1974): The honoring of accounts, in: American Sociological Review, 39. Jg., Heft 4, S. 551–566.

Bobocel, R. D./Farrell, A. C. (1996): Sex-based promotion decisions and interactional fairness: Investigating the influence of managerial accounts, in: Journal of Applied Psychology, 81. Jg., Heft 1, S. 22–35.

Bobocel, R. D./Zdaniuk, A. (2005): How can explanations be used to foster organisatzional justice, in: Greenberg, J./Colquitt, J. A. (Hrsg.), Handbook of organisational justice, Mahwah [etc.]: L. Erlbaum, S. 469–553.

Boesso, G./Kumar, K. (2009): Stakeholder prioritization and reporting. Evidence from Italy and the US, in: Accounting Forum, 33. Jg., Heft 2, S. 162–175.

Bolino, M. C./Kacmar, K. M./Turnley, W. H./Gilstrap, J. B. (2008): A multi-level review of impression management motives and behaviors, in: Journal of Management, 34. Jg., Heft 6, S. 1080–1109.

Börsen-Zeitung (2012): TyssenKrupp wirbt nach Rekordverlust um Vertrauen, in: Börsen-Zeitung, Heft 240, S. 1.

Bosch, R. (1919): "Lieber Geld verlieren als Vertrauen", in: Der Bosch-Zünder, 1. Jg., Heft 2, S. 1.

Bradford, J. L./Garrett, D. E. (1995): The effectiveness of corporate communicative responses to accusations of unethical behavior, in: Journal of Business Ethics, 14. Jg., Heft 11, S. 875–892.

Bratman, M. E. (2007): Geteilte Absichten, in: Deutsche Zeitschrift für Philosophie, 55. Jg., Heft 3, S. 409–424.

Brehm, S. S./Kassin, S. M./Fein, S. (2002): Social psychology, 5. Aufl., Boston: Houghton Mifflin.

Brennan, N. M./Guillamon-Saorin, E./Pierce, A. (2009): Methodological insights: Impression management: Developing and illustrating a scheme of analysis for narrative disclosures – a methodological note, in: Accounting, Auditing & Accountability Journal, 22. Jg., Heft 5, S. 789–832.

Brennan, N. M./Merkl-Davies, D. M. (2013): Accounting narratives and impression management, SSRN Version: 04.01.2013, Accepted paper (the Routledge Companion to Communication in Accounting, 2013), online veröffentlicht unter: http://ssrn.com/abstract=1873188, zuletzt geprüft am: 08.05.2013

Brian, D. (2003): The role of quantiative and qualitative research in industrial studies of tourism, in: International Journal of Tourism Research, 5. Jg., S. 97–111.

Brown, T. A. (2006): Confimatory factor analysis for applied research, New York: Guilford Press.

Brühl, R. (2008): Begriffe und Variable in der betriebswirtschaftlichen Theorienentwicklung, in: Wirtschaftswissenschaftliches Studium, 37. Jg., Heft 7, S. 363–368.

Brühl, R. (2011): Theorien des Rechungswesens, in: Busse von Colbe, Walther/Crasselt, Nils/Pellens, Bernhard (Hrsg.), Lexikon des Rechungswesens. Handbuch der Bilanzierung und Prüfung, der Erlös-,Finanz,-Investitions- und Kostenrechnung, 5. Aufl., München: Oldenbourg, S. 768–774.

Brühl, R./Buch, S. (2006): Einheitliche Gütekriterien in der empirischen Forschung? – Objektivität, Reliabilität und Validität in der Diskussion, Working Paper Serie, ECSP-EAP Wirtschaftshochschule Berlin, Nr. 20.

Brühl, R./Horch, N./Orth, M. (2009): Vertrauen und Controlling – Ein Spannungsverhältnis im Spiegel der Forschung, in: Reimer, M./Borkowski, S. (Hrsg.), Perspektiven des strategischen Controllings. Festschrift für Ulrich Krystek, Wiesbaden: Gabler, S. 97–116.

Brühl, R./Kury, M. (2013): Alles nur Theater? Impression Management und die narrativen Teile in der externen Berichterstattung, in: Seicht, G. (Hrsg.), Jahrbuch für Controlling und Rechnungswesen, Wien: LexisNexis, S. 411–431.

Brühl, R./Kury, M. (2014): Rechenschaft und Vertrauen. Eine Analyse des Vertrauens(wieder-)aufbaus durch die externe Berichterstattung am Beispiel von Banken, in: Seicht G. (Hrsg.), Jahrbuch für Controlling und Rechnungswesen, Wien: LexisNexis, S. 217–239 (forthcoming).

Brühl, R./Orth, M. (2008): Controlling und die Veröffentlichung von Informationen über immaterielle Ressourcen, in: Hirsch, B./Schäffer, U./Weber, J. (Hrsg.), Controlling & Verhalten, Sonderheft 1 der Zeitschrift für Controlling und Management, S. 28–38.

Brühl, R./Osann, M. (2010): Stakeholdertheorie und Neoinstitutionalismus und ihre Beiträge zur Erklärung der freiwilligen Berichterstattung am Beispiel der immateriellen Ressourcen, in: Zeitschrift für Planung und Unternehmenssteuerung, 21. Jg., Heft 3, S. 277–298.

Brülhart, M./Usunier, J.-C. (2012): Does the trust game measure trust?, in: Economics Letters, 115. Jg., Heft 1, S. 20–23.

Buchanan, T. (2000): Potential of the internet for personality research, in: Birnbaum, Michael H. (Hrsg.), Psychological experiments on the internet, San Diego, California: Academic Press, S. 121–140.

Bühl, A. (2006): SPSS 14. Einführung in die moderne Datenanalyse, 10. Aufl., München [u.a.]: Pearson Studium.

Buschbeck, P. (2011): Interview: "Vertrauen ist das wichtigste Kapital", online veröffentlicht von: Focus Money online (Hrsg.), am 07.12.2011, abrufbar unter: http://www.focus.de/finanzen/news/interview-vertrauen-ist-das-wichtigste-kapital_aid_691534.html, zuletzt geprüft am 16.04.2013.

Campbell, D. J. (2000): Legitimacy theory or managerial reality construction? Corporate social disclosure in Marks and Spencer Plc corporate reports, 1969-1997, in: Accounting Forum, 24. Jg., Heft 1, S. 80–100.

Chanchani, S./MacGregor, A. (1999): A synthesis of cultural studies in accounting, in: Journal of Accounting Literature, 18. Jg., S.1-30

Chen, J. C./Roberts, R. W. (2010): Toward a more coherent understanding of the organization-society relationship. A theoretical consideration for social and environmental accounting research, in: Journal of Business Ethics, 97. Jg., Heft 4, S. 651–665.

Cho, T. S. (2006): The effects of executive turnover on top management team's environmental scanning behavior after an environmental change, in: Journal of Business Research, 59. Jg., Heft 10–11, S. 1142–1150.

Churchill, G. A., Jr. (1979): A paradigm for developing better measures of marketing constructs, in: Journal of Marketing Research, 16. Jg., Heft 1, S. 64–73.

Clatworthy, M./Jones, M. J. (2003): Financial reporting of good news and bad news. Evidence from accounting narratives, in: Accounting and Business Research, 33. Jg., Heft 3, S. 171–185.

Cobb, A. T./Stephens, C./Watson, G. (2001): Beyond structure: the role of social accounts in implementing ideal control, in: Human Relations, 54. Jg., Heft 9, S. 1123–1153.

Cobb, A. T./Wooten, K. C. (1998): The role social accounts can play in a "justice intervention", in: Plasmore, William A./Woodman, R. (Hrsg.), Research in organizational change and development, Greenwich: JAI Press, S. 73–115.

Cody, M. J./McLaughlin, M. L. (1990): Interpersonal accounting, in: Giles, Howard/Robinson, Peter W. (Hrsg.), Handbook of language and social psychology, John Wiley & Sons: Baffins Lane, Chichester, S. 227–255.

Coenenberg, A. G./Haller, A./Schultze, W. (2012): Jahresabschluss und Jahresabschlussanalyse, 22. Aufl., Stuttgart: Schäffer-Poeschel.

Cohen, J. (1992): A power primer, in: Psychological Bulletin, 112. Jg., Heft 1, S. 155–159.

Conaway, R. N./Wardrope, W. J. (2010): Do their words really matter? Thematic analysis of U.S. and latin american CEO letters, in: Journal of Business Communication, 47. Jg., Heft 2, S. 141–168.

Courtis, J. K. (2004): Coulour as visual rehtoric in financial reporting, in: Accounting Forum, 28. Jg., S. 265.

Craig, R./Amernic, J. (2011): Detecting linguistic traces of destructive narcissism at-a-distance in a ceo's letter to shareholders, in: Journal of Business Ethics, 101. Jg., Heft 4, S. 563–575.

Creswell, J. W. (1994): Research design: qualitative, quantitative and mixed method approaches, Thousand Oaks: Sage.

Creswell, J. W. (2002): Research design: Qualitative, quantitative and mixed method approaches, 2. Aufl., Thousand Oaks, London, New Delhi: Sage.

Creswell, J. W./Clark, P. V. L. (2007): Designing and conducting mixed methods research, Thousand Oaks: SAGE Publications.

Currall, S. C./Judge, T. (1995): Measuring trust between organizational boundary role persons, in: Organizational Behavior and Human Decision Processes, 64. Jg., S. 151–170.

D'Aveni, R. A./MacMillan, I. C. (1990): Crisis and the content of managerial communications: A study of the focus of attention of top managers in surviving and failing firms, in: Administrative Science Quarterly, 35. Jg., Heft 4, S. 634–657.

De Cremer, D.(2010): To pay or to apologize? On the psychology of dealing with unfair offers in a dictator game, in: Journal of Economic Psychology, 31. Jg., Heft 6, S. 843–848.

De Cremer, D./van Dijk, E./Pillutla, M. M. (2010): Explaining unfair offers in ultimatum games and their effects on trust: An experimental approach, in: Business Ethics Quarterly, 20. Jg., Heft 1, S. 107–126.

Deephouse, D./Suchmann, M. (2008): Legitimacy in organizational institutionalism, in: Greenwood, R./Oliver, C./Sahlin, K./Suddaby, R. (Hrsg.), The Sage handbook of organizational institutionalism, London: SAGE Publications, S. 49–77.

De La Motte, L. /Clemens, M./Czernomoriez, J. (2010): Zur Vertrauensökonomik. Der Internetbankenmarkt in der Krise von 2007-2009, Forschungsbericht Nr. 0110, Potsdam: Institut für Makroökonomik.

De La Motte, L. (2013): Die Stunde des Mahners, in: Handelsblatt, Heft 56, S. 32.

Deutsche Bundesbank (o.J.): Glossar: Outright Monetary Transactions (OMT), online veröffentlicht von: Deutsche Bundesbank (Hrsg.), abrufbar unter: http://www.bundesbank.de/Navigation/DE/Bundesbank/Wissenswert/Glossar/ Functions/glossar.html?lv2=32046&lv3=125056, zuletzt geprüft am 21.07.2013.

Deutsche Bundesbank (2009): Finanzstabilitätsbericht November 2009, Frankfurt: Deutsche Bundesbank.

Deutsche Bundesbank (2010): Geld und Geldpolitik, Stand: Herbst 2010, Frankfurt: Deutsche Bundesbank.

Diamantopoulos, A./Sarstedt, M./Fuchs, C./Wilczynski, P./Kaiser, S. (2012): Guidelines for choosing between multi-item and single-item scales for construct measurement: a predictive validity perspective, in: Journal of the Academy of Marketing Science, 40. Jg., Heft 3, S. 434–449.

Diamond, D. W./Dybvig, P. H. (1983): Bank runs, deposit insurance, and liquidity, in: Journal of Political Economy, 91. Jg., Heft 3, S. 401–419.

Dias, W./Matias-Fonesca, R. (2010): The language of annual reports as an indicator of the organizations' financial situation, in: International Review of Business Research Papers, 6. Jg., Heft 5, S. 206–215.

DiMaggio, P. J./Powell, W. W. (1983): The iron cage revisited. Institutional isomorphism and collective rationality in organizational fields, in: American Sociological Review, 48. Jg., Heft 2, S. 147–160.

Dirks, K. T./Kim, P. H./Ferrin, D. L./Cooper, C. D. (2011): Understanding the effects of substantive responses on trust following a transgression, in: Organizational Behavior and Human Decision Processes, 114. Jg., Heft 2, S. 87–103.

Dirks, K. T./Lewicki, R. J./Zaheer, A. (2009): Repairing relationships within and between organizations: building a conceptual foundation, in: Academy of Management Review, 34. Jg., Heft 1, S. 68–84.

Dombret, A. (2012): Banken und Vertrauen, Rede anlässlich der 58. Kreditpolitischen Tagung "Vertrauen und Banken" der Zeitschrift für das gesamte Kreditwesen am 09.11.2012 in Frankfurt am Main, online veröffentlicht von: Deutsche Bundesbank (Hrsg.), abrufbar unter: http://www.bundesbank.de/Redaktion/DE/Reden/2012/2012_11_09_dombret_banken_vertrauen.html, zuletzt geprüft am 03.01.2013.

Dowling, J./Pfeffer, J. (1975): Organizational legitimacy. Social values and organizational behavior, in: The Pacific Sociological Review, 18. Jg., Heft 1, S. 122–136.

Draghi, M. (2011): „Alle sollten dem deutschen Beispiel folgen" (Interview mit Mario Draghi - Das Gespäch führte Tobias Piller -), in: Frankfurter Allgemeine Zeitung, Heft 38, S. 10.

Ebert, H./Piwinger, M. (2007): Impression Management: Die Notwendigkeit der Selbstdarstellung, in: Piwinger, Manfred/Zerfaß, Ansgar (Hrsg.), Handbuch Unternehmenskommunikation, Wiesbaden: Gabler, S. 205–225.

Edelman (2011): Edelman trust barometer executive summary 2011, abrufbar unter: http://www.edelman.com/trust/2011/uploads/Trust%20Executive%20Summary.PDF, zuletzt geprüft am 17.01.2012.

Edelman (2012): 2012 Annual Global Study (trustbarometer): U.S. financial services and banking industries, abrufbar unter: http://www.slideshare.net/EdelmanInsights/2012-edelman-trust-barometer-us-financial-services-and-banking-industries, zuletzt geprüft am 10.11.2012.

Edelman (2013): Annual Global study 2013 (trustbarometer), abrufbar unter: http://www.slideshare.net/fullscreen/EdelmanInsights/global-deck-2013-edelman-trust-barometer-16086761/6, zuletzt geprüft am 18.03.2013.

Eger, T. (2011): Solidarität und Wettbewerb in der Europäischen Union in Zeiten der Finanz- und Verschuldungskrise, Working Paper Serie, Europa-Kolleg Hamburg, Institute for European Integration, Nr. 1/11, abrufbar unter: http://hdl.handle.net/10419/44428, zuletzt geprüft am 24.04.2013.

Elangovan, A. R./Shapiro D. L. (1998): Betrayal of trust in organizations, in: The Academy of Management Review, 23. Jg., Heft 3, S. 547–566.

Elkins, T. J./Bozeman, D. P./Phillips, J. S. (2003): Promotion decisions in an affirmative action environment: can social accounts change fairness perceptions?, in: Journal of Applied Social Psychology, 33. Jg., Heft 6, S. 1111–1139.

Elsbach, K. D. (1994): Managing organizational legitimacy in the california cattle industry: The construction and effectiveness of verbal accounts, in: Administrative Science Quarterly, 39. Jg., S. 57–88.

Engelhard, J/ Pellens, B./Rüthers, T/Sellhorn, T (o.J.): Rechnungslegung im internationalen Vergleich, in: Springer Gabler Verlag (Hrsg.), Gabler Wirtschaftslexikon, Stichwort: Rechnungslegung im internationalen Vergleich (Version 8), abrufbar unter: http://wirtschaftslexikon.gabler.de/Archiv/57305/rechnungslegung-im internationalen-vergleich-v8.html, zuletzt geprüft am 9.07.2013.

Endreß, M. (2001): Vertrauen und Vertrautheit – Phänomenologisch-anthropologische Grundlegung, in: Hartmann, M./Offe, C. (Hrsg.), Vertrauen. Die Grundlagen des sozialen Zusammenhalts, Frankfurt, New York: Campus Verlag, S. 161-203.

Ernst & Young (2011): Global consumer banking survey 2011, abrufbar unter: http://www.ey.com/Publication/vwLUAssets/A_new_era_of_customer_expecta tion:_global_consumer_banking_survey/$FILE/A%20new%20era%20of%20cu stomer%20expectation_global%20consumer%20banking%20survey.pdf, zuletzt geprüft am 17.04.2012.

Esser, H. (1999): Soziologie. Spezielle Grundlagen. Band 1. Situationslogik und Handeln, Frankfurt am Main: Campus.

Europäische Zentralbank (2012): Die Geldpolitik der Europäischen Zentralbank (EZB), abrufbar unter: http://www.ecb.int/pub/pdf/other/monetarypolicy2011de.pdf?483e063c7d7b60 eb791f6b74316f943d, zuletzt geprüft am 27.09.2012.

FaktenKontor (2009): Finanzkrise: Wechselwelle enttäuschter Bankkunden noch nicht vorbei, Pressemitteilung vom 16.07.2009, abrufbar unter: http://www.faktenkontor.de/uploads/pdf/FK2009-009-Vertrauen-in-Banken.pdf, zuletzt geprüft am 16.04.2013.

Fanelli, A. (2006): Defeating the minotaur: The construction of ceo charisma on the us stock market, in: Organization Studies, 27. Jg., Heft 6, S. 811–832.

Ferrin, D. L./Kim, P. H./Cooper, C. D./Dirks, K. T. (2007): Silence speaks volumes: The effectiveness of reticence in comparison to apology and denial for responding to integrity- and competence-based trust violations, in: Journal of Applied Psychology, 92. Jg., Heft 4, S. 893–908.

Festinger, L. (1962): A theory of cognitive dissonance, Stanford: Stanford University Press.

Fincham, F. D. (1992): The acoount episode on close relationships, in: McLaughlin, Margaret L./Cody, Michael J./Read, Stephen J. (Hrsg.), Explaining one's self to others. Reason-giving in a social context, Hillsdale, N.J: L. Erlbaum Associates, S. 167–182.

Fink, C./Kajüter, P. (2011): Das IFRS Practice Statement „Management Commentary", in: Zeitschrift für kapitalmarktorientierte Rechnungslegung, 11. Jg., Heft 4, S. 177-181.

Fischer, R./Chalmers, A. (2008): Is optimism universal? A meta-analytical investigation of optimism levels across 22 nations, in: Personality and Individual Differences, 45. Jg., Heft 5, S. 378–382.

Flick, U. (2007): Qualitative Sozialforschung. Eine Einführung, Reinbek: Rowohlt Taschenbuch Verlag.

Fornell, C./Larcker, D. F. (1981): Evaluating structural equation models with unobservable variables and measurement error, in: Journal of Marketing Research, 18 Jg., Heft 1, S. 39-50.

Försterling, F. (2001): Attribution. An introduction to theories, research and applications, Hove: Psychology Press.

Forwe, T./Frank, P./Jansen, A. (2010): Im Netz der Kommunikation, in: Die Bank – Zeitschrift für Bankpolitik und Praxis, Nr. 4, S. 67-69.

Freeman, R. E. (1984): Strategic management. A stakeholder approach, Bosten, Massachusetts: Cambridge University Press.

Freeman, R. E./Harrison, J. S./Wicks, A. C./Parmar, B. L./Colle, S. (2010): Stakeholder theory. The state of the art, Cambridge: Cambridge University Press.

French, P. A. (1979): The corporation as a moral person, in: American Philosophical Quarterly, 16. Jg., Heft 3, S. 207–215.

Frey, F. M./Cobb, A. T. (2010): What matters in social accounts? The roles of account specificity, source expertise, and outcome loss on acceptance, in: Journal of Applied Social Psychology, 40. Jg., Heft 5, S. 1203–1234.

Fritsche, I. (2002): Account strategies for the violation of social norms: Integration and extension of sociological and social psychologyical typologies, in: Journal for the Theory of Social Behaviour, 32. Jg., Heft 4, S. 371–394.

Fritsche, I. (2003): Entschuldigen, Rechtfertigen und die Verletzung sozialer Normen, Weinheim: Beltz PVU.

Früh, W. (2004): Inhaltsanalyse, 5. Aufl. (unveränderter Nachdruck), Konstanz: UVK.

Gambetta, D. (2001): Können wir dem Vertrauen vertrauen? in: Hartmann, M./Offe, C. (Hrsg.), Vertrauen. Die Grundlagen des sozialen Zusammenhalts, Frankfurt, New York: Campus Verlag, S. 204-237.

Gardner, D. G./Cummings, L. L./Dunham, R. B./Pierce, J. L. (1998): Single-item versus multiple-item measurement scales: An empirical comparison, in: Educational and Psychological Measurement, 58. Jg., Heft 6, S. 898–915.

Garrett, D. E./Bradford, J. L./Meyers, R. A./Becker, T. (1989): Issues Management and organizational accounts: An analysis of corporate responses to accusations of unethical business practices, in: Journal of Business Ethics, 8. Jg., Heft 7, S. 507-520.

Geiger, I. (2007): Industrielle Verhandlungen. Empirische Untersuchung von Verhandlungsmacht und -interaktion in Einzeltransaktion und Geschäftsbeziehung, Wiesbaden: Deutscher Universitäts-Verlag.

George, A./Evuleocha, S. (2003): Denials, excuses, justifications, and aplogies: Restoring tarnished reputation after the year of corporate malfeance. What worked and what didn't, Proceedings of the 2003 Assocation for Business Communication Annual Convention, Paper präsentiert an der Annual Convention, abrufbar unter: http://businesscommunication.org/wp-content/uploads/2011/04/04ABC03.pdf, zuletzt geprüft am 27.03.2012.

Geppert, J./Lawrence, J. E. (2008): Predicting firm reputation through content analysis of shareholders' letter, in: Corporate Reputation Review, 11. Jg., Heft 4, S. 285–307.

GESIS - Leibniz-Institut für Sozialwissenschaften (2012): Das Institut, online veröffentlicht von: GESIS - Leibniz-Institut für Sozialwissenschaften (Hrsg.), abrufbar unter: http://www.gesis.org/das-institut/, zuletzt geprüft am 04.12.2012.

GESIS - Leibniz-Institut für Sozialwissenschaften (2012): Online-Access-Panel-Anbieter, online veröffentlicht von: GESIS - Leibniz-Institut für Sozialwissenschaften (Hrsg.), abrufbar unter: http://www.gesis.org/unser-angebot/studien-planen/online-umfragen/online-access-panel-anbieter/, zuletzt geprüft am 04.12.2012.

GfK Verein (2013a): GfK Global Trust Report 2013. Vertrauen in Institutionen und Branchen.

GfK Verein (2013b): GfK Global Trust Report 2013, Pressemitteilung vom 07.02.2013, abrufbar unter: http://www.gfk-verein.org/files/pm_gfk_verein_global_trust_2013_fin_dt.pdf, zuletzt geprüft am 16.03.2013.

Giacalone, R. A./Pollard, H. G. (1990): Acceptance of managerial accounts for unethical supervisor behavior, in: Journal of Social Psychology, 130. Jg., Heft 1, S. 103–109.

Gillespie, N. (2003): Measuring trust in working relationships: The behavioral trust inventory, Working Paper - Cat No.: 2003-14 (Melbourne Business School), abrufbar unter: http://www.mbs.edu/index.cfm?objectid=951E38F4-123F-A0D8-42A4CE244A85F4BE, zuletzt geprüft am 05.10.2012.

Gillespie, N. (2012): Measuring trust in organizational contexts: an overview of survey-based measures, in: Lyon, Fergus/Möllering, Guido/Saunders, Mark N.K (Hrsg.), Handbook of research methods on trust, Cambridge, Northampton: Edward Elgar Publishing, S. 175–188.

Gillespie, N./Dietz, G. (2009): Trust repair after an organizational level failure, in: Academy of Managment Review, 34. Jg., Heft 1, S. 127–145.

Glaeser, E./Laibson, D./Scheinkman, J./Soutter, C. (2000): Measuring trust, in: Quarterly Journal of Economics, 115. Jg., Heft 3, S. 811–846.

Goffman, E. (1952): On cooling the mark out: some aspects of adaptation to failures, in: Psychiatry, 15. Jg., S. 451–463.

Goffman, E. (1972): Relations in public. Microstudies of the public order, London: Penguin.

Goffman, E. (1973): Wir alle spielen Theater. Die Selbstdarstellung im Alltag, 2. Aufl., München: R. Piper.

Goffman, E. (2011): Wir alle spielen Theater. Die Selbstdarstellung im Alltag, 9. Aufl., München: R. Piper.

Goldman Sachs (2011): Annual report 2011 (online version with interactive features), abrufbar unter: http://www.goldmansachs.com/s/2011annual/index.html, zuletzt geprüft am 28.03.2013.

Göritz, A. S./Moser, K. (2000): Repräsentativität im Online-Panel, in: Der Markt, 39. Jg., Heft 155, S. 156–162.

Götz, K. (2006): Vertrauen als funktionale Systemeigenschaft, in: Götz, Klaus (Hrsg.), Vertrauen in Organisationen, Mering: Rainer Hampp Verlag, S. 59–72.

Graf, A./Koeszegi, S. T./Pesendorfer, E.-M. (2010): Electronic negotiations in intercultural interfirm relationships, in: Journal of Managerial Psychology, 25. Jg., Heft 5, S. 495–512.

Greene, W. H. (2003): Econometric analysis, 5. Aufl., Upper Saddle River: Prentice Hall.

Greenhill, R. (2013): Interview: "Bis sie mich raussschmeißen" (das Interview führte Robert Langraf), in Handelsblatt, Heft 87, S. 26-27.

Guetzkow, H. (1950): Unitizing and categorizing problems in coding qualitative data, in: Journal of Clinical Psychology, 6. Jg., Heft 1, S. 47–58.

Haase, M. (2007): Untersuchungsgegenstand und Informationsbedarf. Zur Relevanz von Erkenntnis- und Wissenschaftstheorie für die Methodenwahl. Kritische Reflexionen empirischer Forschungsmethodik,, in: Haase, M. (Hrsg.), Diskussionsbeiträge des Fachbereichs Wirtschaftswissenschaft der Freien Universität Berlin Nr.5, Berlin, S. 38–64.

Hall, E. T./Hall, M. R. (1990): Understanding cultural differences. Germans, french and americans, Boston, London: Nicholas Brealey Publishing - Intercultural Press.

Haller, M. (1987): Soziale Normen und Gesellschaftsstruktur, in: Meleghy, T./Niedenzu, H.-J./Preglau, M./Staubmann, H. (Hrsg.), Normen und soziologische Erklärung, Innsbruck: Tyrolia, S. 39–63.

Hamilton, V. L. (1986): Who is responsible? Toward a social psychology of responsibility attribution, in: Social Psychology, 41. Jg., Heft 4, S. 316–328.

Hamilton, V. L./Hagiwara, S. (1992): Roles, responsibility, and accounts across cultures, in: International Journal of Psychology, 27. Jg., Heft 2, S. 157–179.

Hardin, R. (1992): The street-level epistemology of trust, in: Analyse & Kritik, 14. Jg., Heft 2, S. 152–176.

Hardin, R. (2001): Die Alltagsepistemologie von Vertrauen, in: Hartmann, M./Offe, C. (Hrsg.), Vertrauen. Die Grundlagen des sozialen Zusammenhalts, Frankfurt, New York: Campus Verlag, S. 295-332.

Harris Interactive (2005): Americans more positive, upbeat and optimistic than europeans, Pressemitteilung, abrufbar unter: http://www.thefreelibrary.com/Americans More Positive, Upbeat and Optimistic than Europeans.-a0126801442, zuletzt geprüft am 20.04.2013.

Hart, H. L. A. (1948): The ascription of responsibility and rights, in: Proceedings of the Aristotelian Society, 49. Jg., S. 171–194.

Härting, N. (2013): Stimmt es, dass Sparer Gläubiger der Banken sind?, in: Handelsblatt, Heft 59, S. 7.

Haselhuhn, M. P./Schweitzer, M. E./Wood, A. M. (2010): How implicit beliefs influence trust recovery, in: Psychological Science, 21. Jg., Heft 5, S. 645–648.

Haupt, R./Eberhardt, T. (2010): Vertrauen: Das wichtigste Kapital der Banken, in: Die Bank - Zeitschrift für Bankpolitik und Praxis, Heft, 5, S. 38-40.

Heider, F. (1977): Die Psychologie der interpersonalen Beziehungen, Stuttgart: Klett.

Herkendell, A. (2007): Regulierung der Abschlussprüfung, Wiesbaden: Deutscher Universitäts-Verlag.

Hewitt, J. P./Hall, P. M. (1973): Social problems, problematic situations, and quasi-theories, in: American Sociological Review, 38. Jg., Heft 3, S. 367–374.

Highhouse, S./Brooks, M. E./Gregarus, G. (2009): On organizational impression management perspective on the formation of corporate reputations, in: Journal of Management, 35. Jg., Heft 6, S. 1481–1493.

Hines, R. D. (1988): Financial accounting: in communicating reality, we construct reality, in: Accounting Organization and Society, 13. Jg., Heft 3, S. 251–261.

Hines, R. D. (1989): The sociopolitical paradigm in financial accounting research, in: Accounting, Auditing & Accountability Journal, 2. Jg., Heft 1, S. 52–76.

Ho, B. (2012): Apologies as Signals: With Evidence from a Trust Game, in: Management Science, 58. Jg., Heft 1, S. 141–158.

Hoffmann, C. P./Meckel, M. (2009): The annual report: A tool for reputation management?: An explorative analysis, Konferenzbeitrag, Präsentiert auf der 13th International Conference on Reputation, Brand, Identity & Competitiveness am 02.09.2009.

Hofstede, G. (2001): Culture's consequences. Comparing values, behaviors, institutions and organizations across nations, 2. Aufl., Thousand Oaks, Calif. [u.a.]: Sage Publ.

Hooghiemstra, R. (2010): Letters to the shareholders: A content analysis comparison of letters written by CEOs in the United States and Japan, in: The International Journal of Accounting, 45. Jg., Heft 3, S. 275–300.

Horch, N. (2009): Management control of global supply chains, Lohmar, Köln: Eul Verl.

Hosmer, L. T. (1995): Trust: The connection link between organizational theory and philosophical ethics, in: Academy of Managment Review, 20. Jg., Heft 2, S. 379–403.

IASB (2010): Management commentary. A framework for presentation, London: International Accounting Standards Board.

IASB (2013): IASB proposes guidance for the preparation and presentation of management commentary, Pressemitteilung vom 23.09.2013, abrufbar unter: http://www.ifrs.org/News/Press-Releases/Documents/PRManagementcommentary1.pdf, zuletzt geprüft am 16.04.2013.

IFRS (o.J.): Convergence between IFRSs and US GAAP, abrufbar unter: http://www.ifrs.org/Use-around-the-world/Global-convergence/Convergence-with-US-GAAP/Pages/Convergence-with-US-GAAP.aspx, zuletzt geprüft am 22.07.2013.

Jain, A. (2012): Rede von Anshu Jain Co-Vorsitzender des Vorstands und des Group Executive Committee Deutsche Bank AG, Vortrag anlässlich des "Wirtschaftag 2012" des Wirtschaftsrats der CDU am 12. Juni 2012, online veröffentlicht von: Deutsche Bank (Hrsg.), abrufbar unter: https://www.deutsche-bank.de/medien/de/downloads/CDU_Conference_Speech_dt.pdf, zuletzt geprüft am 20.04.2013.

Jammel, E./Leistikow, M. (2011): Vertrauen und Gender im interkulturellen Kontext, in: Dreyer, W./Hößler, U. (Hrsg.), Perspektiven interkultureller Kompetenz, Göttingen: Vandenhoeck & Ruprecht, S. 147-162.

Janowicz, M./Noorderhaven, N. (2006): Levels of inter-organizational trust: Conceptualization and measurement, in: Bachmann, R./Zaheer, A. (Hrsg.), Handbook of trust research, Cheltenham, UK; Northampton, MA: Edward Elgar, S. 264–279.

Jellison, J. M. (1990): Accounting: Societal implications, in: Cody, M. J./McLaughlin, M. L. (Hrsg.), The psychology of tactical communication, Clevedon; Bristol: Multilingual Matters, S. 283–298.

Johnson, D./Grayson, K. (2005): Cognitive and affective trust in service relationships, in: Journal of Business Research, 58. Jg., Heft 4, S. 500–507.

Kähler, W.-M. (2010): Statistische Datenanalyse. Verfahren verstehen und mit SPSS gekonnt einsetzen, 6. Aufl., Wiesbaden: Vieweg + Teubner.

Kajüter, P./Fink, C. (2012): Management Commentary – Kritische Punkte und offene Fragen zum IFRS Practice Statement des IASB, in: Zeitschrift für kapitalmarktorientierte Rechnungslegung, 12. Jg., Heft 5, S. 247-252.

Kassarjian, H. H. (1977): Content analysis in consumer research, in: Journal of Consumer Research, 4. Jg., Heft 1, S. 8–18.

Kater, U. (2011): Vertrauen – Rohstoff der Finanzmärkte, in: Sonntag, K. (Hrsg.), Vertrauen, Universitätsverlag Winter: Heidelberg, S. 91-105

Kaya, M./Himme, A. (2009): Möglichkeiten der Stichprobenbildung, in: Albers, Sönke (Hrsg.), Methodik der empirischen Forschung, 3. Aufl., Wiesbaden: Gabler, S. 79–88.

Keen, P. G. W./Schrump, S./Chan, S. (1999): Electronic commerce relationships. Trust by design, Upper Saddle River, N.J: Prentice Hall PTR.

Keller, R. (2006): Der Geschäftsbericht, Wiesbaden: Gabler Verlag.

Kelley, H. H. (1973): The processes of causal attribution, in: American Psychologist, 28. Jg., Heft 2, S. 107–128.

Kerlinger, F. N. (1975): Foundations of behavioral research, 2. Aufl. (repr.), London: Holt International.

Keusch, T./Bollen, L. H. H/Hassink, H. F. D (2012): Self-serving bias in annual report narratives: An empirical analysis of the impact of economic crises, online veröffentlichte Version: http://dx.doi.org/10.1080/09638180.2011.641729, in: European Accounting Review, S. 1–26.

Kim, P. H./Dirks, K. T./Cooper, C. D. (2009): The rapir of trust: A dynamic bilateral perspective and multilevel conceptualization, in: Academy of Managment Review, 34. Jg., Heft 3, S. 401–422.

Kim, P. H./Dirks, K. T./Cooper, C. D./Ferrin, D. L. (2006): When more blame is better than less: The implications of internal vs. external attributions for the repair of trust after a competence- vs. integrity-based trust violation, in: Organizational Behavior and Human Decision Processes, 99. Jg., Heft 1, S. 49–65.

Kim, P. H./Ferrin, D. L./Cooper, C. D./Dirks, K. T. (2004): Removing the shadow of suspicion: The effects of apology versus denial for repairing competence - versus integrity-based trust violations, in: Journal of Applied Psychology, 89. Jg., Heft 1, S. 104–118.

Kline, R. B. (2005): Principles and practice of structural equation modeling, 2. Aufl., New York: Guilford Press.

Kmenta, J. (1986): Elements of econometrics, 2. Aufl., New York, London: Macmillan.

Knop, C. (2012): Die Gesellschaft und ihre Banken, in: Frankfurter Allgemeine Zeitung, Heft 178, S. 1.

Kohut, G. F./Segars, A. H. (1992): The president's letter to stockholders: An examination of corporate communication strategy, in: The Journal of Business Communication, 29. Jg., Heft 1, S. 7–21.

Kolbe, R. H./Burnett, M. S. (1991): An examination of applications with directives for improving research reliability and objectivity, in: The Journal of Consumer Research, 18. Jg., Heft 2, S. 243–250.

Koonce, L./Mercer, M. (2005): Using psychology theories in archival financial accounting research, in: Journal of Accounting Literature, 24. Jg., S. 175–214.

Koonce, L./Seybert, N./Smith, J. (2011): Causal reasoning in financial reporting and voluntary disclosure, in: Accounting, Organization and Society, 36. Jg., S. 209–225.

Kostova, T./Roth, K. (2002): Adoption of an organizational practice by subsidiaries of multinational corporations: Institutional and relational effects, in: The Academy of Management Journal, 45. Jg., Heft 1, S. 215-233.

Kozlowski, S./Klein, K. (2004): A multilevel approach to theory and research in organizations:contextual,temporal, and emergent process, in: Klein, K. J./Kozlowski, S. W. J. (Hrsg.), Multilevel theory, research and methods in organizations. Foundations, extensions, and new directions, San Francisco: Jossey Bass, S. 3–90.

Kramer, R. M./Lewicki, R. J. (2010): Repairing and enhancing trust: Approaches to reducing organizational trust deficits, in: The Academy of Management Annals, 4. Jg., Heft 1, S. 245–277.

Krantz, J. H./Dalal, R. (2000): Validity of web-based pychological research, in: Birnbaum, Michael H. (Hrsg.), Psychological experiments on the internet, San Diego, California: Academic Press, S. 35–60.

Kreyer, S. (2011): Multikulturelle Teams in interkulturellen B2B-Verhandlungen. Eine empirische Untersuchung am Beispiel der deutschen und französischen Kultur, Lohmar [u.a.]: Eul Verl.

Kuckartz, U. (2007): Einführung in die computergestützte Analyse qualitativer Daten, 2. Aufl., Wiesbaden: VS, Verl. für Sozialwiss.

Kury, M./Brühl, R. (2012): Vertrauen und Rechenschaft. Ein Wirkungsmodell der Rechenschaftsabgabe, Working Paper Serie, ECSP Europe Wirtschaftshochschule Berlin, Nr. 61.

Kury, M./Brühl, R./Basel, J. (2011): Trust repair through reporting, Konferenzbeitrag, Paper präsentiert an der European Accounting Conference 2011 (EAA), in: Rom.

Küting, K./Busch, J. (2003): Der Geschäftsbericht – Entwicklung, Ziele und Bestandteile, in: Steuern und Bilanzen, Heft 4, S. 152–156.

Kuwabara, K. (2006): Apology and denial in online trust repair: Effects for victims and third parties, Paper präsentiert auf dem Annual Meeting der American Sociolocical Association in Montreal, Canada, am 20.08.2006, abrufbar unter: http://www.allacademic.com/meta/p_mla_apa_research_citation/1/0/2/9/2/p10 2929_index.html, zuletzt geprüft am 23.04.2013.

Laeequddin, M./Sahay, B.S./Sahay, V./Waheed, K. A. (2010): Measuring trust in supply chain partners' relationships, in: Measuring Business Excellence, 14. Jg., Heft 3, S. 53–69.

Landies, R. J./Koch G. G. (1977): The measurement of observer agreement for categorical data, in: Biometrics, 33. Jg., Heft 1, S. 159–174.

Lange, D./Lee, P. M./Dai, Y. (2011): Organizational reputation. a review, in: Journal of Management, 37. Jg., Heft 1, S. 153–184.

Lant, T./Shapira, Z. (2008): Managerial reasoning about aspirations and expectations, in: Journal of Economic Behavior & Organization, 66. Jg., Heft 1, S. 60–73.

Laplume, A. O./Sonpar, K./Litz, R. A. (2008): Stakeholder theory: Reviewing a theory that moves us, in: Journal of Management, 34. Jg., Heft 6. S. 1152-1189.

Laucken, U. (2001): Zwischenmenschliches Vertrauen. Rahmenentwurf und Ideenskizze, Oldenburg: BIS Verlag.

Laux, L./Schütz, A. (1996): Wir, die wir gut sind. Die Selbstdarstellung von Politikern zwischen Glorifizierung und Glaubwürdigkeit, München: Deutscher Taschenbuch-Verlag.

Lee, B. K. (2005): Hong Kong consumers' evaluation in an airline crash: A path model analysis, in: Journal of Public Relations Research, 17. Jg., Heft 4, S. 363–391.

Leffson, U. (1987): Die Grundsätze ordnungsmäßiger Buchführung, 7. Aufl., Düsseldorf: IDW-Verlag.

Leiner, D. (2013): SoSci Survey (Version 2.3.04) (Computer Software), abrufbar unter: https://www.soscisurvey.de, zuletzt geprüft am 15.04.2013.

Leopold, H. (2005): Die richtige Feldzeit bei Online-Befragungen, in: planung & analyse, Heft 6, S. 61–63.

Leunissen, J. M./De Cremer, D. /Folmer, C. P. R. (2012): An instrumental perspective on apologizing in bargaining: The importance of forgiveness to apologize, in: Journal of Economic Psychology, 33. Jg., Heft 1, S. 215–222.

Leventis, S./Weetman, P. (2004): Impression management: dual language reporting and voluntary disclosure, in: Accounting Forum, 28. Jg., S. 307–328.

Lewis, D. J./Weigert, A. (1985): Trust as a social reality, in: Social Forces, 63. Jg., Heft 4, S. 967–985.

Lin-Hi, N./Suchanek, A. (2009): Eine wirtschaftsethische Kommentierung, Diskussionspapier Nr. 2009-2 des Wittenberg-Zentrums für Globale Ethik, abrufbar unter: http://www.wittenberg-zentrum.de/download/DP_2009-2_Nick_ Lin-Hi_Andreas_Suchanek_-_Eine_Wirtschaftsethische_Kommentierung_der_ Finanzkrise__o.pdf, zuletzt geprüft am 05.08.2013.

Linsley, P./Kajüter, P. (2008): Restoring reputation and repairing legitimacy: a case study of impression management in response to a major risk event at Allied Irish Banks plc, in: International Journal of Financial Services Management, 4 Jg., Heft 1, S. 65-82.

Lombard, M./Snyder-Dutsch, J./Bracken, C. C. (2002): Content analysis in mass communication. Assessment and reporting of intercoder reliability, in: Human Communication Research, 28. Jg., Heft 4, S. 587–604.

Luhmann, N. (2001): Vertrautheit, Zuversicht, Vertrauen. Probleme und Alternativen, in: Hartmann, M./Offe, C. (Hrsg.), Vertrauen. Die Grundlagen des sozialen Zusammenhalts, Frankfurt, New York: Campus Verlag, S. 143-160.

Luhmann, N. (1973): Vertrauen. Ein Mechanismus der Reduktion sozialer Komplexität, 2. Aufl., Stuttgart: Ferdinand Enke Verlag.

Lyon, F./Möllering, G./Saunders, M. N. K (2012): Introduction: The variety of methods for the multi-faceted phenomenon of trust, in: Lyon, F./Möllering, G./Saunders, M. N. K (Hrsg.), Handbook of research methods on trust, Cambridge, Northampton: Edward Elgar Publishing, S. 1–15.

Gohr, M. (2002): Geschäftsbericht und Aktionärsbrief - eine textsortenlinguistische Analyse mit anwendungsbezogenen Aspekten, Dissertation, Heinrich-Heine-Universität Düsseldorf, abrufbar unter: http://docserv.uni-duesseldorf.de/servlets/DerivateServlet/Derivate-2310/310.pdf, zuletzt geprüft am 20.04.2013.

Martinko, M. J./Douglas, S. C./Harvey, P. (2006): Attribution theory in industrial and organizational psychology: A review, in: International Review of Industrial and Organizational Psychology, 21. Jg., S. 127–187.

Maurer, M./Jandura, O. (2001): Kontrast oder Konsistenz? Ein Feldexperiment zum Einfluß der Kanzlerpräferenz auf das Codierverhalten bei inhaltsanalytischen Wahlkämpfen, in: Wirth, Werner/Lauf, Edmund (Hrsg.), Inhaltsanalyse. Perspektiven, Probleme, Potentiale, Köln: Halem, S. 183–198.

Mayer, R. C./Davis, J. H. (1999): The effect of the performance appraisal system on trust for management: A field quasi-experiment, in: Journal of Applied Psychology, 84. Jg., Heft 1, S. 123–136.

Mayer, R. C./Davis, J. H./Schoorman, D. F. (1995): An integrative model of organizational trust, in: Academy of Managment Review, 20. Jg., Heft 3, S. 709–734.

Mayring, P. (2001): Kombination und Integration qualitativer und quantitativer Analyse, in: Forum Qualitative Sozialforschung, 2. Jg., Heft 1, Art.6, abrufbar unter: http://www.qualitative-research.net/index.php/fqs/article/view/967, zuletzt geprüft am 11.02.2013.

McConnell, D./Haslem, J. A./Gibson, V. R. (1986): The president's letter to stockholders: A new look, in: Financial Analysts Journal, 42. Jg., Heft 5, S. 66–70.

McCullough, M. E./Pargament, K. I./Thoresen, C. E. (2000): Forgiveness. Theory, Research and Practice, New York: Guliford Press.

McDonald, L. M./Sparks, B./Glendon A. I. (2010): Stakeholder reactions to company crisis communication and causes, in: Public Relations Review, Jg. 36, S. 263-271.

McEvily, B./Perrone, V./Zaheer, A. (2003): Trust as an organizing principle, in: Organization Science, 14. Jg., Heft 1, S. 91–103.

McEvily, B./Tortoriello, M. (2011): Measuring trust in organisational research: Review and recommendations, in: Journal of Trust Research, 1. Jg., Heft 1, S. 23–63.

Mcknight, H. D./Choudhury, V./Kacmar, K. M. (2002): Developing and validating trust measures for e-commerce: An integrative typology, in: Information Systems Research, 13. Jg., Heft 2, S. 334–359.

Mcknight, H. D./Cummings, L. L. (1998): Initial trust formation in new organizational relationships, in: Academy of Managment Review, 23. Jg., Heft 3, S. 473–490.

McLaughlin, M. L./Cody, M. J./O'Hair, H. D. (1983): The management of failure events: Some contextual determinants of accounting behavior, in: Human Communication Research, 9. Jg., Heft 3, S. 208–224.

McLaughlin, M. L./French, K. (1990): Acccount-giving and the attribution of responsibility: Impressions of tactical offenders, in: Cody, M. J./McLaughlin, M. L. (Hrsg.), The psychology of tactical communication, Clevedon; Bristol: Multilingual Matters, S. 245–267.

Mead, G. H. (1973): Geist, Identität und Gesellschaft aus der Sicht des Sozialbehaviorismus, Frankfurt am Main: Suhrkamp.

Merkl-Davies, D. M./Brennan, N. M. (2011): A conceptual framework of impression management: New insights from psychology, sociology and critical perspectives, in: Accounting and Business Research, 41. Jg., Heft 5, S. 415–437.

Merkl-Davies, D. M./Brennan, N. M./McLeay, S. J. (2011): Impression management and retrospective sense-making in corporate narratives: A social psychology perspective, in: Accounting, Auditing & Accountability Journal, 24. Jg., Heft 3, S. 315–344.

Merril Lynch (2000): How to read a financial report, abrufbar unter: http://e145.stanford.edu/upload/Merrill_Lynch.pdf, zuletzt geprüft am 24.08.2011.

Merten, K. (1995): Inhaltsanalyse. Einführung in Theorie, Methode und Praxis, 2. Aufl., Opladen: Westdeutscher Verlag.

Merton, R. K. (1948): The self-fulfilling prophecy, in: The Antioch Review, 8. Jg., S. 193–210.

Meyer, J. W./Rowan, B. (1977): Institutionalized organizations. Formal structure as myth and ceremony, in: American Journal of Sociology, 83. Jg., Heft 2, S. 340–363.

Mezulis, A. H./Abramson, L. Y./Hyde, J. S./Hankin, B. L. (2004): Is there a universal positivity bias in attributions? A meta-analytic review of individual, developmental, and cultural differences in the self-serving attributional bias, in: Psychological Bulletin, 130. Jg., Heft 5, S. 711–747.

Mills, W. C. (1940): Situated actions and vocabularies of motive, in: American Sociological Review, 5. Jg., Heft 6, S. 904–913.

Milne, M. J./Adler, R. W. (1999): Exploring the reliability of social and environmental disclosures content analysis, in: Accounting, Auditing & Accountability Journal, 12. Jg., Heft 237-256.

Mitchell, M. L./Jolley, J. M. (2013): Research design explained, 8. Aufl., Australia, Belmont, CA: Wadsworth Cengage Learning.

Mitchell, R. K./Agle, B. R./Wood, D. J. (1997): Toward a theory of stakeholder identification and salience. Defining the principle of who and what really counts, in: Academy of Management Review, 22. Jg., Heft 4, S. 853–886.

Mohamed, A. A./Gardner, W. L./Paolillo, J. G. P. (1999): A taxonomy of organizational impression management tactics, in: Advances in Competitiveness Research, 7. Jg., Heft 1, S. 108–130.

Möllering, G. (2006): Das Aufheben von Ungewissheit als Kern des Vertrauens: Just do it? MPIfG Working Paper 06/05, abrufbar unter: http://www.mpifg.de/pu/workpap/wp06-5/wp06-5.html, zuletzt geprüft am 27.07.2012.

Molloy, J. C./Ployhart, R. E./Wright, P. M. (2011): Th myth of "the" micro-macro divide. bridging system-level and disciplinary divides, in: Journal of Management, 37. Jg., Heft 2, S. 581–609.

Moore, D. A./Healy, P. M. (2008): The trouble with overconfidence, in: Psychological Review, 115. Jg., Heft 2, S. 502–517.

Morris, M. W./Larrick, R. P. (1995): When one cause casts doubt on another. A normative analysis of discounting in causal attribution, in: Psychological Review, 102. Jg., Heft 2, S. 331–355.

Münster Research Institut (2009): Ein Vertrauensbarometer für Deutschland. Studie, abrufbar unter: http://www.vertrauensbarometer.de/sites/default/files/redaktion/Kurzpr%C3%A4si_Banken_ganz_neu_komprimiert.pdf, zuletzt geprüft am 07.02.2013.

Murphy, E. (2004): Anticipatory accounts, in: Symbolic Interaction, 27. Jg., Heft 2, S. 129–154.

Murphy, P. (2012): What Germans don't understand about America, Rede des US-amerikanischen Botschafters in Berlin, abrufbar unter: http://germany.usembassy.gov/about/ambassador/speeches/2012/01/25/americanacademy/, zuletzt geprüft am 13.04.2012.

Musch, J./Reips, U.-D. (2000): A brief history of web experimenting, in: Birnbaum, Michael H. (Hrsg.), Psychological experiments on the internet, San Diego, California: Academic Press, S. 61–88.

Neubauer, W. F./Rosemann, B. (2006): Führung, Macht und Vertrauen in Organisationen, Stuttgart: Kohlhammer.

Neubäumer, R. (2008): Ursachen und Wirkungen der Finanzkrise — eine ökonomische Analyse, in: Wirtschaftsdienst, 88. Jg., Heft 11, S. 732–740.

Neuberger, O. (2006): Vertrauen vertrauen? Mistrauen als Sozialkapital, in: Götz, Klaus (Hrsg.), Vertrauen in Organisationen, Mering: Rainer Hampp Verlag, S. 11–55.

Neuhäuser, C. (2011): Unternehmen als moralische Akteure, Berlin: Suhrkamp.

Nitzl, C. (2012): Vertrauen zwischen Manager und Controller. Eine empirische Untersuchung der Einflussfaktoren mithilfe der Partial Least Square (PLS)-Methode, Hamburg: Kovač.

O'Keefe, D. J. (2003): Message properties, mediating states, and manipulation checks: claims, evidence, and data analysis in experimental persuasive message effects research, in: Communication Theory, 13. Jg., Heft 3, S. 251–274.

Ogden, S./Clarke, J. (2005): Customer disclosures, impression management and the construction of legitimacy. corporate reports in the UK privatised water industry, in: Accounting, Auditing & Accountability Journal, 18. Jg., Heft 3, S. 313–345.

Orbuch, T. L. (1997): People's accounts count: The sociology of accounts, in: Annual Review of Sociology, 23. Jg., S. 455–478.

Osann, M. (2010): Freiwillige Berichterstattung über immaterielle Ressourcen. Ein deskriptiv-explikatives Mehrebenenmodell, Lohmar-Köln: Josef Eul Verlag.

Ott, K. (1997): Ipso Facto. Zur ethischen Begründung normativer Implikate wissenschaftlicher Praxis, Frankfurt am Main: Suhrkamp.

Patterson, M. L. (1990): Functions of non-verbal behaviour on social interaction, in: Giles, Howard/Robinson, Peter W. (Hrsg.), Handbook of language and social psychology, John Wiley & Sons: Baffins Lane, Chichester, S. 101–120.

Payne, G. Tyge/Brigham, K. H./Broberg, J. C./Moss, T. W./Short, J. C. (2011): Organizational virtue orientation and family firms, in: Business Ethics Quarterly, 21. Jg., Heft 2, S. 257–285.

Petranix (2011): Aktionärsbriefe auf dem Prüfstand Vol. 2. Studie vom Oktober 2011, Zürich.

Pettit, P. (2007): Responsibility incorporated, in: Ethics, 117. Jg., Heft 2, S. 171–201.

Petzold, K. (2005): Rechtfertigung strategischer Managemententscheidungen. Eine Analyse im Kontext der corporate governance, Wiesbaden: Dt. Univ.-Verl.

Pew Research Center (2011): The American-western european values gap - global attitudes project, abrufbar unter: http://www.pewglobal.org/files/2011/11/Pew-Global-Attitudes-Values-Report-FINAL-November-17-2011-10AM-EST1.pdf, zuletzt geprüft am 13.04.2012.

Pfeffer, J./Salancik, G. R. (1978): The external control of organizations. A resource dependence perspective, New York: Harper & Row.

Pirson, M. (2006): Facing the trust gap: Measuring and building trust in organizations, Dissertation, Universität St. Gallen, abrufbar unter: http://www1.unisg.ch/www/edis.nsf/SysLkpByIdentifier/3276/$FILE/dis3276.pdf, zuletzt geprüft am 21.04.2013.

Pirson, M./Malhotra, D. (2011): Foundations of organizational trust: What matters to different stakeholders?, in: Organization Science, 22. Jg., S. 1087–1104.

Popper, K. (1965): Das Elend des Historizismus, Tübingen: Mohr Siebeck.

Poppo, L./Schepker, D. J. (2010): Repairing public trust in organizations, in: Corporate Reputation Review, 13. Jg., Heft 2, S. 124–141.

Preisendörfer, P. (1995): Vertrauen als soziologische Kategorie. Möglichkeiten und Grenzen einer entscheidungstheoretischen Fundierung des Vertauenskonzepts, in: Zeitschrift für Soziologie, 24. Jg., Heft 4, S. 263–272.

Prüfer, P./Rexroth, M. (2005): Kognitive Interviews, abrufbar unter: http://www.gesis.org/fileadmin/upload/forschung/publikationen/gesis_reihen/howto/How_to15PP_MR.pdf, zuletzt geprüft am 25.11.2011.

Publilius Syrus (o.J.): Sententiae, online veröffentlicht von Bibliotheca Augustana (Hrsg.), abrufbar unter: http://www.hs-augsburg.de/~harsch/Chronologia/Lsante01/Publilius/pub_sent.html, zuletzt geprüft am 05.08.2013.

Rack, O./Christophersen, T. (2009): Experimente, in: Albers, Sönke (Hrsg.), Methodik der empirischen Forschung, 3. Aufl., Wiesbaden: Gabler, S. 17–32.

Rasso, J. (2012): Apology accepted: The benefits of an apology for a deficient audit following an audit failure, Working Paper, SSRN Version: 26.11.2012, abrufbar unter: http://ssrn.com/abstract=2182210, zuletzt geprüft am 10.04.2013.

Read, S. J. (1992): Constructing accounts: The role of explanatory coherence, in: McLaughlin, Margaret L./Cody, M. J./Read, S. J. (Hrsg.), Explaining one's self to others. Reason-giving in a social context, Hillsdale, N.J: L. Erlbaum Associates, S. 3–19.

Reinmuth, M. (2011): Textsortenerwartung und ihre Antizipation in der Unternehmenskommunikation. Geschäftsberichte und der „Brief an die Aktionäre", in: Demarmels, S./Kesselheim, W. (Hrsg.), Textsorten in der Wirtschaft. Zwischen textlinguistischem Wissen und wirtschaftlichem Handeln, Wiesbaden: VS Verlag für Sozialwissenschaften, S. 36–48.

Reips, U.-D. (2000): The web experiment methods: Advantages, disadvantages, and solutions, in: Birnbaum, Michael H. (Hrsg.), Psychological experiments on the internet, San Diego, California: Academic Press, S. 89–117.

Riecke, T./Scheidges, R. (2012): Der alte Mann und die Krise, online veröffentlicht von: Handelsblatt (Hrsg.), am 12.04.2012, abrufbar unter: http://www.handelsblatt.com/politik/konjunktur/geldpolitik/george-soros-der-alte-mann-und-die-krise/6501834.html'>Der alte Mann und die Krise (bei Handelsblatt.com am 12.04.2012 veröffentlicht)</a>, zuletzt geprüft am 16.04.2013.

Rossell, Y. (2012): Lavaan: An R package for structural equation modeling, in: Journal of Statistical Software, Jg., 48, Heft 2, S. 1-36.

Rossiter, J. R. (2002): The C-OAR-SE procedure for scale development in marketing, in: International Journal of Research in Marketing, 19. Jg., Heft 4, S. 305–335.

Ross, M./Sicoly, F. (1979): Egocentric biases in availability and attribution, in: Journal of Personality and Social Psychology, 37. Jg., Heft 3, S. 322–336.

Rousseau, D. M./Sitkin, S. B./Burt, R./Camerer, C. (1998): Not so different after all: A cross-discipline view of trust, in: Academy of Managment Review, 23. Jg., Heft 3, S. 393–404.

Rudolph, B. (2010): Bankenregulierung nach der Finanzkrise, in: Grundmann, S./Haar, B./Merkt, H./Mülbert, P. O./Wellenhofer, M./ Baum, H./von Hein, J./ von Hippel, T./Pristor, K./Roth, M./Scheitzer, H. (Hrsg.), Festschrift für Klaus J. Hopt zum 70. Geburtstag, Band 2, Berlin, New York: De Gruyter, S. 2407-2425.

Sako, M./Helper, S. (1998): Determinants of trust in supplier relations: Evidence from the automotive industry in Japan and the United States, in: Journal of Economic Behavior & Organization, 34. Jg., Heft 4, S. 387–417.

Salancik, G. R./Meindl, J. R. (1984): Corporate attributions as strategic illusions of management control, in: Administrative Science Quarterly, 29. Jg., Heft 2, S. 238–254.

Samkin, G./Schneider, A. (2010): Accountability, narrative reporting and legitimation. The case of a New Zealand public benefit entity, in: Accounting, Auditing & Accountability Journal, 23. Jg., Heft 2, S. 256–289.

Savigny, E. von (1980): Die Philosophie der normalen Sprache. Eine kritische Einführung in die "ordinary language philosophy", 2. Aufl., Frankfurt am Main: Suhrkamp.

Schack, H. (2011): BGB – Allgemeiner Teil, 13. Aufl., Heidelberg, München [u.a.]: C.F. Müller

Scheller, H. K. (2006): Die Europäische Zentralbank: Geschichte, Rolle und Aufgaben, Internet-Version (pdf.), abrufbar unter: http://www.ecb.int/pub/pdf/other/ecbhistoryrolefunctions2006de.pdf?c6db84c0 73e7e0f0ef0f414bf27978be, zuletzt geprüft am 27.09.2012.

Schlenker, B. R. (1980): Impression management. The self-concept, social identity, and interpersonal relations, Monterey, Calif: Brooks/Cole Pub. Co.

Schlenker, B. R./Britt, T. W./Pennington, J./Murphy, R./Doherty, K. (1994): The triangle model of responsibility, in: Psychological Review, 101. Jg., Heft 4, S. 632–652.

Schlenker, B. R./Darby, B. W. (1981): The use of apologies in social predicaments, in: Social Psychology Quarterly, 44. Jg., Heft 3, S. 271–278.

Schlenker, B. R./Weigold, M. F. (1992): Interpersonal processes involving impression regulation and management, in: Annual Review of Psychology, 43. Jg., S. 133–168.

Schönbach, P. (1980): A category system for account phases, in: European Journal of Social Psychology, 10. Jg., S. 195–200.

Schönbach, P. (1990): Account episodes. The management or escalation of conflict, Cambridge: Cambridge University Press.

Schoorman, D. F./Mayer, R. C./Davis, J. H. (2007): An integrative model of organizational trust: Past, present,and future, in: Academy of Managment Review, 32. Jg., Heft 2, S. 344–354.

Schütz, A. (1993): Self-presentational tactics used in a german election campaign, in: Political Pychology, 14. Jg., Heft 3, S. 469–491.

Schumpeter, J. A. (1908): Das Wesen und der Hauptinhalt der theoretischen Nationalökonomie, Leibzig: Duncker & Humblot.

Schütz, A. (1996): Selbstdarstellung in der Defensive - Reaktionen in politischen Skandalen, in: Laux, L./Schütz, A. (Hrsg.), Wir, die wir gut sind. Die Selbstdarstellung von Politikern zwischen Glorifizierung und Glaubwürdigkeit, München: Deutscher Taschenbuch-Verlag, S. 114–140.

Schweer, M. K. W. (2008): Vertrauen und soziales Handeln - Eine differentialpsychologische Perspektive, in: Jammal, Elias (Hrsg.), Vertrauen im interkulturellen Kontext, Wiesbaden: VS, Verl. für Sozialwiss., S. 13–26.

Schweitzer, M. E./Hershey, J. C./Bradlow, E. T. (2006): Promises and lies: Restoring violated trust, in: Organizational Behavior and Human Decision Processes, 101. Jg., Heft 1, S. 1–19.

Scott, M. B./Lyman, S. M. (1968): Accounts, in: American Sociological Review, 33. Jg., Heft 1, S. 46–62.

Semin, G. R./Manstead, A. S. R. (1983): The accountability of conduct. A social psychological analysis, London: Academic Press.

Seppänen, R./Blomqvist, K./Sundqvist, S. (2007): Measuring inter-organizational trust—a critical review of the empirical research in 1990–2003, in: Industrial Marketing Management, 36. Jg., Heft 2, S. 249–265.

Shilds, N. M. (1979): Accounts and other interpersonal strategies in a credibility detracting context, in: The Pacific Sociological Review, 22. Jg., Heft 2, S. 255–272.

Shadish, W. R./Cook, T. D./Campbell, D. T. (2002): Experimental and quasi-experimental designs for generalized causal inference, Boston, New York: Houghton Mifflin.

Short, J. C./Palmer, T. B. (2003): Organizational performance referents: An empirical examination of their content and influences, in: Organizational Behavior and Human Decision Processes, 90. Jg., Heft 2, S. 209–224.

Shultz, T. R./Schleifer, M. (1983): Towards a refinement of attribution concepts, in: Jaspars, J./Fincham, F. D./Hewstone, M. (Hrsg.), Attribution theory and research: conceptual, developmental and social dimensions, London: Academic Press, S. 37–62.

Sigall, H./Mills, J. (1998): Measures of independent variables and mediators are usefull in social psychology experiments: But are they necessary?, in: Personality and Social Psychology Review, 2. Jg., Heft 3, S. 218–226.

Sinn, H.-W. (2010): Kasino-Kapitalismus. Wie es zur Finanzkrise kam, und was jetzt zu tun ist, Berlin: Ullstein.

Skinner, J. (2011): Delivering positive impressions during market depressions, abrufbar unter: http://www.cmocouncil.org/resources/forms/positive-impressions/, zuletzt geprüft am 31.03.2013.

Smythies, J. (2009): A better mousetrap: Economics, psychology, blind spots and reform, in: Journal of Behaviour Finance, 10. Jg., Heft 3, S. 125–127.

Snyder, C. R./Higgins, R. L. (1990): Reality negotiation and excuse-making: President Reagan`s 4 march 1987 iran arms scandal speech and other literature, in: Cody, Michael J./McLaughlin, Margaret L. (Hrsg.), The psychology of tactical communication, Clevedon; Bristol: Multilingual Matters, S. 207–228.

Snyder, C. R./Higgins, R. L./Stucky, R. J. (1983): Excuses. Masquerades in search of grace, New York: Wiley.

Snyder, C. R./Higgins, R. L./Stucky, R. J. (1990): Ausreden. Warum wir unsere "grossen und kleinen Lügen" brauchen, München: Mvg-Verl.

Solomons, D. (1991): Accounting and social change: A neutralist view, in: Accounting, Organizations and Society, 16. Jg., Heft 3, S. 287–295.

Sonenshein, S./Herzenstein, M./Dholakia, U. M. (2011): How accounts shape lending decisions through fostering perceived trustworthiness, in: Organizational Behavior and Human Decision Processes, 115. Jg., Heft 1, S. 69–84.

SoSci Survey (o.J.): Informationen zu oFb, online veröffentlicht von: SoSci Survey (Hrsg.), abrufbar unter: https://www.soscisurvey.de/index.php?page=info, zuletzt geprüft am 04.12.2012.

Späth, J. F. (2008): Interpersonelles Vertrauen in Organisationen. Eine empirische Untersuchung der Einflussfaktoren und Verhaltenswirkungen, Frankfurt am Main [u.a.]: Lang.

Spiegel Online (2008): "Die Spareinlagen sind sicher", online veröffentlicht von: Spiegel Online (Hrsg.), am 05.10.2008, abrufbar unter: http://www.spiegel.de/wirtschaft/merkel-und-steinbrueck-im-wortlaut-die-spareinlagen-sind-sicher-a-582305.html, zuletzt geprüft am 18.10.2012.

Sprenger, R. K. (2007): Vertrauen führt. Worauf es im Unternehmen wirklich ankommt, 3. Aufl., Frankfurt, New York: Campus-Verl.

Srnka, K. J./Koeszegi, S. T. (2007): From words to numbers - how to transform rich qualitative data into meaningful quantitative results: guidelines and exemplary study, in: Schmalenbach's Business Review, 59. Jg., S. 29–57.

Stegman, J. D. (1987): Style and arrangement in corporate annual reports, Working Paper, The Ohio State University (College of Business).

Stillhart, G. (2002): Theorie der Finanzintermediation und Regulierung von Banken, Bern: Paul Haupt.

Suchman, M. C. (1995): Managing legitimacy. Strategic and institutional approaches, in: Academy of Management Review, 20. Jg., Heft 3, S. 571–610.

Suntum, U. van (2001): Die unsichtbare Hand. Ökonomisches Denken gestern und heute, 2. Aufl., Berlin [u.a.]: Springer.

Süssmuth, B./Weizsäcker, R. K. von (2007): Vom Wert des Geldes, in: Nembach, Ulrich/Rusterholz, Heinrich/Zulehner, Paul M. (Hrsg.), Informationes Theologiae Europeae. Internationales ökumenisches Jahrbuch für Theologie, Sonderdruck, Frankfurt am Main [u.a.]: Peter Lang, S. 161–175.

Swift, T. (2001): Trust, reputation and corporate accountability to stakeholders, in: Business Ethics: A European Review, 10. Jg., Heft 1, S. 16–26.

Sykes, G. M./Matza, D. (1957): Techniques of neutralization: A theory of delinquency, in: American Sociological Review, 22. Jg., Heft 6, S. 664–670.

Takaku, S./Green, J. D./Ohbuchi, K.-I. (2010): Cross-national examination of the perpetrator-victim account estimation bias as a function of different types of accounts, in: Asian Journal of Social Psychology, 13. Jg., Heft 4, S. 274–285.

Tedeschi, J. (1990): Self-presentation and social influence: An interactionist perspective, in: Cody, M. J./McLaughlin, M. L. (Hrsg.), The psychology of tactical communication, Clevedon; Bristol: Multilingual Matters, S. 301–323.

Tedeschi, J./Reiss, M. (1981): Verbal strategies in impression management, in: Antaki, Charles (Hrsg.), The psychology of ordinary explanations of social behaviour, London u.a: Academic Press, S. 271–309.

Tetlock, P. E. (1985): Accountability. The neglected social context of judgment and choice, in: Research in Organizational Behavior, 7. Jg., S. 297–332.

The Banker (2008): The top 1000 world banks 2008, in: The Banker, July,

The Banker (2009): The top 1000 world banks 2009, in: The Banker, July,

Tomczak, T./Coppetti, C. (2006): Shareholder durch Corporate Brand Management überzeugen, in: Esch, F.-R./Tomczak, T./Kernstock, J./Langner, T. (Hrsg.), Corporate Brand Management. Marken als Anker strategischer Führung von Unternehmen, 2. Aufl., Wiesbaden: Gabler, S. 273–292.

Tomlinson, E./Mayer, R. (2009): The role of causal attribution dimension in trust repair, 34. Jg., Heft 1, S. 85–104.

Tost, L. P. (2011): An integrative model of legitimacy judgments, in: Academy of Management Review, 36. Jg., Heft 4, S. 686–710.

Tucker, D./Yeow, P./Viki, G. T. (2010): Communicating during organizational change using social accounts: The importance of trust, Working Paper Serie, University of Kent (Business School), Nr. 218 (Mai).

Tybout, A. M./Calder, B. J./Sternthal, B. (1981): Using information processing theory to design marketing strategies, in: Journal of Marketing Research, 18. Jg., Heft 1, S. 73–79.

Tyler, K./Stanley, E. (2007): The role of trust in financial services business relationships, in: Journal of Service Marketing, 21. Jg., Heft 5, S. 334–344.

Tyler, L. (1997): Liability means never being able to say you're sorry: Corporate guilt, legal constraints, and defensiveness in corporate communication, in: Management Communication Quarterly, 11. Jg., Heft 1, S. 51–73.

Utz, S./Matzat, U./Snijders, C. (2009): On-line reputation systems: The effects of feedback comments and reactions on building and rebuilding trust in on-line auctions, in: International Journal of Electronic Commerce, 13. Jg., Heft 3, S. 95–118.

Van Laer, T./Ruyter, K. de (2010): In stories we trust: How narrative apologies provide cover for competitive vulnerability after integrity-violating blog posts, in: International Journal of Research in Marketing, 27. Jg., Heft 2, S. 164–174.

Vossenkuhl, W. (2003): Praxis, in: Martens, E./Schnädelbach, H. (Hrsg.), Philosophie. Ein Grundkurs, 7. Aufl., Reinbek bei Hamburg: Rowohlt, S. 217–261.

Vranas, P. B. M. (2007): I ought, therefore I can, in: Philosophical Studies: An International Journal for Philosophy in the Analytic Tradition, 136. Jg., Heft 2, S. 167–216.

Walker, K. (2010): A systematic review of the corporate reputation literature. Definition, measurement, and theory, in: Corporate Reputation Review, 12. Jg., Heft 4, S. 357–387.

Weber, A. (2008): Stürmischer Herbst: Zur Finanzkrise und den realwirtschaftlichen Folgen, Rede beim Herbstempfang der Hauptverwaltung Berlin der Deutschen Bundesbank in Berlin, abrufbar unter:
http://www.bundesbank.de/Redaktion/DE/Downloads/Presse/Reden/2008/200 8_11_26_weber_stuermischer-herbst-zur-finanzkrise-und-realwirtschaftlichen-folgen.pdf?__blob=publicationFile, zuletzt geprüft am 21.04.2013.

Weber, A. (2009): Ende der Finanzkrise-Wende der Konjunktur?, Rede bezüglich der Jahrestagung der Deutsch-Finnischen Handelskammer am 25.05.2009 in Helsinki, abrufbar unter:
http://www.bundesbank.de/Redaktion/DE/Downloads/Presse/Reden/2009/200 9_05_25_weber_ende_der_finanzkrise_wende_der_konjunktur.pdf?__blob=p ublicationFile, zuletzt geprüft am 21.04.2013.

Weede, E./Jagodzinski, W. (1977): Einführung in die konfirmatorische Faktorenanalyse, in: Zeitschrift für Soziologie, 6. Jg., Heft 3, S. 315–333.

Weiber, R./Mühlhaus, D. (2010): Strukturgleichungsmodellierung. Eine anwendungsorientierte Einführung in die Kausalanalyse mit Hilfe von AMOS, SmartPLS und SPSS, Berlin, Heidelberg: Springer.

Weiner, B. (1995): Jugements of responsibility. A foundation for a theory of social conduct, New York: The Guilford Press.

Weiner, B. (1985): An attributional theory of achievement motivation and emotion, in: Psychological Review, 92. Jg., Heft 4, S. 548–573.

Weiner, B. (1986): An attributional theory of motivation and emotion, New York: Springer.

Weiner, B./Figueroa-Munioz, A./Kakihara, C. (1991): The goals of excuses and communication strategies related to causal perceptions, in: Personality and Social Psychology Bulletin, 17. Jg., Heft 1, S. 4–13.

Werner, M. H. (2006): Verantwortung, in: Düwell, M./Hübenthal, C./Werner, M. H. (Hrsg.), Handbuch Ethik, 2. Aufl., Stuttgart: Metzler, S. 541–548.

Wiedmann, K.-P./Wüstefeld, T. (2011): Wie Kommunikation das Vertrauen beim Aktienkauf beeinflusst, in: Marketing Review St. Gallen, 3. Jg., S. 48–53.

Wiedmann, K.-P./Wüstefeld, T./Klibert, T. (2011): Finanzkommunikation börsennotierter Unternehmen. Die Bedeutung des Vertrauens für die Investitionsentscheidung privater Investoren und die gezielte Beeinflussung durch Kommunikationsmaßnahmen, Saarbrücken: Südwestdeutscher Verlag für Hochschulschriften.

Wildmann, L. (2010): Makroökonomie, Geld und Währung, 2. Aufl., München: Oldenbourg.

Wilken, R./Cornelißen, M./Backhaus, K./Schmitz, C. (2010): Steering sales reps through cost information: An investigation into the black box of cognitive references and negotiation behavior, in: International Journal of Research in Marketing, 27. Jg., Heft 1, S. 69–82.

Wills, T. A. (1981): Downward comparison principles in social psychology, in: Psychological Bulletin, 90. Jg., Heft 2, S. 245–271.

Wimmer, R. (2012): Verantwortung, in: Kolmer, P./Wildfeuer, A. G. (Hrsg.), Neues Handbuch philosophischer Grundbegriffe, 2. Aufl., Freiburg: Karl Alber, S. 2309–2320.

Wolf, S. (2012): Dokumenten-und Aktenanalyse, in: Kardorff, E. von/Steinke, I./Flick, U. (Hrsg.), Qualitative Forschung. Ein Handbuch, 9. Aufl., Reinbek bei Hamburg: Rowohlt Taschenbuch-Verl., S. 502–524.

Wooten, M./Hoffman, A. J. (2008): Organizational fields. Past, present and future, in: Greenwood, R./Oliver, C./Sahlin, K./Suddaby, R. (Hrsg.), The Sage handbook of organizational institutionalism, London: Sage, S. 130–147.

Würz, T. (2012): Corporate Stakeholder Communications. Neoinstitutionalistische Perspektiven einer stakeholderorientierten Unternehmenskommunikation, Wiesbaden: Springer Gabler.

Zaidman, N./Drory. A. (2001): Upward impression management in the work place cross-cultural analysis, in: International Journal of Intercultural Relations, 25. Jg., Heft 6, S. 671-690.